中国文明之源

距今25000—3500年

史前考古发现

李伯谦　申娟　著

陕西新华出版传媒集团
三秦出版社

图书在版编目（CIP）数据

中国文明之源. 李伯谦，申娟 著. —西安：三秦出版社，2021.9

ISBN 978-7-5518-2451-4

Ⅰ. ①中… Ⅱ. ①李… ②申… Ⅲ. ①文化史—中国 Ⅳ. ①K203

中国版本图书馆CIP数据核字(2021)第183847号

中国文明之源

李伯谦 申娟 著

出版发行	陕西新华出版传媒集团　三秦出版社
社　　址	西安市雁塔区曲江新区登高路1388号
电　　话	(029) 81205236
邮政编码	710061
印　　刷	西安市金雅迪彩色印刷有限公司
开　　本	787mm×1092mm　1/16
印　　张	25.5
字　　数	440千字
版　　次	2021年9月第1版
印　　次	2022年3月第1次印刷
印　　数	1—2000
标准书号	ISBN 978-7-5518-2451-4
定　　价	158.00元

网　　址 http://www.sqcbs.cn

序言

李伯谦

中华人民共和国自1949年成立后就开启了中国考古学的新时期。70年来，中国考古学发展迅速，收获巨大，产生了许多重大发现，取得了丰硕的研究成果。尤其是发现了从旧石器时代到青铜时代一系列重要遗址，建立了考古学分期标尺，理清了其发展谱系，证明了从古至今中国文化的发展是一脉相承、不曾间断的。

对于旧石器时代，过去我们只知道北京猿人、山顶洞人、河套人，而如今又发现了元谋人、蓝田人、和县人、南京人等旧石器时代人类化石标本近百种、遗址数百处，时代涵盖早、中、晚各期，基本勾画出了从直立人到现代人及其文化的发展演变脉络。这些重要发现，奠定了中国古人类学和旧石器时代考古学研究在世界学术界的地位。对于新石器时代，过去我们只知道仰韶文化、龙山文化、红山文化等，而如今又发现了仙人洞文化、裴李岗文化、大汶口文化、河姆渡文化等，这些遗址几乎遍布全国各个省区。其中，从旧石器时代向新石器时代过渡的文化、新石器时代早、中、晚期的文化到铜石并用时代的文化，可以说应有尽有。对于青铜时代，过去我们只知道安阳小屯殷墟、益都苏阜屯、宝鸡斗鸡台等为数不多的重要商周遗址，而如今又科学勘察和发掘了夏时期的偃师二里头等青铜时代遗址。这些发现建立了中国新石器时代考古学文化区系类型体系，基本廓清了各文化的源流及其关系，为进一步研究中国文明的起源、形成与发展奠定了坚实而科学的基础。

中国文明本土起源说，是建立在旧石器时代经新石器时代直到青铜时代乃至以后文化的连续发展基础之上的。随着文化的不断发展，文明因素逐渐孕育，当文明因素积累到一定阶段、一定程度的时候，就会建立国家，进入文明时代。在这个过程中，中国本土文化一直是主流，在此基础上诞生的中华文明自然是本土起源的。文明起源于本土，并不等于说文明的起源只有一个源头。中国土地辽阔，地理环境复杂，文化传统多样。尤其新石器时代，在中国大地上的考古发现，证明中国文明之起源的多地域性和文化的多元性。这个时期，根据文化渊源、特征、发展道路的不同，可分为以长城地带为中心的北方地区，以西北和西南部为主要范围的长江和黄河源头和上游各地区，以晋、陕、豫三省接邻地区为中心的黄河中游中原地区，以山东及其邻境地区为中心的黄河下游地区，以洞庭湖及其邻境地区为中心的长江中游地区，以江浙（太湖流域）及其邻境地区为中心的长江下游地区，以鄱阳湖—珠江三角洲一线为主轴的南方地区等七大区系。随着成都平原宝墩文化及其城址群的发现，长江上游的成都平原及其邻境地区也应该是一个相对独立的区系。每个区系都有相对独立的文化传统，各自孕育产生出文明因素。因此，我们认同中国文明起源的多元说。

虽然文明的起源是多元的，但其发展的趋势是逐步走向一体的。在距今大约5300年前，中原地区的仰韶文化、北方地区的红山文化及稍后长江下游的良渚文化先后出现了高于部落之上的、稳定的、独立的所谓“古国”的政治实体。但在其进一步发展中，却各自选择了不同的道路。这其中，一开始就有走上以军权和王权相结合为基础并突出王权的“仰韶古国”，因其客观上避免了以神权为中心的“红山古国”或“良渚古国”模式对社会财富的极度消耗，从而促进了社会正常发展。这种模式不仅脱颖而出，走在其他地区文明的前头，而且由仰韶而龙山、由龙山而二里头，绵延不绝，越来越强，使中原地区成为中华文化的中心与核心，并通过各种途径从诸文化中汲取先进营养，重组、融合为一体。所以多元一体模式，是对中国文明化进程最简洁、最明晰、最准确的概括。经过70余年的研究，中国古代国家形态演进分为古国—王国—帝国三阶段说渐渐成为学术界的主流认识。

中国新石器时代考古发现与研究证实，这个时代是中国文明进程萌芽的重要阶段。在旧石器时代打制石器基础之上，新石器时代开始了磨制石器，进而发展了早期植物驯化。在农业考古方面，确认了中国不仅是粟作农业的起源地，同时也是世界稻作农业起源地之一。在陶器考古方面，江西万年仙人洞、河北徐水庄等处陶片的发现，证明中国是世界上发明陶器较早的地区之一。在冶金考古方面，仰韶文化西安半坡和姜寨遗址发现有黄铜器，龙山时代河南、山西、山东等省区发现有红铜器，二里头时期开始的青铜器的发现几乎遍布黄河、长江流域及北方广大地区，证明中国是世界上青铜文化发展水平高而且又有自己特点的地区。除此之外，在制漆、织染、机械等领域，考古发现的遗迹、遗物也都从不同侧面、不同程度上反映了史前人类的创造物之丰富。各个遗址形成了与其地理环境相适应的独特的物质文化，反映了一定的精神文化和社会组织形式。不同遗址的融合和承前启后，进一步铺垫了相应的文明因素，促使陶、织物、玉、铜等器物制作和土木建筑技艺更为成熟，尤其是艺术品和文字雏形的诞生，思想意识的形成，以及聚落从村到城的发展，社会阶层和其组织的复杂构成等。物质文化、精神文化和社会文化因素的日渐丰厚，使得史前社会进入了国家阶段，实现了从古国到王国的进程。同时，这个文明的演变进程和其因素的产生不是在封闭环境中孤立进行的，而是在其发展过程中始终存在着文化的交流，既有对外的传播影响，也有对外来文化的借鉴和吸收。这一切丰富了中华文明之源的多样性。

一种文明延续到今天，皆因其起源因素的生命力。了解了这个源头，就会了解我们处于什么样的文明当中，理解我们的遗产、历史以及我们的文化结构，审视我们是谁、从哪里来，以便更好地明确我们前进的方向。

本书的特点是根据对旧石器时代末、新石器时代到青铜时代早期这几个阶段的重要遗址的考古探索来论述中国文明之源。其中选择了不同区域比较典型的具有代表性的遗址，特别包括一些中华文明探源工程，即“中华文明起源与早期发展综合研究”的遗址。

本书分上编和下编两个部分。

上编部分是关于考古学和中国文明起源之进程的论述。从考古学的角度来研究中国文明的特点。根据新石器时代典型遗址的演变及其之间的联系，探讨从聚落村、聚落中心、聚落城到古国和王国的进程及其考古文化的共同点和多元化。执笔李伯谦。

下编部分是关于中国文明起源之因素的考古探源。从考古学、人类学、艺术史学角度来分析各个代表性遗址的文明因素。不同地域的史前人类创造的物质、精神和社会文化以其各自的特点构成了中国文明之源。执笔申娟。

本书图文并茂，具有既是科学研究又是普及读物的特点。特别需要说明的是，由于史前遗址的考古挖掘是渐进的，不断有新的发现和研究来丰富、充实和修正原有的观点。请读者在参考本书的同时，随时关注各个遗址新的考古发现和研究。

目录

上编 中国文明起源之进程

下编 中国文明起源之因素

上编

中国文明起源之进程

对中国古代文明的认知和表述可分为三个系统：一是从传说史学到文献史学；二是社会学、人类学、艺术史学等；三是考古学。从考古学的角度，将人类文明史划分为旧石器时代、新石器时代、青铜时代和铁器时代等。而考古学是直接建立在最直观的考古资料上的跨学科的科学研究。对考古资料进行科学的分析，是研究文明的重要方法。

第一章 文明与考古

文明的标志

考古学方法

考古学与历史学、文献学

地层学与埋藏学、类型学

考古学文化

精神领域考古

聚落考古与社会结构

文明的标志

人类文明的发展既遵循共同的规律，又具有各自的特点，表现出一般性与特殊性的统一。中国古代文明在人类文明史上占有重要的地位，既与人类文明发展的一般规律相适应，又具有自己鲜明的民族特点。对中国古代文明与国家起源的研究，不能脱离与世界其他文明相比较的方法和视角。

人类社会的文明化是一个过程。不同的地区，地理环境和自然条件不同，文化传统有别，走向文明的模式也会不一致。通常认为文明形成的前提必须是生产力的较大发展，有了剩余产品，出现分配不平等，人群分化成不同的阶层和阶级。为了解决不同阶级之间的矛盾，凌驾于这些阶级之上的国家机器便应运而生，所以把国家的形成作为进入文明阶段的标志。一般国家形成的标志包括文字、城市、大型礼仪性建筑以及青铜器等，这些都被看作是文明的重要因素。

但文明的起源和形成是一个漫长的过程，只有文明因素发展积累到一定程度才能形成文明。就某一个文明因素来说，不一定是文明形成的必然标志。作为文明判断标准有以下几个方面：

一、国家说。判断人类社会的发展是否已经进入文明，首先要明确文明的定义。恩格斯提出的国家概念是文明的概括，最接近文明的本质。考古学则从探查发掘出的遗迹、遗物甚至现象来观察并分析作为文明概括的国家是否已经产生和有存在的迹象。

二、文明四要素说。文明形成的四要素或四个标志，即城市、文字、青铜器和大型宗教礼仪性建筑，虽然注意到了社会演进的过程与文明有密切关系的事物和现象，但没有抓住文明和作为文明概括的国家的本质。放眼古代世界，有些地区已发明青铜冶铸技术，但未进入文明；或有的地区已进入文明，但并未有文字。而在中国，这四个标志都有其发展演变的复杂性。如青铜器，是以简单器物还是以礼容器为衡量标准呢？再看文字，是以新石器时代的刻画符号还是以商代甲骨文为代表的文字为衡量标准呢？又如一些新石器时代的城址，虽然不是具有完整意义的城市，但已具备了某些城市功能。尤其是大型宗教礼仪建筑在某些新石器时代遗址中已经出现，但功能和内涵有所差异。由此看来，用孤立的、静止的、互不联系的四要素来衡量文明的形成是不切实际的。

三、聚落分级说。聚落呈现人们的居住生活方式。随着人类社会的发展，聚落结构会产生不同的特点，或发生分化，出现分级现象。但分级有外部原因，如环境和自然条件的变化；内部原因，如人口的增加和功能的调整等。关键是分析聚落的内部结构。依据聚落形态演变已成为学术界共识，以国家是文明的概括为核心，可以从以下方面来考察：聚落规模是否出现分化；大型聚落是否出现围沟或城墙；是否有大型宗教礼仪活动中心和建筑；是否有专业手工业作坊或大型仓储设施；是否有专门的武器或象征最高权力的权杖、仪仗；是否有文字被少数人垄断和使用的现象；是否有异文化的遗物或遗迹；大型聚落的墓葬是否出现分化如特设的墓地；各级聚落之间是否有统辖关系；聚落对外辐射的半径以及渠道和手段是怎样的，等等。对上述方面考察后，再进一步分析是否已产生管理和统治机构，以及军、神、王权的统治者。如果这些均已具备，说明这个社会已进入文明。

中华文明最主要的特征之一是其持续性。中华文明的持续性，最重要的体现就是从新石器时代的部落王权和神权到夏时国家的过程的一贯性。这样的结论无疑是建立在最直观的考古资料上的跨学科的科学研究。对考古资料进行跨科学的分析，是研究文明的重要方法。

考古学方法

考古学与历史学、文献学

对考古学的性质问题有一段时间认为考古学是人类学的有机组成部分，这得从考古学研究的对象说起。考古学研究的对象是古代人类留下的遗迹和遗物现象。根据这些研究来回答它在历史发展中的地位。其方法和人类学有密切的关系，因为这些遗迹、遗物现象都是反映人类活动的结果。但是人类的行为和行为的结果也是历史的一部分，因为任何人的活动和行为最后都变成历史的沉积。所以，考古学是历史学的有机组成部分。

另外，考古学和文献学的关系，对古代历史认知和表述可分为三个系统：一是从传说到文献。有了文字才开始记录，不准确的成分肯定有，所以才有文献的可信性研究；二是社会学和人类学。三是考古学。对人类社会的分类，考古学分旧石器时代、新石器时代、青铜时代、早期铁器时代等。而考古学又是包括社会学、人类学等各种学科的跨学科研究，对人类社会又有其不同的分类。比如摩尔根从人类学角度提出的蒙昧时代、野蛮时代和文明时代，以及马克思主义中的原始社会、奴隶社会、封建社会这一社会发展框架。这三个系统是在不同时间、从不同角度提出形成的，都有合理之处，但也各有侧重和不足，不能互相否定、互相排斥，应该互相结合。至于传说史学，因出现较早，故含有较多神话色彩和一些荒诞不经的成分，但也有一定的合理内核。

地层学与埋藏学、类型学

地层学和类型学是考古学两大理论支柱。把地层学的作用仅仅看作为划分地层是远远不够的，一定要把地层学发展为埋藏学才能获得更多的信息。地层学就是根据土质、土色划分地层，并且一定要从静态的思维变成动态的思维，把地层的形成还原到原来的过程来看待。新石器时代的考古，在根据土质、土色划大层之后，中间还按不同颜色划分小层，注重土质、土色，这样才可能有新的发现。但是划地层不能局限于分期。统一地层要结合从地层学到埋藏学，具体问题要具体分析。一般情况下可以编成探方来对应地层。

类型学也是考古学最基本的方法和理论之一，类型学就是把发掘出来的遗迹、遗物按照形制的区别来进行分类，但是更多的是对遗物进行分类。为什么要进行分类？因为通过这样的类型学分析，可以看出同一种遗迹、器物之间的不同性质所反映的时代变化是可以分期的。合理的类型分析可以看出它们之间的功用是不一样的。所以类型学是对发掘出来的遗迹、遗物加深认识的过程。比如器物“型”和“式”的概念。如陶器，有不同的“型”，不同的“型”中再分不同的“式”。“型”表示不一样的形态，“式”表示统一的“型”当中微小的变化。单纯的“型”可能分得非常粗，而“式”可以分得细一点。所以“式”有发展的概念在内。

考古学文化

考古学文化是在特定时间、特定地域内具有共同特征的一群遗迹、遗物的组合。苏秉琦先生把考古学文化纵向发展的概念和地域概念统一考虑，提出了考古学文化的区系类型问题[1]。区系往往是根据自然环境的不同而划分的。在这样的大区中，不同考古学文化有相似之处，每个考古学文化内部根据小的区块，又有不

[1]苏秉琦、殷玮璋：《关于考古学文化的区系类型问题》，《文物》1981年第5期；参考宿白《苏秉琦与当代中国考古学》，科学出版社，2001。

同的类型。考古学文化区系类型是对考古学文化遗存进行归纳的模式。

考古学文化因素：这是针对遗址发掘的遗存、遗迹、遗物的定性问题。在遗存、遗物中，不同时期的文化要通过大量的比较、分析才能最后定性。考古学文化因素分析方法，像地层学、类型学一样是考古学研究的重要方法论。因为每个文化都十分复杂，每个文化都有自生的因素，也受到外来的影响，可以通过分析其来源来发现不同的因素。首先可以定性，其次可以看出它在发展演变过程中与不同文化的交流关系。只有经过这个消化和分析，才能回答这些遗物或这个群体可能属于文献记载的某一个族群，从而进入历史学的研究。考古学当中，特别是新石器时代晚期到青铜时代早期，如何从单纯的考古学研究上升到历史学研究，回答历史学研究的问题，必须经过文化因素的分析，才能达到飞跃。

考古学文化中的性别研究：这个问题牵涉到当时社会是母系还是父系。考古现象是错综复杂的，我们对它进行研究观察，需要从不同的角度来考虑问题。同一个墓中的成年男女可能不是夫妻关系，而是兄弟姐妹。

考古学研究中的情景分析：把任何遗迹、遗物等现象放在当时的社会背景和情景中来研究，这样看问题才比较深刻。如果这样来理解“情景”，就不会孤立地看待一个器物、一座房子、一座窑，而会在它所处的社会发展阶段和它所处的环境中来看待它的意义。考古“背景”可以缩小一点。如一个灶、一个罐、一个水壶，它们放在房子中的某个位置，对其功能会有提示作用；而房子在整个聚落的某个方位，和别的房子有没有大小的区别等也有其特定意义。总之不能孤立地看待器物。把“背景”联系起来，对它的理解就可以更加深刻。同时这个考古“背景”不是固定的概念，而是相对的，要具体问题具体分析。在一定范围之内，它可以是考古背景；换一个场合，它可能就是研究的问题本身。

考古学文化变迁中的渐变和突变：考古学文化作为人类在生产生活中遗留下来的遗物遗存，它不是固定不变的，它也在发展。所以必须用动态的观念来看待考古学。考古学是一个发展的过程，必须要有这个观念。考古学既然是发展变化的，那么，在发展过程中，是否有量变到质变的过程呢？事实上，考古学文化发展过程中确实是有渐变和突变的。每个考古学文化情况不一样，怎样看待考古学文化从渐变到突变，有两个方面：一方面是从物质角度，遗迹、遗物是怎样一步步发展变化的；另一方面还要看它背后的人的思想观念的变化，以及它所反映的社会发展不同阶段的变化。这两个层面不是完全可以对应的，就是在物质层面看考古学文化按照类、型、式，有完整的演变谱系，但也包含人的思想观念的变化。这是两个不同的概念。一般情况下，器物变化反映了社会内部结构发生了重大的变化。看待考古学遗存，既要从物质层面来看，还要从精神层面来看。

考古学文化之间的互动：从夏鼐先生对考古学文化的定名[1]，到苏秉琦先生提出的区系类型，要明确考古学文化是动态变化的，不是孤立的。所以，有一个怎样看待考古学文化互动关系的问题。这牵涉到考古学文化之间的互相影响、交流、融合、同化、替代，等等，派生出很多问题。考古学文化关系研究，也是考古学研究的重要方面。进行考古学文化互动关系的研究，有两个前提：一、对考古学文化必须进行分期和分区。不在分期和分区基础上的研究是没法探讨不同文化之间的关系的。二、必须对考古学文化所包含的不同因素进行分析，即进行文化因素分析，在这个基础上，才能探讨它们之间的关系。考古学文化之间的互动非常复杂，因此要分析它们之间关系的模式。比如说文化传播，怎样传播？有什么不同模式？强势文化对弱势文化有激进的模式，背后可能是军事入侵、战争，是疾风暴雨式的或是连绵细雨式的。另一种情况，可能是友好相处的部落之间，没有战争因素，是自然而然发生的。不管哪种模式，有可能是直接传播，也可能是有传播中介、或者一站一站传播的。所以这涉及传播主体、受体、中介的问题。另外还要从传播主体的角度来看、从传播受体的角度来分析。比如接受外来因素是被动的还是主动的，或是既有主动也有被动的呢？情况是不同的。因此我们要从多个角度、不同的文化层次来分析文化传播。有的文化被排斥，有的文化则非常受欢迎。究竟是怎样的情况是需要通过分析和研究来回答的。同时，有的文化传播过程很快，没有时间差；有的过程则很慢，存在文化滞后现象；有的是传过来以后长时间内基本上没有改变其原始形态。总之，文化互动是考古学当中重要的研究方面。

考古学的区域研究与长时段研究：在考古学中遗迹、遗物的面貌等和自然都有密切关系。所以放在特定区域中来进行研究很重要。在自然方面，它构成了相对独立的自然区；在文化方面，它有更多的内在联系。从典型遗址入手，在分期和分区的基础上，考虑它们之间的关系，才能梳理出问题。所以长时段研究，就是把一个

[1]夏鼐：《关于考古学上文化的定名问题》，《考古》1959年第4期。

区域的文化遗存、遗迹、遗物放在历史发展的长河当中来考察，即把整个考古材料放在时间角度的分期基础上来看其历史发展和变化，从而得出比较客观的结论。

精神领域考古

做考古研究，最后回答的是人的问题、社会的问题。精神领域的考古研究，不亚于器物本身的研究。所以考古学研究的对象是遗迹、遗物的现象以及内在联系。一定要从器物的研究，提炼出精神领域的、和社会相关的东西。这样，考古学才能真正成为历史科学的有机组成部分。在这个问题上，应该说俞伟超先生是最早或比较早地注意到我们应该加强精神领域的考古。对于考古学文化的定义，他认为“考古学文化是在特定时间、特定地域内具有共同特征的遗迹、遗物的组合”[1]。譬如说，很多墓葬和随葬的玉器，不仅仅是艺术品，也反映了很多精神内涵。如玉琮、玉璧，从新石器时代良渚文化到了西周时期，它们包含的内容和内涵，其意义是否一样呢？时代变化了，它的功能和精神内涵也在变化。精神领域包含的内容非常广，例如宇宙观、政治思想、宗教、伦理道德、艺术等，要从遗物、遗迹中解析出来。文化遗址的遗存不同，代表了不同的信仰，向文明演进过程中走的道路不一样。如果不重视精神领域的研究，单纯地把它们当做器物来看待，或者单纯从物质演变来研究，就得不出更深层的结论。

聚落考古与社会结构

聚落是一个发展的概念。考古学研究从聚落切入，来研究社会结构。七八千年以前的聚落，如裴李岗、兴隆洼等，是一种村落，没有太严格的分化。研究社会分层，就是分析聚落的变化，不仅有大小之别，还有聚落的内涵。譬如，有个时期曾经把聚落按面积分为好几

[1]俞伟超：《考古学研究中探索精神领域的问题》，选自俞伟超主编《考古类型学的理论与实践》，文物出版社，1989；参考俞伟超《古史的考古学探索》，文物出版社，2002。

个级别，到了特定的级别才算进入文明。这就牵涉聚落的功能是怎样形成的，不同聚落功能是否有变化、内部结构如何等问题。以聚落大小来论地位并不是决定性的，比较其内部结构才更有意义。聚落研究也要具体问题具体分析，尤其要注意以下问题：第一，要在遗址分期的基础上进行。只有做好遗址分期，才能看出聚落在不同时代发展演变的特点。第二，聚落结构是聚落考古的重点。聚落作为居民稳定的聚居单元，通常有不同的功能区，只有弄清聚落的构成，才能揭示其反映的社会结构和变化。第三，聚落所在地区的环境应该纳入聚落研究的范畴。如聚落是在特定环境中形成和存在的，而环境对聚落有决定性的影响。第四，聚落关系是聚落研究的必要内容。聚落不是孤立存在的，聚落与聚落之间在经济、政治、文化、血缘上都有千丝万缕的联系，这都是社会关系的反映。第五，从微观研究上升到宏观研究。微观研究着眼于聚落内部各组成要素的研究（房屋、灰坑、墓葬、器物都是研究对象），宏观研究是将整个聚落放在其所属的考古学文化之中或者更大的范围内。研究时需要把两者结合起来。聚落是社会结构的基本细胞，学会掌握并运用聚落考古方法，是当代考古学的基本内容。

对古代文明而言，从考古学来看中国文明的要素主要是从遗址的年代所属以及遗物来进行文化分析，比如墓主及其陪葬品、社会地位、物质分配、生活水平，以及墓葬表现的农耕村落或复杂的组织化了的社会结构。所以聚落遗址能提供有关社会形态的信息，如聚落形态的演进阶段可以说明社会形态的演进阶段。对器物分类和对比是主要的分析手段，而类型学是观察与衡量由社会多元与复杂因素造成的物质现象，从纵向和横向来看遗址的文化范围。总之，人类社会，不论是处在哪一个发展阶段，它都是依附于特定的自然地理环境，由经济基础和上层建筑构建而成的，而思想观念这类意识形态的东西正是上层建筑的有机组成部分。因此，只有对考古遗迹、遗物蕴含和反映的思想观念进行深入研究解析，才能更全面和深刻地认识这个社会，把握社会的本质。

从中国古代文明演进的过程来看，从古国到王国是反映中国古代文明起源、形成和发展的重要阶段。古国是存在着大型祭坛文化的社会，如红山文化和良渚文化所反映的社会结构。这些文化遗址表明当时的社会充满宗教狂热，主持宗教事务者就是社会的主宰。神权支配一切，这是古国阶段的特征。王国是指王权国家，如继仰韶文化和龙山文化之后到二里头文化时期，国家的主宰是通过战争涌现出来的军事首领，集军权与王权于一身。在这个阶段，除了凌驾于社会之上的权力，也开始产生了维护、实行这些权力的制度，形成了真正意义上的国家。

第二章

文明的演进阶段

红山文化—凌家滩遗址

红山文化遗址（距今5500—5000年）

凌家滩遗址（距今5600—5300年）

崧泽文化—良渚文化

崧泽文化遗址(距今5800—5300年)

良渚文化遗址(距今5300—4200年)

仰韶文化—龙山文化

仰韶文化遗址（距今6000—4500年）

龙山文化遗址（距今4500—3900年）

玉器之变

红山文化—凌家滩遗址

红山文化的牛河梁—东山嘴遗址（距今5500—5000年）和凌家滩遗址（距今5600—5300年）地处一北一南，其共同点是在祭祀场所发现了大量的祭祀玉器，都属于神权古国。红山文化的两处遗址祭祀对象为女神，以神权为特征。凌家滩遗址祭祀对象为天，以神、王、军权一体并以神权为主要特征。

红山文化因1935年最早发现于赤峰红山而得名。主要分布于今内蒙古东南部、辽宁西部、河北北部，而以老哈河中、上游到大凌河上游之间最为集中。红山文化年代跨度在距今约6000至5000年间，早于它的是兴隆洼文化，晚于它的是小河沿文化。红山文化与中原仰韶文化同时期分布在西辽河流域，是在发展中与中原仰韶文化和北方草原文化相交汇产生的一个多元文化。红山文化的居民主要从事农业，还饲养猪、牛、羊等家畜，兼事渔猎；细石器工具发达，还有磨制和打制的双孔石刀、石耜、有肩石锄、石磨盘、石磨棒和石镞等。红山文化的陶器以压印和篦点的“之”字形纹和彩陶为特色，种类有罐、盆、瓮、无底筒形器等。彩陶多为泥质，以红陶黑彩常见，花纹十分丰富，多饰涡纹、三角纹、鳞形纹和平行线纹，造型生动朴实。玉器为磨制加工而成，表面光滑，到目前为止，红山文化的玉器已出土近百件之多。重要遗址包括有牛河梁和东山嘴遗址，是红山文化宗教礼仪性质建筑遗迹。红山文化的坛、庙、冢代表了已知的北方地区史前文化的最高水平。

牛河梁遗址坐落在辽西山区一处蔓延10余千米的多道山梁上。在50平方千米范围内分布着积石冢群、祭坛和女神庙。由于唯独不见居住地，所以这里是一个专门用于祭祀的场所。此三个遗址点依山势按南北轴线分布，坛、庙、冢三位一体，规模宏大、气势雄伟，是红山文化最高层次的祭祀中心。

{图1-2-1}
第二祭坛二号冢中心大墓一号墓
牛河梁遗址

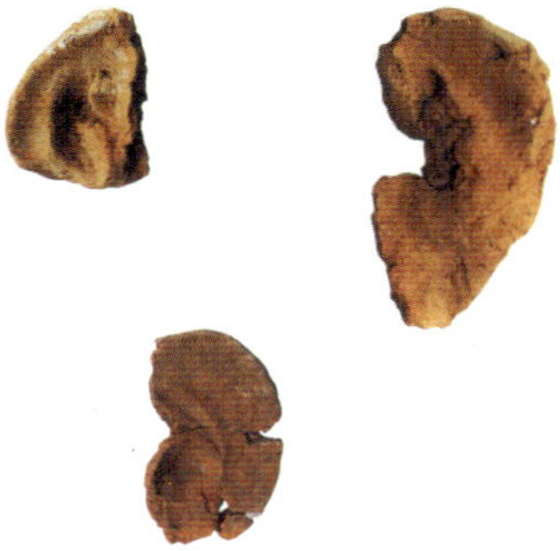

牛河梁遗址
女神庙人像耳部残块
{图1-2-2}

积石冢的结构复杂，形制各异，共同之处是都有内、外石墙；冢内若干石棺墓只随葬玉器。各冢至少有一个主墓{图1-2-1}，以其为中心将墓葬分为若干等级。从墓的大小和随葬玉器的多少来看，氏族成员的等级已分化。随葬品只有玉器。以写实又神化的猪龙、熊、凤鸟、龟等动物形玉饰、上下贯通的马蹄状玉箍和装饰着随光线变化而若隐若现的勾云形花纹的玉佩为主要类型。这些玉器与竖立在积石冢上成排的彩陶筒形器一样都是墓主人用以通神的工具。如墓主握有玉龟龙，象征神力。而积石冢的位置处于山冈之巅，充分显示出中心大墓主人的“祭司”身份。坛是以同心圆式的三圈淡红色石桩分三层构成的大型祭坛。女神庙以广场平台为中心，坐落在主梁顶上居礼仪中心的最高处。十几个积石大冢环列周围，形成一个互为联系的祭祀建筑群。女神庙已出土大量泥塑人像残块，可辨别出它们至少分属六个人像个体。用黄黏土掺草秆塑成。其中最小的如真人一般大小，而位于主室中心的大鼻、大耳竟为真人的三倍。如耳部残块{图1-2-2}。神像似是以真人为依据而塑成的，比例较为适中。

东山嘴遗址是一处祭坛积石冢遗址，是牛河梁遗址以外的一处具有代表性的红山文化晚期大型祭祀性遗址。遗址用大石块砌筑成呈南圆北方、中心两侧对称的一组建筑。长条基石经过打磨，外侧可明显地看出错缝砌法。遗址内有按南北轴线分布的圆形祭坛和方形祭坛，有中心和两翼主次之分，总体布局对称。圆形祭坛中间有用长条石组成的椭圆形石堆，台基用石

{图1-2-3} 圆形祭坛，东山嘴遗址

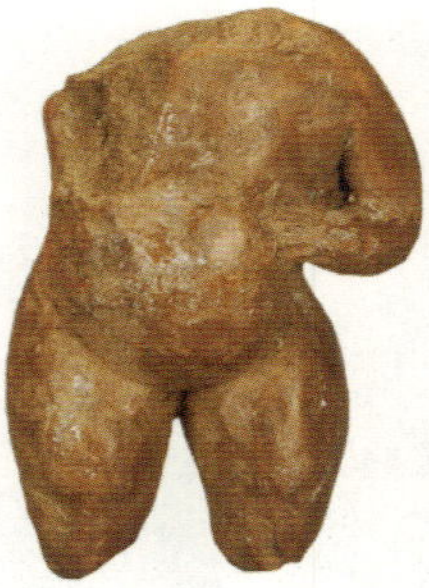

{图1-2-4} 红陶塑裸体立像，东山嘴遗址

片镶砌。祭坛围以一座大型方形建筑，长11.8米，宽9.5米，四边用石块砌墙{图1-2-3}，象征天圆地方。在圆形台基附近出土了两件小型陶塑裸体立像，腹部凸起，臀部肥大，通体打磨光滑，似涂有一层红衣，整个形象具有孕妇的特征{图1-2-4}。除此之外，还出土了相当于真人二分之一大小的盘膝坐势陶塑人像的腿部残块。此外还有双龙首玉璜、绿松石鸮鸟等饰件以及大量形制特异的彩陶，如镂孔塔形器等。

从红山文化呈现的面貌来看，大规模宗教祭祀区已从生活区分离了出来，墓葬出现了严重分化。冢中大墓随葬品丰富，以玉器随葬，但不见象征军权的仪仗用玉，少见装饰用玉，多见猪龙、龟、蚕、蝉、虎以及神人雕像等具有神秘意味的充满宗教色彩的玉器。这表明当时社会已发生等级分化，已有公共权力的存在，使用权力的是掌握通神权力的巫师。红山文化中的祭坛、积石冢、玉器等表明这个阶段宗教信仰非常强烈，即神权至上。这个时期已经有了凌驾于社会之上的人物，少数掌握祭祀大权的巫师具有个人权力，而这个权力是通过“神”的意志来实现的，即通过掌握祭祀大权与“神”对话，来表达自己的意志。

凌家滩遗址发现于安徽省含山县铜闸镇凌家滩村，总面积约160万平方米。这是长江下游巢湖流域发现的面积最大、保存最完整的新石器时代聚落遗址，包含有祭坛、祭坑、积石圈和44座墓葬，以及可能是神庙与宫室的建筑。此遗址的城郭沿河而建，在城址的四周，一条大型围壕形成了城市与外界相隔离的“护城河”，用来防御外界的侵袭。聚落以地势分层次而建，并以三个台阶为界线划分成三处功能

{图1-2-5} 玉璜，凌家滩遗址

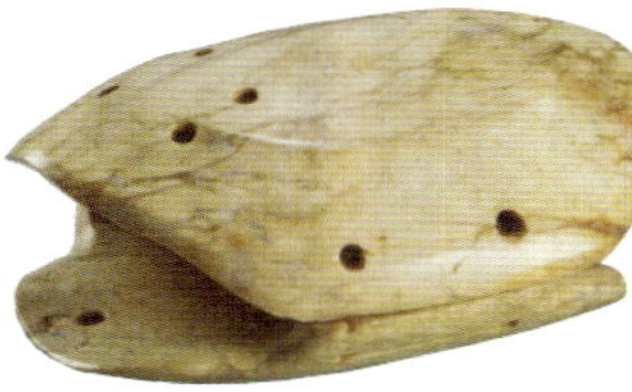
凌家滩遗址组合的玉版，玉龟背甲和腹甲 {图1-2-6}

不同的区域：第一区域是普通部落成员的居住区、庭院区，有明显的规划和设计的痕迹。这个区域出土了大量陶片。第二区域是3000平方米的红陶土块广场，这里是部落首领的宫殿区和部落会盟、祭祀、操演的场所。广场中间有一红陶土块砌成的水井。第三区域是大型墓葬区，中央有一处约1米高的祭坛，陪葬品有玉器、石器和陶器等。

凌家滩祭坛与红山文化发现的祭坛一样亦分上小、下大三层。墓葬分大小和区片，表明当时社会不同家族之间或家族内部已存在明显分化。随葬品多为玉器，包括玉钺26件、石钺187件、工具类173件，装饰品有玉璜{图1-2-5}、玉玦、玉镯、玉环和玉管等共450多件。从出土的重要玉礼器的组合情况，可以看出墓主人各自的身份地位。如玉钺、石钺、玛瑙钺、玉戈等礼仪性兵器的组合说明墓主掌有军权。在一些大墓中还发现有玉人、玉版、玉龟、玉龙、玉鹰等玉器和玉雕。编号87 M4是整个墓地中随葬品最多的一座，共有145件陪葬品，其中玉器103件、石器30件、陶器12件。除玉钺和石钺以外，此墓还出土了玉龟和玉版的组合，即在玉龟背甲和腹甲之间夹着一块玉版{图1-2-6}。玉版正面为长方形，反面略内凹，正面刻有四方和八方的图形，可能是占卜用具，其内容可能与节气有关。这件占卜用具说明墓主人具有祭司身份。拥有象征军权、王权的钺，又有占卜和历法用具的人是掌握军权、王权和神权的人物。与红山古国相比，社会首领掌握了军、王、神权。陪葬品的不均表明聚落内部已出现贫富分化，存在着贵族和贫民两大阶层，正在向阶级社会和早期国家演进。

崧泽文化—良渚文化

崧泽文化遗址(距今5800－5300年)和良渚文化遗址(距今5300－4200年)都位于太湖地区。从崧泽到良渚，古代文明演进模式发生了重大转折。

崧泽文化以20世纪60年代初上海市文物保管委员会对上海青浦崧泽遗址的发掘而得名。其分布区域基本与良渚文化重合，均在长江三角洲及其邻近地区范围之内。崧泽文化主要包括上海、浙江、江苏的一些遗址，如青浦崧泽、吴县草鞋山、湖州昆山、嘉兴南河浜、上海福泉山等。根据碳十四测定，崧泽文化可分为连续发展的三期。主要发掘的是墓葬遗存，已发表的资料主要有崧泽遗址148座、南河浜遗址 92 座、昆山遗址61座。这些资料表明，崧泽文化像马家浜文化一样，仍流行氏族公共墓地，在氏族公共墓地内部，可以分出若干墓葬相对集中的区块，各区块之间留有一定的空隙，表明不同区块就是同一个氏族内不同家族成员的墓地。崧泽文化墓葬，不论是早期还是中、晚期，都发现在同一墓地内，有的墓有随葬品，有的墓无随葬品，即使有随葬品的也有多少之分的现象。例如，在属于早期的8座墓葬中，有两座没有随葬品。有随葬品的墓中只有1件石锛，或只有1件陶盆。这说明从崧泽文化早期开始，氏族成员之间已出现贫富分化。但从随葬品最多的除日常生活陶器或是石质生产工具斧、锛、凿等情况来看，当时氏族中的富有者尚未脱离日常劳作，虽存在分化，但似乎并不严重。这和与其大体处在同一时间段的北方红山文化早期、中原地区仰韶文化中期、山东半岛大汶口文化早期、长江中上游大溪文化中期等呈现出的面貌没有太大的差别。然而这个差别也有其他一面。江苏省张家港市东山村崧泽文化早中期大墓的发现，向世人展现了一幅全然不同的图景。经调查勘探得知，遗址略呈圆形，南北、东西各长约500米，揭露出一处崧泽文化时期的聚落。其中心部位是居住区，

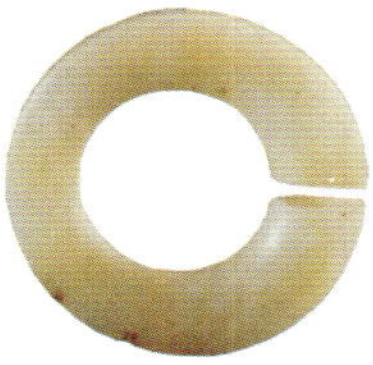
{图1-2-8}玉玦 东山村遗址

{图1-2-7}陶罐，东山村遗址

东面是小型墓葬区，西面是大中型墓葬区，其中编号M90、M91是目前发现的最大的墓葬。属于早期的M90是目前所知崧泽文化墓葬中随葬品数量最多的一座。该墓随葬品共56件，其中陶器有鼎、豆、鬶、壶、盘、缸、罐{图1-2-7}等26件，玉石器有镯、璜、管、耳珰、玦{图1-2-8}等饰物19件。还有大型石锛1件，大型石钺5件。属于中期的M91墓坑规模最大，墓口长3.15米、宽1.76米，随葬陶器有鼎、豆、罐、鬶、壶、盘、觚形杯、缸等23件，石钺2件，玉钺1件，其他装饰品有镯、环等12件，总数达38件。无论大小墓葬都有玉器陪葬，其组合为兵器类的钺、镞，生产工具类的锛、刀、犁以及装饰品类的镯、环、管、珠、坠等。这无疑是迄今为止崧泽文化最重要的发现。

崧泽文化早中期大墓的发现证明，长江下游地区较早于其他地区已存在明显的社会分化，初级王权已经产生，社会已进入苏秉琦先生所称的“古国”阶段。东山村遗址崧泽文化聚落暴露出来的分化，已不是青浦崧泽遗址墓葬区看到的氏族内部并不突出的贫富分化，而是以一个区墓葬为代表的富裕权势氏族和以另一个区墓葬为代表的平民氏族之间的分化。富裕权势氏族成员的墓葬不仅有丰富的日用陶器，还有丰富的用作装饰的玉器以及象征军权、王权的大石钺；平民氏族成员的墓葬一般虽也有几件日用陶器和玉器，但较少见到有象征军权、王权的大石钺。聚落的结构布局表明，在同一个聚落内部，富裕权势氏族的墓地和平民氏族墓地两不相涉，两者以房屋建筑区为中心，一西一东，泾渭分明。如果没有较长时间的发展演变，这样的格局是难以形成的。有研究中国文明化进程的学者曾把距今5500—4500年的仰韶文化晚期看作中国古代由相对平等的社会向不平等的分层社会过渡的社会结构重大转型时期，而东山村遗址的发现，至少将原来估计的开始转型的时间提早了300年。如果考虑到东山村遗址形成现在呈现的这种格局需要较长的时间，那么将这一转型的时间推测为开始于大约距今6000年前也是有可能的。

良渚文化得名于杭州良渚遗址。主要分布于长江下游太湖地区。年代跨度为距今5300至4300年间。年代虽晚于崧泽文化，却发现数量众多的墓地和墓葬。良渚城址面积为290多万平方米，发现于良渚遗址的核心区域。这是长江中下游地区最大的良渚文化时期的城址。从出土的大量三角形石犁等农具来看，农业已率先进入犁耕稻作时代，手工业趋于专业化，琢玉业尤为发达。大型玉礼器的出现揭开了中国礼制社会的序幕。贵族大墓与平民小墓的分野显示出社会分化的加剧。如中央都邑性大型聚落中心良渚古城莫角山、反山贵族大墓、瑶山祭坛和大墓葬，其他区域聚落福泉山、草鞋山等遗址以及遍布长江下游太湖周围的小型聚落。反映在墓葬上，如反山编号M12大墓的随葬品以玉器最为大宗，根据考古报告，共出土玉器单件647件，仅琮就有6件。另外，编号M23和M20大墓的玉璧分别为54件和43件。瑶山编号为M9大墓的随葬品有82件(组)，共268件，包括陶、漆、石、玉等器物，其中玉器76件(组)，共262件。编号M7大墓仅随葬玉器就有147件(组)，共667件。在这些玉器中有充满宗教色彩的器物42件。在一些一般型墓葬中也发现了一定数量的玉器，甚至也有带有宗教色彩的器物。可见祭祀的普遍性。

良渚文化玉器数量众多，品种丰富，雕琢精湛。包含有璧、琮、钺、璜、冠形器、三叉形器、镯、管、珠、坠、柱形器、锥形器、带及环等。除了管、珠、坠、环、镯，多见的是玉琮、璧、牌、钺、冠状饰，并多有神人兽面纹雕刻。这些玉器与宗教祭祀有关，通神工具如璧、琮，如《周礼·大宗》所谓“以青璧礼天，以黄琮礼地”。考古发现的璧和琮，说明良渚人可能已发展有宇宙观，如天圆地方。琮的形象兼含圆和方，把两者贯通起来，就是把天地贯通起来，所以琮是天地贯通的象征。同时琮上几乎都有神人兽面纹或神徽，神人表示巫师，借神兽之力行通天之事。不仅良渚玉器的组合与宗教祭祀活动有关，加之上百件玉钺或石钺，这一切表明神、军、王权合为一体，而神权高于军权和王权。

多个遗址地层关系证明崧泽文化早于良渚文化，而通过两者内涵的比较研究也证明崧泽文化与良渚文化之间有着紧密的继承发展关系。崧泽文化早于良渚文化，晚于马家浜文化，三者之间是连续发展演变的关系。而良渚文化对崧泽文化既有继承又对其有重大发展。这一结论是立足于对两者文化的遗存形态和器物纹饰分析比较的基础上得出的。这个演变同时反映了思想观念的继承发展，也表现了两者的区别和变化，如墓葬随葬玉石器的类别、组合和象征意义方面。对比崧泽文化大墓和良渚文化大墓随葬的玉石器便会发现，两者在种类和组合上有明显的差异。崧泽文化以东山村编号M90、M91等墓葬为代表，可分为璜、瑗、镯、玦、环、坠等各

『琮王』，良渚遗址反山大墓
{图1-2-9}

种装饰品，锛、凿、锥等生产工具或用具以及作为军权和王权象征的钺等兵器。良渚文化大墓以反山南北两排大墓为例，玉器品类繁多，与东山村崧泽文化大墓相比，装饰品种类更多，锛和凿等生产工具基本不见，而作为军权和王权象征的权杖、玉钺、石钺占有突出位置[1]。新出现的作为神权标志的琮、璧、三叉形器等最为引人注目。有的还镂刻有神鸟或“神徽”图像，更增加了其神秘色彩。从比较明显的具有宗教含义的贯通天地的法器琮来看，反山编号M12：98大墓的“琮王”{图1-2-9}，指称体积、重量最大者，通高8.9厘米，共雕刻8个神人兽面纹。图像中头戴羽冠的神人或巫师骑在似鸟兽一样的动物身上，表现巫师借助有灵性的动物作法沟通天地。东山村大墓中虽有玉器却没有这类图像的出现，所以作为良渚文化前身的崧泽文化可以说缺乏宗教色彩。

从崧泽文化到良渚文化的演变来看，崧泽文化出现社会分层是比较早的。石钺随葬的数量说明那个时候就有一些分化和社会分层了。一些中小型的墓葬发现石钺、石镞等兵器，表明死者是参加其氏族军事活动的成员。而玉钺在随葬品中的出现很重要，它说明当时的社会上层走的是军权、王权这条路。崧泽文化的后续者良渚文化就发生了改变。比如反山M12大墓出土的玉质“钺王”，上面刻着神鸟，还有一个神徽，如果是一般的兵器，不太可能有这些图像。《说文》曰：“戉(钺)，大斧也。”钺，尤其

[1]浙江省文物考古研究所：《反山：良渚遗址群考古报告之二》，文物出版社，2005年，第25页。表1：反山南北两排9座墓葬出土玉器统计表。

是玉钺，是一种兵器，为王者专用，所谓王者用钺，以征王权。同时也作为仪仗礼器，正如《尚书》云："钺以金饰，王无自由之理，左杖以为仪耳。"所以，玉钺是象征征伐权力的权杖，也是统帅权威的象征，绝非一般氏族贵族所能享有，应是高于一般氏族贵族的王者所有。而反山和瑶山大墓除了钺，还出土具有宗教色彩的神器，如器物上有神徽标志的璧、琮、三叉形器等。所以这些墓主除掌握军权也掌握神权。而出土有神徽图像的玉琮也仅有反山M12一墓。而从此大墓雕刻有神徽的"钺王"以及瑁镦{图1-2-10}和玉权杖{图1-2-11}来看，神权大于军权，并且可能在良渚社会中具有支配地位。由此看来，由崧泽到良渚，文明演进模式发生了重大的转折。得到这一结论的主要依据是瑶山和反山等大墓的随葬器物，特别是玉器，而其他中小型墓葬并不支持这个观点。如新地里遗址的140座墓葬中有47座墓发现有石钺，只有1座出土玉钺。这些墓葬表明墓主可能是整个良渚社会中较低层的成员。这些发现从一个侧面说明文明演进也有可能不是从社会内部发生的，很可能是上层接受了其他文化的影响。

应该说比良渚大墓年代都早的崧泽文化早、中期大墓的发现已完全证明这一判断，因为在这几座大墓中出土的玉石器，除装饰品和生产工具外，最引人注目的便是作为军权、王权等权力象征的形体硕大、制作精致、有的还有涂朱痕迹的石钺，根本不见作为崧泽文化后续发展的良渚文化中最有特色的象征神权的玉琮和玉璧一类的器物。崧泽文化早中期大墓和良渚文化中期大墓的发现证明，不同地区、不同时期的史前社会的发展是不平衡的。在中国古代文明演进过程中，率先开始社会重大转型的不是黄河中游的中原地区，也不是以辽河流域为中心的北方地区，而是崧泽文化所在的长江下游地区：即不是作为崧泽文化后续文化的良渚文化，而是作为良渚文化先行者的崧泽文化。从崧泽文化到良渚文化，其遗迹、遗物尤其是遗物的物质形态演变有清晰的轨迹可循，两者具有一脉相承的发展演变关系。但若从其墓葬随葬玉器反映的思想观念来看，从崧泽文化到良渚文化的文明演进模式却发生了重大变化。

〔图1-2-10〕『钺王』及其瑁镦，良渚遗址反山大墓

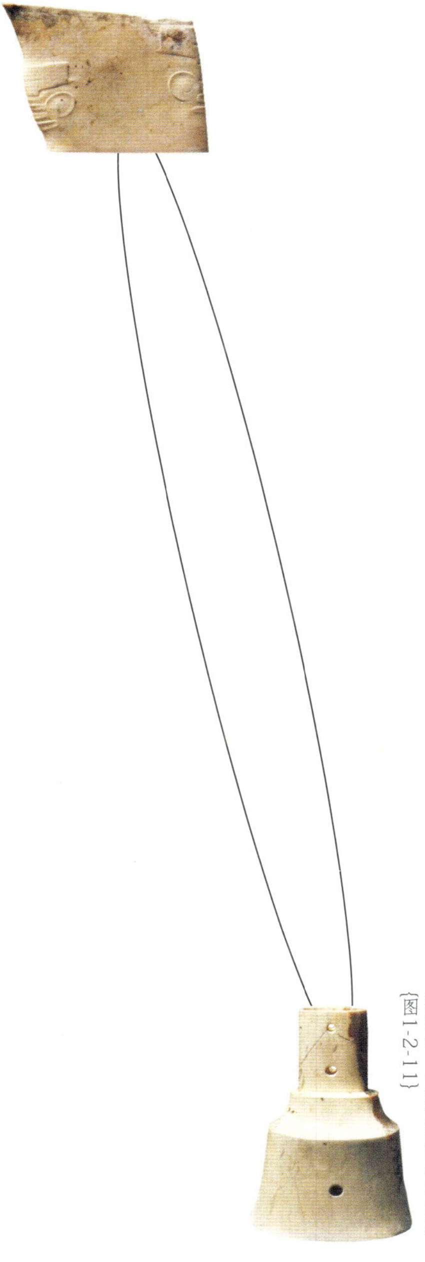

〔图1-2-11〕玉权杖，良渚遗址反山大墓

仰韶文化—龙山文化

{图1-2-12} 玉钺，西坡遗址

位于黄河中游中原一带仰韶文化（距今6000—4500年）的西坡遗址和龙山文化（距今4500—3900年）的陶寺遗址是古国和王国的典型代表。

仰韶文化因1921年在河南省三门峡市仰韶村的发现而得名，主要分布于黄河流域的陕西、河南、山西、河北、甘肃等地，而以陕、晋、豫交界最为集中。以半坡、庙底沟和西坡遗址为代表。早期聚落和社会结构分化不明显，墓葬随葬品除了陶器便是绿松石、珠、管类装饰品和石质工具；中期聚落社会结构发生激烈变化，中心聚落大型建筑出现位于河南灵宝铸鼎原的距今约5300年的西坡遗址。在这里发现了大型房基和30多座大墓，其中编号M27是仰韶文化迄今为止发现的最大墓葬。墓葬随葬品多数为陶器，少数为玉器，而玉器最多的是玉石钺。这说明仰韶文化已出现社会分化，以玉钺为象征的军权、王权占重要地位。虽然出现军权、王权，但从随葬品中看不出反映宗教神权的迹象。西坡社会流行死者灵魂观念的信仰，即祖先崇拜，事死如事生，以日常生活用品或器皿工具的仿制品为随葬品。玉器主要是神祇信仰的礼器{图1-2-12}，陶器主要是祖先信仰的礼器。西坡大墓规模大，结构复杂，表明了西坡社会重视墓葬规模和丧葬仪式以及使用死者生前物品或明器陪葬的社会风尚。同时西坡遗址的特大房址表明西坡社会对大型公共建筑的重视。这些特点影响了仰韶文化晚期以及后来中原的文明化进程。

彩绘盘，陶寺遗址 {图1-2-13}

陶寺遗址位于山西省襄汾县陶寺村南，面积300余万平方米，是以中原龙山文化遗存为主的史前遗址。陶寺文化拥有距今4000多年的历史遗存，是中原龙山文化系统的有机组成部分。它呈现出来的面貌已经超越了古国阶段的特征，进入了王国阶段。陶寺遗址发掘面积6000余平方米。2002年，经过第二轮发掘出的大型城邑和大量文物，确认它是我国迄今为止所发现的史前大型城址之一。陶寺城址经历了早期小城到中期大城的发展。早期小城南北长约1000米，东西宽约560米，面积约56万平方米，位于中期大城的东北。中期城垣在早期小城基础上向南、向西发展为南北长约1800米、东西宽约1500米的大城，面积达到近280万平方米。从年代上看，可以说是中国史前“第一城”。在城内发现了宫殿区、仓储区、祭祀区等重要遗迹。规模完全不同于古国时期的城址。早期以编号M3015大墓为代表，出土陶和木礼器、玉石工具，还有玉钺1件、石钺2件和数件箭镞。在大城南端的中期小城内的墓地，发掘了编号M22大墓，出土随葬品72件(组)。此墓的墓主人极有可能是“王者”，应当与早期大墓主人的身份相同。陶寺墓地存在明显的金字塔式等级结构。处在塔尖位置的大型墓随葬品丰富精致，包括玉钺5件、玉戚3件，其他有弓与镞，以及鼍鼓、特磬、彩绘盘{图1-2-13}等重要礼器，墓主应是掌握祭祀和军事大权的部族首领。而占墓葬总数90%的小墓，墓圹仅能

{图1-2-14} 观象台，陶寺遗址

容身，死者身无长物，应是社会的平民阶层。这些现象反映出当时社会的等级分化已很明显。

而陶寺最重要的发现是大型圆体夯土建筑，其功能是观天象和祭祀。这是目前发现的中国最早的观象台{图1-2-14}，此建筑进一步说明了社会的复杂化程度和文明化进程。据记载，唐尧时代对天文历法的贡献是空前巨大的。尧自己不仅“其仁如天，其知如神”，还下令派遣羲和、羲仲管理历法与授时，并测定了一年的天数、二十四节令和四季。《尚书·尧典》就有“期三百有六旬有六日”“以闰月定四时成岁”等历法的记载。这些历法不会凭空而来，只能来自长期的实践经验。如果没有科学的观测与记录，显然总结不出这些亘古不变的规律。陶寺“观象台”的发现恰恰证实了“观天授时”活动的存在，印证了《尚书·尧典》上记载的“历象日月星辰，敬授民时”的真实历史背景与社会现实。观象台的建成到使用是一个特定的阶层对自然的观察和知识积累的结果。

陶寺文化类型是中原地区在仰韶文化之后出现的第一个最典型的崇尚军权和王权的模式。这是由于墓葬中出现了大量的玉钺。而玉钺就是兵器，是军权的象征。玉钺也是王权的象征，甲骨文中的“王”字就是从“钺”的形象慢慢演化而成的。所以，

玉钺，陶寺遗址
{图1-2-15}

陶寺文化类型是典型的以玉钺{图1-2-15}为标志的崇尚军权和王权的代表。从聚落形态角度看，高规格的宫殿建筑、宗教建筑和与天文历法有关的建筑设施，应当是“王都”级聚落所具备的标志性建筑要素。显然，陶寺已具备了早期文明化社会的一些基本要素，应该说是目前我国规模较大、显现文明化程度较高的史前聚落之一。因此，从这个意义上说，陶寺是探索中华文明起源重要的遗址，而陶寺文化是中华文明重要的根源。陶寺诸多遗物符合判断文明形成和国家出现的标准。比如明显的贫富分化、防御性的城垣、大型的礼仪建筑观象台、大型的仓储设施、大型的宫殿建筑基址、高规格的墓葬、文字和铜器的出现等。可以说陶寺遗址是中原地区进入“王国阶段”的第一个王国。

距今5000至4000年这个阶段，也就是公元前3000至2000年，文明发展到社会转型期，即由原始社会转向阶级社会。这段时间就相当于考古学上的仰韶文化晚期和龙山时代，也就是传说中的五帝时代。可以说五帝分别代表了不同的历史阶段这一说法是完全可信的。这个阶段是一个转型时期，此时社会发生急剧变化，贫富分化与阶级分化愈演愈烈，区域政治中心纷纷涌现，以军权为支撑的王权、军权、神权相结合的王权国家开始形成。因此，把龙山时代称为中国古代文明的形成期是符合实际情况的。

玉器之变

距今5000－4500年的新石器时代晚期，中国考古学文化面貌发生了重大变化。有令人称道的红山文化的坛、庙、冢；良渚文化的祭坛、贵族坟山和面积达290万平方米的城址；同时还有令人刮目相看的河南西坡大型建筑基址和墓葬的仰韶文化。这些遗址表明当时的社会结构处于新旧转型中，文明的进程到了一个关键时期。这种转变是普遍的、激烈的，然而不同地区不同文化变化的形式、内容和侧重点又有所区别。从器物来看，仰韶文化成组的礼器等作为礼仪的物质表现形式具有突出的地位。龙山文化，主要分布在山东、江苏淮北和安徽东部地区，陶鬶和蛋壳陶杯等陶礼器最具有代表性。在长江下游的崧泽文化和黄河下游山东地区大汶口文化的中、晚期，钺从生产工具发展为武器或权威的象征。直到殷周时代钺已成为王权的重要象征。

这其中最为特别的器物是作为礼器的玉器。新石器时代大部分遗址都发现有玉器。它包含材料的选择、颜色的意义、雕刻的工艺、造型的创造，最后是丰富的内涵，即所赋予的玉器象征意义和其所传达的信息。从简单到复杂，玉器愈来愈成为独立的工艺品，其内涵愈显神秘和高深，归结起来，从日常生活到群体的组织活动，发展为一种礼仪或礼制。成组玉礼器的出现，是因为人们审美能力和工艺技能的提高，将其视为艺术品，并赋予了精神意义。玉器往往出土于少数随葬品丰富的大型或较大型墓中。有些器物如玉璧、玉琮、玉钺等，与墓主人的权利地位紧密相连。这些玉器有些饰有蟠龙纹和兽面纹，与和生活、生产有关的石器相比，玉器是一种完全脱离原有的实用功能而表示宗教观念的器物。

处于黄河流域的以陕晋豫地区最为集中的仰韶文化，其早期墓葬随葬品主要是陶器和石器。在中期西坡遗址的最大墓葬M27的主墓室内未发现任何随葬品，仅在脚坑内发现大口缸、簋

玉璧，牛河梁第二地点一号冢出土
{图1-2-16}

形器、釜灶、壶、钵、杯等陶器。同样在不远的M29大墓中的脚坑中也只发现有陶器陪葬。而玉器如玉钺和环等却在一些比较小的墓葬中有发现。

值得注意的是红山文化墓葬出土的玉器。除过阜新胡头沟墓地和喀左东山嘴遗址，牛河梁遗址是最重要的。在这个地区已发现20多处遗址，其中16个地点中有13个都是积石冢。特别是经过发掘的第二、三、五3个地点。每一地点的积石冢数量不等。第二地点在中心祭坛的西东两侧各分布1、2和4、5两冢。每冢内墓葬数量不一。在1号冢的东西轴线上发现两座并列的大型石棺墓，东西轴线以南有四排约20座中小型石棺墓群。2号冢的正中心有一座大型石椁石棺墓。4号冢和5号冢与1号和2号不同，它们也有墓葬但目前数量不详。第三地点仅发现一冢，其中心部位有一座石棺墓。第五地点中间有一石砌方形祭坛，在其东西各有一冢。这三个地点的积石冢内的墓葬已发掘数十座，多为石板构筑的石棺。墓葬大小不一，但各冢至少有一座主墓。墓坑大，构筑讲究，随葬品却只有玉器。如第二地点1号冢编号M4墓葬人头骨处出土一玉箍形器，胸部并置二猪龙形玉饰。M14墓主的人骨胸前置一勾云形器，腕部各戴一玉环。M15墓主的人头骨下出土一箍形器，腰部左侧置一璧环，双腕各戴一玉环。M21号墓的随葬玉器有20件，包括琮形器、璧{图1-2-16}、双联璧等。第三地点中心编号M7大墓的人头骨下枕一玉箍形器，胸部置一玉琮形器，右腕戴一玉镯。M3出土玉璧、玉环各1件，玉镯2个。M9除玉镯

〔图1-2-17〕
玉璧，良渚遗址反山大墓

外，胸部右侧出土一件瓦纹饰弯板状玉器，可能是臂饰。第五地点中心大墓随葬玉器7件，人头骨两侧各置一玉璧，胸部置勾云形佩和鼓形箍各1件，右腕戴一玉镯，双手各握一玉龟。从牛河梁墓葬的情况判断，玉器与死者的身份、葬仪有关，其宗教含义具有象征意义。而玉器本身的材质、造型和组合更具有一定的体系。这些玉器的组合除沿用兴隆洼文化时期流行的耳饰玦、珠、管、长条匕形饰等生活装饰用玉，占主流地位的则是马蹄状箍、勾云形佩、猪龙、鸟、蝉、蚕及神兽、玉人像。一些具有权力象征意义的玉器如钺、斧、戚、牙璋等在红山文化玉器墓葬中未发现，却在良渚文化中有所体现。

良渚文化具有代表性的遗址有反山遗址、瑶山遗址、草鞋山遗址等。其随葬品玉器较崧泽文化有了变化。崧泽墓葬已有墓室大小和随葬器物多少的区别，但随葬玉石器除了生产工具斧、锛、凿之外，便是装饰用的玉璜、珠、管、坠、璧、琀。良渚文化墓葬等级森严，出现了一类专门葬于祭坛顶部的大墓并只随葬玉器和少量陶器。但无论哪个墓葬，均有玉器随葬。包括管、珠、坠、镯、环、锥形饰等装饰品，特别是有玉璧、琮、冠状饰、三叉形饰、牌和玉石钺等。如反山墓地大墓之一的M20除了串挂饰及管和珠等饰品，出土了与宗教仪轨有关的玉琮4件、璧43件〔图1-2-17〕、冠状饰1件、半圆形冠饰4件、三叉形饰1件、柱状饰9件，另有具有军权、王权象征意义的带端饰玉钺1件及石钺24件。另一个墓葬M12出土有玉器如璧、琮、半圆形冠饰、三叉形饰、琮形管、坠饰，由管串成的挂饰件以及玉石钺等。瑶山祭坛编号M9大墓出土有玉钺1件、石钺1件、嵌玉漆器1件，以及由玉管、珠、锥形器组成的串挂饰。特别是还有玉器如冠状器、三叉形冠状器、带盖柱形器、琮等，这些玉器上多有繁简不一的“神人”或“兽面”纹；而M11大墓除玉管、珠、锥形器串成的挂饰件以外，还有玉质的冠状饰、带盖柱形器、璜、圆牌饰、镯形器、手柄等，玉器上也多雕有“神人”、“兽面”或“神人兽面”纹。其他遗址如福泉山M9和寺墩M3也发现同样类型的玉璧、琮、玉钺和石钺。

良渚文化和红山文化的玉器有各自的特点。良渚文化的宗教信仰是与河姆渡文化、马家浜文化一脉相承的，以天神、地祇、祖先三位一体作为崇拜对象，其礼仪和礼制是通过用玉制度、人工堆筑的高台墓地等诸多方面反映出来的。随葬的玉钺、玉琮等上面刻画的神人兽面纹饰以及饕餮、云雷等母题，陶器中鼎、豆、壶的组合，都为后来的商周文化所继承和发扬。其中玉琮神人和神兽复合构成一个整体的图样，成为良渚文化玉器最常见的纹样，类似于部族的族徽，是发展到一定阶段文化意识形态的综合体现。古代神巫以沟通天地或贯通方圆为主要职务，这一点则可以从玉琮内圆外方的形制上明显地体现出来。而红山文化墓葬中以纯属精神文化范畴的玉器作为唯一随葬品而“排斥”其他与物质文化有关的器类，说明红山人在表达人与人的关系变革时重精神因素远在物质财富因素之上。玉器是红山文化在表达思维观念和精神因素方面最集中的体现。这些玉器主要不是财富占有的显示，也不限于表现等级的差别，而是自有其特定的实用功能，那就是作为通神的工具。不同的是红山文化玉器的神化动物造型和其他神秘造型的器种常成对出现，良渚文化土台埋葬的大墓中则是玉琮、玉璧、玉钺等。玉琮和玉璧是掌握神权的神巫用来祭祀天地的礼器，钺是象征军事统帅和生杀予夺大权的权杖。随葬琮、璧、钺的墓主正是集神权与军权于一身，具有双重身份的人物。土筑高台除墓葬功用之外，还具有祭坛的功用。

红山文化、良渚文化和西坡遗址的时代基本相同，规模大体相当，但在用玉方面表现出不同的类型特点。

从埋葬玉器的环境和方式来看，红山文化多是墓冢，即墓在冢中，一冢多墓，而冢分三层叠砌，形状或方或圆。在一些冢之间更有高高堆砌的祭坛，说明这里是举行某种宗教仪式的地点。良渚文化的墓葬是处于人工堆砌的高台上。仰韶文化有比其他两者更大的大型墓和中型墓，且集中于一个墓地。

从玉器的数量来看，红山文化如牛河梁、胡头沟积石冢的随葬玉器数量各异，从2 件到20件。良渚文化大墓的随葬玉器连同装饰品从十几件到上百件不等。仰韶文化西坡遗址的M11墓中只有3件玉钺，而其他比红山文化和良渚文化都要大的墓葬却仅有陶器。

从玉器造型的组合来看，红山文化以动物形象为主，如马蹄状箍、勾云形佩、璧、环、猪龙、龟、鸟、蝉、蚕等；良渚文化以兵器仪杖类玉器为主，如璧、冠状饰、锥形器、镯、环、钺等玉器以及石钺，其中一些玉器镂刻有神徽，如琮、三叉形器、璜形器等；而仰韶文化只有玉钺，没有组合。

从玉器的使用功能来看，由于文化类型不同，其功能就不同。目前发现的多是葬玉。黑龙江小南山遗址早期的玉葬没有等次或身份的差别。这些玉石是装饰用玉。作为石器类的玉，装饰品和工具同时存在。兴隆洼遗址的玉石是软玉，和其他用品一起埋葬，墓主人是普通的人。而到了牛河梁已将玉作为装饰、葬仪或祭祀用品。第三地点的积石冢中的大墓有大量的玉器而其他附属小墓却很少或没有玉器。这些玉器可能是墓主作为祭司在祭祀活动时使用，也可能是以玉殓葬。玉的葬仪祭祀作用在南方的崧泽、凌家滩和良渚达到了高峰。葬仪和祭祀是社会的主导，形成了一种玉葬及这种玉葬所反映的社会结构和文化，即构成了一个具有一定上层建筑体系的聚落。

从玉器的象征作用来看，红山大墓除用作装饰的管、珠、坠、镯、环等以外，主要是箍形器、猪龙、勾云形器、龟、鸟、蝉、蚕等充满宗教色彩的用作通神工具的玉器。良渚大墓随葬的琮和璧等大部分玉器也与宗教祭祀有关，也是通神的工具，但也有较多象征军权和王权的钺或戚等玉器。仰韶文化西坡大墓除一些陶器外，则只有极少量象征军权和王权的玉钺或玉戚。红山文化除装饰玉，如管、珠、坠、镯、环等，其他如箍形器、勾云形佩、猪龙、龟、鸟、蝉、蚕等为通神工具。墓主手握玉龟或玉猪龙，躯体或服装上的玉器亦是巫师行神事时的辅助工具，说明掌握通神权力的巫师以玉示名，象征其神力。在红山文化的晚期社会虽已发生了分化，凌驾于社会之上的公共权力已经存在，但掌握并行使这个公共权力的并非世俗的王，而是握有通神权力的巫师。他们借助神的权力和威望，进而借助玉器的灵性来沟通神。这样社会的运转和社会的矛盾都由巫师行神事来解决。良渚文化的玉器也是通神的工具。璧与琮相伴出现，同时遗留火烧的痕迹，如寺墩墓葬编号M3的璧，可能是《周礼·大宗伯》所谓“以青璧礼天，以黄琮礼地”的源头。关于玉琮，张光直先生认为把琮的圆方相套的形状用天方地圆的概念来解释，由来已久[1]。内圆象天、外方象地这种解释在琮的形象上说是很合理的。把方圆串起来，也就是把地和天贯通起来。从形状来看，可以说琮是天地贯通的象征，也是贯通天地的一项手段或一件法器。良渚文化玉琮

[1]张光直：《谈“琮”及其在中国古史上的意义》，《文物与考古论集》，文物出版社，1986。

上几乎都刻有神人兽面纹或兽面纹，或神徽。其他玉器如冠状饰、三叉形玉器上也可见到。如果将这些图像的含义同琮的造型和考古上琮、璧一起出现统一考虑，琮、璧作为通神用具或法器就比较合理了。图像有繁有简，学术界大体有四个看法：神人御兽、人兽合一、单一的兽面、单一的神徽。反山M12大墓出土的“琮王”，为这类图像的含义提供了解读。这件玉琮通四面直槽内上下各琢刻一神人兽面纹图像，共8个。神人头戴羽冠，抬臂弯肘，双手五指平分。神兽圜眼，阔鼻大口，上下獠牙，鸟足。其他图像或是它的简化，或分解，或变异，表达一样的内容：头戴羽冠的神人即是巫师，神兽即是想象中有灵性的动物。张光直先生认为巫是使矩的专家，能画圆方，掌握天地，其通天地的工作是受动物的帮助的[1]。所以作为法器的琮上刻有动物的形象不是偶然的。良渚文化大墓随葬玉器在组合上与红山文化最明显的区别是除了都有大量与宗教祭祀有关活动的玉器，还有象征军权和王权的玉钺或多达上百件的石钺。钺是由生产工具类石斧演变而来的兵器，是王权的象征。玉或石钺大量而普遍的存在，表明当时凌驾于良渚社会之上的军权、王权、神权是合为一体的。军权和王权已占有一定的地位，但神权是高于军权和王权的。反山M12大墓出土的玉钺、瑁和镦雕刻有完整的神人兽面纹，瑶山M7大墓出土的玉钺冠饰和柄端雕刻有变形的兽面纹，说明钺在举行盛大祭奠时要充当仪杖，还在行刑和征伐等活动中用于神的调遣。它同时说明能行使军权和王权的也正是能交接人神、沟通天地掌握祭祀大权的巫师本人。所以巫师是三权在握的神人。仰韶文化的大型墓葬中大部分随葬品是陶器，几件钺不能说明存在象征神权的宗教祭祀的活动。虽然仰韶文化社会也已发展出阶层，但不同的是这个社会没有用玉的神人或祭祀活动。尽管这样，仍可能存在其他类型的祭祀活动，比如对于死者灵魂的信仰，事死如事生，或祖先崇拜。所以墓中随葬墓主生前所用的用品或仿制品说明陶器多是祖先崇拜或信仰之礼器。

从玉器的制作技术以及雕琢工艺来看，各地玉器制作的技术有各自形成和发展的特点，也不排除互动的影响。红山文化有圆雕，也有浮雕。圆雕如一些动物形象。浮雕主要是器物上雕刻的花纹已大致表现出一个物体的轮廓。良渚文化的玉器如琮、冠形器、璜形器、三叉形器、圆牌饰以及璧和钺等大量雕刻神人兽面纹，纹饰细密。仰韶文化的玉钺无纹饰，和石斧无区别。从部分玉器表面留下的痕迹看，有些是采用了线切割技术裁料方法，在磨制后进行了精细的抛光措施，如西坡玉器。西坡玉器虽已应用了切割、钻孔、磨

[1]张光直：《中国青铜时代》，生活·读书·新知三联书店，2013年，第264—266页。

制、抛光等技术，但素面且没有更复杂的雕刻。与同时期的红山文化晚期、崧泽文化晚期及凌家滩遗存的玉器相比，西坡玉器的质地类别、种类、造型单一，制作技术相对简单。所以它们更多是实用的工具。这种线切割技术也出现在其他遗址的玉器制作中。如兴隆洼文化，随后在该地区延续数千年。在长江下游地区，河姆渡、马家浜、崧泽、良渚等文化，均普遍使用线切割技术。而黄河上游的齐家文化和中游的陶寺文化中，多采用片切割技术。石家河文化晚期，专业化的冶玉手工业吸纳了山东龙山文化和浙江良渚文化的因素，普遍使用减地阳刻和浅浮雕线刻技术，表现出一定的进步性。

从玉器的造型风格来看，一些器物出土于不同遗址却呈现出跨地区的相似性。例如玉玦，按时间的顺序，从小南山到红山文化，到马家浜，到崧泽，再到凌家滩，再到薛家岗文化。再如数量较多的璜，主要有弧形、桥形和半璧形三种。其中弧形璜与薛家岗文化、桥形璜与崧泽文化、半璧形璜与良渚文化等同类器物形状很接近。如南河浜遗址发现的璜体现了由桥形璜向半璧形璜{图1-2-18}发展的历程。说明这些文化间玉器风格是相互影响的。

从玉器的角度来看红山、良渚和仰韶文化的发展模式。红山文化大墓中众多的玉器没有一件是兵器。除了装饰品，绝大部分是神器。良渚文化中有很多兵器（钺），但也有很多具有宗教色彩的玉器

半壁玉璜串饰，南河浜遗址
{图1-2-18}

（璧）。它们有相同的，也有不同的。而仰韶文化的随葬品很少，陶器只有几件，玉器更少，但清一色的都是兵器。三个文化遗址的遗存是不同的，代表了不同的信仰和向文明演进过程中走的不一样的道路。单纯从物质演变来研究而不重视精神领域的研究，可能得不出更深层的结论。例如，崧泽文化是良渚文化的前身，但是有一个现象要注意，崧泽时期随葬的玉器除了装饰品就是钺（兵器，军权、王权的象征）。如此发展下去，良渚也应该走军权或王权的道路，然而良渚文化却发生了很大的变化。这里不是器物的谱系变了，而是这个文化通过凌家滩接受了来自红山文化中宗教的因素。所以，良渚文化的信仰有了变化。除了祖先崇拜，还有对神灵的崇拜，所以才会出现如此多的琮和璧。再比如钺，反山大墓的钺上刻了鸟样的神徽。鸟是沟通天地的，说明良渚文化是把神权放在了支配的地位。而钺本身是实体存在的物，但绝对有精神的内涵。同时地位越高的人，随葬的具有神权的器物越

多。这些随葬品说明，良渚文化是军权、王权、神权结合的。具有统治地位的人，把神权放在了重要地位，改变了崧泽的模式，接受了新的思想观念。这才使得它走向文明的道路产生了转折。

最后，从玉器之变来看古国的特点，以及文明的模式及演变的进程。在距今5500—4500年这个阶段，无论是北方的红山文化、中原的仰韶文化，还是南方的良渚文化，都已发展到了古国阶段。但它们所走的道路表现形式不同。在文明化进程中，中国古代最早出现的所谓“古国”，其性质和表现形式并不完全一样，有的是神权至上，有的是王权至上，从而导致其发展方向和发展前途不同。通过对红山、良渚、仰韶大墓三者随葬玉器的比较，发现它们时代基本同时，规模也大体相当，但在用玉器随葬等方面却有着各不相同的特点。红山大墓除用作装饰的管、珠、坠、镯、环等，主要是箍形器、勾云形器、猪龙、龟、鸟、蝉、蚕等充满宗教色彩的用作通神工具的玉器；良渚大墓随葬的琮、璧等大部分玉器也与宗教祭祀有关，也是通神的工具，但也有较多象征军权和王权的钺、戚等玉器；仰韶大墓除一些陶器，则只有极少量作为军权和王权象征的玉钺或玉戚。由此表明，红山文化古国是以神权为主的神权国家，良渚文化古国是神权、军权和王权相结合的以神权为主的国家，仰韶文化古国是军权和王权相结合的王权国家。当社会开始出现转型时，最早产生的“公共权力”并不都是以神的面貌出现的神权，而也可能是以军权为支撑的王权。

在古代文明演进过程中，出现不同模式的原因可能是复杂的，既有环境因素，也有传统文化因素，但究竟什么是主因，似乎一时难以说清楚。不过，考察不同地区、不同文化文明演进的全过程，便会发现，不同的模式的发展前途不一样，有的盛极而衰逐步消亡了，有的则向更高级阶段迈进而继承发展下来了。然而在中国古代文明演进过程中，率先开始社会重大转型的不是黄河中游的中原地区，也不是以古长城地带为中心的北方地区，而是崧泽文化所在的长江下游地区。苏秉琦先生将中国新石器时代考古学文化分为六大区系，即以燕山南北长城地带为中心的北方；以山东为中心的东方；以关中、晋南、豫西为中心的中原；以环太湖地区为中心的东南部；以环洞庭湖与四川盆地为中心的西南部；以鄱阳湖—珠江三角洲一线为中轴的南方。有的学者分得更多。考察每一区系可以看到，各区均有自成体系的发展系统，但发展速度不一。以往都认为中原地区发展程度最高、最先开始转型进入文明，后来红山文化以牛河梁、东山嘴、胡头沟等遗址发现的坛、庙、冢遗迹为标志，多数学者倾向于认为红山文化所在的北方地区最早出现文明，其后依次是大汶口文化所在的黄河下游山东地区，良渚文化所在的以环太湖为中心的东南地区，而关中、晋南、豫西为中心的中原地区不仅社会转型开始较晚，而且可能还是在其他文明影响下出现的次生文明。当西坡遗址的仰韶文化庙底沟类型大墓被发现以后，人们对仰韶文化庙底沟类型发展程度偏低的估计已有所调整，而张家港东山村崧泽文化早、中期大墓的面世，则以崭新的材料证明，最早开始发生社会转型的的确是在长江下游，但不是作为崧泽文化后续文化的良渚文化，而是作为良渚文化先行文化的崧泽文化。

然而，在文明演进过程中，不同地区、不同文化因环境和传统的差别所受异文化的影响，所以发展的途径和模式也可能是不同的。仰韶文化的王权道路为后继者所传承，应该是仰韶古国所创造的文明模式得以发展而数千年绵延不断的根本原因。根据考古发现，红山文化之后是小河沿文化，然后是夏家店下层文化，并由此进入青铜时代。在这个过程中，只有红山文化出现有坛、庙、冢，后继者并没有将此继承下来。这些文化发生了各种变化或分化，有的消亡了，有的融入其他发展程度更高的文化。良渚古国以祭坛、贵族坟山、大型城址和精美玉器胜于红山古国。其之后的广富林文化、好川文化以及马桥文化，也没有发现同样重要的遗迹、遗物或更高级的文明的证据。反而有考古资料证明其自行消亡或被别的文化取代、融合或同化了。不同的是位于中原地区的仰韶古国，尤其以灵宝西坡发现的大型建筑和大墓为标志，既缺乏红山古国的坛、庙、冢，又没有良渚古国的大型城址祭坛、贵族坟山和多到上百件的随葬玉器，然而大量的考古材料证明，龙山文化继承了仰韶文化，并将此文明向前推进到一个新的阶段。山西襄汾陶寺遗址发掘表明，距今4300—4000年，这里以面积达280万平方米的城址，包括大型宫殿基址、观象台基址、随葬6件玉钺及诸多彩绘陶礼器的大墓为标志，兴起了一个内涵更为丰富的具有初级文明的国家。之后又发现了距今4000年的河南登封王城岗，为河南龙山文化晚期，其大城城址面积达34万平方米。其后在中原地区发现的河南新密新砦遗址、偃师二里头，以及安阳小屯殷墟和周原等夏商周城址，是仰韶和龙山文化的延续或辐射。由此可见，仰韶古国得以发展，而红山和良渚古国却消亡了。这是因为红山古国采取的是无限扩大神权的模式，良渚古国虽是神权、军权、王权相结合，但仍是以神权为主的模式。神权高于一切应是两者走向消亡的根本原因。由于掌握神权的巫师无所节制地将社会财富大量用于非生产性的宗教祭祀设施的建设和活动中，使得社会机体运转和持续发展失去了动力。红山文化牛河梁、东山嘴等遗址的考古发现说明了这一点。另外掌握神权的巫师不是靠自己的军事或行政才能管理国家，而是靠向神致祭、同神对话和秉承神的意志或个人想象来领导。而军权王权结合却突出王权的仰韶古国与前两者不同。从灵宝西坡遗址来看，既没有红山文化的范围广大和内涵多样的宗教祭祀场景，也没有良渚大墓随处可见的带有神秘宗教色彩的玉器。尽管墓葬规格很高，但一般只有陶器作为随葬品。同时这些大墓并未脱离氏族公共墓地，而是和其他中小型墓葬但可能有血缘关系的死者葬在同一墓地。这说明王权虽显但无神权，同时与其他族人虽有阻隔但仍存在千丝万缕的联系。所以，仰韶古国在这样的王权领导下没有造成社会财富的巨大浪费，从而保证了社会的正常运转和持续发展。同时这些王虽对自然神心存敬畏，也有祭祀，但只有崇敬先祖，通过祭祖求得庇佑和治国良策，而不是像红山和良渚古国的神人或掌握神权的巫师那样随心所欲，靠神或自己的意志管理国家事务。另外，仰韶古国的王比较接近民众和民间社会，因而能提出比较符合实际的措施，顺应文明的发展。

史学家司马迁在他的《史记》里编撰了五帝、夏、殷和周的本纪，构建了『三皇五帝』的中国上古史系统。根据这一体系，中国有五千年的文明史。自20世纪20年代初直到现在，这个以考古发掘为主的研究过程到现在都没有结束。『夏商周断代工程』和『中华文明探源工程』，都是建立在考古资料的基础上，希冀弄清楚中华文明的起源、形成、发展的特点以及持续的原因。

第三章 文献与考古

五帝时代
黄帝社会
陶寺和尧都
禹会诸侯
九州和中国

五帝时代

汉代大史学家司马迁在他的《史记》里编撰了五帝、夏、殷和周的本纪，构建了“三皇五帝”的中国上古史系统。根据这一体系，中国有五千年的文明史。20世纪20年代初，以田野调查、发掘为特征的现代考古学传入中国，当时的一些学者就开始了考古发掘工作，希望找到真正可信的史料。这个以考古为主的研究过程到现在都没有结束。“夏商周断代工程”和“中华文明探源工程”，都建立在考古资料的基础上，希冀弄清楚中华文明的起源、形成、发展的特点以及得以持续的原因。

黄帝社会

仰韶文化晚期至龙山文化时期大体与传说中的五帝时代相对应。考察灵宝西坡遗址总让人联想到司马迁《史记·五帝本纪》中的一些记载：“轩辕乃修德振兵，治五气，艺五种，抚万民，度四方”，“时播百谷草木，淳化鸟兽虫蛾……劳动心力耳目，节用水火材物。有土德之瑞，故号黄帝”。

关于炎黄传说的真实性，司马迁所著的《史记》应该是当时最有代表的史书。经过对传说认真分析和选择，司马迁进行了综合的提炼，形成了三皇五帝的排序：三皇指燧人(燧皇)、伏羲(羲皇)、神农(农皇)。五帝指黄帝、颛顼、帝喾、尧、舜。

黄帝之前是男耕女织，行政不用而治。黄帝以后征伐不断，反映了当时的时代性质起了本质的变化。随着战争频繁，君权膨胀起来，王权出现了，国家机器产生了。不仅有神权和祭祀，还诞生了历法。农业、手工业、畜牧业得到了进一步的发展，黄帝之时文字也产生了，这是文明象征的重要方面。从《史记·五帝本纪》和其他资料对黄帝社会的描写就可看出，在这个时期传说中的三皇部落社会已经发展到了有阶级的国家，即从大同社会到了小康社会。这是文献上描述的黄帝时代的面貌。而从考古发现来看《史记·五帝本纪》的黄帝时期，不仅有粟、黍、稻，而且还发现了很多跟农业相关的工具，如石斧、石刀等。这个时期聚落开始发生了分化，有一些聚落比较大，有一些比较小，在大型的聚落里有王的出现。另外在陕西、甘肃、河南都发现规模比较大的房址，在一些聚落灰坑当中发现人的骨架和动物的骨架叠在一起，而这个现象在早期是看不到的，在中晚期则出现了。可见当时聚落急剧向外扩展，战争变得频繁起来。在这种情况下，聚落周围设防的战壕和城墙就出现了。如果没有战争不太可能会建城和挖河沟。同时，从大墓当中发现贵族墓葬随葬有玉钺，说明这个时期王权已经出现。因此从考古发现对比《史记·五帝本纪》来看，在仰韶文化晚期，年代为距今5500至4600年，仰韶文化的分布以及影响的范围，以农业为主的经济类型和经济发展的水平，聚落分化反映的贫富和阶级的程度，设防的中心聚落大型遗址，以及象征王权的雏形国家等，这些均可以与其他文献记述相互印证。而从文献考古材料综合来看，《史记·五帝本纪》描述的黄帝社会，与考古学上的仰韶文化到红山文化中、晚期是相一致的，因此具有一定的历史真实性。而黄帝则是代表一个时代的符号。

陶寺和尧都

尧都可能在陶寺。根据文献记载，尧部落的中心在冀，都城在平阳，平阳即临汾。所以文献上没有问题。再看年代，碳十四测定陶寺文化是距今4300至3900年，和推测尧部落活动的年代相一致。更重要的是它的内涵和文献记载可互相印证，如《尚书·尧典》中说尧命羲和观测太阳运行制定历法。唐尧时代虽然是一个酋邦林立的时代，但多数酋邦已具有了国家的特征和性质。其中，尧的酋邦无疑是当时最为强大和最具代表性的。而陶寺遗址不仅有“王墓”、陶礼器、铜器、朱书文字，有城垣、宫殿、祭祀区、仓储区等，尤其还有中国最早的“观象台”。

禹会诸侯

作为舜的继任者，禹也有其历史传说。《尚书》、《诗经》、《左传》等均有关于禹的记载。如《左传》言，“禹会诸侯于涂山，执玉帛者万国”。《史记·周本纪》也记载了武王灭商以后分封了很多国家，其中特别追思先圣王，将他们的后代加以分封，神农之后封于焦，黄帝之后封于祝，尧之后封于蓟，舜之后封于陈，大禹之后封于杞。此外西周中晚期的遂公盨，其铭文明确记载了大禹治水土的事迹。从这些史料上来看，至少商代晚期和西周早期是相信禹是存在的。那么从这个角度来看，“禹会诸侯于涂山，执玉帛者万国”这个记载就应是可信的。安徽蚌埠禹会村遗址既然叫禹会，是不是文献记载中“禹会诸侯”的地方呢？这要看考古发现和文献记载有没有契合之处。先看文献中的大禹时代，既是尧、舜、禹禅让的时代，也是邦国联盟的时代。从仰韶文化晚期以来，社会发生重大转型，此时一些地区已经迈入了早期文明的门槛。古代文献的江、淮、河、汉谓之“四渎”，这四水与中华文明的起源、形成和发展有密切关系。当禹治理淮河的时候，是否在涂山召开了一个各路诸侯都参加的盟会呢？

再看禹会遗址出土的考古资料。禹会村发现有祭祀台遗迹，这是一个用白色的土堆起来的长台子，上面有三十五个成排分布的柱坑，北面还有一个烧沟，再往北还有一个小的方形土台和一个大坑。这些遗迹在其他地方很少见，年代可以定在距今4300年至4100年。同时根据文献记载，“禹都阳城”，围绕着夏代的历史和夏文化，从夏商周断代工程开始，考古工作者就在可能与阳城有关的王城岗遗址开展工作。最终发现了王城岗大城，它的年代测定落在了距今4100年这个范围之内。那么禹是否先在“禹会诸侯”后才在王城岗定都阳城，建立夏王朝的，或者反之？“禹会诸侯”是在什么情况之下发生的？有什么意义？这得从大禹说起。按文献记载，大禹治水的时候，只是舜的一个司空，负责治水，所以禹还不可能有都城。正是因为他治水有功，威望越来越大，舜才会把王位传给他。如此，禹先在禹会村会诸侯，然后在王城岗建都是合理的。所以把禹会村看成是大禹领导治理淮河过程当中举行盟会的地点，是有一定说服力的。“禹会诸侯于涂山，执玉帛者万国”是非常有意义的事件，过去只见于文献记载，现在通过考古发现和发掘禹会村遗址，发现此事件应该有真实的背景。禹会村遗址的发现，说明大禹治水在治理淮河的过程当中很可能召集了周围部落的首长到这儿来聚会，也许为分配任务，也许为庆祝胜利，也许会订立盟约。从中华文明的形成过程来看，就会清楚这个事件的意义。夏王朝建立后，形成了一个包括原来尧、舜、禹三个部落地盘的一个广域国家。这么一个诸侯的盟会对于广域国家的形成是很重要的。盟会加强了部落之间密切的联合，文化的融合，感情的加深，为夏王朝广域国家的形成奠定了基础，在中华文明演进过程中发挥了重要作用。

九州和中国

九州的观念是在距今5500至4500年或距今5300至4300年之间的1000年这个重大转型时期形成的。这一阶段跟以前不同，这一点有很多考古资料可以证明。此后的龙山时期，很多地方出现以军事为支撑的政治中心。它们之间要整合，就会发生战争。这时的战争可能跟以前不一样。以前可能就是抢东西、抢财富，这时候可能还要抢土地、抢人口。人口是创造财富的劳动力，土地也是重要的资源。这时，领土、疆域的概念可能已经出现了。文献中讲“禹划九州”，不是空穴来风，这应是这一观念产生的大的社会背景和社会基础。因此可以说这个时期九州的观念已经开始出现并逐步形成了。同时，王权也开始形成了。这时已经出现了最高统治者。最初可能控制范围比较小，渐渐扩大，王的权力越来越大，领土也越来越广，慢慢就有了九州观念。“九”是多的意思，最初可能不是九个州，只有若干个，以后才慢慢扩大了。商代的地理观念中，王畿所在地是核心区，周围是东土、西土、南土和北土，不叫州，都是受到商王朝控制的。在它之外，那才是敌对的各“方”，比如鬼方、人方等。商代的地理观念是继承夏代的，而不是突然出现的。地域分区，或者说最初的九州观念在夏代可能已经形成了。

“中国”的概念是发展的。“中国”这个词最早见于西周成王时期的铜器何尊，当时这个词的含义似乎还不是后来理解的国家，而主要是指从地域出发考虑的“天下之中”的意思。周人的老家在陕西关中一带的周原，文王时为了东向灭商把政治中心迁到了丰，武王时又迁到镐，灭商以后，又把都城建在洛阳。为什么周人要把洛阳作为都城呢？周人可能觉得周原的岐和丰镐太靠西了，殷墟又太偏东偏北，而洛阳恰在至少从夏代就形成的“天下之中”，掌握了这一中心，才能够掌握全国。文献上讲“周人尊夏”，在他

铜盉，二里头遗址
{图1-3-1}

们的观念中认为夏的首都所在地才是真正的“天下之中”。这种以中原为天下之中的观念可以追溯到龙山阶段，甚至还可能再往上追溯到仰韶时代晚期。这个地区的发展是中国发展道路的核心，有仰韶文化、陶寺文化、王城岗文化、二里头文化这个发展主线。二里头遗址具有最早的城市干道网、最早的中轴线布局的宫殿建筑群(都邑与建筑上的王权表征)、最早的青铜礼乐器群如其中的铜盉{图1-3-1}(华夏青铜文明之肇始)、最早的青铜器铸造作坊、最早的绿松石器作坊、最早的双轮车、最早的具有明确城市规划的大型都邑。“王国”就是从这个时候开始的。这之前的国家形态只能称作古国，而二里头已经是王国了。“国”是“城”或者“邦”的意思。一个邦国是以都城为中心，和周围的农村结合在一起的。“中国”就是“中央之城”或者“中央之邦”的意思，即“王国都城及京畿地区”，也就是王权国家的权力中心所在，形成一个有辐射力的文化磁场。洛阳盆地是最早的“中国”区域，而二里头遗址则是这个区域当中最早的一座大型都邑，堪称当时的“中央之邦”，也就是最早的“中国”。而周围的文化区是在不同的时间，以不同的方式逐步加入这个洪流和发展主线当中来的。这是一个逐步扩大的过程。中国文明探源工程描述了这一过程，勾画出中华文明发展的主干和支脉，勾勒出她是如何发展成为参天大树的。

结论
中国文明的多元和传播

中国古代文明是多个地方的文明融合在一起，还是一种文明向四周扩散发展？中国古代文明的起源、形成和发展是多元一体的，就是说不只有一个源头。以前一直认为，华夏文明是从黄河流域兴起再传播到周围地区的。现在发现在大体相同的时间内有很多文明中心。比如长江流域。长江中游以石家河文化为代表，有庞大的古城群；下游以良渚文化为代表，不仅有古城，还发现了大型祭坛和贵族坟山；同时玉器制作非常精致。再如黄河流域。黄河下游的大汶口文化、襄汾陶寺、登封王城岗是该地区的中心。还有辽河流域。辽西、内蒙古高原东部一带的大型遗址是该地区的中心。这些不同的中心都是相对独立的，在距今五千到四千年，相当于尧、舜、禹时代，这个阶段发展的程度很高，并不比中央地区差。因此从整体来看，中国古代文明的起源是多元的。不过，后来这几个文明中心大部分都衰落了。衰落的原因可能是自然环境的变化，也可能是社会因素。如良渚文化，有学者认为其衰落是由于社会财富大量地浪费在宗教祭祀活动上，没有用于再生产。各地文化之间相互冲突、融合，最终在中原地区发展起来了。特别是在夏朝建立后，慢慢形成了以夏、商、周文化为核心的文化系统，中华文明逐渐走向一体。

中国古代文明经过了古国、王国、帝国三个阶段，一些学者将其归纳为古国、方国、帝国三个阶段。名称虽不同，但基本内涵是一样的。距今6000年前后，中国由原始平等的部落社会，开始社会的复杂化进程，文明的因素出现。文明因素不断积累、社会复杂化到了一定程度，就出现了古国。按照苏秉琦先生在其《关于重建中国史前史的思考》[1]一文中的讲法，古国就是立足于

[1]苏秉琦：《关于重建中国史前史的思考》，《考古》1991年第12期。

氏族部落之上、高于氏族部落的一个政治实体。古国阶段，社会已经有了明显分层，有了贫富分化。其中的个人，比如说氏族族长，阶级地位提高了，其权力也开始凸显。这个时期，农业、手工业都有了较大的发展。古国阶段的典型代表，在中原地区就是河南灵宝西坡仰韶文化遗址，在这里发现有大房子和随葬玉钺的贵族墓葬，表明墓主人掌握了军权，有了初级王权。然后，又经过相当长时间的发展，开始进入王国阶段，王国阶段比古国阶段更进一步，军权与王权的结合更加突出。这个阶段的典型代表就是山西临汾陶寺遗址。王国阶段经过了漫长的发展，陶寺时期是初期阶段，夏商时期是发展阶段，两周时期是成熟阶段。到了秦始皇统一中国，开始进入帝国阶段。帝国阶段很重要的特征，就是中央集权，就是制度国家。郡县制代替了分封制，官吏举荐任免制代替了世袭制，一家一户的自耕农耕作制代替了井田制，有了法律，有了管理国家、治理国家的一套完善的制度。

在中国古代文明演进历程中，各个地方形成的模式并不一样。中国地域广阔，从新石器时代就可以看出，文化在不同的地区表现出一定的差异。当进入古国阶段，就可明显看出不同地区在向文明演进中走了不同的道路，出现了两种不同的模式。以东北的红山文化、长江下游的凌家滩文化、良渚文化为代表的文明是崇尚神权的模式。而基本同时的河南、陕西以及山西南部的仰韶文化、龙山文化、陶寺文化是崇尚军权和王权的模式。中国文明发展的过程当中，这两种模式带来了不同的结果：崇尚神权的垮掉了，崇尚军权和王权的延续了下来。所以，如果说中国文化没有断，那是相对于中原地区而言，即从仰韶文化到龙山文化，到二里头文化，再到夏商周一直延续下来。有些地区就断了，但并不意味着就不存在了，而是逐步融入中原文化这个系统当中，这才是它的真实面貌。

中国文明起源可归结为以下几点。

第一，文明模式的不同导致了不同的发展结果。如红山文化、良渚文化都是盛极一时的新石器时代晚期文化。如具有代表性的红山文化的坛、庙、冢；良渚的刻有神人兽面纹的玉器；中原仰韶文化的彩陶以及龙山文化的黑陶。尤其是玉器，表明了一定的社会结构。根据墓葬中随葬玉器的观察和思考，得到两种不同的模式：红山文化和良渚文化是崇尚神权的模式，而仰韶文化是崇尚军权和王权的模式。前者将创造的所有财富贡献给各种神明，社会财富大量浪费。而仰韶文化是祖先崇拜，为传宗接代和氏族部落长治久安，因此很多社会财富用于再生产。所以可以看出，红山文化之后小河沿文化、夏家店下层越来越衰落。良渚文化后来的马桥文化等也衰落下去。第二，中国古代文明演变的历程，是不断吸收不同民族文化的历程。每一个文化的发展过程都不是孤立的，中原地区的仰韶文化更是如此。第三，中国从氏族部落社会时代一直延续下来的血缘关系和祖先崇拜是自身保持绵延不绝、持续发展的重要原因。过去，对血缘关系批判很多，但是从另一个方面看，正是因为有了血缘关系、祖先崇拜和比较看重家族，所以社会才会凝聚和发展，而不是一盘散沙。这是中国古代文明不断发展的重要特点。第四，共同的信仰和文字体系的使用和推广是维护自身统一的重要力量。第五，中国文明演进过程中形成的天人合一、和而不同、和谐共生等理念是处理人和自然、人和人、国与国的关系的依据。第六，中央集权的政治制度对保证国家兴建和政治统一有重要作用，但是过度的运用也在一定程度上束缚了人们的思想和创造性。

以上所述的这六个方面，对于文明的进程和国家的发展具有重要的历史作用。

下编

中国文明起源之因素

导论　关于中国文明起源之因素

中国文明起源的主要因素是什么？史前人类的创造才能是如何推进人类本身及其社会进步的？农业为人类的生存提供了怎样的保证？由此而建立了怎样的社会？物质、精神和社会文化如何互动？各个地域的文明因素及其演变有什么特点？这些因素对中国文明的起源有什么意义？中国史前史，尤其是旧石器时代末距今25000年至青铜时代早期距今3500年间这个时期，是回答这些问题的关键。在人类历史上，史前史是文字记录出现之前包括文字孕育形成的阶段，是人类从心智到智慧的发展即人之所以为人的阶段，是人类体质、生存能力和思维进化史、物质和精神文化创造史、社会形态形成史以及对自然的改造史。

文明因素涵盖人类创造的物质文化包括农业，如谷物驯化和家畜驯养的产生；工具，如石、骨、木、铜等材料和技术的改进和发明；建筑，如房屋和聚落村或城、水利灌溉等工程的实现；饮食陶器，如器物和陶窑焙烧的发明以及烹饪的进步。伴随着物质文化产生的是精神文化包括艺术品，如有装饰意义、使用功能和宗教意义的饰品、刻画、绘画、雕刻、雕塑的制作。物质文化和精神文化又促进了社会文化包括组织和交流，如分工、合作、祭祀、葬仪、礼仪的形成和沟通手段包括语言的建立，尤其是习俗和意识形态的构成。而人类本身的进化，包括思维、体质的演化和生存能力的增长无疑贯穿在这些文明因素的发展演变中。文明的各个因素既是整体的、时空的，又是相互关联的、有因果关系的，既是物质的，又是精神的和社会的，表现了人类在生存中和自然相互磨合进化的过程和结果。中国文明的因素存在于各个史前考古遗址中，每一座遗址的遗迹、遗存都包含史前人类生活的信息，这些因素作为文明进程的重要组成部分，决定和影响了文明的趋势、特点和文化概念的形成。

史前时期文明因素因地理环境的差异在空间上东、西、南、北、中有很大的不同。目前发现的史前考古遗址主要分布在辽河流域、黄河流域、淮河流域、长江流域、岭南和西部地区。在时间上分旧石器时代末和新石器时代早期、新石器时代中期、新石器时代晚期第一和第二阶段、以及青铜时代早期。距今25000年至9000年间，是旧石器时代末到新石器时代早期，是从采集到谷物驯化的阶段。

史前人类开始有意识地培育一些植物，并发明制作出与之相适应的耕作工具和日用陶器。一些地区虽然没有开始栽培野生谷物却同样发展了石器并发明了原始陶器。这开启了人类社会一个崭新的时代，即从依赖自然的被动状态到认知、发现自然同时创造发明出适应自然的人类生活。距今9000年至7000年间，是新石器时代中期，驯化谷物和驯养动物活动日益频繁，从而出现了相对稳定的聚落定居生活。从灶到釜，史前人类发明创造了极富想象力的饮食陶器，也促进了群体的社会性。距今7000年至5000年间，是新石器时代晚期第一阶段，大田耕种使食物来源逐渐脱离了完全依靠狩猎采集的状态，在此基础上史前人类逐渐发展了物质文化和生活方式并进一步丰富了精神文化以及社会文化。聚落村得以发展到有壕沟围绕的聚落城。距今5000至4000年间，是新石器时代晚期第二阶段，农业渐渐形成，普遍种植农作物和饲养家畜、家禽。史前人类建立了大型城址，内外城都筑有城墙或城壕，居住、手工作坊、墓葬、祭祀功能区域布局一步步扩大和完备。中心聚落发展到了古国阶段。距今4000至3500年间，是青铜时代早期包括铜石并用时期，大型宫殿群出现了，铜器制品逐渐成为重要的器物。礼器构成了社会系统，古国进入到了王国阶段。在这个进程中，遗址之间的交流和交融日益频繁，每个遗址都表现了共性中的个性，个性中的共性。人类因生存需求而发展了适应自然和改变自然的能力，发展了与之相适应的一系列相互影响和因果关联的文化因素。

作为人类生存的基本要素粟稻农业，促成了一个人文环境的母体。在这个环境下，人类得以进行一系列的活动：从人与自然关系的变化即从对自然的认知、谷物驯化和动物养殖开始，进而促进各类工具器物制造、房屋建筑、烹饪及炊、饮、食、盛、储藏器的发明和改进等物质文化，在这些物质文化创造中形成了人和人的关系以及人和自然之间的关系，发展了人类的社会性，体现了思想概念的精神文化，随之建立起群体组织和沟通的社会文化。而社会文化又反映了物质文化和精神文化状况下形成的人和人以及人和自然之间的关系。中国文明起源的文化因素正是这种物质文化、精神文化和社会文化的综合体现。

人类真正独立于自然是从野生植物的发现和驯化开始。北方的粟黍和南方的稻谷，由于季节性的固定种植，史前人类发展了相应的石器以及加工制作谷物使用的石磨盘和石磨棒或石磨盘和石磨球，尤其是发明了陶容器，尽管泥质器皿也会适应渔猎而产生，真正的陶器却是谷物饮食器皿，它改变了人类的生活方式。人类终于走出洞穴，来到平原、谷地、丘陵的河流岸边搭屋建房。经过近万年的演变，史前人类从半定居半迁徙慢慢过渡到基本的定居生活。

第一章

从采集到谷物驯化

旧石器时代末到新石器时代早期（距今25000—9000年）

主要遗址

黑龙江西辽河流域

黑龙江小南山遗址Ⅰ期（距今17000—13000年）

黄河上游

宁夏鸽子山遗址（距今12000—10000年）

黄河中游

山西下川遗址（距今24000—16000年）

黄河下游

北京东胡林遗址（距今11000—9000年）

河北南庄头遗址（距今10500—9700年）

长江中游

湖南玉蟾岩遗址（距今18000—14000年）

江西仙人洞和吊桶环遗址（距今20000—9000年）

长江下游

浙江上山遗址（距今10800—8600年）

岭南

广东青塘遗址（距今25000—10000年）

广东牛栏洞遗址早期（距今14000—12000年）

广西甑皮岩遗址一至三期（距今12500—9000年）

狗尾草和野生稻

文明的萌芽正是从人类驯化植物开始的，这无疑是人类历史上的伟大进化。史前人类作为一个自然物种，处于动物和植物世界之中，在狩猎和采集活动中，学会了和动物相处、争夺地盘并跟随动物的迁移和植物的生长季节变化而迁徙。可能由于动物类食物的减少，人类更倾向于采集。在采集中理解了植物一年四季的变化和生长规律，开始尝试选择并栽培一些野生谷物。这是人类主动观察自然并试图用人为的方法提供食物的开始。火的使用和石器工具的制作让人类自身脱离了动物性，而谷物的驯化终于使人类从被动地获取食物进入主动地适应自然，并建立了一个以人为主的自然环境。从各地的考古发现来看，这种状况出现在更新世末和全新世初，即考古学上的旧石器时代晚期向新石器时代早期过渡期间，距今25000至9000年。气候的变暖，使史前人类的植物驯化活动不论粟黍还是稻谷都出现在河流一带，如西辽河、黄河、淮河、长江等流域和岭南湿润地区。在这些地区都发现了史前谷物驯化的遗迹。这开启了一个史无前例的原始的创造时代。

在这些地区同时或大约同时期发生的谷物培育种植一方面说明地理气候逐渐变得适宜，一方面也说明人类在采集方面积累了越来越多的经验和知识。这种驯化可能是偶然性加上规律性，个体行为加上群体间的传播，即若干人的发现和实践活动流传到各地。但也可以是多地的个体行为。由于男人从事体力类的活动，如狩猎、渔猎或动物的驯化，所以野生植物的驯化可能是妇女进行采集的结果。然而这是一个一年又一年的反复观察—试验—失败—再反复的实践活动，既有太多的偶然因素，又是一点一点地发现规律并一代又一代地传授和传承的过程。

北方旱地对粟黍的驯化最早发现于黄河下游。在永定河支流清水河北岸的东胡林遗址{北京市门头沟区}浮选出了14粒炭化粟粒和1粒炭化黍粒[1]。位于华北冲积大平原的南庄头遗址{河北省保定市徐水区南庄头村}紧邻萍河，周围还有鸡爪河和瀑河。从在遗址出土的石器和陶器表面的残留物以及在文化层沉积物中提取的残留物中分析出了具有驯化特征的粟类淀粉粒[2]。史前人在采集过程中可能已经发现了狗尾草的天然

[1]赵志军、赵朝洪、郁金城、王涛、崔天兴：《北京东胡林遗址植物遗存浮选结果及分析》，《考古》2020年第7期。
[2]徐浩生、金家广、杨永贺：《河北徐水县南庄头遗址试掘简报》，《考古》1992年第11期。

变异现象，开始有意识地对此进行培育。虽然适合这种驯化的地理环境不是单一的，然而目前的考古发现表明黄河中游可能是最先发展起来的。

南方稻谷的遗存反映了稻谷驯化的不同阶段、方面和地域的变化。早期野生稻培育的萌芽发生在南岭山麓的玉蟾岩遗址、仙人洞—吊桶环遗址；在岭南的牛栏洞遗址；在太湖流域的上山遗址。这些遗址处于从旧石器时代晚期向新石器时代早期的过渡阶段，展现了史前人类从狩猎采集到驯化谷物生活的开始。玉蟾岩遗址{湖南省道州市寿雁镇白石寨村}是一处石灰岩溶洞，位于道县盆地的北部，绕以丘陵等南岭山脉。在这里出土的稻谷壳和稻属植硅体兼有野籼和野粳综合特征，具有由人工干预的野生稻向栽培稻初期阶段演化的原始性状[1]。植硅体是植物硅酸体的简称，由于某些植物在吸收地下水的同时，吸收了一定量的硅，这些硅在植物体内形成难溶颗粒，可能会反映当时的环境。仙人洞—吊桶环遗址{江西省上饶市万年县大源镇}位于四周高山的盆地中，洞前有大源河。仙人洞同样是石灰岩溶洞，吊桶环为穿透式岩棚。在两处相隔800米的遗址堆积层中浮选出了稻属植硅石，地层堆积序列表现了野生稻驯化的过程。这个地区野生稻的采集在距今12000年已成为生存方式。距今10000年，这里出现温暖潮湿环境。在上层的第二期文化中，仙人洞人将野生稻培育成兼具籼和粳稻特征的人工栽培稻，处于一种由野生稻向人工驯化稻演化的古栽培稻类型。籼和粳稻难分的状态是原始水稻在进化过程中的主要表现[2]。牛栏洞遗址{广东省英德市云岭镇}为石灰岩丘陵山地，位于狮子山南麓，山下南侧有一条宽约25米的古河道。在最下层的堆积中发现的还是没有开始分化的极少量非籼非粳类型的水稻硅质体，在上层的堆积物中却发现了少量稻谷硅质体24粒[3]，虽开始分化但仍为籼粳难分的状态。这种变化说明了原始水稻的进化过程。

[1]张文绪、袁家荣：《湖南道县玉蟾岩古栽培稻的初步研究》，《作物学报》1998年第4期；参考袁家荣：《湖南旧石器时代文化与玉蟾岩遗址》，岳麓书社，2013。

[2]北京大学考古文博学院、江西省文物考古研究院：《仙人洞与吊桶环》，文物出版社，2014年，第242—251页；参考李家和：《江西万年大源仙人洞洞穴遗址第二次发掘报告》，《文物》1976年第12期。

[3]金志伟、张镇洪、区坚刚、于宪宝、邝茂盛、易振华、吴基团、陈国胜、莫铁军：《英德云岭牛栏洞遗址试据简报》《江汉考古》1998年第1期；参考广东省珠江文化研究会、岭南考古研究专业委员会：《英德牛栏洞遗址，稻作起源与环境综合研究》，科学出版社，2013。

最有特点的是时代较晚的上山遗址{浙江省金华市浦江县黄宅镇渠南村}，位于钱塘江流域浦阳江盆地中心，东侧200米处有支流蜈蚣溪。在更新世与全新世的转变时期，这里气候发生变化，夏季风强烈且气候温湿。在上山遗址早期阶段的陶器制作中发现陶胎坯土羼合料中掺入的大量稻壳，红烧土块中也包含有炭化稻壳，同时文化堆积中也提取出了稻谷植硅体。尤其是浮选出土了炭化稻米{图2-1-1}。通过对所选取的陶片进行植物硅酸体分析以及对出土的各种遗存稻形态特征的综合研究发现，陶胎中保留的稻壳兼具野生稻小穗轴和栽培稻小穗轴的特征[1]。稻谷小穗轴是连接稻谷和稻秆间的小梗，其基部的离层形成的差异是鉴别野生稻、粳稻和籼稻的一个重要特征。虽然上山人在这个阶段还采集野生稻，但大量的稻壳稻叶作为陶器羼合料表明上山人栽培活动的增加。这些遗址基本反映了一个经过数万年的稻作起源和稻谷本地驯化的过程。从稻谷驯化分布来看，原始栽培同时需要野生稻和泥土环境的条件。但环境决定了驯化范围和方式，仙人洞—吊桶环、玉蟾岩和牛栏洞遗址都是石灰岩洞穴，其地理气候环境也适应野生稻的培育生长，而真正较大面积的栽培则是从同处于河谷地带的上山遗址一样的地理地貌开始的。

{图2-1-1}浮选的炭化稻粒，上山遗址

虽然这段时间人类并未完全定居，迁徙活动仍非常频繁，但谷物驯化已断断续续地在各地发生，在一些地区处于驯化中的粟黍和野生稻已成为当地先民们食物的重要补充。然而一些地区则发生的比较晚。如位于长江和南岭以南的玉蟾岩和仙人洞遗址，两者的直线距离只有200多千米，但驯化谷物的时间却有几千年的间隔。同时在具有地理气候野生植物适合谷物驯化的当地特点外，这其中还有人类的重要选择，即因人类的活动使然。如甑皮岩{广西壮族自治区桂林市象山区独山}和牛栏洞遗址都拥有极为丰富的水源和自然资源，陆地和水生动物，而前者的居民选择了以狩猎、采集和捕捞渔猎为主要生存手段，缺乏野生稻驯化活动的偶然性或对植物生长规律的长期观察。由此看来驯化谷物的现象可能发生于个别地方或个别史前人类群体，是史前人类根据当地地理环境和食物资源采集的自然选择。然而这样的选择并未持续，两地的互动使稻谷驯化得以在岭南地区广泛传播，最终使谷物驯化成为史前人类继续生存的重要手段。

[1]郑云飞、蒋乐平：《上山遗址出土的古稻遗存及其意义》，《考古》2007年第9期。

打磨石器

看起来史前人类无意识地进行了一场变革。不单单是采集方式发生了变化，无论北方粟黍还是南方稻米栽培，在驯化过程中都出现了相应的石制生产工具。大部分遗址发现了从打制石器到磨制石器的过渡，这是旧石器时代向新石器时代过渡的标志。史前人类根据获取食物的倾向和需求来制作出各类材料的工具，尤其石器，促使其真正变化的是伴随谷物的种植过程。从石器的打制可看出史前人是如何从制作较为简单的采集类工具到挖掘土地栽培谷物的工具。如旧石器时代晚期青塘遗址{广东省清远市英德市青塘镇}四个阶段的文化层从石片石器到定型的陡刃石器[1]；下川遗址{山西省晋城市沁水县城西下川乡}从砍砸器到出现了锛形器；仙人洞和吊桶环遗址早期的成形器物远不及断残片的半成品多，后期较多的则是砾石砍砸器、锤、边刮器[2]。石器数量也说明了其形制变化的过程，如小南山遗址{黑龙江省双鸭山市饶河县饶河镇}第一期文化遗存发现了近5000余件打制的两面器和石片[3]；鸽子山遗址{宁夏回族自治区青铜峡市蒋顶乡}呈现出从40000年前到12000年前逾万件尖状器、小型两面器和形制多样的石磨盘、石磨棒等石器加工的形态变化[4]；牛坡洞遗址{贵州省贵安新区马场镇平寨村}出现了大量与加工打制石器有关的石料、断块、石核、石片、碎屑等以及细小的打制石制品[5]。在

[1]刘锁强、邓婉文、何嘉宁、巫幼波、王幼平：《广东英德市青塘遗址》，《考古》2019年第7期。

[2]北京大学考古文博学院、江西省文物考古研究院：《仙人洞与吊桶环》，文物出版社，2014年，第43—75页、第158—196页；参考李家和：《江西万年大源仙人洞洞穴遗址第二次发掘报告》，《文物》1976年第12期。

[3]文博在线：《东亚玉文化的曙光——黑龙江饶河小南山遗址》，2020年04月30日；参考李有骞、杨永才：《黑龙江饶河县小南山遗址2015年Ⅲ区发掘简报》，《考古》2019年第8期。

[4]郭家龙、王惠民、乔倩：《宁夏鸽子山遗址考古新发现》，《西夏研究》2017年第2期；参考中国社会科学网：《宁夏鸽子山遗址再获重大发现》，2017年2月21日。

[5]付永旭、韦松恒、文应峰：《贵州平坝县牛坡洞遗址2012—2013年发掘简报》，《考古》2015年第8期。

漫长的流动性狩猎和采集活动中，随着谷物驯化的进行，打制粗糙的斧、锛、凿这样的砍砸器，在从谷物生产到来之前的采集阶段主要用于砍伐与切割，即砍伐树木，砍砸兽骨或坚果，以及切割兽肉之类等，到这时已变得较为细致。如牛栏洞遗址发现了打制精细的石斧与切割器，适应当地以渔猎鱼类和螺蚌为主又以采集和栽培野生稻为补充的生活；上山遗址的石器正处于由打制向磨制石器的过渡阶段，虽然这段时间工具仍然一器多用，上山人却更为仔细地制作了石斧、石锛和石凿{图2-1-2}，有些还通体磨光。由此，斧、锛、凿演变为以后耕作、砍伐、挖掘的基本工具和造型。此外穿孔石器的运用可能与狩猎的投石器或纺织的纺轮有关，其圆的形状和圆孔的打制、穿凿则反映了石器制作和人类造型能力的进步{图2-1-3}。

{图2-1-2} 石斧、石锛和石凿，上山遗址

最有特色的是加工禾类植物籽粒的工具石磨盘、石磨棒或石球。不论南北方，它们通常都是一个组合，并且造型大致相同。石磨盘可能选择比较有平面的石块打制而成，或磨出一个浅弧状面来，其他面保持自然外形，棱角部位多琢打成钝圆外形。石磨棒比较长，一面或多面有明显的摩擦痕迹，摩擦面呈弧隆状。这类工具自旧石器时代晚期就有发现，如下川遗址的石磨盘。这说明，虽然没有发现谷物遗存，史前人类却已经开始加工采集来的植物包括野生粟黍的籽粒。南方洞穴遗址并未发现石磨盘，只有类似仙人洞遗址的石砧，然而骨制品丰富，说明在这些地区当时谷物采集和驯化并不重要。直到稍晚的上山遗址，发现24件利用板状石英砂岩加工而成的石磨盘和石磨棒[1]{图2-1-4}。人工痕迹尤其表现在磨盘中心有圆形或长条状凹陷磨痕。可见这套组合用来将植物或粟黍籽粒去壳并研磨成面粉，或用来碾磨块茎类食物以获取流汁状的淀粉。随着谷物驯化的发展，石磨盘和石磨棒或石磨球逐渐增多，成为重要的谷物加工工具。其结果加速了饮食和相应陶器的多样化。

{图2-1-3} 穿孔石器，上山遗址

{图2-1-4} 石磨盘和石磨棒，上山遗址

[1]浙江省文物考古研究所编：《上山文化：发现与记述》，文物出版社，2016年，第15—18页、彩版第62—68页；参考浙江省文物考古研究所等：《浙江浦江县上山遗址发掘简报》，《考古》2007年第9期。

原始陶器的出现

敞口罐陶片，甑皮岩遗址二期
{图2-1-5}

陶器是人类创造的最初的饮食和生活用品。由于舀水或放置采集植物籽类或蚌类的经常性的行为，需求一个容器的愿望就会产生。接着就有了在火上烧水或煮食的需要和灵感。用最易获得的土壤捏制的泥质器皿就自然而然地出现了。

从考古发现来看，一些遗址陶容器的出现早于驯化谷物的活动。如仙人洞遗址在距今20000年至19000年的堆积层中发现了10多件条纹陶片[1]，器型有釜和深腹钵。陶质为夹砂陶，用的是洞口附近的红土，均有烧烤痕迹，为篝火堆烧。这是目前考古发现的最原始的陶器。青塘遗址第三期出现了距今17000年至15000年火候较低的陶器[2]。小南山遗址在距今17000至13000年的第一期文化遗存中也出土了火候较低的陶片，内外表面有压印草痕[3]。表明史前人尝试用植物加固陶器。在牛栏洞遗址第一期，虽然发现了极少的野生稻，并未发现栽培的稻属植硅体，说明这里的人还以狩猎或渔猎为主，但却出现了陶片和陶块。岭南其他遗址如青塘遗址和甑皮岩遗址的陶器也伴随当地人捕捞鱼类、采集贝类等水产食物的活动而出现。尤其后者的陶器在不同时期呈现出了器型及质量的变化[4]。一期距今12500—11400年，出现了夹粗石英灰白陶圜底釜的碎片；二期距今11400—10300年，出现了夹砂灰褐陶片{图2-1-5}，器型为圜

[1] 北京大学考古文博学院、江西省文物考古研究院：《仙人洞与吊桶环》，文物出版社，2014年，第262页；参考李家和：《江西万年大源仙人洞洞穴遗址第二次发掘报告》，《文物》1976年第12期。
[2] 刘锁强、邓婉文、何嘉宁、巫幼波、王幼平：《广东英德市青塘遗址》，《考古》，2019年第7期。
[3] 中国考古网：《黑龙江饶河小南山遗址》，2020年5月9日。
[4] 中国社会科学院考古研究所、广西壮族自治区文物工作队、桂林甑皮岩遗址博物馆、桂林市文物工作队：《桂林甑皮岩》，文物出版社，2006年，第59、91—106、108—118页；参考巫惠民、阳吉昌：《广西桂林甑皮岩洞穴遗址的试掘》，《考古》1976年第3期。

底敞口罐；三期距今10000—9000年，出现了更多的夹石英红褐陶圜底敞口罐。此遗址的陶器制作呈现了时间上的序列，从一期的陶片器表开裂呈鳞片状到二期和三期器表基本不裂，说明陶工掌握了如何控制陶土和羼料的配比并使陶胚干燥的方法。这些陶器都是就地取土，砂砾为土中所带有，未经过任何筛选。制作使用泥片贴筑法和平地堆烧，火候很低，烧成温度不超过摄氏250度。从其形态特征来看，这些原始陶片属夹砂陶，含石英砂多，颗粒粗，大多数不成形，虽然少数表面带粗绳纹纹饰，仍属于最原始的未陶化的陶器。甑皮岩遗址制陶演化说明每个遗址的陶器都经过了一个陶化阶段。

驯化谷物不仅催生了与之相适的石器工具，也促进了饮食的发展从而发明了各类陶器。随着人们对水、火、土、砂石和植物的进一步认识，有选择地取土或掺加羼料，夹砂或夹炭陶陶器就制作出来了。夹砂陶主要含有沙或石英砂。玉蟾岩遗址发现的陶器碎片年代距今1.8万年，泥质中夹杂石英砂，质地疏松。制作方法为贴塑，堆烧而成，火候不均匀，复原后呈釜形器。仙人洞和吊桶环遗址在距今10000年气候回暖时期出现了驯化稻后，

〔图2-1-6〕陶片正面和背面 仙人洞遗址

陶器数量增加。由于陶胎中加入了砸碎的石英石，有一定的致密度，器表烧成温度超过摄氏600度[1]，基本实现了陶化{图2-1-6}。南庄头发现的40余件陶片羼有石英粒、云母、蚌壳，陶胎壁厚0.8至1.0厘米，器型为罐或钵[2]。制作时当泥条或泥片成形后，器身用某种植物或绳子绕之加固，烧成后形成绳纹或附加堆纹。一些遗址的陶器以夹炭陶为主，即在陶器的胎泥中夹杂炭屑或稻谷壳等经火燃烧后的植物炭。如在上山遗址发现的许多陶片呈红色，在其内胎和表面可以明显地看到陶器坯土羼合料中掺入的大量稻壳[3]。正是因为有了一定的谷物积聚，陶工才得以利用谷物加工产生的谷壳、稻叶和稻穗末，在制作陶器时有意识地将其羼入了泥胎中。这些陶器在采用直接捏塑法的基础上使用了简单的贴筑法制作，有些较大的罐还结合使用泥条盘筑法。为解决陶质疏松、火候低而导致的易碎现象，史前人还常用绳纹、戳印纹、线划纹等作为加固器物的装饰。

[1] 北京大学考古文博学院、江西省文物考古研究院：《仙人洞与吊桶环》，文物出版社，2014年，第77页；参考李家和：《江西万年大源仙人洞洞穴遗址第二次发掘报告》，《文物》1976年第12期。
[2] 徐浩生、金家广、杨永贺：《河北徐水县南庄头遗址试掘简报》，《考古》1992年第11期；参考李君、乔倩、任雪岩：《1997年河北徐水南庄头遗址发掘报告》，《考古学报》2010年第3期。
[3] 蒋乐平主编：《浦江上山》，文物出版社，2017年，第67页；参考浙江省文物考古研究所等：《浙江浦江县上山遗址发掘简报》，《考古》2007年第9期。

{图2-1-7}
一套红衣夹炭饮食陶器皿
上山遗址

由于陶器制作的进步，器物具有了一定的造型及相应的实用功能，人们可以更方便地使用发明出来的各类饮食盛器食用或储藏碾磨后的粉状、颗粒或汁类的植物或谷物，而烹饪食物的方法也得到了极大的改善，包括谷物和肉类从烧烤到煮炖。这标志着一种全新生活的开始。从青塘遗址和鸽子山遗址大量出现的堆火类的火塘到南庄头遗址类似灶的火塘[1]，再到上山时期开始，堆火就已经演变为坑式的边上有石块作支架的灶。灶的演变过程见证了史前人类从直接烧烤肉类到使用陶炊具来煮或炖熟肉类和谷物的过程。如在南庄头遗址发现的鹿臼齿、上山遗址发现的数量较多的鹿和猪的骨骼，以及各种成形的陶器。在灶上开始烧水做饭，饮食烹饪就出现了。这表明伴随着从采集植物过渡到驯化谷物，饮食陶器促进了人类食物构成的根本性改变。

总体看，出现最早的饮食陶器是釜和罐。圜底釜出现在青塘、仙人洞、玉蟾岩和甑皮岩遗址，是用于煮食物的炊具。罐出现在南庄头遗址和上山遗址，是用于盛水或储物的容器。而上山遗址在几千年来发展了罐、盆、盘、钵、杯等，创造了从饮器、食器、盛器到储存器的一套造型各异的器皿{图2-1-7}：罐为大腹、直颈，上附有两耳；盆为小平底的大口盆和圈足盆；盘为浅沿平底；钵为圜底；杯为圆筒状。看来，上山人在这个阶段开始具有了某种饮食方式。

[1] 李君、乔倩、任雪岩：《1997年河北徐水南庄头遗址发掘报告》，《考古学报》2010年第3期。

走出洞穴

随着谷物从偶然性到季节性驯化再到有规律的培育种植，史前人类发明了相应的打制石器以及饮食陶器，这种活动结束了人类饥则求食，饱则弃余，茹毛饮血的生食生活，从迁徙逐渐转向定居。根据出土遗址看，仙人洞、玉蟾岩、牛栏洞、甑皮岩等洞穴遗址是史前人类以迁徙性狩猎和采集为主的居处；南庄头遗址位于华北冲积大平原的西部边缘，没有发现建筑遗迹，但发现了石磨盘和石磨棒等谷物加工工具，猪和狗的遗骨以及陶片。这种状况说明史前人类处于半迁徙、半定居或进入准定居生活的状态。到上山文化时期，根据出土的各种稻遗存以及建筑遗迹来看，上山居民已经从洞穴或从不定的迁徙中走向平原开始定居的生活。上山遗址位于浙中盆地，四周平坦开阔。人们在采集自然生长的野生稻的同时，也开始断断续续或比较定期地栽培野生稻，进行挖地、播种、浇水、照看、按季收获等劳作。同时制作陶器也需要一定的固定时间。陶器的制作和使用也使迁徙的生活节奏慢了下来，可能是因为制作的费时或使用携带的不便，甚或是用量的增加。这样遵守季节的种植和固定的制陶活动逐渐使史前人类停留在一个地方，从而人们就开始为自己建造居住较久的房屋。

上山遗址发现了早期沟槽式基础并建有围墙的房址F2{图2-1-8}和中期有柱列的地面式或干栏式的房址F1{图2-1-9}。F2遗留有三面墙，西墙和北墙交接处有一处柱洞。F1由结构比较完整的3排柱洞构成木构建筑基址，形成长11米、宽6米的矩阵。北列有10个柱洞，中列有11个柱洞，南列有10个柱洞。三列柱洞平行分布，柱洞间也基本为等距离分布[1]。房址周围还发现了其他分布面积较大的167个柱洞。从这两处年代间隔约千年的房屋可见上山建筑从平地式到多柱干栏式的变迁。这样大的变化可能是气候变化或湿地环境使然。总之，上山建筑为后来这一区域的聚落提供了一种模式。

随着谷物驯化的深入，适应种植的工具的制作，饮食器皿的发明，史前人类从洞穴走向了平地，从迁徙中逐渐定居了下来，聚落生活就这样开始了。

[1]蒋乐平主编：《浦江上山》，文物出版社，2017年，第35页；参考浙江省文物考古研究所等：《浙江浦江县上山遗址发掘简报》，《考古》2007年第9期。

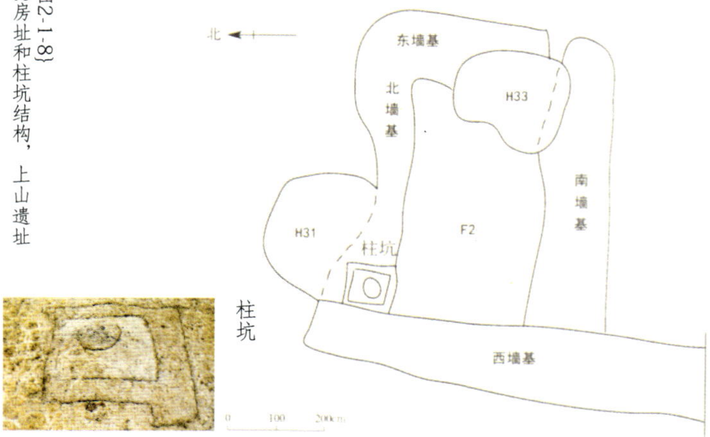

{图2-1-8}
F2房址和柱坑结构，上山遗址

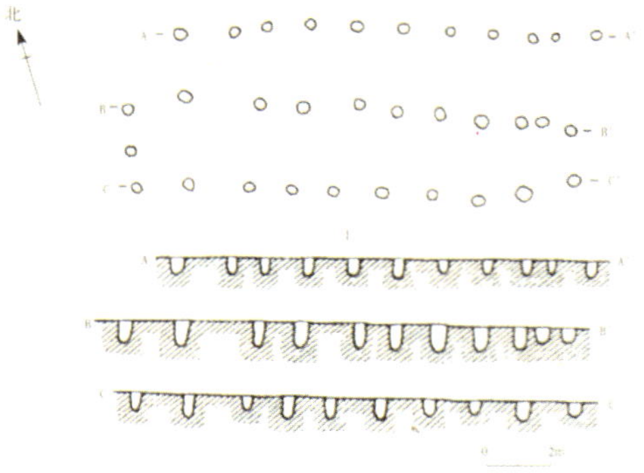

F1排柱剖面图，上山遗址
{图2-1-9}

谷物驯化在继续，并在这个时期出现了量的变化。同时更容易挖坑种植的复合工具也应运而生。史前人类更多地走出洞穴开始构建房屋，挖筑围沟，夯筑围墙，相聚而居。人们的定居生活开始了。南北建筑因地理环境造成各自聚落的特点。但一般都在屋内中心设置灶塘，周围摆放加工谷物的石磨盘和各种各样的陶器皿，在屋外挖掘储藏食物和粮食的窖藏。饮食文化就此产生。人们思维进化，知识积累，美感和情感也逐渐产生，发展了精神文化，有意识地装饰自己和器物，创造了彩陶纹饰和乐器。母系氏族聚落渐渐有了其社会文化和交流活动。

第二章

从釜到灶

新石器时代中期（距今9000—7000年）

主要遗址

黑龙江西辽河流域

黑龙江小南山遗址II期（距今9200—8600年）

内蒙古兴隆洼遗址/兴隆沟遗址第一地点（距今8200—7200年）

辽宁查海遗址（距今8200—7000年）

黄河上游

甘肃大地湾遗址一期（距今7800—7350年）

黄河中游

河南裴李岗遗址（距今8000—7000年）

黄河下游

山东后李遗址(距今8500—7300年)

河北磁山遗址/北福地遗址一期（距今8000—7000年）

淮河流域

河南贾湖遗址（距今9000—7000年）

江苏顺山集遗址/韩井遗址（距今8500—7500年）

长江中游

湖南彭头山遗址/八十垱遗址（距今9000—7800年）

长江下游

浙江小黄山遗址（距今9000—8000年）

浙江湖西遗址（距今8600—8400年）

浙江跨湖桥遗址（距今8000—7000年）

岭南

广西甑皮岩遗址四至五期（距今9000—7000年）

西部

西藏夏达错遗址（距今8000—7500年）

谷物量的变化

〔图2-2-1〕炭化黍，兴隆沟遗址

距今9000—7000年时，全新世已进入温暖期，气候变得适宜植物的生长。北方的粟黍和南方的稻谷从偶然的发现和野生植物的采集到培育、再采集、种植，经过了几千年漫长的驯化过程。在这段时间，史前人类逐渐从追逐动物的狩猎和跟随植物季节性采集的迁徙中稳定下来，进入一个从事谷物培植或栽培阶段，使其从辅助性的食物获取方式渐渐成为主要的生存手段。

从各地遗址发现来看，谷物的种植发生了量的变化。辽河及黄河流域以粟黍为主。如辽河流域的兴隆洼遗址{内蒙古自治区敖汉旗}，通过对房址以及灰坑内浮选出土的植物遗存进行的量化分析表明，植物标本中的炭化粟和黍虽仍保留野生特征，却已是经过人工栽培的粟和黍两种谷物了[1]。在兴隆洼文化兴隆沟遗址{内蒙古自治区赤峰市敖汉旗}第一地点的房址内也发现了距今7600年的炭化粟黍1400余粒{图2-2-1}。查海遗址{辽宁省阜新市蒙古族自治县沙拉乡查海村}除发现狗尾草属种子外，还在石磨盘上提取出了狗尾草属以及高粱属的淀粉[2]。往西在黄河上游的大地湾遗址{甘肃省天水市秦安县五营乡邵店村}一期采集到了8粒已碳化的禾本科黍[3]。往南在黄河中游的裴李岗遗址{河南省郑州市新郑县裴李岗村}发现了炭化稷。往东在黄河下游磁山遗址{河北省邯郸市武安市磁山镇}的第三发掘区的第一文化层发现有长方形、圆形、椭圆形的窖穴186个。其中62个窖穴的底部堆积着炭化粟黍粒[4]，数量之大可谓“粮仓”了。

[1]赵志军：《新石器时代植物考古与农业起源研究》，《中国农史》，2020年第3期；参考杨虎、朱延平、孔昭宸、杜乃秋：《内蒙古敖汉旗兴隆洼遗址发掘简报》，《考古》1985年第10期。

[2]辛岩：《查海：新石器时代聚落遗址发掘报告（上册）》，文物出版社，2012年，第633、第639页。

[3]甘肃省文物考古研究所：《秦安大地湾》，文物出版社，2005年，第914页；参考赵建龙：《甘肃秦安县大地湾遗址仰韶文化早期聚落发掘简报》，《考古》2003年第6期。

[4]孙德海、刘勇、陈光唐：《河北武安磁山遗址》，《考古学报》1981年第3期；参考游修龄：《黍粟的起源及传播问题》，《中国农史》1993年第3期。

八十垱遗址炭化稻
{图2-2-2}

南方河流和洼地具有野生稻生长的环境。水稻在长江中下游以及太湖流域、淮河流域已是人工栽培的原始稻，兼有粳、籼的驯化综合特征，同时保留野生稻的原始性状。长江流域在这个阶段的稻谷驯化呈现出地域上的承继性。长江中游的湖南澧阳平原遗址群表明这个地区的野生稻继玉蟾岩人的驯化后经过了漫长的量变而达到一定规模的过程。在彭头山遗址{湖南省常德市澧县大坪乡孟坪村}，几乎所有陶片的陶胎都掺入了稻壳。经过筛选，发现了6粒掺杂在陶片里的碳化稻谷[1]。而在距离其38千米的八十垱遗址{湖南省常德市澧县梦溪镇五福村}古河道的黑色淤泥中则发现了数十种炭化植物种子和万余粒炭化稻谷和稻米{图2-2-2}。这些稻谷兼有籼粳稻谷的特征，还残留着野生稻的基因[2]，是适应地域环境而扩展的结果。

长江下游太湖一带的稻谷种植群在上山人驯化的基础上更进一步。上山文化范围的小黄山遗址{浙江省嵊州市甘霖镇上杜山村}地层中稻属植物硅酸体的大量发现，表明小黄山先民已经栽培或利用了当地野生水稻[3]；湖西遗址{浙江省永康市}出土的炭化水稻小穗轴中，既有谷穗与小穗轴连接光滑的野生稻，也有两者连接不光滑的驯化稻两种形态。这说明了湖西人已驯化出了原始稻谷[4]。在随后的跨湖桥遗址{浙江省杭州市萧山城区湘湖村}厚2至3米堆积层中淘洗出千余粒炭化稻米和谷壳，同时在土壤中也发现了稻硅酸体[5]。从粒型分析看，为当地野生稻栽培的原始古稻。籼稻虽占很大比例，但可能是阶段性的。从稻硅酸体形态看，粳稻显示了栽培稻的演化方向。

全新世时淮河流域气温上升，湿度增加，使这一区域适合栽培稻谷。不仅下游的顺山集遗址{江苏省宿迁市泗洪县梅花镇赵庄}和韩井遗址{江苏省宿迁市泗洪县梅花镇韩井

[1]裴安平：《彭头山文化的稻作遗存与中国史前稻作农业再论》，《农业考古》1998年第1期；参考裴安平、曹传松：《湖南澧县彭头山新石器时代早期遗址发掘简报》，《文物》1990年第8期。
[2]湖南省文物考古研究所：《彭头山与八十垱》，科学出版社，2006年，第546页；参考裴安平、尹检顺：《湖南澧县梦溪八十垱新石器时代早期遗址发掘简报，《文物》1996年第12期。
[3]王心喜：《小黄山遗址新石器时代早期遗存的考古学观察》，《绍兴文理学院学报(哲学社会科学版)》2006年第2期。
[4]浙江科技新闻网：《浙江湖西遗址证实9000年前中国人驯化水稻》，2013年02月17日；参考蒋乐平主编：《浦江上山》，文物出版社，2017。
[5]浙江省文物考古研究所、萧山博物馆：《跨湖桥：浦阳江流域考古报告之一》，文物出版社，2004。

村}出土了炭化驯化稻，中游的贾湖遗址{河南省漯河市舞阳县舞渡镇贾湖村}也筛选出炭化稻近千粒。这个地区虽然在早期阶段籼米和粳米就开始处于培育分化中，但仍不彻底，如贾湖稻就表现为以粳稻为主要特征的原始栽培稻[1]。此时稻作还到达了更北的淮河上游以及山东海岱等地，甚至发展到黄河下游的后李文化{山东省淄博市临淄区后李官庄村}的月庄遗址{山东省济南市长清区归德镇月庄村}，在这里的两个灰坑中也浮选出28粒炭化稻[2]。这些发现表明全新世暖湿气候不仅适合水沼区域稻作的栽培，也扩及到了淮河以北较干旱的地区。在合适的气候条件和水资源丰富的条件下，驯化稻不仅分布广泛，还出现了稻田。如韩井遗址发现的水稻田遗迹，面积约100平方米，被分割成不同形状的田块，每块面积10平方米左右。对水稻田的土壤进行分析表明，这里曾经反复生长过水稻。这是迄今发现的史前第一片稻田[3]。

史前人类最终有意识地进行了植物驯化这样一个科学实践。粟和黍分别是由狗尾草和铺地黍进化而来，其共同的特点是单株所产的种子数量非常多。尤其是粟。粟和狗尾草之间有很近的亲缘关系。两者的幼苗、植株、穗形等形态、结构以至颜色都基本上相似。狗尾草驯化成粟的过程，就是利用狗尾草天然变异现象选育成新品种的过程。粟和黍都比较适应多样多变和干旱脆弱的地貌和生态环境。从地貌环境来看，从西辽河到黄河流域，有山地、河谷、草原、荒漠以及黄土丘陵和高原直到黄河冲积的华北平原等一系列截然不同的地貌；从气候条件来看，这些地区处于半干旱和半湿润地带上，以旱地为主。而粟黍又是耐干旱作物，能从土壤深层吸收水分，无论是黑土、褐土、黄土或是黏土、砂土等，都适合其生长。所以辽河和黄河中下游质地疏松的黄色砂质土壤或黏质土壤广泛分布有粟黍作物。而稻谷最理想的土壤是沼泽地和湿地。南方的河流和洼地具有野生稻生长的环境。水稻在淮河、长江中下游以及太湖流域已是人工栽培原始稻，兼有粳、籼的驯化综合特征，同时保留野生稻的原始性状。从鉴别来看，扇形植硅体是鉴定水稻遗存的粳籼亚种属性的一个重要标准，而小穗轴是区别野生水稻和驯化水稻的一个重要依据。

[1]河南省文物考古研究所：《舞阳贾湖》，科学出版社，1999年，第886—891页；参考陈报章、王象坤、张居中：《舞阳贾湖新石器时代遗址炭化稻米的发现、形态学研究及意义》，《中国水稻科学》1995年第3期。
[2]Gary W. Crawford、陈雪香、栾丰实：《山东济南长清月庄遗址植物遗存的初步分析》，《江汉考古》2013年第2期。
[3]中国社会科学网转新华社：《江苏泗洪韩井发现8000多年前的水稻田遗迹》，2016年05月08日。

在适合作物生长环境下培育和栽培谷物种子，说明史前人类在种植作物的过程中，慢慢了解了谷物和播种的规律，掌握了粟黍或稻的特点以及和气候变化的关系，逐渐按季节进行点种、管理和收获。同时人们也学会了保存获得的植物种子，并从中选择穗大、苗壮的进行专门培育，使它形成新的优良遗传性，再使它逐渐稳定。经过漫长的一代代优中选优，不断地实践，最后找到良种推广种植，这样才有了谷物量的增进。

虽然这个时期狩猎、渔猎和采集仍是各遗址的重要经济活动，甚至一些区域并未发生谷物驯化，仅仅得益于丰富的自然动植物资源，如甑皮岩遗址第四、五期时，人们继续采集蕨类、茎类、芋类的块茎以及捕捞鱼、蚌、螺、贝类作为食物。然而，由于食物相对简单和单调，也限制了族群的发展。史前人类对栽培谷物的选择主要是由于气候温度的上升、湿度的增加、野生稻的分布、采集资源的限制、人口增长等因素，抑或是人类体质、体能发展变异中的自然需要。这当中可能最重要的是妇女的选择，如抚育婴儿时谷类粥汁作为对母乳重要的补充。

总之，史前人类在发明农业的过程中，慢慢积累了农作物本身的生根、发芽、开花、结果的生物学以及相关的气象学、土壤学方面的知识。最初驯化谷物的偶然却必然的科学活动奠定了人类发展生存的基础。驯化植物使史前人类脱离了盲目地应对自然，上升到有目的地改变自然而使自身的生存条件发生了革命性的变化，从而解决了单纯依靠狩猎动物和采集植物生活的方式。

谷物的食用不仅使人类的思维和大脑真正进化起来，同时也促使动物驯养的加速。更早时期南庄头遗址已经发现了狗和猪的骨骸。在这个时期尤其猪的数量增多。南北方大部分遗址都发现了猪的骨骼，有野生和家养之分，也有处于两者之间的驯化状态。如贾湖遗址的38种动物遗骸中，猪的骨骼表明其中有基本已驯化为家畜的，也有处于驯化中的[1]。这个时期猪和鸡由野生变为家养可能和吃谷物的茎叶以及用谷物做成的饭食有直接的关系。

谷物耕种成为史前人类的主要活动和创造源泉。在其发展过程中不断引发的关于气候、土壤、谷物品种、栽培技术等问题吸引人们不断去寻找答案。围绕这个中心，人类创造了新的适宜种植的工具、谷物类炊食盛器皿以及定居生活的房屋。

[1]张居中、潘伟彬：《河南舞阳贾湖遗址2001年春发掘简报》，《华夏考古》2002年第2期；参考河南省文物考古研究所：《舞阳贾湖》，科学出版社，1999。

复合工具的力量

磨光尖状凿，贾湖遗址
{图2-2-3}

石质工具的进步或新的发明顺应了栽种谷物的需要。反过来从石器的细化和制作也可看出其用途在培植谷物发展过程中的多样和变化。这个时期的石器工具出土于房址、灰坑以及墓葬。打制石器开始向磨制石器演变。这似乎表明史前人更为关注谷物生产并将石器制作的技术的提高作为追求的目标。有些遗址还集中出土了石器的半成品，如小南山遗址二期和北福地遗址{河北省保定市易县高村乡神石庄村}一期，似乎专门进行制作或发明加工工具。已出现的砍砸器如斧、锛、凿这时在一些遗址中已磨制得比较精致，在兴隆洼、磁山、贾湖和跨湖桥等遗址甚至被通体磨光，特别是贾湖遗址的方形和尖状的凿{图2-2-3}、八十垱遗址的石斧{图2-2-4}。一些新出现或经过革新的耕作工具也同样不仅有打制的也有磨制的，如铲、锄、镰、刀和耜等。这些工具中有的出土于祭祀场所，如北福地遗址一期祭祀场出土的长约46厘米的大型通体磨光石耜[1]{图2-2-5}，虽然可能不是实用工具，造型却似乎从铲而来；有的配套放在房内，如北方

磨光石斧，八十垱遗址
{图2-2-4}

磨光石耜，北福地遗址祭祀场
{图2-2-5}

[1]段宏振主编：《北福地：易水流域史前遗址》，文物出版社，2007年，第146页；参考段宏振：《河北易县北福地新石器时代遗址发掘简报》，《文物》2006年第9期。

{图2-2-6} 钻孔石铲，查海遗址

兴隆洼聚落遗址房址中大都放置有肩石锄或锄形器，可见这些工具经常使用；有的作为随葬品放置在墓穴中，特别是男性墓中配备这些工具，如贾湖和裴李岗遗址。

{图2-2-7} 锄形器，兴隆洼遗址

尤其重要的是其中大部分是适应谷物种植的复合工具，即横向装柄的斧、锄、刀、锛和纵向装柄的镰、铲和耜等新的组合。这些复合装柄石器更利于田地的耕作、掘土、翻土或平整。查海的钻孔石铲{图2-2-6}和亚腰石铲、兴隆洼的锄形器{图2-2-7}以及跨湖桥的有柄锛都可横向安装木柄，在安装方面比无孔的工具更加便利和结实。特别是裴李岗的长条形扁平的双弧刃有肩石铲{图2-2-8}比单面刃有更多面的功能，而磨制的锯齿刃石镰{图2-2-9}在把手下部有小缺口以便安柄使用。

{图2-2-8} 有肩石铲，裴李岗遗址

史前人类为适应耕作的环境还善于用动物骨骼的材料作为独件或加工为复合工具。鹿是南北方最主要的狩猎动物，鹿骨和角的利用就很普遍。跨湖桥最早发明的骨耜用鹿以及其他大型哺乳动物的肩胛骨制成[1]，端部有圆型插孔用以装柄，其成孔方式可能用火烫灼后再挖凿，可以说是耒耜的原始形态，适宜南方的沼泽地区。

{图2-2-9} 石镰，裴李岗遗址

[1]蒋乐平：《跨湖桥文化研究》，科学出版社，2014年，第94页。

这些安柄或钻孔的石质或骨质复合农具，标志着谷物驯化向原始锄耕发展。虽然各地水平不一，但这些工具可以成为耕作中每个过程中的一套组合系列。

谷物量的增大也表现在复合类加工工具的增加和普遍，北方多是石磨盘和石磨棒的组合；南方多是石磨盘和石磨球的组合。有些遗址有打制的和磨制的，数量非常可观。如查海遗址的石磨盘和石磨棒{图2-2-10}分别有139件和170件[1]，造型独特且愈加精致，也越来越适应手工操作，同时讲究稳定，适宜放在多种不同的位置。贾湖遗址则发现了造型丰富的石磨盘，一类是前宽后窄的椭圆形、盘底附有四个柱状足的石磨盘{图2-2-11a}；一类是无足的石磨盘{图2-2-11b}。作为一种新型的磨盘，四足磨盘{图2-2-12}同样在裴李岗遗址发现了40余件[2]，而磁山遗址发现的52件石磨盘，其中44件就呈柳叶形并附有三足或四足[3]。南方的石磨盘和石磨球可以举小南山遗址下层出土的石磨盘和饼状磨石以及顺山集遗址的扁圆形的石磨盘和石磨球{图2-2-13}为例。不论石磨棒或石磨球的制作都试图追求直面或圆弧面的均衡。这些石磨盘和石磨棒或石磨球大部分放在房屋内，说明其在日常生活中高频率的使用，如兴隆洼遗址放置在房址内宽25至30厘米的石磨盘，其使用面已被磨成内凹状[4]。石磨盘和石磨棒或石磨球的组合甚至还常出现在女性的墓葬中，如贾湖和裴李岗遗址。可见这些工具是史前人类生活必需品，从而也说明了加工和食用谷物在这个时期量的突破。

[1]胡健、刘小鸿、纪岚：《试析查海遗址的原始农业》，《农业考古》1995年第3期。
[2]中国社会科学院考古研究所河南一队：《1979年裴李岗遗址发掘报告》，《考古学报》1984年第1期；参考开封地区文管会，新郑县文管会：《河南新郑裴李岗文化新石器时代遗址》，《考古》1978年第2期。
[3]孙德海、刘勇、陈光唐：《河北武安磁山遗址》，《考古学报》1981年第3期。
[4]中国社会科学院考古研究所内蒙古工作队：《内蒙古敖汉旗兴隆洼遗址发掘简报》，《考古》1997年第1期。

{图2-2-10} 石磨盘和石磨棒
查海遗址

{图2-2-11a} 石磨盘和石磨棒
贾湖遗址

{图2-2-11b} 石磨盘和石磨棒
贾湖遗址

{图2-2-12} 石磨盘和石磨棒
裴李岗遗址

{图2-2-13} 石磨盘和石磨球
顺山集遗址

群屋成村

{图2-2-14}半地穴圆形房址，磁山遗址

在谷物驯化初期不稳定的阶段，人类仍然居住在洞穴中。季节性的谷物驯化种植和相应工具的使用共同加速了史前人类走出天然洞穴。人们模仿洞穴在平原或谷地以及河岸构建“人工洞穴”。经过半定居状态过渡到长期定居，从地穴、半地穴到地面平地起建式或干栏式房屋，建筑开始在大地上出现。因地理位置和季节气候的不同，也因耕作谷物和其生长周期的不同，各地房址建筑风格不同，建筑时期不同，有早、中、晚的时间序列，表现出聚落由小到大的发展。

一个聚落首先是从搭建若干个房屋开始的。通常建筑顺序是在选好地点之后，先挖坑和挖门道，再挖柱洞，筑墙体，然后处理地面如红烧土，最后筑屋顶。由于经验的关系，房屋大都不会一次完成，有些房屋可能盖了好几次，常常是经过了多次的搭建或历次的扩建。北方旱地的房屋多是半地穴式的土木结构，形状为圆形、方形或长方形，有的有斜坡或台阶式门道，有的有环形的入口，如磁山遗址其中的一座圆形的半地穴式房址{图2-2-14}。后李房址也为半地穴式，多圆角方形或长方形，面积一般30至50平方米，墙壁和地面还做了处理，如后李文化的小荆山遗址{山东省济南市章丘区刁镇茄庄村}的30多座单间房屋，地面烘烤或铺以碎陶片或草木灰，墙壁涂黄色泥膏再用火烤，室内还分炊灶、饮食、储存和睡眠区[1]。有些遗址有多种风格的房屋，如淮河流域的贾湖遗址发现的53座房址中大多为椭圆形，结构除过半地穴式，也有平地起建式。同一区域的顺山集的房址则是浅地穴和平地起建式。长江中游的彭头山房

[1]栾丰实：《海岱地区考古研究》，山东大学出版社，1997年，第1—26页；参考王永波、王守功、李振光：《山东临淄后李遗址第一、二次发掘简报》，《考古》1992年第11期。

半地穴式房屋示意图，查海遗址
{图2-2-15}

屋也是半地穴式和平地起建式。而八十垱不仅有这两种建筑方式，还有干栏式。平地起建式是比较先进的建筑方式。这种房屋中部有中心柱作为支撑，墙壁为木骨泥墙即墙壁用茅草、树枝、树干搭建或栽上木柱再涂上泥浆。平地起建式和干栏式多依靠木柱或木桩。干栏式通常建筑在沼泽区域。一些遗址的房屋建造并无规划，比较随意地加上柱子来承载屋顶。然而一些聚落的建筑技术却比较成熟，这从柱洞的排列和运用可以看出。比较典型的如长江下游经上山，再到湖西，然后到跨湖桥，这个地区的居民已经具备了相应的木作技术，会建筑木桩和楼阁干栏式的土木混合房屋。墙面由芦苇作骨架，两面涂上泥浆，烧烤而成。在这种木骨泥墙内埋设成排木桩，从下而上设有楼梯“独木梯”，同时还使用了少量的双榫头构件。从这些情况分析，这是由木柱和柱洞构建的长方形房屋[1]。贾湖遗址有些房屋可能经过规划使用了30多个柱洞。房屋内有两圈柱洞，内圈为承重柱，外圈为护围柱或墙柱支撑墙体起木骨作用，以便覆盖上植物并涂上黄泥。在这两圈柱子上搭建屋顶形成有房檐的圆锥形房屋，并留有斜坡式或台阶式门道。室内再做居住面黄土台和地面红烧土处理[2]。半地穴式房屋支撑柱和墙围柱的运用在查海遗址也体现得很好。虽然是不同时代的房屋，但建筑方法却基本一样[3]{图2-2-15}。其房屋分地上和地下两部分，房基下为生土层或开凿在风化花岗岩上，在其上立柱构顶，内圈柱承顶梁，外圈柱承墙柱

[1]蒋乐平：《跨湖桥文化研究》，科学出版社，2014年，第137—139页；参考浙江省文物考古研究所、萧山博物馆：《跨湖桥：浦阳江流域考古报告之一》，文物出版社，2004。
[2]河南省文物考古研究所：《舞阳贾湖》，科学出版社，1999年，第27—63页；参考张居中、潘伟彬：《河南舞阳贾湖遗址2001年春发掘简报》，《华夏考古》2002年第2期。
[3]辛岩：《查海：新石器时代聚落遗址发掘报告》上册，文物出版社，2012年，第663页。

{图2-2-16} 围壕或挡水坝，八十垱遗址

使其高低形成坡度呈三角锥形，并在门前伸出构成房檐。墙柱上铺上茅草后内外同样都涂上泥做成内骨。

总之，木骨泥墙、地面烧烤以及支撑柱的运用流行于南方和北方各地。房屋建造技术的不断演进促成了聚落村的形成。

聚落村内通常由若干房屋、墓葬、窖穴组成，有的还有陶窑。基本上每一个遗址都有始建期、使用期和废弃期。考古发现的遗址可能就处于某一个阶段中或两个阶段之间的过渡时期。再以贾湖遗址为例，早期房屋只有7所，和26座墓葬一起分成两组或两地，可能是两个家族的始建期[1]。这时聚落明显没有规划，居址、陶窑和墓葬混合在一起。此外，从房屋的门向不定也可看出布局的随意性。后来中、晚期时房屋和人口增加，发展出五个家族群，三者才分开。有些遗址留下来的可能是使用期时的面貌。

这个时期开始出现环绕的壕沟或围墙作为聚落的一部分。有些聚落似乎与不规整的聚落布局相适应，它并不完全是防御性的，主要起族群界限甚至与河流隔开的作用。如较早就发明了干栏式房屋的上山文化的桥头遗址{浙江省义乌市城西街道桥头村}，就已出现了环壕台地[2]，中心台地以环壕的内沿为界限。八十垱聚落村落外有一圈环绕聚落的围墙和围壕或挡水坝{图2-2-16}，围绕有房址、92座墓葬、高台式建筑和底部有动物骨骼的深坑祭祀遗址，各部分之间有用鹅卵石铺设的村落道路。从布局来看，围墙是最重要的。这里的先民在漫长的年月里，不断地开挖环壕、堆筑土围，虽然其高度仅1米左右，相当于院落围墙，但从考古发现来

[1]河南省文物考古研究所：《舞阳贾湖》，科学出版社，1999年，第27—63页。
[2]王巍主编：《义乌市桥头上山文化遗址》，《中国考古学年鉴》中国社会科学出版社，2016。

三座半地穴式房址，查海遗址
{图2-2-17}

看，这种不断挖沟和不断堆土建壕围的活动延续了近200年[1]。其他一些有布局的遗址也表现出这种扩大的趋势。兴隆洼遗址半地穴式圆形或方形房屋，包括一些居室墓，有规律地成排沿东北至西南方向平行排列，每排10间，整齐有序。其房址边沿环绕着一条围壕，围壕一般深2米、宽1米左右[2]。查海遗址除与兴隆洼遗址一样有若干居室墓，在聚落中心还有公共的墓葬区和祭祀坑。55座地穴式房屋东西成排南北成行，每行两三座{图2-2-17}。附近有窖穴。同其较有规划的聚落分区相适应，其外围壕沟也具有一定的规模[3]。此外，壕沟还有布局作用。如顺山集村落有长约1000米环壕，将居住区和墓葬区隔离开来[4]。墓葬区被置于聚落村之外。

不同遗址的壕沟见证了聚落村的由小到大，由无布局到有布局的演变，说明了史前人类对聚落建筑的初期探索。由于人口的增加，对自身的防御需求，人们不断地加盖房屋，同时扩大聚落的围壕，使其从简单的功能发展为更为复杂的抵御自然风险以及野兽和其他部落进攻的双重功能。

正是由于壕沟和围墙的建设使聚落具有“城址”雏形。在这个有意识地围起来的居住环境下，人们过着一种适宜的耕作生活。也正是在这种氛围之下，聚落中的饮食文化由此开始。

[1]湖南省文物考古研究所：《彭头山与八十垱》，科学出版社，2006。
[2]中国社会科学院边疆考古研究中心：《东北新石器时代》，文物出版社，2016年，第51—73页；参考中国社会科学院考古研究所内蒙古工作队：《内蒙古敖汉旗兴隆洼遗址发掘简报》，《考古》1985年第10期。
[3]辛岩：《查海：新石器时代聚落遗址发掘报告》上册，辽宁省文物考古研究所，文物出版社，2012年，第656页。
[4]林留根、甘恢元、闫龙：《江苏泗洪顺山集新石器时代遗址发掘报告》，《考古学报》2014年第4期；参考林留根主编：《顺山集：泗洪县新石器时代遗址考古发掘报告》，南京博物院、泗洪县博物馆编著，科学出版社，2016。

烹饪的开始

谷物驯化栽培使相应的工具应运而生，日渐形成的耕种使人们从洞穴来到地面开始了脱离迁徙的定居生活。这是史前人类得以创造饮食文化的基础。工具的改进丰富了其类型和造型以及使用的范围和手段，扩大了产生种植谷物的地区。根据居住地的气候环境资源，栽培活动从季节过渡到整年，这样又使人们不断地改进房屋，扩大居住地点。越来越固定的定居栽培反过来又推进了谷物的驯化，谷物产量也逐渐提高。驯化谷物使人类的食物构成发生了根本性改变，史前人类逐渐从依赖动物为食，变成了以谷物为主。谷物的种植和食用需要人们解决如何烹饪的问题。人类在饮食方面开始了一个新的生活方式。这是一个全新的创造时代。随着最初的釜、罐、盆、钵类陶器的发明，人们又根据加工过的谷物的特点如颗粒状、粉末状或液体状，以及对其制作方式如烧、烤、煮、炖的需要，逐渐制作出相应的各类陶器皿，甚至改造了火塘，出现了可以移动的灶。这些新的发明创造如雨后春笋般出现，极大地丰富了人们烹饪食物以及饮食和存储粮食或物品等方式。

首先是灶。陶器的利用就先从灶开始。人们从在火堆上简单烧烤食物，到将随意捏制的泥土容器放在或架在以石头为支架的灶台上炖煮食物，再发展到将一个比较结实的、更有造型的容器放在一个能围住火苗并能支撑容器的陶灶上。自从离开洞穴开始平地起屋以来，人们已经在屋内日作夜息，已在利用植物而编成的席子上席地而睡。如在磁山房址发现一烧土块上沾有清晰可辨的席纹；八十垱房址也发现了芦席。做饭也不再是在洞穴拢一堆火，而是在屋内中心留出灶坑或灶台，通常挖一浅坑，圆形或方形，搁上陶器皿煮熟食物。几乎在所有遗址的屋内都发现有灶坑或灶台。如贾湖房址内中间有圆形或方形的灶台，有的房址内有

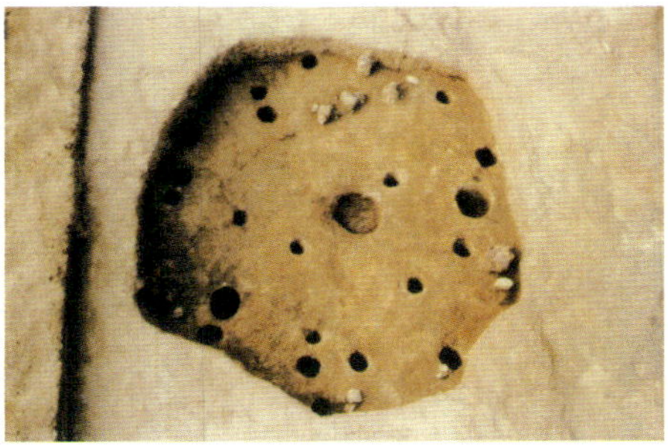
{图2-2-18} 半地穴圆形房址的灶，查海遗址

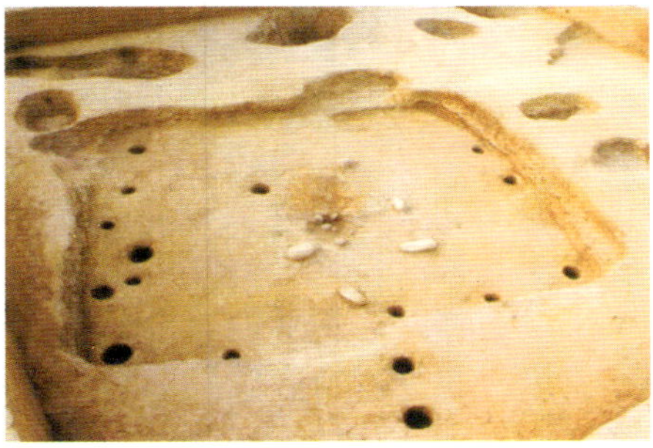
{图2-2-19} 半地穴方形房址的灶，北福地遗址

两个圆形灶，灶壁上部陶化严重。兴隆洼房址中间有一灶址，是一个圆坑。底部铺有一块圆石头。查海遗址方形或圆形房址的中央均有椭圆形坑穴式灶，深浅不一，明显经过抹泥处理，有的还留有烧火痕迹{图2-2-18}。彭头山遗址半地穴式和平地起建的房屋的灶却高出地面，灶壁用黄色泥土堆筑而成。北福地遗址房屋中央有红烧土灶面，面上有一圆形灶坑，周边有数个作为支架的石块{图2-2-19}。一些遗址屋内灶坑边上的石支架后来被陶支脚所代替，而火塘或灶坑以及高壁灶也被独立的陶灶所替代。这样人们可以随意地在任何地点开火做饭了。而灶和火是不能分开的。人们已经想到随时取火的方便。有的房址居住面就有保存火种的小龛，有的将火种保存在灶旁边的陶器内。

在烧煮食物之前，粮食需要加工和存放。在灶坑附近，往往放置有大量的陶器，如查海房址内有各式陶罐、钵等；兴隆洼房址居住面上有谷物加工的石磨盘、石磨棒或石球甚至石杵；磁山遗址房址内的石磨盘和石棒通常和其他工具如石铲、石斧、陶盂、支架等组合在一起，每组大都按生产工具(石铲、石斧)、脱粒工具(石磨盘、石磨棒)、炊具(陶盂、支架)分组分类放置。这说明了这些工具和器皿在不同场合下的组合使用。

同时，对于多余的粮食或种子如何储存也是保证饮食的一个重要方面。种子的优选和保存是在人们开始驯化谷物时就意识到了如同保存火种一样重要。所以储存种子和粮食包括加工和未加工过的剩余谷物是聚落生活的重要组成部分。史前人的办法是在房址内或周围挖掘储藏坑。如兴隆洼房址居住面有袋状坑，房址周围有窖藏坑。查海遗址房址内有几处的窖穴位居正中，占据了重要的位置。一些大型房屋内，有附设的贮藏窖穴和安放器物的深坑。人们一定认识到粮食是生存的保证，将其集中在一起储存，如磁山遗址第三发掘区第一文化层的186个窖穴，其中62个发现粮食堆积，还在底部出土了猪骨[1]。这些储存方式说明聚落中已经有多余的口粮，同时人们可能还发现了防潮、防冻、防虫、防霉以及防火、防水等各类方法。这种坑式的储存方式保证了史前人类以谷物为食的生活供给。

然而最能说明日常生活变化的是烹饪和饮食的各种器皿。这些器物迅速被发明设计和制作出来，面向液体类、肉类、水果蔬菜类、谷物类等。对器物的设计、对土质的发现、对火候的掌握，到对食物本身的理解、对器物的应用等，这些有创意的事情可能吸引了史前人极大的兴趣并占满了他们的时间。这个时期陶器的制作是以家庭或个人为单位，族群内互相借鉴，共同发现问题并找到合适的应用造型和材料以及烹饪方法。制作陶器需要有一定的塑型能力，积累对土和火的感知以及制作的经验，人们在这方面的才能是慢慢发展起来的。尤其是妇女，主持烹饪，为一家人或族群来制作饮食及其陶器皿。在食物的来源比较固定、生活比较稳定的条件下，史前人类便创造了一个物质的饮食文化，

[1]孙德海、刘勇、陈光唐：《河北武安磁山遗址》，《考古学报》1981年第3期。

从器皿到食物，互相适应，即不论烹饪、食用还是盛放，器皿要适合食物的特性，食物要有相应的器皿。

这个时期的陶器大多出土于房址、灰坑、窑址、壕沟，尤其是墓葬。器皿大部分是日常用品，一小部分是明器，即特制的仿日常用品专为墓葬使用的器物，有的较为细致，有的较为粗糙。每个遗址的陶器都有地方特点和器物组合。

总体看来，各个地方都发展了早期比较单一的釜、罐、盆等器型。一种类型可能在不同的地方有各种造型，如罐有直腹罐、斜腹罐、双耳罐等，盘有圈足盘、圜底盘、平底盘等，而钵因其平底鼓腹可能被改作钵形鼎或三足钵。即使各种器物同类同名，造型却各异。每一件器皿都是由一位陶工手工制作，都是个性化的，独一无二的。这段时间陶器从简单的器皿发展到复杂的适应各类需求的器具，因使用目的的丰富而从造型到技术都发展了多种用途和比较清晰的功能。

从各地陶器皿的类别来看，可分为炊器、饮食器和盛器。饮食器可分出食器和饮器。盛器可分为储存器和汲水器。炊器有釜、鼎、甑、盂；食器有碗、盘、钵；饮器有杯；盛器有罐、壶、豆、盆；汲水器多为罐和壶。另外，还可分出炊器附件，如灶和支脚或支座，食器附件如盖、勺、漏等[1]。这个时期，在器物不太够用的情况下，往往一器多用。从造型来看，新出现的陶器形状相互之间仍然有影响，往往从最基本的器皿衍伸到新的器皿，甚至出现细小的个性上的造型以及使用方法的区别。这是地域文化以及年代变迁，亦是农耕社会派生出来的生活方式使然。

[1]史前人创造了各类造型的陶器，而今人对其的命名有很大的不同。或同类却不同型，或同型却不同类。本文陶器皿的名称基本遵照每一个遗址的发掘报告中的定名。

从一些遗址发现的比较多的器物可大致看出其造型和当地烹饪和饮食的特点。甑皮岩四至五期期间虽然没有发展稻作，继续进行渔猎，陶器却有进步，如敛口釜，可能用于煮贝类、鱼类或蚌类水产品，敞口罐和高领罐可以盛水和物，同样也适用这里以采集为主的生活。在以粟黍为主的地区，裴李岗出土较多的是盛物的三足钵和深腹罐以及吃饭的碗、盘、钵。其中有些还配有器盖。而双耳壶最多，可以汲水和盛水，也可以直接放在灶上烧水。作为“粮仓”的磁山遗址，可以移动的陶盂和支架组合成的锅灶最多，可能便于管理粟的人就地使用，这也是为什么在这个遗址的房屋内并未发现灶坑的原因。此外这里还用各类的罐类器皿如深腹罐、直沿罐、双耳罐、圈足罐等来储物或盛物。作为一个居住点和祭祀场，北福地也有釜和支脚的组合，配以发现较多的直腹盆，可用于炊、盛、食和储藏等。大地湾的器皿以圜底和三足为主，已经有用于饮食的碗和钵，可盛物的深腹罐和圜底盆，并发展了罐形鼎和钵形鼎。在以稻米为主的地区，如小南山遗址第一阶段发现的盆、盘、钵数量多，流行把手(鋬)，尤其是夹砂红陶敞口平底盆的形态特征与上山遗址平底敞口盆相似；而第二阶段沿袭下来的盆、钵、盘、罐、釜等，仍为基本陶器群。贾湖炊具器型的变化比较实用。鼎最

〔图2-2-20〕跨湖桥遗址部分炊饮器皿

圈足盘

钵

圈足盘

釜

有特点，从盆和罐发展而来，用来储物或盛水。但当地人似乎更喜欢壶，壶的数量较多，有汲水和盛水的功能，还演进为折肩壶和圆筒腹壶或双耳罐。釜为一器多用，用作炊器和盛器，而钵的数量也很多，有三足和圜底之分，主要用来吃饭。贾湖人更是发明了甑，一种用来蒸饭的箅子。而顺山集则最先发展了独立的灶，以釜与支脚或灶组合。由于这些搭配能方便地在任何地点做饭，后来才会大量出现。另外，罐和壶用来盛水或物，盆和新造型的豆用来盛储食物，钵和杯作为饮食具。彭头山同样也有釜和支座的组合作炊具，罐有双耳和无耳，通常是一器多用，如深鼓腹罐用来汲水、盛水和盛物，也可以煮饭和储藏食物；浅腹的钵、盘、盆、碟和勺是饮食的最佳搭配。八十垱的器皿和彭头山一样，只是支座最多，有空心和实心的，纹饰比较讲究。湖西继续上山的大口盆、平底盆、双耳罐、圈足盘，还出现了曲沿釜以及各种造型的罐，有壶形罐、敛口罐、尊形罐等。顺山集人甚至还细致到发明了勺和盖。为了放置食具，当地人还发明了器座。而跨湖桥人也发明了甑，同釜和支座组合在一起用来蒸煮食物。其他器皿因不同的底部如圜底或平底的钵、平底的盆和罐、圈足的盘和豆则用于不同的场合。跨湖桥饮食盛器似乎展现了史前人类颇为细致的生活方式{图2-2-20}。

罐

盆

釜可以像锅一样放在炉灶之上或以支座来支撑。比起早期的造型，圜底釜与其他器型相互借鉴，有罐形如跨湖桥的罐式釜，盘形如贾湖的盘式釜。这些釜可分带耳的、无耳的、折腹的、折沿的、鼓腹的等各种造型。

贾湖盘式釜
〔图2-2-21〕

盘既可盛物也可当饮食器。上山时期的平底盘是一个造型比较标准的盘，延续到了湖西和八十垱则演变为浅腹平底盘；而圈足盘在跨湖桥遗址数量较多，其造型多样，既有上山式，也有跨湖桥式。

八十垱平底盘
〔图2-2-22〕

钵作为食具，有圜底、平底和三足，有直腹和侈口深弧或圜腹盆形之分。前两类可以直接作食具，而三足钵则可以直接架在火上做饭或热饭，然后可以当碗吃饭用。大地湾文化一期有圜底钵；磁山和裴李岗遗址流行三足钵；湖西的钵可以说是圈足钵，也可以说是碗，后者只是器壁略厚一些。而跨湖桥的钵有平底和浅圜底，多流行直腹或深腹钵，有些腹部有单棱或双棱，很有厚重感。

裴李岗三足钵
〔图2-2-23〕

盆这个时期出现了新的类别和造型，功能却都是盛物或盛水。上山的大口盆在八十垱演变为圜底和平底，在跨湖桥则发展了新型的圈足盆。北方的盆如大地湾多为带沿浅腹盆，这种风格一直延续到后来的仰韶文化。

大地湾圜底盆
〔图2-2-24〕

罐盛水和盛物的器皿。通常造型非常丰富，罐体有浅腹和深腹，罐有耳和无耳、单耳或双耳，罐口有敞口和小口。贾湖遗址有大口高领或直腹双耳罐。裴李岗遗址的罐则是小口窄领双耳罐。湖西的罐器壁薄，无耳、单耳或双耳，有鼓腹和折肩两种。沿袭上山的单耳罐，跨湖桥的罐型同湖西，其双耳罐为折肩敞口式。

跨湖桥双耳罐
〔图2-2-25〕

〔图2-2-26〕裴李岗三足壶

壶与罐的造型和功能类似，应汲水或盛水之需而生。通常是深鼓腹，有长颈和短颈之分，敞口和敛口之分，有耳和无耳之分。贾湖遗址的壶很丰富，以双耳罐形壶最多，由此发展出折肩、圆腹、扁腹和三足等造型。带三足的壶有鼎的作用。折肩壶肩部有双耳，其他腹部上部有双耳。顺山集的双耳壶有圜底和圈足之分，有的敞口，有的同时带过滤、注水口和流。裴李岗三足双耳壶最丰富。

碗 同钵一样也是一种食具。口大底小。有圜底和圈足两种。顺山集的碗分圈足和平底。大地湾的碗浅腹圈足，如同带足的圜底钵。裴李岗和磁山也有类似的碗。

大地湾碗 〔图2-2-27〕

豆 用来盛放食物，尤其盛行于太湖流域的跨湖桥。高足底从圈足盘演变而来，有各种变化，或细或粗，呈喇叭形和镂空形等。器身浅盘状，豆盘有的是侈口，有的是敛口。足和盘的组合使陶豆呈现高而稳的特点。

跨湖桥豆 〔图2-2-28〕

鼎 作为炊煮器，往往是在一些器物下直接加足而成，或某一器物与支脚组合，如同自带支架的釜、盆、罐或钵。鼎改变了使用釜时复杂的架烧方式，使烹煮食物更加便捷。贾湖的鼎即在盆下加三个足，似是三足钵的放大。有些鼎器身饰乳钉纹，颇有厚重感。大地湾一期的三足鼎，似是在钵、盆或罐下加三足而成。三足钵和三足鼎造型一样，前者敞口、弧壁、圜底、三锥足，鼎比钵口径略大，高度略高。加足的过程可能是一个漫长的尝试，既要考虑实用造型，又要兼顾器物的坚固性，还要顾及器内的容纳性。

贾湖乳钉纹鼎 〔图2-2-29〕

大地湾钵形鼎 〔图2-2-30〕

{图2-2-31} 跨湖桥盖

盖 其作用无疑是方便烹饪、加热、保温和储藏。有些专属某些器物，有些通用于各类器物。磁山、裴李岗、顺山集、跨湖桥大量的器物可能没有专用盖，即盖为通用。

{图2-2-32} 贾湖甑底

甑 作为炊具，取釜的形状，底部镂空，起箅的作用，是蒸食的器具。将甑放在盛有水的釜或鼎上蒸食物，利用蒸汽将甑中的食物蒸熟。贾湖和跨湖桥的甑，前者与鼎相连，鼎有三足；后者与釜组合，即炊煮器皿一体化，下有支架，架在火上或灶上。甑釜与支座的结合是一种变形的灶。

{图2-2-33} 磁山靴形支架和盂

盂 为盛食或液体的器皿。筒形腹、平底、圆口。这是磁山的独特发明，不仅数量多而且造型各异。其文化第一层就有盂48件，分八式。文化第二层有盂79件，分五式。磁山的靴形支架和盂的组合亦是一种组合灶。

{图2-2-34} 顺山集可移动灶

灶 分可移动和组合两种形式。顺山集二期出土了较多的可移动的灶，与尖底、圜底或平底的釜或盆组合，如同跨湖桥的釜和支座、磁山的盂和支架的组合。只是这种环形的半封闭的支架式灶更有利于火力的集中。

制作各类器皿的陶工最终意识到陶质即陶土羼料和其比例关系以及烧制火候的重要性，不仅关系到能否得到一件完整的陶器，还需要经得住各种不同方式的烹饪和饮食。首先是陶土。史前人从最初的随意取土到有选择地搭配陶土羼料经历了一个漫长的实践过程。若取较细腻的陶土则为泥质陶，如八十垱人选择黄褐色土，土质比较原始，细腻含砂少；若加入河沙、云母、石英、蚌末等则为夹砂陶，这种情况发生在大部分遗址尤其在北方；若直接加入植物茎叶和稻谷壳或将之烧成炭灰后羼入到陶土中则为夹炭陶，这种情况通常发生在南方。有意加进植物炭灰，是为了泥土在成型过程中减少收缩，其作用与掺砂的作用一样。泥质和夹炭陶陶胎比较细腻，适合饮食器；夹砂陶陶胎含粗砂或细沙适合炊器和盛器或储存器。许多遗址的陶器都并存这几个基本类型，而且类型之间还经常混合。从中可以看出陶工在选择陶土和加入羼料上的细腻。后李遗址陶器的陶质则介于夹砂和泥质之间，即夹细沙陶，基本是未经淘洗的原生黏土。彭头山和八十垱的陶器陶质为夹炭羼稻、夹炭羼砂陶，便于制作彭头山的罐和盆以及八十垱的支座。跨湖桥器物中夹炭却泥质较多，适合制作饮食器，尤其是圈足一类的器皿。顺山集遗址的陶器在夹砂陶中加入植物碎末作为羼和料的现象比较普遍。可见史前陶工在陶器的制作上充分利用当地的资源，从器皿的易碎到结实耐用，不断地实践，终于明白了陶土中的含砂、含炭以及含泥的不同比例可以使陶器坚固、耐用或质地细密。尤其是大量掺合稻壳可以增强陶胎器壁的紧密性并改善其透气性。

接着是塑形。这个时期的陶器仍以手制为主。一般采用泥片贴筑法，或称模具敷泥法，即先用泥片塑出一个造型，然后将各部分泥片敷泥叠筑捏制在一起，使造型更为具体。这种方法比较适合制作饮食器，如大地湾一期的圜底钵。一些陶器使用泥条盘筑法，尤其是较大的罐、壶等盛器，所以陶器较厚重，内胎不均匀。如查海、裴李岗、磁山遗址的器皿。有些器物则两个方法同时并用，如贾湖遗址有些陶器同时使用贴、盘或圈筑法。塑出大致形状之后用陶拍拍打陶胎再刮削成需要的器形。虽然大部分的陶器主要是用贴粘法或盘筑法手制而成，修整使用陶拍或用泥浆抹平，但在这个阶段的晚期还是出现了慢轮整形。在跨湖桥一些陶器壁外的轮纹说明陶器经手制后再用慢轮修整了口沿，如一件黑陶罐口的7条环状平行弦纹是用陶轮修整技术加工而成[1]。慢轮制陶术使陶器形状厚度和圆弧都比较均匀。器身拍打整形后，有些还磨光，如贾湖一些饮食器和跨湖桥的黑光陶。然后再将分开来塑好的器耳或器足等附件贴在器身上。

[1]浙江省文物考古研究所、萧山博物馆：《跨湖桥：浦阳江流域考古报告之一》，文物出版社，2004。

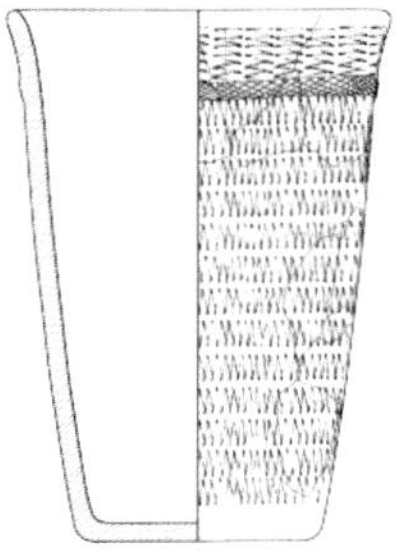
{图2-2-35}
『之』字纹罐，查海遗址

一定的纹饰不仅使陶器坚固而且视觉上造型稳定。最初陶器的纹饰是史前人类偶然借助一些物件如绳索或其他编织物随手粘贴在器表上以支撑陶器而留下来的。这类绳纹和编织纹可以说是辅助性加固纹饰。这种偶然的加固后来就发展为有意识地让陶器更为结实的各种手段。如使用细小和尖利的竹签或石片在陶器上做出戳印和线刻纹，或用手指等做出按压纹遍布器身，不仅为了达到稳固，更是一种有装饰的纹饰。如大地湾绳纹和编织纹；贾湖、裴李岗、磁山遗址的绳网和篦点纹；八十垱的捺压纹、网纹和三角纹；查海的窝点纹和“之”字纹等{图2-2-35}。这种从简单的刻划到慢慢形成一定的纹饰，有了比较丰富的线条变化，便产生了图案式的刻画。同时为了加固和装饰，有的器身甚至做出分布均匀的堆塑或镂孔来使器物厚重或轻巧。裴李岗遗址、贾湖遗址、彭头山遗址早期和顺山集遗址出现了器身有乳钉纹和支座或器座上镂孔纹饰的陶器。为了达到器物表面光滑的效果，还在器身涂上一层泥浆，然后再打磨磨光，如贾湖、大地湾一期和跨湖桥的器皿。从出土的大量陶器和陶片来看，史前陶工一定总结出了要将器物阴干后再烧制的经验，这样陶器在烧制以后才不会有裂缝。这个阴干的过程也是装饰纹饰和磨光的过程。

从在火堆边的烧制到陶窑的使用，同样经过了几千年反复的漫长的实践。人们在地面挖坑烧窑使得火力比较集中，最早的陶窑是从坑穴式和横穴式发展而来，前者是竖穴式的原始造型。贾湖遗址发现了4座坑穴式和2座横穴式的陶窑，都已初具规模。陶窑平面呈圆形或椭圆形，有窑室、火门、烟道和出烟孔，有的有窑壁和火道。窑址旁边有淘洗池和晾坯棚[1]。烧成温度达到了摄氏700至1000度。另外在距离裴李岗遗址居住点30米处也发现了横穴式陶窑。其他大部分遗址仍是露天堆烧或坑穴式窑，如八十垱遗址的一些陶器陶坯是放置在坑穴上面的支撑物上烧成的。所以烧成火候较低，温度在摄氏600至800度之间。其中一些陶土比较细腻的夹炭陶和泥质陶的烧成温度则比较高。

[1]河南省文物考古研究所:《舞阳贾湖》，科学出版社，1999年，第132页。

红陶罐，裴李岗遗址{图2-2-36}

黑光陶豆，跨湖桥遗址{图2-2-37}

这个时期人们已经了解了夹砂、夹炭和泥质陶土经烧制不仅会发生质的变化，也会发生色彩的变化。比如红褐色、灰褐色、黑色等可以称为彩质陶，即陶器经烧制后呈现的颜色。首先，由于陶土本身的矿物质，即烧制过程中土壤矿物质经化学反应而形成色彩。不同的矿物质形成不同的色彩。红色或红褐色源于赤铁矿或朱砂，黑色源于磁铁矿或氧化钾，黑灰色或灰褐色源于铁和锰，白色源于石英或方解石。比如跨湖桥的黑光陶是夹碳陶，掺杂的草木灰含有氧化钾，所以烧出来的陶质呈现黑色[1]。其次，彩质陶也受烧制气氛的影响。一种情况是陶器处于氧化气氛而呈现红褐色，即红色陶底或红陶。露天烧制的陶器，空气充分流通形成氧化气氛。最初发明的陶窑由于是开放的直焰式，窑内充满空气，所以陶器在氧化气氛下烧成。在氧化焰中烧制温度属低温，其中含铁转化为三价铁，陶色呈红色。红陶是这个时期出现最多的。如裴李岗遗址的陶器以泥质红陶数量最多{图2-2-36}；北福地多为夹砂泥质红褐色陶；磁山遗址的陶器以夹砂红陶为主；贾湖遗址是混合的泥质、夹砂和夹炭陶，呈红和红褐色。个别陶器呈灰黑色是在氧化气氛下渗碳即植物秆茎的黑烟造成的。此外由于碳素的作用，再加上陶胎在焙烧中未能充分氧化，因此陶质呈灰或黑色。另一种情况是陶器烧制时处于还原焰气氛下，即陶器在封闭的陶窑内烧制，陶质的色彩多为灰、深灰、黑或黑灰等。

彩绘陶正是彩质陶的发展。首先，在彩质陶的陶胎表面涂一层含有矿物原料的细腻的泥土作为陶衣。方法是将矿物质研磨后制成浆料，涂刷敷施于陶坯的全身或某些部位，在氧化条件下烧制出来后呈现所含矿物质的色彩，通常是红、白、灰、黑等陶衣。如八十垱和跨湖桥陶器陶胚涂上含铁的泥浆后，烧后氧化呈红色陶衣。特别是跨湖桥出土的黑光陶豆{图2-2-37}施了含有草木灰即氧化钾的泥浆作为陶衣，经过还原焰渗碳的结果形成了黑衣，烧制后又经精心打磨，规整匀薄的黑光陶工艺

[1]浙江省文物考古研究所、萧山博物馆：《跨湖桥：浦阳江流域考古报告之一》，文物出版社，2004；参考蒋乐平：《跨湖桥文化研究》，科学出版社，2014。

{图2-2-38}
彩陶片
湖西遗址

{图2-2-39}
彩陶钵
大地湾遗址

就被发明出来了，成为了当地一大特色。接着再在阴干的或烧制后的器物陶衣表面上绘上彩色图案。其制作过程尤其表现在从上山到湖西遗址再到跨湖桥遗址的陶器彩绘序列上。湖西遗址出土的一片彩陶片{图2-2-38}上施有一层红色薄彩，其上又点缀了乳白色的厚彩圆点[1]。从跨湖桥出土的彩陶片看，器皿有罐、豆、圈足盘等，彩饰也分为薄彩和厚彩两种，都是施于细腻的陶衣上。薄彩一般施于圈足盘的内壁，有红、黄、黑等色，厚彩施于器物的外部，如罐的肩颈，圈足盘的圈足等位置。同样大地湾一期文化出土的三足钵、深腹罐、鼓腹壶、圈足碗和圜底钵{图2-2-39}等200多件彩陶，也表现出地方化的序列制陶法[2]。陶质为夹砂，塑形采用了"内模敷泥法"，打磨后涂上一层比较细腻的陶衣，在氧化焰的烧制条件下呈现褐红色。然后在烧制后的红色陶胎上涂上一种或两种不同的带有石灰石或赤铁矿的矿物颜料，一般在圜底钵和三足钵口沿外侧一周形成一条红彩宽带纹，再用卵石压磨，使颜料与陶器较牢固地结合，形成白色或棕红色的条纹状纹饰。这成为后来当地彩绘陶发展的基本工艺。

史前陶工经过不平凡的发明和原始创造过程，即对天然材料加工并改变其性能和形式这种物理和化学领域的自然探索，制陶和彩绘技术日臻成熟，各种陶质和彩陶逐渐显现出各自的造型和风格。史前聚落居民的饮食文化就这样伴随炊、饮、食和盛储陶器而诞生了。

[1]郁永彬、吴隽、张茂林、蒋乐平：《湖西遗址出土陶器的科技研究》，《古陶瓷科学技术国际讨论会论文集》2012年10月23日。

[2]赵建龙：《甘肃秦安县大地湾遗址仰韶文化早期聚落发掘简报》，《考古》2003年第6期；参考甘肃省文物考古研究所：《秦安大地湾：新石器时代遗址发掘报告》，文物出版社，2006。

装饰的萌芽

精神文化首先是以物质文化为载体的。尤其在史前阶段，物质造型具有一定的精神含义。器物的使用、观赏及其信仰、情感价值，集好用和审美为一体。材料来自大自然，而人的意识、思维的发展和认知的累积则给予了其表现形式和意义。这个过程是在人类进行植物驯化、动物驯养以及工具和器物的发明过程中发生的。史前人类通过观察作物本身的生根、发芽、开花、结果的现象和季节规律，了解、掌握并积累了生物、气象、土壤方面的知识，从而逐步学会了在自然当中生活，创造了更为复杂的工具、更加丰富的陶器和饮食文化。由于思维和认知能力的进步，人们认识到自然的形状和色彩，即自然中的美，从而不断地改造着自身。美感是思维和想象力进化的结果，源自大自然，更是精神情感所致。这一切都从史前聚落居民创造各类材料的服饰和首饰来装饰自身、各类纹饰或造型来装饰日常烹饪陶器皿、用几何图案来装饰房屋等开始，但尤其萌芽于用有造型的陶塑和玉雕来进行葬仪或祭祀等集体或社会精神活动。

服饰　令人惊奇的是史前人类似乎比今人还重视装饰或具有天生的美感。思维和意识的发展首先体现在服装上。它的材料从自然中获得，但是它的造型却是创造性的、有美感的、立体的，还是合身的、舒适的，同时根据地理、气候的不同而不同，呈现出个性或地区性。人类走出洞穴，居于暴露的露天中，遮盖就成为需要。除利用自然之物来制作服装，如兽皮、植物杆叶、羽毛，或像兴隆洼人一样做蚌裙[1]，史前人还创造新的编织类服饰。兽皮只在冬天有用，而夏天则需要一种更薄的材料来制作衣服。

[1]中国社会科学院边疆考古研究中心：《东北新石器时代》，文物出版社，2016年，第51—73页。兴隆洼二期聚落中心性房址内发现的118号居室墓，墓主耳边胸前2件矮柱状玉玦，身上发现蚌裙。

骨针，跨湖桥遗址
{图2-2-40}

由于聚落的群体生活，服装不仅是人体冷暖需要，更是起到装饰的作用。对身体的遮盖先从敏感部位开始，接着可能分开制作上下衣。编织或纺织类服饰不仅是人类有意识的创造品，而且是体现复杂的、综合的、连续思维的手工作业。编织经纬的概念来自草编、竹编或藤编。比如在彭头山遗址发现了9张芦席。对服装的设计要求适应人的活动，而制作则需要相应的纺织或缝纫工具。

史前人类首先发明的是骨针，制衣的针可能比陶器先创造出来。25000年前左右的山顶洞人就已能够用骨针缝缀兽皮衣。随后骨针也出现在旧石器时代和新石器时代之交的仙人洞遗址和南庄头遗址。在这个阶段的史前遗址中，骨针有大量的发现。如贾湖遗址出土了177件骨针，大部分为成品，还有用坏了再修好继续用的修补品，一些半成品则反映了骨针的制作过程[1]；磁山遗址出土了33件骨梭和骨针，有的骨针甚至在略粗的一头和略细的一头分别有孔[2]；跨湖桥遗址出土了一件长9厘米、最大径不足2毫米、孔径不足1毫米的骨针[3]{图2-2-40}。不仅骨针，甚至还有石针。如夏达错遗址{西藏自治区阿里地区日土县}在2020年发掘了8000年前近两千件石器，其中就有磨制的有孔石针[4]。此外，考古发现的纺织物遗迹，说明一些聚落居民已掌握了基本的纺织和缝纫技艺。在贾湖遗址两处墓葬死者遗骸腹部的土壤样品中，检测到了一些蛋白残留物[5]，

[1]冯沂：《河南舞阳贾湖新石器时代遗址第二至六次发掘简报》，《文物》1989年第1期；参考河南省文物考古研究所：《舞阳贾湖》，科学出版社，1999。
[2]孙德海、刘勇、陈光唐：《河北武安磁山遗址》，《考古学报》1981年第3期。
[3]浙江省文物考古研究所、萧山博物馆：《跨湖桥：浦阳江流域考古报告之一》，文物出版社，2004。
[4]央视网：《西藏考古新发现·夏达错遗址：发现8000年前磨制石针，或为永久定居点》，2021年5月1日。
[5]中国社会科学网：《学者研究将中国丝绸出现的考古学证据提前近4000年》，2016年12月26日；参考河南省文物考古研究院、中国科学技术大学、舞阳县博物馆：《河南舞阳县贾湖遗址2013年发掘简报》，《考古》2017年第12期。

陶纺轮，顺山集遗址{图2-2-41a}

陶纺锤，顺山集遗址{图2-2-41b}

可能是麻，也可能是丝。如果有了织物，必先有线，如有线，就会有搓线和纺线的工具。如果是麻或丝，需要绩线纺纱，将植物藤或自然蚕茧用线轮和纺轮捋成线，再用梭子等工具来织成布，然后按需要剪裁，再用针缝纫制成服装。陶纺轮等纺织或编织工具在大部分遗址都有发现，尤其在顺山集遗址发现了众多的陶纺轮{图2-2-41a}和陶纺锤{图2-2-41b}，在跨湖桥遗址则出土了骨制纬刀、木质定经杆、布轴等织机件，甚至在线轮上发现有纤维质线圈[1]。

装饰品　史前人类也没有忘记用首饰打扮自己或标明社会身份。在一些墓葬中发现的装饰品，可能是死者生前的饰物。饰品材料各种各样，有贝壳、兽骨、石或宝石如玛瑙、绿松石、玉石之类被加工琢磨后串在一起。如2013年第八次对贾湖遗址的发掘发现了很多墓葬都有装饰品，有的十多个穿孔石珠串在一起作为手镯；有的三角形和棒形绿松石坠饰作为耳坠或项饰。特别是编号为M59的墓葬，在墓主颈侧随葬有绿松石串饰，最大的一个呈弧边三角形{图2-2-42}，长8厘米，宽4厘米[2]。八十垱遗址则出现了磨制的翡翠石和绿松石饰件{图2-2-43}。顺山集遗址也出土了绿松石坠饰{图2-2-44}。饰品首先是装饰身体，但也被史前族群赋予了特殊的精神含义，尤其是和材料的罕有、加工技术的难度和做工时间的长久有关。器物越大、越精细说明这种饰品越贵重。而这种劳动常常是一次性的和个性化的。一件有个性的创造物是不可简单重复的。

装饰品材料中，玉质饰品是作为人类精神表现的一种特殊材

[1] 浙江省文物考古研究所、萧山博物馆：《跨湖桥：浦阳江流域考古报告之一》，文物出版社，2004。

[2] 中国社会科学院研究所：《河南舞阳贾湖遗址第八次发掘取得重要成果》，2014年01月23日；参考河南省文物考古研究院、中国科学技术大学、舞阳县博物馆：《河南舞阳县贾湖遗址2013年发掘简报》，《考古》2017年第12期。

{图2-2-42}
绿松石三角形串饰，贾湖遗址

{图2-2-43}
绿松石饰件，八十垱遗址

{图2-2-44}
绿松石坠饰正面和背面，顺山集遗址

{图2-2-45}
玉玦，查海遗址

{图2-2-46}
玉玦，北福地遗址

料载体。从石器工具制作中脱颖而出，玉器因其材质的细腻有层次而被一些聚落居民认为有一种神圣的美感或价值。作为装饰品，玉质材料的稀有，加工的难度使它成为饰品中的精品。从材料来看，其材质为透闪石软玉类或阳起石等真玉，色泽多呈淡绿、黄绿、深绿、乳白或浅白色。从制作水平和技术上看，是从磨制石器技术而来，运用切割、打磨、抛光和钻孔等技术制成。尤其是穿孔，即使是细小的孔也能完成。在这个时期，人们的玉石雕刻既是为了装饰自身，也可能具有某种宗教含义，如穿戴于葬仪或祭祀场合。小南山遗址出土的玉器饰件有匕形玉佩、觿形玉佩(一种弯条形器)、玉管、玉珠、玉璧、玉环和玉玦等[1]。同样类型的玉器在兴隆洼和查海遗址也有所发现。兴隆洼的玉玦大多出土于居室墓，这种墓葬通常位于居室之下[2]。查海遗址玉器出土于房址的堆积层和居室墓，有玦{图2-2-45}、环、管和匕。玉玦成对出土于墓主人的耳部周围，大概也是其生前佩戴的耳饰。匕形器呈长条状，一面略内凹，另一面外弧，靠近一端的中部钻一小孔，多出自墓主的颈部、胸部或腹部，可能是项饰或衣服上的缀饰。这些饰件均经琢磨、钻孔、抛光。值得注意的是，单件的玉饰件也出现在辽河区域的南部，如位于太行山、衡山、燕山三山交界处与华北平原的结合地带的北福地遗址的玉玦{图2-2-46}，以及淮河流域贾湖遗址的玉璜。由于是单件，可能是人类迁徙过程中进行的交流活动所致。这些共同的特点，表明玉制的装饰品已从石器工具中脱离出来，成为一种被赋予了某种含义的具有美感或审美意义甚至情感的物品。用这种材料制作首饰来佩带，不仅由于玉料材质光滑和色彩丰富的特点，还由于其往往带有神秘感。玉器的装饰造型与史前人类的认知和思维的发展有关，也因其精神意义成为社会生活的一部分，并日渐复杂。

[1]于建华：《黑龙江省出土的新石器时代玉器及相关问题》，《北方文物》1992年第4期；参考黑龙江文物考古研究所：《考古黑龙江》，文物出版社，2011。
[2]中国社会科学院边疆考古研究中心：《东北新石器时代》，文物出版社，2016年，第51—73页。

跨湖桥遗址太阳纹彩陶片{图2-2-47a}

跨湖桥遗址植物花纹彩陶片{图2-2-47b}

绘画　这个时期的绘画是用矿物颜料在陶器表面绘制的纹饰。随着种植谷物成为日常，烹饪对炊饮盛器皿的需求，人们有意识地对日常的饮食陶器进行装饰。史前人的创造力像泉水一样涌出，没有任何形式的羁绊或限制，丰富多彩的图案就这样随心所欲地产生了。陶器上的装饰，包括图案和色彩，就是充分利用这个载体使饮食器皿具有了审美价值，表达了一种精神化的文化概念。陶器器表的装饰经过最初起加固作用的简单纹饰，如借助一些物品表现出来的绳纹和编织物纹，或手工制作的戳印纹、刻划纹或窝点纹，随着人类思维的进步和陶器制作经验的积累，出现了装饰性纹饰。这些有变化和有规律的抽象几何纹无疑是从之前的简单纹饰而来，如兴隆洼和查海陶器的"之"字勾连纹，大地湾一期、磁山一期到二期陶器的网格纹，彭头山和八十垱陶器的斜网格纹，可以看出史前陶工对连续纹的探索。人们已经认识到圆弧、等分、连续、对等、对称以及空间立体和数的概念。看来网格纹最能达到陶器圆弧面所要求的连续。这是比较复杂的纹饰，需要有数和等分的概念，其对等和对称的布局是反复琢磨和设计的结果。而彩陶的出现则意味着各种装饰图案和运用色彩的真正开始，即在被刻意用陶衣改变陶质的灰黑或红色的底色的器皿之上，用更丰富的色彩描绘出有一定情感和有一定审美含义的纹饰。史前陶工不知经过了多少遍的探索，试图用物质形式来表达正在萌芽的精神意识。

首先是几何纹的线、点、条带的独立或之间的结合。如大地湾红色宽带纹和黑色点、线、带的组合，彩绘装饰多位于圜底钵和三足钵口沿外侧一周刮磨的光面上，与陶底色相衬，构成两色。跨湖桥遗址的彩陶图案在圈足盘或豆上描绘条纹、波折纹、环带纹、三角纹、十字纹、米字纹或交叉纹。除过几何纹外，跨湖桥人也尝试描绘自然，如太阳纹{图2-2-47a}或植物花纹{图2-2-47b}。陶器纹饰反映的完全是从人所居住的自然环境下概括而来的一个非常丰富的自然和精神世界。这是由于人们开始对色彩有了认识，这种认知从简单

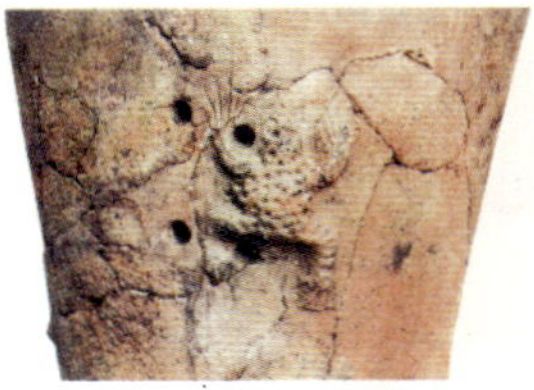

{图2-2-48a}
蛇衔蟾蜍纹筒形陶罐
蛇衔蟾蜍纹拓片，
查海遗址

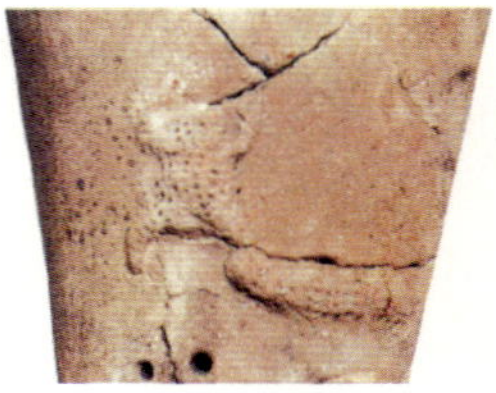

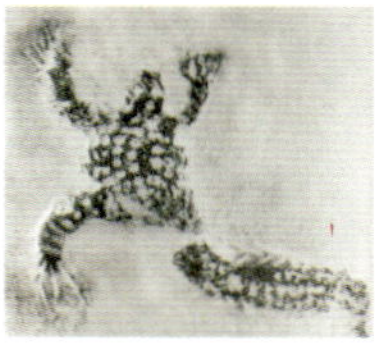

{图2-2-48b}
蛇衔蟾蜍纹筒形陶罐，蛇衔蟾蜍纹拓片，查海遗址

地对自然的模仿，到挑选和搭配不同的土质，再到运用陶土烧制后变化的色调，最终发生了质的飞跃。

雕塑　这个阶段出现了一些小塑像，主要是陶塑，也有一些小石雕。陶器本身就是一件雕塑品，是有三维的物体。制作陶器从圆柱体开始，如釜、罐、壶、盘、盆、钵、杯等器型，人们至少掌握了圆的立体造型。手工能制作好一个圆形可能经过反复摸索。陶器的立体造型使人类的思维终于发展到有了三维空间感。其表现之一是可以在陶器表面进行浮雕和雕刻。乳钉纹饰是器物上的一种最简单的浮雕，需要整体的等距离布局能力。这类器物在贾湖、裴李岗、磁山、顺山集、跨湖桥等遗址都有发现。如贾湖遗址的乳钉纹鼎、顺山集遗址的乳钉纹鼓形器。真正的浮雕图案可以列出查海遗址的一件夹砂黄褐陶敞口筒形罐上两面的蛇衔蟾蜍纹{图2-2-48a-b}。这是用某种蚌类工具压出来的形同窝点纹的凸突图案。一面表现的是单只蟾蜍，做出四肢张开状爬在陶罐上；另一面表现的是蛇衔蟾蜍的形象。尤其这一面已具有很强的构图和情景表现力。蟾蜍张开四肢，头部用力前伸作惊恐逃跑状，下面的大蛇似乎借助其用力摆动的尾部的力量，张口衔住蟾蜍的右下肢，其形象生动、逼真，让人紧张地不由得屏住了呼吸。

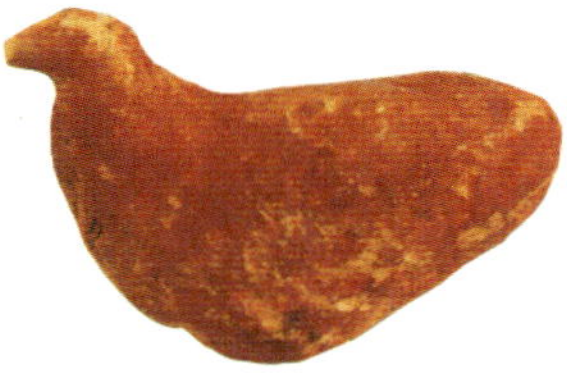

小陶鸟，八十垱遗址
{图2-2-49}

{图2-2-50}
人面面具，顺山集遗址

独立的雕塑也出现了，比较写实的动物雕塑是人们的最初尝试，试图表现客体的形态。如彭头山和八十垱遗址都出土有小陶鸟{图2-2-49}；顺山集遗址出土了一些巴掌大小的陶面具，有猴、猪、熊、鸟等兽面。动物雕塑反映了史前人类与动物相处和对动物的认识。在农耕定居初级阶段，狩猎仍是人类需要面临的大事。而耕作开地要与动物争夺地盘，要生存，要战胜动物，就要了解动物。一些动物是人类一直模仿学习并借助其力量的对象，一些是这个时期开始尝试驯养的家畜。这些小雕塑表现了身边经常见到的动物，有可能是一种模拟练习或做给孩子的玩具。此外，史前人类对其自身的认知也在增长。首先从人的面部刻画开始。顺山集遗址的人面面具{图2-2-50}和北福地遗址的人面面具{图2-2-51a-b}虽地区和年代不同，但都试图表现出人的面貌。前者虽只有巴掌大小，但发现了大量的残面具，说明人们在学习制作，试图掌握陶塑制作的方法和技巧。后者形制有大小之分，大者与真人面部基本相同，小的5至10厘米，采用阳刻、阴刻、镂空相结合的雕刻技法，尝试表现出长者或小孩的面貌。人面面具可能为祭祀用具，抑或是在史前人进行族群游戏或舞蹈时所佩戴。

{图2-2-51a-b}
人面面具老人和小孩，北福地遗址

[1]段宏振主编：《北福地：易水流域史前遗址》，文物出版社，2007年，第15页。

初次相聚

史前人类自从洞穴走向平地，从小群行为就演进到族群集体活动，这时候的聚落结构以及人和人的关系还处于一个松散的、随意的和无规则的群落状态。人们之间的活动可能就是为饮食、为居住而忙碌。根据不同的地理环境，史前聚落居民按季节从事狩猎采集和种植，建造房屋和保护村落的壕沟，尝试发明新的饮食和器皿。这个时期，地域文化特点基本有了大致的范围，包括辽河、黄河、淮河、长江、太湖等流域及岭南等地区。各区域发展了群落生活，从独立或以家庭为单位从事各种工具制作、谷物栽培、家畜驯养、房屋建筑到因群居人口增长而建立了一种集体协作的劳动关系；从人和人非常简单的口语加手势的交流，慢慢地发展了使用具有一定含义或语意意义的语言符号如器物或图像符号作为群落中共同沟通的手段。这些族群集体活动的方式反映了聚落的社会状况，包括物质和精神文化。

族群协作

这个时期的史前人类离开洞穴走向山谷、平原、河岸、湿地，开始了群居的生活。人们游移于迁徙和定居之间，在各种地理环境中找寻合适的居住地。最终定居取代了迁徙，人们慢慢脱离了露宿野外，因驯化谷物而相聚，开始有了一定规模的群落。这便是若干家庭组成的小群团体。史前社会的形成是基于谷物种植而导致的定居生活。这样的定居使得人们对与谷物生产相关的季节、气候、土壤、雨水，甚至天灾有了各自不同的认识并积累了各自不同的经验，并因定居而将这些经验一代又一代传了下来。一个大家族或氏族渐渐形成，一起住在自己盖的房屋内并创造了某种饮食方式，开始了与谷物种植相适应的群居生活并形成了一个集体，建立了聚落村，构筑了当地的习俗，共同面临饥饿、疾病、死亡、动物及外族的威胁等等。贾湖人的例子大致可以说明族群的发展：早期的7座房屋和周围的26座墓葬和陶窑一起形成两个群；中晚期房址增加到31座房屋形成五个群，与7座陶窑和5个墓葬群分开[1]。从一个大家庭分出若干小家庭经过几代形成一个家族群落，建立了独立的族群。这个族群可能是同血缘，即本家族的繁衍，也可能有其他家庭或家族进入这个族群，同血缘和不同血缘的人混居在一起，从分散的游离的状态进入到彼此有了一定的关联。人和人的关系发生了根本的变化，如涉及个人和集体、人和自然包括人和自然物质以及和人们所创造的物质资源的关系，这关系涵盖产品的共有和私有以及产品的交换。

首先是共同生活。一个族群经过了从迁徙到定居即从以狩猎和采集为主到以种植谷物为主的阶段，终于选择了一个适宜的地方安居下来。辽河流域的兴隆洼遗址位于大凌河支流，南边是连亘的群山，北边是开阔地，东边是牤牛河上游的低丘陵。这是一个比较干旱却有水源，同时土壤肥沃，可能富有狗尾草的地方。人们使用石铲或石斧等种植粟黍。淮河流域的贾湖人居住在一处河流纵横，草原、湖沼交错地带，气候温暖湿润，这里富产野生稻，人们在这样的环境下使用石斧栽培稻谷。太湖地区跨湖桥人居住在低矮的山丘，是三江的交汇处，即钱塘江、富春江和浦阳江，南面为连绵的会稽山。人们使用骨耜、石锄、木铲等种植稻谷。渔猎和采集仍然是农耕的重要补充。这三个不同的环境产生三个不同的地域聚落。漫长的较为稳定的生活，使得族群逐渐扩大，这得益于全族人的协作，每个人都在群体中发挥各自的作用。一些个人或家庭渐渐培养出具有某一才能或有专门技术的人，男人和女人也有各自分内的事情。男人多参与狩猎活动、驯养动物、建造房屋、制作石器或木质工具，女人除抚育孩子，多参与采集活动、烹饪、制陶、制作服装以及装饰品。这种分工是集体协作性的，每个人的行为并不是固定的或专一的，因为每个人可能都是多面手，随时可以根据群落需要参与某些活动。而其劳动和成果是个人的、家庭的、尤其是集体的。

狩猎大部分行为是集体性的，所以获得的动物便是集体的，幼崽的驯养也是集

[1]河南省文物考古研究所：《舞阳贾湖》，科学出版社，1999年，第961页。

体的，而且起初多为女性甚至孩子来照顾。猎物数量最多的且比较普遍的哺乳类动物如野猪和鹿，其他还有狗、牛、羊、马、鸡。而猪是得到各个聚落驯养数量最多的野生动物。比如在兴隆洼遗址5号房址西南部居住面上出土有一组摆放整齐的动物头骨，分别为12个猪头和3个鹿头，可能是狩猎后驯养中的家畜[1]。

虽说栽培野生植物可能是小范围的，但在驯化谷物的过程中，在季节性播种尤其在收获或储存的时候，可能全族人都会参与。磁山的一百多个窖穴坑虽不是一个时期完成的，但对于大量的粟谷从搬运、挖窖、放置也是需要所有人参与的。

即使盖自家的房屋也需要大家帮忙，从半地穴的挖穴坑和柱坑、到树立柱、再到顶棚的搭建，从干栏式的栽桩到铺地板等是系列性的劳动。尤其是一些大的房屋。比如查海遗址中心两侧各有一座大房屋编号为F46和F9，面积分别是157和109平方米[2]。贾湖遗址房址大多为椭圆形，结构以半地穴式为主，有少量依次扩建的多间房，隔间用门槛或墙。半地穴式房屋一般用原始的石斧、石锛挖成圆形或方形的坑，然后砍树木并在此上搭建房屋。这得数人合作方能完成，尤其方形房屋结构上的墙和顶更复杂。南方因泽而居，房屋通常建在水系发达的地方。跨湖桥遗址出现以干栏式为主的建在木桩上的房屋，不仅土木结合而且带有榫卯结构，表明已经出现了木工，即比较专业或家族式的工匠。从木桩立骨的土墙建筑和土墙内以约30厘米间距埋设木桩来看，是经过专门的尺寸设计[3]。人们第一次有了结构和造型的概念。建筑结构的复杂从另一个方面说明人们在搭建房屋时不仅利用树木和泥土，也考虑到了气候环境的因素；更表明了群落内人和人的协作关系。

另外，突出表现群体力量的是根据村落的规划而进行的工程。首先是修筑沟壕围墙用来防御保护村落的设施。如兴隆洼遗址早期的土围沟，贾湖遗址的聚落环濠，顺山集遗址周围的壕沟，是聚落居民多次组织起来，使用各类石器、木器工具来从事挖筑，经年累月进行的。尤其八十垱遗址较大的环绕聚落的围墙和围壕或挡水坝的建造更是几代人共同的努力。

其次是公共墓地。有些遗址建造墓穴、埋葬死者也是全族人一起进行的。作为社会活动的一部分，葬仪同时是精神性和社会性的。从新石器时代早期人们对死者的简单处理或无墓穴葬，到这个阶段人们对死者已有比较妥当的安排，有积石墓，也有土坑墓，并开始有了一定的聚落公共墓地。尤其是二次葬的墓地，可能在群落搬迁或再次规划村落时进行的。如八

[1]中国社会科学院边疆考古研究中心：《东北新石器时代》，文物出版社，2016年，第51—73页。
[2]辛岩：《查海：新石器时代聚落遗址发掘报告（上册）》，文物出版社，2012年，第672页。
[3]浙江省文物考古研究所、萧山博物馆：《跨湖桥：浦阳江流域考古报告之一》，文物出版社，2004。

十垱遗址聚落可能进行了再次规划，所发现的墓葬，均为二次重新葬。作为公共墓地，埋葬死者常常需要众人巨大而长久地劳动。如小南山遗址二期相距75米的南北两片墓区的共50余座的土坑竖穴墓，墓坑大小不一，长70至250厘米不等，随葬有石、玉、陶器。南部每座墓葬之上方各有自己的积石封土，北部所有的墓葬都被压在同一石堆之下，为整体封石。从积石石块数量来看，仅直径5厘米以上的石块就有13,000余个，最大者近200公斤，总重量达14余吨[1]。

形成公共墓地是有一个过程的。对死者的埋葬及其仪式反映了聚落社会中死者和生者的关系。一些遗址墓葬常常与居址混合在一起。如兴隆洼遗址的居室墓穴紧依房址的一侧穴壁下挖掘而成，为长方形竖土坑墓，如10号房址内发现的3座居室墓葬。在2号房址内发现的两座居室墓葬而仍有人继续在此起居生活[2]。大地湾一期有的墓葬离房址近在咫尺。贾湖遗址早、中、晚期墓葬也反映了这个过程。早期的居址因为家族不大，所以与墓葬混合，甚至窑址都在住家附近便于制作。直到中期人口增加，聚落扩大到五个左右的家族，居住房屋多次扩建，陶窑变得集中，墓葬才与居住区分离开来。这种分离，标志着人们居住观念的变化，生者与死者、居住与墓葬、个人与集体、中心与布局等新观念的产生。

经过集体的建造，居址、窖穴、陶窑、祭祀场所和墓葬在壕沟、围墙的环绕下构成了一种村落建筑下的人文氛围。由于地理、气候、环境、植物、水源尤其农耕作物的不同，每一个地方都孕育出了各自的特点。人和人的关系因聚落村的居住方式发生变化。人们自然地形成个人与集体、各家与族群的协作关系，并随各类活动而建立联系，既是分散的，又是合作的；既是游移不定的，又是凝聚在一起的。一个小小的家族团体，后来发展到大的有血缘关系的群体都是以母系为单位，通常是几户人家成排住在一起。男人以女性为主，小孩跟随母亲。这是由于灶在聚落中的重要凝聚作用。母亲通过房屋中的灶将大家联系在一起，并围绕饮食形成了一种社会文化。而灶体现了居家中心。从兴隆洼遗址屋内围绕灶台放置的耕种工具、谷物加工工具石磨盘、陶炊食器皿来看，此地人的生活是围绕灶火而居、而劳作。后李遗址居室中的釜灶也是居住中心。贾湖几乎每一间房址内都有灶台。一个房屋有灶、有磨盘、有工具，至少可以安居一个家庭。男人进行狩猎、采集，女人更多的是照看孩子，种植谷物，用磨盘研磨谷物做饭，并根据经验和需要制作炊

[1]文博在线：《东亚玉文化的曙光——黑龙江饶河小南山遗址》，2020年04月30日；参考黑龙江省博物馆：《黑龙江饶河县小南山遗址试掘简报》，《考古》1992年第2期。

[2]中国社会科学院边疆考古研究中心：《东北新石器时代》，文物出版社，2016年，第51—73页；参考中国社会科学院考古研究所内蒙古工作队：《内蒙古敖汉旗兴隆洼遗址发掘简报》，《考古》1997年第1期。

器、饮食器或盛器。人们白天采集狩猎或者按季节种植谷物，晚上男女老幼相聚在火塘边，在芦席上共进晚餐后席地而眠。

集体协作，就涉及分工。聚落活动以一间屋或以一个家庭为单位，可能有的家庭同时从事谷物栽培、狩猎、采集、驯化动物、制作工具以及陶器、服装、玉器等装饰品，可能有的家庭从事部分的活动。这样就出现了分工协作，从而使得物质产品从材料到种类越来越丰富。不仅粮食或家畜有多余，各种不同的产品因各类有才能的人的创造而日益增多。器物的发明可能是工匠或有经验的人按自己的喜好或需要而创作，然后传授给大家。人们从事各种活动，慢慢地在聚落围墙里形成了一种社会文化。其特点是大家各司所能，共同分享劳动成果，或是由聚落首领分配和安排居民所创造的器物，如陶器、粮食、各类工具等；或是各人各家各户通过交换得到自己所没有的产品。

分工就意味着交换，交换的出发点就意味着私有概念的产生。分工制作使器物丰富起来，产品的丰富和多余可能导致人和财产关系的变化。由于每个家庭有自己的专长也有自己的房屋，屋内的物品可能大多是自己劳动所得。比如是工匠的家庭，会有一些自己制作的工具；如果是栽培者，可能会有自己种的植物或粮食。这种状况也延伸到墓葬。独立房屋、各类器物的分工制作、包括人的不同技能以及由此形成的居民等级，特别是墓葬随葬品的运用和分配的有无或多寡，这些同时标志聚落集体意识和私有意识的社会意义。

墓葬随葬品的多寡，表现聚落群体或个体物质生产和使用甚至分配状况，进而表现民族是否因共同利益而处于共同生存的状态。从一些墓葬发现看，有的墓葬随葬品分配上不分男女和老少，即使是儿童墓葬的随葬品也有精心制作的饰品。有的随葬品多寡相对一致，并没有反映社会的分化。这可能是社会分工使家庭或个人的产品丰富造成的，尤其是生活用品、工具、饰件。另外这也涉及不同聚落对死者的态度。一些遗址墓葬随葬品的贫乏却也反映了聚落生者的生活重于死者。而随葬品数量和质量的不同，表明这个阶段个人或社会资源分配的差异以及墓主不同的身份或等级。可能某一阶层的人使用了集体劳动成果资源，使一些公用资源产品为死者所拥有；或者因某一专长而拥有自制的多余的产品。公共墓地虽属于聚落集体的一部分，但是除了房屋，墓穴是一个人的

{图2-2-52}
绿松石饰件，贾湖遗址

私有区域。随葬品，尤其是生活用品、工具、饰件等，无论是个人或家人所制作的、墓主生前拥有的、或继承的、或分配而来的、或使用了集体劳动成果资源的，基本都表现了墓主生前的活动。较突出的是一些遗址墓葬中墓主丰富的装饰品与猪骨的随葬相配。如兴隆洼编号180号房址是墓葬和房屋合二为一。墓主佩戴玉玦，穿着用成百个蚌壳串联而成的蚌裙，与一公一母两头猪合葬。编号118号墓的死者也有一对玉玦耳饰及石管项饰。右手背上压着圆形蚌饰。在人骨的右侧，放置一对完整的一雌一雄的猪骨骼。从随葬品中刃部嵌有骨梗石刃镖的狩猎工具来看，墓主是男性猎人[1]。能将狩猎所得放入自己的墓穴，可能是墓主希望保持战胜品，而聚落也可能有多余而允许其如此奢侈。这表明猪在这个部落的重要性以及猪与死者的特殊关系。一些遗址墓葬中的随葬品因人而异，如贾湖遗址前七次发掘的349座墓葬中，主要随葬品有陶器、石器、骨针、纺轮。男性随葬石铲、石斧、骨镞类，女性随葬纺织类工具和石磨盘。第八次考古发掘的97座墓葬大部分都随葬有象牙雕板和绿松石饰。其中象牙雕板在墓葬中发现5个，在祭祀坑中发现两个。M55墓主为一6岁左右儿童，M58为一男性成人墓，两座墓都有象牙雕板和绿松石串饰{图2-2-52}。其中小孩墓中的绿松石共计228粒，脚上还覆有4个龟甲，内有石子[2]。从器物的相似性来看，

[1]中国社会科学院边疆考古研究中心：《东北新石器时代》，文物出版社，2016年，第51—73页。
[2]中国社会科学院研究所：《河南舞阳贾湖遗址第八次发掘取得重要成果》2014年01月23日；参考河南省文物考古研究院：《舞阳贾湖（二）》，科学出版社，2015。

这两座墓应是同一时期的，似乎来自一个工匠家庭。所以从随葬品可以看出一个聚落在某个特定阶段的社会变化，如经济状况、价值观念、人和人的关系等，反映了粮食、家畜、各种手工产品生产、交换和使用情况；其次也可看出族群对死亡本身的重视，是和生同样重要的大事。

无论如何，史前人类对死亡的认识既恐惧，又抱有幻想。人们意识到生命的短暂和脆弱，死亡的必然，认为死者会在另一个世界生活，埋葬就具有了祭祀意义。这个祭祀活动成为族群重要的精神和社会群体活动。人们在埋葬仪式中用陶器皿供奉饮食给死者，用死者用过的饰品将尸体装扮，将其使用过或特制的工具或兵器以及一些特别的器物作为陪葬品继续伴随死者。一部分随葬品也会根据其生前活动而经过族群统一分配。这一系列活动就形成了葬仪，并且通过祭祀来完成这一仪式。

最初的聚落基本上是平等协作的社会。这是因为史前人处于一个尚不完善的状态中，一切都需要依靠每个人的创造、建设的能力等，从获取谷物到应对疾病都需要团体协作。人们发挥各自的才能，创造很有个性的器物或工具甚至某种精神仪式，应对生存中遇到的各种问题。在对待一些共同的威胁或恐惧时，族群会聚集在一起，自发地进行祭祀，其内容可能覆盖各个方面。祭祀活动渐渐由小群个别行为成为整个聚落普遍行为。大家互相交流和影响，取得比较一致的信仰和崇拜仪式。由祭司组织的涉及人的生病、死亡、埋葬仪式以及针对谷物收成、自然灾难、天文现象等祭祀活动在这段时间开始萌芽。这样有计划的行动是族群中最有能力的人通常是年长的有经验的族长，来组织、顺应或建立了族群中自发形成的规则秩序。由于史前人类对自然的认知还处于迷茫和朦胧的状态，相信有一种力量在左右族群的生命。对于自然力量的畏惧，对了解自然的强烈愿望和渴望、预知将要发生的事情、防备未知的灾难，就使得占卜成为共同的和通用的方法，成为史前人最频繁的活动。如贾湖遗址祭祀坑中发现的象牙雕板，说明贾湖人可能用此物进行占卜活动。占卜通常由对自然现象比较有认知和有数的概念的人来主持以解读占卦，回答需要了解的或将要发生的事；或设计祭祀活动，如深挖一个或数个土坑或建造一个高于地面的土台，用器物或动物作为祭品。八十垱遗址在环绕聚落的围墙和围壕的东北部有一处海星状的土台遗迹，中心

{图2-2-53} 玉坠饰，北福地遗址

立有柱，在这里发现有牛的下颌骨；或在一个专门的场地进行，如北福地遗址的祭祀场所平面近长方形，东西长10.8米，南北宽8.4米。在这个祭祀场中所摆放的祭祀物品有陶盂、石斧、水晶及玉饰件{图2-2-53}、陶环、玉器等90余件[1]。在这里，北福地人可能进行祭天地、祭先祖、祈求丰年以及葬仪等祭祀活动。

这个时期各地的遗址遗存都反映了史前人类的创造能力。尤其是聚落中有一些试图了解天地自然奥秘的能干的族长或祭司，或善于种植的耕者，制造各类器物的工匠，甚至善于驯兽或战斗的武夫，在某种意义上，聚落的生存、社会的进步也是由于这样有才能和有智慧的人的亲身实践和引导。如同中国远古神话传说中的人物，他们像燧人氏，懂得钻木取火，教人熟食，结束了远古人类茹毛饮血的生活；或像伏羲一样，懂得用药，根据天地万物的变化，发明创造占卜，结绳为网来捕鸟打猎，甚至教会人们渔猎；或像有巢氏，懂得发明并教会人们建筑，使人们不再住在山洞或树上；也像炎帝神农氏，知道用火，懂得百草和制作草药治病为解民疾苦，不仅发明翻土农具以木制耒耜，制陶纺织，教民垦荒稼穑饲养，还领导族群制造出了饮食用的陶器和炊具；也像葛天氏，不仅发明了乐舞，还教人歌唱、舞蹈以及编织。同时，一定还有先知尝试找到人和动物、人和神，尤其是人和人之间的沟通方法。

[1]段宏振主编：《北福地：易水流域史前遗址》，文物出版社，2007年，第137、第146页；参考段宏振：《河北易县北福地新石器时代遗址发掘简报》，《文物》2006年第9期。

沟通方法

在一个没有文字的聚落集体内，人们的交流就靠其他的方式。随着群居的开始，聚落村渐渐形成，集体活动日益频繁，人们相聚在一起生活就会遇到各种各样的问题。从狩猎采集这样的简单的集体行为，到谷物固定季节性的种植、多余粮食的储存、动物幼崽的驯养、房屋建造、各类工具和陶器的制作、族人的生老病死、祭祀不同的神灵或祖先等更为多样复杂的活动，需要人人充分发挥才能，各尽所能。女人们创造装饰品、服装、陶器器皿等，男人们创造石器、木器、骨器等。一个人的经验和劳动不能囊括所有，其创造活动就从个体行为发展到群体间的协作分工，这其中必然有语言交流。这不仅涉及人和人的群体交流，也涉及人和动物、人和神的交流。狩猎活动可能是最早、最具爆发力的人和动物相冲突的交流，而祭祀时人与自然神如天地、尤其是与先祖的沟通可能最具有情感。沟通和交流不仅是人的自然天性所然，更是族群生存和社会运转的需要所致。除基本的口语和手势，还存在一个象征性的语言符号，即各个聚落遗址居民借用分门别类的器物以及某些图像为媒介赋予其某些特定意义，然后约定俗成来进行沟通和交流达到互相理解的目的。这种器物或图像语言符号的意义是地方性的，受限于当地的地理环境、聚落建筑布局、族群经济、祭祀活动框架下形成的生活习俗、甚至聚落首领的组织能力等。这个特定的氛围传达地方的社会文化或意识形态以及价值观，影响或决定了相关器物或图像的地方性意义。

器物　首先史前人对一些器物形成共识。墓葬中所陪葬的或房址中所放置的物品，包括装饰品、生活用品、工具、陶器皿等不仅以其特意制作或墓葬使用的价值，还以其数量、质量、位置、排列组合传达了生活中的象征意义。装饰品不仅表示人类审

{图2-2-54}
石锛，北福地遗址

{图2-2-55}
玉斧，查海遗址

{图2-2-56}
玉凿，查海遗址

美意识的发生，还表示一定的身份语言。如耳饰玉玦对于小南山人、兴隆洼人、查海人、北福地人的意义；绿松石饰件对贾湖人、顺山集人、八十垱人的意义。有些器物组合反映了某种生活规则的应用。比如磁山遗址的器物组合，将生产工具(石铲、石斧)、脱粒工具(石磨盘、石棒)、炊具(陶盂、支架)分组分类有次序地摆放在一起，其意义可能表达种植和饮食的关系，或表达一定的使用方法和生活规则。而这更是一种沟通方式，即用来作为交流符号和组织的工具或手段。通过这种器物语意传达聚落所要建立的应该被大家所遵守的规则。

器物组合可能带来某种启发，这些生活规则和有力量的器物也用于族群祭祀活动，来表达与相关的先祖或自然神的关系。聚落族长或祭司首先选择某些器物给予一定的意义作为象征符号，起语言沟通的作用，同时设计或规范一些沟通规则如仪式等。通常所选的器物的价值观已存在于族群中，祭司只是将器物的物质力量转化为精神力量。在祭祀活动中，一些精工细作的石质工具如斧、锛、凿的形体明显偏小或大，但磨制精良，没有使用痕迹，可能被赋予了一定的意义。如裴李岗文化石斧通体磨制、上窄下宽、两端均匀的双面磨刃；北福地遗址祭祀场出土通体打磨光滑的石锛{图2-2-54}。同时人们还尝试制作有特别功能或意义的玉石工具，如兴隆洼文化遗址的碧玉锛；查海遗址的玉斧{图2-2-55}和玉凿等{图2-2-56}。斧、锛、凿从砍砸到耕作的石器工

贾湖遗址
带石子的龟甲
{图2-2-57}

具“三剑客”逐渐演变为造型精美的玉石器，因选料的精心、制作的费时、器物本身的实用价值以及祭祀的目的，尤其是新的象征意义，通过一定的仪式，向族人传达某种信息。无论是祭物或是被祭祀的对象，这些工具类的器物在这个阶段都是为了祈福辟邪而设置的。

除此以外，一些器物是族群用来通过占卜传达某种精神含义的载体，如贾湖遗址出土了大量并不适用于耕作或饮食的器物如柄形器、叉形骨器、带石子的龟甲{图2-2-57}、象牙雕板等。一些器物和其上的浮雕或绘画装饰形象或单独的造型借助瞬间的情景表达了人类的情感或对自然的理解，而被赋予了一定的意义，尤其是造型本身就具有一定的寓意。这样的器物使用于举行祭神和祭祖的仪式，作为人们与天、地、祖先沟通的交流工具。如查海饰有蟾蜍与蛇浮雕的陶罐、跨湖桥饰有太阳纹的陶器。尤其是北福地遗址的祭祀场出土的十几件陶刻面具，包括兽面和人面{图2-2-58}。这些面具为北福地人在参加祭祀活动时所使用，是一种仪式用具，表示先祖或神灵动物，佩戴者传达面具所表达的意义，通常伴随舞蹈语言，与祭拜者进行沟通，同时也与被祭祀者来沟通。

人面面具，北福地遗址
{图2-2-58}

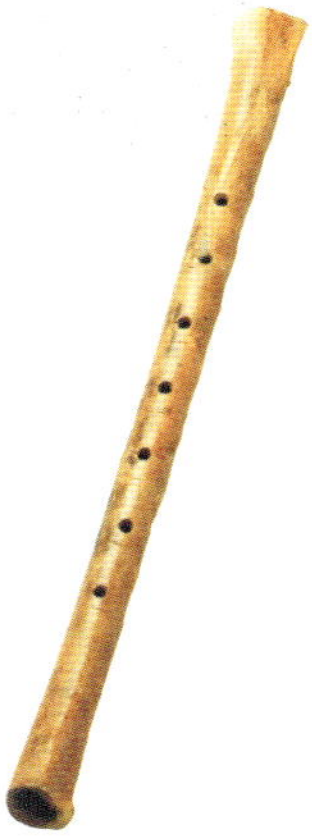

{图2-2-59} 骨笛，贾湖遗址

音乐也是沟通的手段。如同口语，人类体质的演化也包括声音或发音，不仅会说话，也会像动物或鸟一样歌唱。可能先从模仿动物的叫声开始。在狩猎中，史前人类会模拟动物的发音来吸引猎物，进而制作出能发声的乐器。如贾湖人的骨笛{图2-2-59}，兴隆洼人的骨笛，跨湖桥人的骨哨{图2-2-60}，还有顺山集人的陶鼓。特别是贾湖人的骨笛，用丹顶鹤的尺骨制作，说明人们试图从鸟翅提取骨头来制作像鸟一样能发出声音的器物。这种模拟竟然经历了千年。这些骨笛表现了3000年中三个阶段的演变。早期从距今9000到8600年，笛上刻孔多为五孔和六孔，能奏出四到五声音阶；中期从距今8600到8200年，笛上皆刻七孔，能奏出六到七声音阶；晚期从距今8200到7800年，笛上多为七孔，个别有八孔，能奏出完整的七声音阶及七音阶以外的变化音[1]。此外，在15座出土有骨笛的墓葬中，有9座出土夹有石子的龟甲[2]。如果从发声的角度来看，这种龟甲也许最初是作为响声器之类

{图2-2-60} 骨哨，跨湖桥遗址

[1]张居中：《考古新发现：贾湖骨笛》，《音乐研究》1988年第4期。

[2]张居中、潘伟彬：《河南舞阳贾湖遗址2001年春发掘简报》，《华夏考古》2002年第2期；参考河南省文物考古研究所：《舞阳贾湖》，科学出版社，1999。

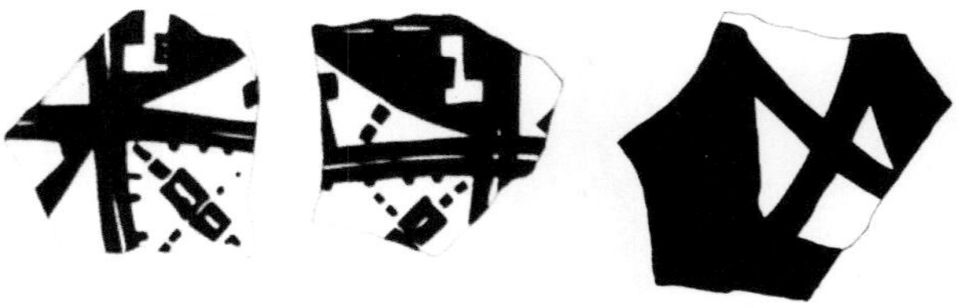

跨湖桥遗址陶片上几何类纹饰{图2-2-61}

的乐器与笛子一起配合起来使用，后来才可能转化为占卜用具。在贾湖，骨笛和带石子的龟甲这两种随葬品一直从早期延续到晚期，可见这是贾湖人主要的沟通手段。骨笛的发声虽然从模拟鹤的声音开始，但随着人的想象力、美感、情感等思维的日益复杂丰富，加之相关的音律、音频、语言等概念和音乐能力的进步，人们逐渐将乐曲运用于集体活动如祭祀，作为人和人、人和神情感交流的重要方式之一。

刻符　文字的产生具有一定的条件，前提是人类的造型思维，即造型艺术的产生，才会有抽象思维的能力。图画是符号的必经之路，这是人的思维从具象到抽象的演进所决定的。具有图像和数的思维能力是创造文字的先决条件。人类的思维发展过程中的一个自然表现，达到一定的程度，那就是记事，可以是描绘或模拟眼睛所见，也可以是记录思想所思。陶器的纹饰是迈向符号的第一步，尤其几何、象形的抽象图案，比如跨湖桥陶片上的各种几何类纹饰{图2-2-61}。而从刻划到刻画是渐进的。刻划通常是随意的和无形状的，而刻画是经过思考的图形或图案。这些刻画、模拟经大脑的概括和组合并经过手的配合而形成，从简单的装饰符号经过漫长的大脑训练和进化终于出现了具有意义的刻符。刻符在不同的地区有不同的发现。陶器和龟甲就不约而同地成为刻

{图2-2-62} 陶片刻符，大地湾遗址

符的载体。大地湾一期出土的陶器上共发现了十几种符号[1]{图2-2-62}。有些刻在内壁，有些刻在外壁，特别是刻在口沿下边的符号，多为两到三笔的单一刻划。这些符号可能是陶工对纹饰的尝试，但更可能是陶工对产品的计数，进而甚至是图形记录。而其他器物上的刻符则是雕刻者在此载体上的思之所致。贾湖遗址的刻符多刻在甲、骨、石等器物上[2]。除陶器刻符3例，其他有骨器刻符5例，龟甲刻符9例。龟甲上的一例刻画符号{图2-2-63}，似有眼睛的象形之意。这些不同载体上的刻符是人类思维发展到用符号来记录的初步阶段。而数的概念可能早于刻符出现，因为这是史前人最常遇到的问题。从大地湾和贾湖遗址的整体发展来看，数的概念首先源于对动植物的驯化、房屋的建筑，以及人口和物品的增加、减少、分配、交换等活动而需要的记录和计数，甚至制作骨笛的音孔以及占卜用数也需要数的运用。可能贾湖龟甲内的石子并不是随意放置的。刻符和数是群居社会沟通不可或缺的因素。

{图2-2-63} 甲骨刻符，贾湖遗址

[1]赵建龙：《甘肃秦安县大地湾遗址仰韶文化早期聚落发掘简报》，《考古》2003年第6期；参考甘肃省文物考古研究所：《秦安大地湾：新石器时代遗址发掘报告》，文物出版社，2006。

[2]张居中、潘伟彬：《河南舞阳贾湖遗址2001年春发掘简报》，《华夏考古》2002年第2期；参考河南省文物考古研究所：《舞阳贾湖》，科学出版社，1999。

农田的开辟，皆因谷物驯化活动的增加，同时还发展了灌溉。用于大田耕作的农耕工具耜也应运而生。人口增长，聚落的壕沟或围墙随之扩大。不同的族群发展了辽河流域的红山文化、黄河上中下游的大地湾文化，仰韶文化和大汶口文化，长江中下游太湖流域的大溪文化、河姆渡文化、马家浜文化、崧泽文化等。这些不同地域的文化包括随饮食的发展而出现的各类器皿，因装饰的需要而流行的新型的玉石器饰件，由于聚落频繁的活动而形成的房屋或祭祀布局和中心，都承载了地方性精神文化和社会文化。

第三章

从聚落村到中心聚落

新石器时代晚期Ⅰ（距今7000—5000年）

主要遗址

辽河流域
内蒙古兴隆沟遗址第二地点（距今5500—5000年）
内蒙古赵宝沟遗址（距今7200—6200年）
辽宁牛河梁遗址/东山嘴祭祀遗址（距今6000—5000年）

黄河上游
甘肃大地湾遗址2—4期（距今6500—5000年）

黄河中游
陕西北首岭遗址/姜寨遗址/半坡遗址（距今7000—5000年）
陕西西杨官寨遗址（距今5500—4780年）
河南庙底沟遗址/西坡遗址（距今5900—4780年）

黄河下游
山东北辛遗址（距今7580—6530年）
山东大汶口遗址（距今6100—4600年）

淮河流域
安徽凌家滩遗址（距今5600—5300年）

长江上游
重庆大溪遗址（距今6400—5300年）

长江中游
湖南高庙遗址（距今7400—6800年）
湖南城头山遗址（距今6500—4800年）

长江下游
浙江河姆渡遗址/田螺山遗址（距今7000—5300年）
浙江马家浜遗址/罗家角遗址（距今7000—6000年）
江苏东山村遗址（距今6000—5300年）
上海崧泽遗址（距今5800—5180年）

大田的开辟

距今7000—5000年，谷物驯化和种植在各地仍陆陆续续缓慢进行，然而却出现了完全不同的场景，许多遗址的史前居民开始扩大栽培面积，如栽培稻的数量比野生稻的数量增加了，同时谷物收获量也增加了。从相当可观的剩余储存来看，谷物不仅包括粮食还包括留下来的种子。人们已经意识到种子数量和质量的重要，因为这个时候的种植是有一定规模的，甚至有些地区出现了灌溉的排水沟渠。原始的肥沃的土壤和适宜的气候、水源都使得谷物的大面积生长处于最佳环境中。

在北方可以从粟黍的储存量看出，许多遗址都出土了装在陶罐、陶瓮里或置放在窖穴甚至一些房址中的炭化粟或黍粒。这种从狩猎采集到植物驯化再到一定面积的种植孕育了辽河流域的红山文化，黄河上、中、下游的大地湾文化，仰韶文化和大汶口文化。辽河流域继续兴隆洼文化时期粟和黍两种谷物的栽培，在兴隆沟遗址第二地点发现了炭化粟黍[1]。在黄河流域则呈现出从黍到粟的种植倾向。黄河上游的大地湾遗址发生了这两种谷物的转变，早期从炭粉中检出420粒黍米、10粒粟米，晚期700粒粟米、5粒黍米[2]。从早期的炭化黍米占多数到这个时期粟超过了黍的数量，说明粟经历了当地主要谷物连续驯化的过程。在黄河中游仰韶遗址{河南省三门峡市渑池县仰韶村}附近的班村发现了数十斤炭化粟。半坡遗址{陕西省西安市灞桥区}在一座房子内的罐、瓮中都发现盛放着粟，另一座房子的小窖穴中也发现了粟壳遗存，特别是有一个窖

[1]赵志军：《新石器时代植物考古与农业起源研究》，《中国农史》，2020年第3期；参考中国社会科学院考古研究所内蒙古工作队：《内蒙古赤峰市兴隆沟聚落遗址2002—2003年的发掘》，《考古》2004年第7期。

[2]甘肃省文物考古研究所：《秦安大地湾：新石器时代遗址发掘报告》，文物出版社，2006年，第915页。

{图2-3-1} 炭化稻米，城头山遗址

穴中炭化粟壳堆积达数斗之多。在姜寨遗址{陕西省西安市临潼区}一期的墓葬陶罐中发现了炭化黍，在二期的对扣钵内放置有炭化粟[1]。特别是在大型聚落杨官寨遗址{陕西省西安市高陵区}发现了粟、黍、豆的栽培物。在黄河下游北辛遗址{山东省滕州市官桥镇北辛村}的一些窖穴底部发现了碳化粟粒。在大汶口文化的三里河遗址{山东省胶州市三里河村}的一个窖穴中也出土了近1立方米的炭化粟粒[2]。数量之多说明这个时期粟、黍的大田种植在辽河和黄河流域已经非常普遍，尤其表现为更倾向于对粟的选择。

而在南方，不论长江中游或下游，稻谷的种植也达到了一个较高的水平。稻谷的地方化发展了长江上游的大溪文化，包括大溪遗址{重庆市巫山县}和长江中游的汤家岗遗址{湖南省常德市安乡县}以及城头山城址{湖南省常德市澧县车溪南岳村}；太湖流域的河姆渡文化、马家浜文化和崧泽文化。这些文化以稻田种植和灌溉为特征。位于澧阳平原，近澧水支流并为洞庭湖平原一部分的城头山遗址，其稻作是彭头山和八十垱遗址的稻谷驯化的继续。在这个遗址一期的文化层和东城墙内发现了三条田埂以及稻梗和根须，且土壤中含有大量稻谷硅质体，这里可能是三丘稻田。其耕作方式极可能是撒播，同时发现的人工开凿的水塘和水沟，可能是稻田的灌溉系统。此外南部还发现了稻草和稻谷的堆积，在不同地层发现了稻谷和稻壳硅质体以及炭化稻米{图2-3-1}。稻田的矿物质和植硅石积淀是长期种植的结果。这是现存发现最早的具有灌溉设施的水稻田[3]。在太湖流域，同样表现出地区性稻谷大田种植的连贯过程，以及稻谷驯化栽培的地方化，即从跨湖桥

[1]西安半坡博物馆、陕西省考古研究所、临潼县博物馆：《姜寨：新石器时代遗址发掘报告》，文物出版社，1988年，第267页；参考西安半坡博物馆、临潼县文化馆：《1972年春临潼姜寨遗址发掘简报》，《考古》1973年第3期。

[2]吕凯、朱超、孙波：《山东泰安市大汶口遗址2012—2013年发掘简报》，《考古》2015年第10期；参考山东省文物管理处、济南市博物馆：《大汶口：新石器时代墓葬发掘报告》，文物出版社，1974。

[3]湖南省文物考古研究所：《澧县城头山：新石器时代遗址发掘报告》，文物出版社，2007年，第164—165页；参考何介钧：《澧县城头山古城址1997—1998年度发掘简报》，《文物》1999年第6期。

到河姆渡，再从马家浜到稍晚的崧泽。位于平原地带的河姆渡遗址{浙江省余姚市河姆渡镇河姆渡村}有着深棕色土壤，其多层植物遗存堆积厚度达10到40厘米[1]，夹杂有大量稻作物，如稻秆、稻叶、稻壳以及炭化稻，可分出籼稻和粳稻。马家浜文化罗家角遗址{浙江省桐乡市石门镇}第三、四文化层中出土了炭化谷粒遗存156粒，其中籼稻101粒、粳稻55粒。从对陶片中的硅酸体形状分析结果看，这些栽培稻是一些以籼亚种为主，并混杂粳亚种的多样性群体。经碳十四测定其年代比河姆渡遗址的稻遗存还要早300年[2]。在东山村遗址{江苏省张家港市金港镇南沙街道}马家浜文化时期的5至6层植物堆积中，浮选出炭化稻米773粒，颗粒小，驯化的趋势表现为长度变短，宽度变大[3]，反映了稻谷驯化的地区化。而在草鞋山遗址{江苏省苏州市吴中区唯亭镇}和绰墩遗址{江苏省昆山市巴城镇正仪绰墩村}马家浜文化晚期的文化层已发展了138块水田，从出土炭化稻米来看为粳型稻，是向栽培稻进化的过渡型稻[4]。水对种植是非常重要的。这样的稻田是离不开人工灌溉的。在草鞋山遗址发现了2个人工水塘、3条水沟和4个蓄水井[5]。其灌溉系统分为水井和水塘，后者既可通过水口灌溉，又可排水。耕作方法比较成熟的是崧泽遗址{上海市青浦城区东}。其下层和中层土壤中发现有稻谷和稻叶为培植的籼稻和粳稻。由于地处海滨，有丘陵、山地，也有沼泽地带，崧泽人利用自然形成的低洼地或依地势将居住地周围开垦平整为易于栽植水稻的小块田地，旁边还有挖出用于灌溉的排水沟、蓄水坑等。由于籼稻要求水温略高，人们便将粳稻和籼

[1]浙江省文物考古研究所：《河姆渡：新石器时代遗址考古发掘报告》，文物出版社，2003年，第424页。

[2]浙江在线嘉兴频道www.jx.zjol.com.cn，2011年07月28日；参考罗家角考古队：《桐乡县罗家角遗址发掘报告》，《浙江省文物考古所学刊》，文物出版社，1981。

[3]南京博物院、张家港市文管办、张家港博物馆：《东山村新石器时代遗址考古发掘报告》，文物出版社，2016年，第605页。

[4]南京博物馆、张家港市管办、张家港博物馆：《东山村新石器时代遗址考古发掘报告》，文物出版社，2016年，第486页。

[5]严文明、安田喜宪编著：《稻作、陶器和都市起源》，文物出版社，2000年，第97页。

稻按照不同生长期分别栽种[1]。得益于灌溉系统，这些水稻田都使用骨耜翻地、筑起田埂和开出水沟，并进行季节性轮耕。

不论是北方的粟黍还是南方的稻谷，其实谷物驯化从一开始就不是单纯的，常常伴随了其他水果、蔬菜类的采集或有意识的种植，如这个时期有葫芦、桃、山楂、樱桃等。尤其是动物驯养。肉食来源对于曾以狩猎为生的史前人类来说，鹿和野猪仍是非常重要的猎物。由于大田的耕作，谷物的增加，人们已有剩余的粮食来饲养更多的家畜，这加速了对一些动物的圈养。赵宝沟遗址{内蒙古自治区敖汉旗高家窝铺乡赵宝沟村}同时发现猪和马鹿或斑鹿的骨骸；姜寨编号F47房址发现家畜栏，猪骨和鹿骨比例较多[2]；大汶口遗址{山东省泰安市岱岳区大汶口镇}的猪骨集中出现，很多母猪年龄一致，说明来源于一个地点并驯养到某一个阶段；河姆渡遗址二期发现73头猪骨个体以及圈养栏的小木桩遗迹[3]。不仅如此，对猪的驯化还体现在墓葬随葬品中。在北首岭遗址{陕西省宝鸡市金台区}的墓葬中发现有野猪牙；大溪遗址M122墓主则两手执野猪牙[4]；在大汶口遗址133座早、中、晚期墓葬中均发现有用猪头陪葬，最多有14头[5]。不论南北方的遗址，普遍都发现了猪骨骸，这说明猪在这个时期同植物驯化一样处于被驯养的过程中。谷物驯化和家畜驯养在这段时间是相辅相成的，家畜因食用谷物而弱化了其基因或身体结构的野性，而其肉食为人类提供了大脑和身体发育的蛋白质。这些都源于大田耕作带来的翻天覆地的变化。从而也促使生产工具的改进、定居生活的稳定、陶器日用品的丰富以及精神和社会活动的发展。

[1]上海市文物保管委员会：《崧泽：新石器时代遗址发掘报告》，文物出版社，1987年，第130页。

[2]西安半坡博物馆、陕西省考古研究所、临潼县博物馆：《姜寨：新石器时代遗址发掘报告》，文物出版社，1988年，第348—349页。

[3]浙江省文物考古研究所：《河姆渡：新石器时代遗址考古发掘报告》，文物出版社，2003年，第373—374页。

[4]四川省博物馆：《巫山大溪遗址第三次发掘》，《考古学报》1981年第4期。

[5]吕凯、朱超、孙波：《山东泰安市大汶口遗址2012—2013年发掘简报》，《考古》2015年第10期；参考山东省文物管理处、济南市博物馆：《大汶口：新石器时代墓葬发掘报告》，文物出版社，1974。

耜耕的普遍

{图2-3-2}石钻，凌家滩遗址

农耕的进步也可以从石器工具的新生产工艺和新的工具组合看出这一特点。伴随田地的出现以及与数量巨大的稻谷堆积物相对应，除了斧、锛、凿等基本定型的打制或磨制的石器，这个阶段大量使用复合工具，尤其是耜和锄发展为新出现的磨砺精良的穿孔工具。凌家滩遗址{安徽省马鞍山市含山县铜闸镇村}甚至还发展了专门钻孔的石钻{图2-3-2}。复合工具普遍使用了管钻法的钻孔技术，系列组合农具也愈加丰富。史前农人在创造性发明的基础上更普遍地应用了这个时期重要的农具，即锄和耜，有各种材料，有石耜、木耜、骨耜，以及石锄或木锄，装上木柄，作为翻土农具，使用更加便利。这个时期南北各地普遍进入耜锄耕种阶段。

南方长江流域继跨湖桥最初的骨耜后发展了这类穿孔或钻孔工具，如田螺山遗址{浙江省余姚市三七市镇相岙村}伴随稻田一起出现了木耜以及大量的骨耜，其中两件骨耜柄部还留着残木柄和捆绑的藤条。河姆渡遗址四层出土骨耜76件[1]，采用鹿或水牛的肩胛骨加工制成。装柄的方法应该是在肩臼处穿凿横銎，在耜冠正面中部刻挖竖槽并在其两侧各凿一孔以便装柄，安装在骨耜上的木

[1]浙江省文物考古研究所：《河姆渡：新石器时代遗址考古发掘报告》，文物出版社，2003年，第427页；参考浙江省文物考古研究所、余姚市文物保护管理所、河姆渡遗址博物馆：《浙江余姚田螺山新石器时代遗址2004年发掘简报》，《文物》2007年第11期。

{图2-3-3} 绑柄骨耜，河姆渡遗址

{图2-3-4} 石耜，赵宝沟遗址

柄，下端嵌入槽内，横銎里穿绕多圈藤条以缚紧骨耜{图2-3-3}。其他有城头山大溪文化的骨耜；马家浜文化的角骨耜；崧泽遗址的木、石、骨的耒耜，即将耜固定在木质底端的耒上。北方如辽河流域发展的红山文化石器工具包括需要装上木柄的石耜和有肩或腰形石锄等磨制石器。赵宝沟遗址出土的各种形制的顶部打出凹缺的宽刃或尖弧刃的安柄石耜就有36件[1]{图2-3-4}；其他相关的工具还有兴隆沟遗址的亚腰形石锄，大汶口遗址的有孔石锄和鹿角锄。耜耕使人类脱离了刀耕火种，即用石斧砍伐，点火焚烧，从点播或撒播到锄耕和耜耕，不仅可以扩大田地的面积，还可以深翻土壤，改善土壤的吸水性和透气性，提高种子的成活率。

这些新工具无疑又促进了农耕工具的

[1]刘晋祥、朱延平：《内蒙古敖汉旗赵宝沟一号遗址发掘简报》，《考古》1988年第1期；参考中国社会科学院考古研究所：《敖汉赵宝沟》，中国大百科全书出版社，1997。

{图2-3-5} 组合石犁，江家山遗址

革新。在这个阶段较晚的崧泽和凌家滩出现了最初的有孔石犁，尤其是崧泽文化的江家山遗址{浙江省湖州市长兴县林城镇}的组合石犁{图2-3-5}，显示了耜耕的趋势。一些老式工具，也配合耒耜和犁同步跟进。尽管大多数遗址仍然是砍伐用的石斧，翻地或锄地用的石铲，刨土用的石锛，收割用的石镰、骨镰、石刀等，由于同耜、锄、犁一起使用，使这些老式工具得到机会变得精良，其器型和制作技术发生了变化，即器型更加规整，打制和磨制更加精细。耒耜和犁耕同时还促使各遗址发展了各自具有特点的从开荒、翻土，到收割和播种的新工具和新的工具组合。姜寨遗址的石器表现了石质工具变化的过程。早期出土石斧、铲、锛、刀、凿，磨制虽多但粗糙；中期石器磨制较精细，穿孔斧和锄出现了，同时石铲、骨铲数量众多，石斧和石铲或骨铲装柄后可以如耜一样翻地，而木耒也是翻土除草耘田的工具；晚期石器精致，出现了用镰和双孔石刀来收割谷物，也可用来收割其他植物以扩大食物来源和动物饲料[1]。赵宝沟遗址的石耜配有大型磨制斧、扁平体石斧、有孔斧形器、弧刃石刀、锛、凿等。大地湾二期除钻孔石斧，还出土了磨制精致的仅厚0.8厘米的石凿和孔径仅有1.2厘

[1]西安半坡博物馆、陕西省考古研究所、临潼县博物馆：《姜寨：新石器时代遗址发掘报告》，文物出版社，1988年，第348页；参考西安半坡博物馆、临潼县文化馆：《1972年春临潼姜寨遗址发掘简报》，《考古》1973年第3期。

薛家岗遗址九孔刀{图2-3-6}

米的石铲[1]。大汶口收割工具除骨镰和蚌镰，有磨制穿孔铲和斧，锛最多，且大小不一，刃部锋利，其中新式工具包括有肩石铲和石镐。其他还有北辛遗址的大石铲、庙底沟遗址{河南省三门峡市陕州县}一期的穿孔刀、西坡遗址{河南省灵宝市阳平镇}的钻孔石斧等。南方河姆渡遗址还发现了不少安装骨耜、石斧、石锛等工具的把柄，用分叉的树枝和鹿角加工成的曲尺形器柄，叉头下部砍削出榫状的捆扎面，石斧是捆绑在左侧，石锛则捆扎在前侧。马家浜文化遗址出现了弧背石锛和石凿，有打制的带肩石斧，扁平磨光穿孔石铲。大溪遗址的石器通体磨光，新工具有穿孔铲，斜双肩石锛，还有两侧磨刃对称的圭形石凿。崧泽遗址出现了双面管钻对钻穿孔石斧，弧背石锛和棱角分明的凿。东山村遗址下层马家浜文化的穿孔石斧，刃部不断磨损，看来长期使用，而遗址中层的穿孔石器普遍使用管钻，通体磨光。稍晚的薛家岗遗址{安徽省安庆市潜山县王河镇}的多孔长方形石刀{图2-3-6}磨制得背厚刃薄，孔径大小基本一致，且孔距规整。

特别是穿孔石器，虽然当时一器多用，但细化的趋势一直随人类活动的频繁而发展。到这个时期中期出现了新的器型，似铲

[1]赵建龙：《甘肃秦安县大地湾遗址仰韶文化早期聚落发掘简报》，《考古》2003年第6期；参考甘肃省文物考古研究所：《秦安大地湾：新石器时代遗址发掘报告》，文物出版社，2006。

圆形斧，河姆渡遗址{图2-3-7}

石钺，凌家滩遗址{图2-3-8}

和斧的钺。区别于斧和铲的直刃，钺是一种弧形刃，即除了下方的刃，器物两边也都有刃。这种器物首先被用于砍伐，可能在使用中史前人发现其更具力量，从而比斧更多地将其用作兵器。河姆渡遗址的圆形穿孔斧{图2-3-7}可能是最早的钺。这期间经历了近千年的演变直到真正的石钺的出现，如凌家滩的石钺{图2-3-8}。

玉铲，大汶口遗址{图2-3-9}

至于加工脱粒谷物的工具，北方继续使用石磨盘、石磨棒来加工粟黍等。如大地湾不同时期的石磨盘。而南方的谷物则主要用杵和臼来脱壳或脱粒甚至磨粉，也有其他工具，如河姆渡人使用的马鞍形石块和石球、崧泽人使用的石块或陶拍。

玉钺，凌家滩遗址{图2-3-10}

这个时期，玉质工具更多的出现在一些遗址中。史前石匠不仅已经有能力磨制岩石类石器，还能打制和打磨更为细腻的玉石材。一些遗址同时发现有石和玉同质或同类的工具，如北方大地湾遗址4期的玉锛和玉凿；大汶口遗址的玉铲{图2-3-9}和玉凿；凌家滩遗址出土的玉钺{图2-3-10}。这些玉材质工具的出现是史前人类探索各种材料的必经阶段。

围垣内外

族群在这段时间扩大了，人们选择河流两岸的台地上接近水源和土壤发育良好的地方安营扎寨，形成大大小小的聚落村。村内普遍出现了不同的活动区域，如居住区、墓葬区、作坊区和祭祀区。尤其是出现了聚落的中心，即进行公共活动的大房子。大的聚落通常有围墙或壕沟围绕，可以说是聚落城的雏形。建筑特点仍是南北方因其各自地理环境的不同而发展了具有地方特点的文化，即因地制宜的房屋、祭祀、庙坛和墓葬。而这个发展是经过历代史前人不断的积累、发明、反复构建而成的，不是一蹴而成的。

首先是建筑技术的进步。北方大部分半地穴式或地面式房屋为方形和圆形的土木或草木混合建筑。一般的方法是先挖坑穴和门道以及灶坑，再挖柱穴，然后立中心柱和壁柱，柱上架梁、再上椽木。可以以姜寨遗址的木架结构房屋为例。半地穴式方形房屋有31座，最大的87平方米，其他的多为15平方米左右。地穴坑壁上另做矮墙，上架房顶，居住面和墙壁均涂以混有草的泥并经火烧烤，房屋中部有支撑房顶的柱，壁穴四周有柱洞，还有2个门棚柱。屋顶从四面架木头相交加在一个顶柱上的两端，然后用草泥涂抹或盖草棚顶；半地穴式圆形房屋有65座，一般为尖锥顶，中间有2个柱作支撑，较大房屋的壁柱多到60多个；地面起建的方形房屋，中心有柱，四角各有一个柱础。墙壁垒砌而成，全靠墙内的壁柱承重，再架横木作顶，然后留出门道[1]。房屋墙壁或直接涂上草泥，或四周墙壁用木柱作骨架，用木柱和草搭屋顶棚和门道棚，最

[1]西安半坡博物馆、陕西省考古研究所、临潼县博物馆：《姜寨：新石器时代遗址发掘报告》，文物出版社，1988年，第39页；参考西安半坡博物馆、临潼县文化馆：《1972年春临潼姜寨遗址发掘简报》，《考古》1973年第3期。

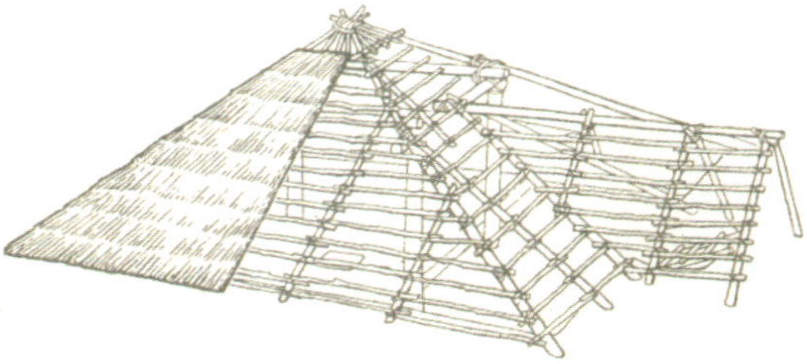

赵宝沟遗址方形房址示意图{图2-3-11}

后用草泥涂抹墙壁，再将其烧烤成硬面来加强其坚固度和耐水性。此外居住面也烧烤为红烧土以使其坚固并防潮。各地的房屋虽然不是一个时期一个地点的建筑，从建筑复原图的结构可见其方法是沿袭的和类似的。如赵宝沟遗址半地穴式的方形房屋{图2-3-11}、大汶口半地穴式的方形和圆形房屋{图2-3-12a-b}。有一些特别的方法在各遗址都有表现。如对居住面的处理：赵宝沟遗址的居住面为阶梯式；庙底沟遗址的居住面铺一层白灰，经火烧呈灰白色的硬面。对墙的处理：北首岭遗址的墙壁一半为地穴壁面，一半另筑在地面上而柱子为其骨架；半坡则多为后一种情形。对门道的处理：北首岭的居住面四角有柱洞，伸出屋外的门道有两面斜坡的搭棚；半坡的门道有泥土堆砌的门槛，周围立柱。对屋顶的处理：北首岭的房屋是四面坡顶；庙底沟的房屋则是尖锥顶。

大汶口遗址方形房址和圆形房址示意图，{图2-3-12a-b}

这种木骨泥墙和表面涂抹草泥并经烧烤，以利防潮的技术也广泛应用在长江中下游和淮河一带。房屋建筑和北方类似，但更表现为房柱的运用。高庙遗址{湖南省洪江市安江镇}的房屋均为挖洞立柱的排架式木构地面建筑；城头山大溪文化房址28座，为长方形和圆形，均平地起建。居住面为红烧土，墙基槽内为木骨泥墙，柱洞一类为檐柱，一类为

〔图2-3-13a-b〕干栏建筑榫卯木构件，河姆渡遗址

室内屋顶支撑立柱。房屋地面经红烧土处理，墙壁直接用黏土混合烧土渣垒成[1]。长江下游崧泽文化东山村遗址的大型长方形房址F1面积约有85平方米，地面有数个柱洞，系大面积的红烧土地面和木骨泥墙结构[2]。马家浜遗址{浙江省嘉兴市乍浦镇南湖乡天带桥村}的长方形房屋内同样有柱洞和红烧土痕迹。淮河流域的凌家滩遗址的房屋也为木骨撑泥墙，主要用经火烧过的红烧土块作为房基槽与墙体的填充材料，在基槽内用木棍作为墙体支撑柱，然后在填充红烧土块的基础上，敷上较厚的黏泥，一部分还用芦苇秆加固[3]。尤其是太湖流域大部分房屋建在河岸沼泽上，是一种栽桩架板高于地面的干栏式房屋，使用挖坑垫板的立柱木构基础技术。河姆渡和田螺山遗址继承了这一地区自上山和跨湖桥延续下来的这种临水而居的桩柱风格，并进一步发展了榫卯{图2-3-13a-b}结构。这两个遗址的房

[1]何介钧：《澧县城头山古城址1997—1998年度发掘简报》，《文物》1999年第6期；参考湖南省文物考古研究所：《澧县城头山：新石器时代遗址发掘报告》，文物出版社，2007。
[2]陈瑞近、姚瑶、张照根：《张家港市东山村遗址发掘简报》，《文物》2000第10期；参考南京博物馆、张家港市管办、张家港博物馆：《东山村：新石器时代遗址考古发掘报告》，文物出版社，2016。
[3]张敬国：《安徽含山凌家滩遗址第五次考古发掘的新发现》，《考古》2008年第3期；参考安徽省文物考古研究所：《凌家滩：田野考古发掘报告之一》，文物出版社，2006。

屋建筑方法首先将木桩成行排列，间隔2米左右打入泥土，作为承托木桩，在其之上架上长圆木，再铺以木板作为地板和天花板，再埋柱砌墙，用榫卯将纵横交错的木构件连接，即木桩卯口套接带榫头的地梁或椽木。柱子两端凸出的部分为榫，柱上凿出可将榫插入的孔为卯，将两块木板榫卯拼接在一起而不露缝隙。再加上销钉孔，带销钉孔的榫和梁柱的卯垂直相交，用销钉拴住，榫头就不会从卯口脱出了。榫头以石斧砍削成形，再用石凿修整，也用石凿凿出卯眼，将支柱连接横梁，转角柱也分别连接两个方向的横梁。所以桩柱、立柱、梁、板等是干栏式房屋的重要构件，其上有加工成的榫、卯孔、企口和销钉等[1]。这种建筑技术的榫卯、榫头、榫眼等木构件在多处都有发现，如罗家角遗址的加工方正的榫卯建筑构件。显然干栏式房屋因适应于沼泽环境而流行于滨水地带。

其次是公共大房屋和以大房屋为中心的聚落村功能布局。大房屋在一些遗址中的建筑方式和中小型房屋相当。如赵宝沟遗址的大型房址F9面积达近百平方米，比起面积为30至80平方米的中型房屋，质量一般，可能是技术问题，也可能是建造时环境的影响等。从屋内器物较杂可看出这里是族群活动的场所。F9周围有空地，其他82座房屋按坡地有规划的排列，大致7排，每排10余座[2]。而仰韶文化的姜寨和半坡遗址是典型的有中心大房屋和分区功能的聚落村。姜寨聚落村经过了五个阶段的发展，尤其早期的

[1]河姆渡考古队：《浙江河姆渡遗址第二期发掘的主要收获》，《文物》1980年第5期。
[2]中国社会科学院考古研究所：《敖汉赵宝沟》，中国大百科全书出版社，1997年，第202页；参考刘晋祥、朱延平：《内蒙古敖汉旗赵宝沟一号遗址发掘简报》，《考古》1988年第1期。

聚落保存较好。聚落村分为居住区、窑场和墓地三个主要部分。中心有4000多平方米的大广场。围绕广场的120座房屋分为5个建筑群，每个建筑群以一座大房屋为主体，绕之以十几座或二十几座中小型房屋，门均朝向中心广场。从面积来看，大型房址为方形半地穴式及地面建筑，面积均达80平方米左右，而中、小型房址面积一般为20平方米左右[1]。居住区内还有成群或零散的用于储藏的窖穴、牲畜圈栏和部分亡童的瓮棺，6个窑场在村西边。越过壕沟在村的东南部分布着3片墓地。半坡遗址早期也分为3个区，即居住区、墓葬区和制陶作坊区。居住区在聚落的中心，中间一条宽2米、深1.5米的小沟将居住区分为两片，形成既有联系、又相区分的两个部分。每片有一座供公共活动用的大房屋，中小型房屋窖穴和牲畜圈栏等散布在其周围。村外以大壕沟为界，北边是公共墓地，东边是制陶作坊窑址群[2]。姜寨和半坡遗址的建筑格局表现了聚落村从自然形成到中心布局的演变。

这个时期出现了宫殿式“大房屋”建筑。大地湾遗址二期时以广场为中心，房屋呈扇形分布，周围以壕沟环绕。到四期时则出现了多间木结构“宫殿式”复合建筑，多为平地起建，面积相应地加大，结构复杂。以编号F901房址为代表。从遗址的柱洞看出，此房屋为由顶柱和墙壁四周共142根木骨柱与架在其上的大梁一起组成的木质构架大堂主室。两边有东西两侧室和后室以及门前附属物。居住面涂了一层有砂砾和泥土的地面。总面积约达

[1]西安半坡博物馆、临潼县文化馆：《1972年春临潼姜寨遗址发掘简报》，《考古》1973年第3期；参考西安半坡博物馆、陕西省考古研究所、临潼县博物馆：《姜寨：新石器时代遗址发掘报告》，文物出版社，1988。

[2]西安半坡博物馆：《1971年半坡遗址发掘简记》，《考古》1973年第3期；参考西安半坡博物馆：《西安半坡》文物出版社，1982。

{图2-3-14}
F901宫殿式建筑遗迹，大地湾遗址

420平方米。这座大型殿堂式房屋{图2-3-14}作为公共活动中心，周围有密集的居住区[1]。城头山遗址是一个圆形的城址。中部为宫殿，东部为祭坛，西部为居住区，中心偏西为制陶区，有8座陶窑，偏西北为墓葬区。中心高台基的殿堂式建筑，其室内面积达到63平方米。其他是小型排房，中间为走廊，两边对称分布面积仅3至5平方米的小房间。宫殿一般是从大房屋发展而来。不仅面积大作为公共活动场所，后来还具有祭祀或类似今天行政的功能。

较为特殊的是双槐树遗址{河南省郑州市巩义市河洛镇}的大房屋。其布局有封闭式排状布局的中心居址、采用版筑法夯筑而成的连片块状夯土遗迹、三处经规划的公共墓地以及三处夯土祭祀台。其中，在中心居址区的南部，有两道370多米长的围墙与北部内壕合围形成一个18000多平方米的半月形结构，似是瓮城的雏形。在这里发现有4排大型房址，房址之间有巷道相通，其中最大的房屋面积达220平方米。特别的是在其前面的门廊发现有摆成北斗星形状的九个陶罐[2]。同样地在同一地区和时期的青台遗址{河南省郑州市荥阳市广武乡青台村}也发现有按照北斗九星形状摆放的九个陶罐，斗柄向北，东部还有黄土圜丘[3]。看来这两个遗址都是以观天象为中心的大房屋建筑结构为特点。

再次是作为聚落中心祭坛建筑的出现。可以分两类，一类是作为聚落村中的主要部分；一类是独立于聚落村的建筑。

[1]赵建龙：《甘肃秦安县大地湾遗址仰韶文化早期聚落发掘简报》，《考古》2003年第6期。
[2]新华社：《河南巩义发现5000多年前神秘“河洛古国”》，2020年05月08日。
[3]尚元昕、魏青利：《2017年河南省五大考古新发现之荥阳青台遗址发掘》，《黄河、黄土、黄种人》，2018年第8期。

{图2-3-15} 祭台祭祀坑，城头山遗址

第一类如较早的高庙遗址的祭祀场所。祭祀场规模较大，为主祭场呈梯形对称的建筑结构，一边有两个巨型柱洞，主祭场前面还有人工挖出的呈方形或圆形的人祭坑和牲祭坑。在牲祭坑中发现有猪、牛、鹿、龟等动物骨骼及骨渣，祭坑可见有被火烧过的痕迹[1]。城头山遗址东门有一个黄土台略呈椭圆形的祭坛建筑基址，面积约250平方米，平地堆筑夯打而成。在土台最高点有一个直径近1米、深0.2米，底部平整、边缘较规则的坑，在坑中，平放着一块长椭圆形的大卵石{图2-3-15}。周围绕以五个圆坑，坑中也置放一大卵石[2]。另一个重要的祭坛在凌家滩遗址。从凌家滩祭坛位于遗址的最高处来看，这是一个以祭祀为中心的聚落城。祭坛位于遗址最高处，是由大小不一的石块和鹅卵石与黏土搅拌建成的长方形。自下而上可分为三层。最下层为厚10至20厘米铺底的纯净细腻的黄斑土。中间一层铺设有较大石块和大量的长约1厘米的石英石、黄沙和硅质岩类的小石子，夹杂大量类似胶土的灰白色黏合物，结构极为紧密坚硬。最上一层是用大小不一的鹅卵石碎块与黏土搅拌铺垫而成，中间夹有红烧土颗粒和少量的陶片。这一层是祭坛的主体部分。在这一层上有用于祭祀的4处“积石圈”和3个长方形的祭祀坑[3]。此外在祭坛的东南角发现有红烧土和草木灰遗迹，草木灰堆积很厚，呈灰黑色，应是火祭痕迹。

[1]贺刚、向开旺：《湖南黔阳高庙遗址发掘简报》,《文物》2000 年第4期。
[2]何介钧：《澧县城头山古城址1997—1998年度发掘简报》，《文物》1999年第6期；参考湖南省文物考古研究所：《澧县城头山：新石器时代遗址发掘报告》，文物出版社，2007。
[3]安徽省文物考古研究所：《凌家滩：田野考古发掘报告之一》，文物出版社，2006。

第二类可以分小型和大型的独立祭祀建筑。小型的如崧泽文化的赤墩遗址{江苏省无锡市惠山区钱桥街道}。在这里发现了太湖地区最早的祭坛。这是一处高台祭祀遗迹。底部直径近25米、顶部直径近23米，最高处约1.8米，略呈椭圆台型[1]。这座祭坛应该为周边聚落共有。这类祭坛比较突出的是在辽河流域。在众多的遗址群中，有一些遗址似乎是这些遗址共同的祭祀地点。比如胡头沟、草帽山祭祀遗址可能同时是周围赵宝沟、小山、南台地、那斯台、西台、兴隆沟、魏家窝铺、红山后等遗址的祭坛。胡头沟遗址{辽宁省阜新市阜新蒙古族自治县化石戈镇胡头沟村}的祭坛最高点是一座圆形主墓，接下来依次分三层，形成台阶状，即三环台阶。中心墓里是一长方形石棺，墓上积石。其他墓葬为石棺墓，依层次排下来，围绕主墓四周的石围圈，用加工规整的石块砌筑冢台和冢界，由外向内层层叠起。祭坛东有残墙。紧靠最外道墙体的外侧摆放着一排78件彩陶筒形器，每件筒形器里放着一两块河卵石，上面盖着薄石板。筒形器为泥质红陶，黑彩纹饰仅施于器身的半个面，以此相隔于另一半[2]。草帽山遗址{内蒙古自治区赤峰市敖汉旗四家子镇}则是坛和冢的结合，两座祭坛中分布有积石冢3处，有7座石板墓葬。这是前坛后冢的石砌建筑，用琢成方形的巨石层层叠起砌筑成祭坛，有三层台阶。墓葬之上砌石基，围以无底筒形罐，部分彩绘。祭坛旁发现数个石质人像，大多比真人大，也有略小的。这个地区流行雕像，在其他一些聚落遗址也发现了大小不一的陶质或石质雕像[3]。

大型祭祀建筑如辽河流域牛河梁遗址{辽宁省朝阳市凌源市与建平县交界处}祭祀群，位于努鲁儿虎山谷蔓延十余公里的3道黄土山梁上。目前发掘了16个地点，位于占面积50平方米范围内的多道山梁顶部的山岗上。最近的距离从第一号地点到第二号地点之间相距190米，最远的距离从第八号地点到第十六号地点相距5450米。这些地点建筑主要有三个部分：女神庙、祭坛和积石冢。第一地点的女神庙海拔近680米，处于较高位置。女神庙为半地穴式的木骨泥墙的土木结构，面积75平方

[1]中国江苏网：《惠山钱桥发现国内最大规模崧泽时期祭坛遗迹》，2013年9月12日。
[2]方殿春、刘葆华：《辽宁阜新县胡头沟红山文化玉器墓的发现》，《文物》1984年第6期。
[3]田野：《辽海地区的史前文明》，科学出版社，2018。

{图2-3-16} 女神庙，牛河梁遗址

米。庙可分中、东、西、南、北室{图2-3-16}，出土大中型草拌泥质女人像和与原型一样大小的禽类和熊的雕像。除过第一地点，其他地点每一个积石冢中都有中心大墓和祭坛。第二地点为群冢和墓葬的组合，共6个积石冢，有的用陶筒形器排列成圆圈，中心为墓葬，上层又叠压积石冢。1号冢有两个大墓，四周筑冢台，外包冢界墙，上面积石；2号冢为中心大墓；3号冢为祭坛，长柱状的淡红色玄武岩作为石桩立置三圈，由外向内层层高起，似为一座金字塔式大型高台建筑的圆形祭坛。第五地点有3个冢，1号冢为中心大墓，3号冢为坛。第十六地点有8座大墓，4号墓凿石为穴，为中心大墓[1]。可以想见所有地点的规模和气势的宏伟壮观。不远处大凌河西岸的东山嘴遗址{辽宁省朝阳市喀左县兴隆庄乡}是一组石筑建筑群址，坐北朝南，东西中轴对称。南北长60米，东西宽40米。中间为方形建筑，有石砌墙基址，两翼东西有对称的墙基。方形基址南墙约15米，为单体正圆祭坛，直径约 8 米。位于此圆坛南侧约4米有多个圆形石坛基址[2]。在这里出土了小型泥塑孕妇雕像和大型人物坐像。牛

[1]郭大顺、朱达、王来柱、吕学明、魏凡等：《牛河梁：红山文化遗址发掘报告（1983—2003年度）》，文物出版社，2012年，第3—10页、54页、478页；参考辽宁省考古研究所：《辽宁牛河梁红山文化女神庙与积石冢群发掘》，《文物》1986年第8期。
[2]郭大顺、张克举：《辽宁省喀左县东山嘴红山文化建筑群址发掘简报》，《文物》1987年第11期。

河梁和东山嘴是独立的祭祀建筑，没有发现聚落居住遗迹，应是周边聚落群专门的、共有的重要大型祭祀地点。

最后是绕以聚落村和聚落城的壕沟和围墙或城墙。在北方的聚落村主要是壕沟。姜寨聚落以临河为屏障，东、南、北三面为人工挖修的防护沟，在沟内每隔一定的距离设一个寨门[1]。半坡遗址的周围围绕有一条人工挖掘的宽6至8米、深5至6米的大壕沟。同样大地湾遗址也围绕以壕沟。而双槐树聚落则围绕有三重大型环壕。作为仰韶文化中期庙底沟文化的大型聚落，杨官寨遗址的环壕则摆脱了依地势而建，其南北壕沟基本为东西向平行，似有“城”的规模[2]。而南方地区通常有壕沟或护城河也有围墙或城墙。即使是建在沼泽地带的干栏式房屋聚落村如河姆渡或田螺山遗址也有寨墙和寨门。壕沟和围墙的建设在澧阳平原表现了一个渐进的过程，从八十垱村落外的围墙和环壕或挡水坝，到汤家岗遗址大溪文化的壕沟和壕沟内侧深约1.8米的土围子，或称“环壕土围”[3]，再到第一个从聚落村发展为聚落城的城头山城址。这是一个建在稻田之上的城址，有占地76000多平方米灌溉设施完备的水稻田。正因为稻作的发展，聚落村才有可能扩大为城。城头山的城墙和壕沟或护城河经过了至少四次扩展使其规模不断扩大，筑城技术不断提高。第一次筑城使用了芦席和大块砾石，在之前聚落的壕沟之上建造西南城墙和南城墙；第二次对城墙进行了加固；第三次将第二次的城墙包容在其筑土中；而第四次加高

[1]西安半坡博物馆、陕西省考古研究所、临潼县博物馆：《姜寨：新石器时代遗址发掘报告》，文物出版社，1988年，第350页；参考西安半坡博物馆、临潼县文化馆：《1972年春临潼姜寨遗址发掘简报》，《考古》1973年第3期。

[2]陕西省考古研究院：《陕西高陵杨官寨遗址发掘简报》，《考古与文物》2011年第6期。

[3]何介钧：《澧县城头山古城址1997—1998年度发掘简报》，《文物》1999年第6期；参考湖南省文物考古研究所：《澧县城头山：新石器时代遗址发掘报告》，文物出版社，2007。

城头山城址{图2-3-17}

了第三期的城墙，还开了四门，使壕沟变成了宽约35米的护城河，既有排水作用，又如城中道路可行走水上运输船。此外还将南门壕沟外坡用竖立木桩、芦席、横木条和子篾扎紧呈篱笆状[1]，使其相当于坚实的护坡。经过千年的努力，城头山一次一次往外扩大，直到发展为城中部高、四面低的近似圆形的高岗，一个地貌近水易于稻作的，同时又具有城墙和壕沟并与在壕沟基础上形成的护城河共同组成防御系统的聚落城{图2-3-17}。可见，正是壕沟和围墙或城墙使聚落村成为一个独立的族群单位，并扩大为城。这个时期末段时在凌家滩遗址聚落城出现了城乡分离的趋势。在凌家滩遗址的四周，一条大型围壕形成了城与乡相隔离的“护城河”。而城的内部依地势分层次建筑了各个功能区。位于最高处中央的是约一米高的祭坛，绕之三处功能不同的区域：居住区、广场和墓葬区。居住区分部落普通成员的房屋区和特别成员的庭院区。3000平方米的红陶土块广场中间有一个用红陶土块砌成的水井。大型墓葬区位于北部高岗平台地上，由南向北分列八排[2]。而护城河之外是田地以及一些规模相对较小的聚落村。城头山和凌家滩这两个遗址呈现出史前聚落从环壕到城内布局发展为具有一定规模的聚落城的演变过程。

[1]湖南省文物考古研究所：《澧县城头山：新石器时代遗址发掘报告》，文物出版社，2007年，第94页；参考何介钧：《澧县城头山古城址1997—1998年度发掘简报》，《文物》1999年第6期。
[2]张敬国：《安徽含山县凌家滩遗址第三次发掘》，《考古》1999年第5期；参考安徽省文物考古研究所：《凌家滩：田野考古发掘报告之一》，文物出版社，2006。

器皿的细致

房址中心仍是灶坑或火塘，但较前已有很大的改进，这首先因为房屋条件有了改变。赵宝沟房屋内部处理得比较讲究，一些居住面的台阶状使得房内各部分功能形成了一定的布局，圆角的方形灶坑位于房屋中间，有的还以灶为中心轴，旁边分别立有两个或四个立柱[1]。有的立柱之间的灶位于居住面高台阶上，这与北方冬天的寒冷有关。同时屋内的磨石等工具和炊饮盛器说明灶在房屋的重要性。这种格局也出现在姜寨遗址中。在这里每间屋都有灶台，有些房屋中间的灶旁边也立有对称的4到6个柱子。灶有方、圆或瓢形，有的灶周围高垒起灶圈，两旁或一边有约高10到20厘米的平台，便于放置灶具。大房屋有连通灶，之间有火道，有些灶还设有保留有火种的小坑[2]。北首岭房屋均有圆或瓢形灶坑，其位置近门道，有的距离很近，只有0.4厘米[3]，并且灶口对着门道，可能是利用门外的风来烧火。在灶的尾部通常都斜着嵌埋一个粗砂陶罐，便于盛放烧过的木炭灰烬。在这里有的灶坑同样地用陶罐保存火种。这个时期因房屋使用功能不同出现了大灶，如姜寨遗址大房屋的连通灶；城头山遗址一些平地起建的房屋设有锅底状的灶，而联排的房屋可能有共用灶。根据柱洞看，城头山一期F77房址为多间式排房，中间为走廊，两边对称分布小房间，

[1]中国社会科学院考古研究所：《敖汉赵宝沟》，中国大百科全书出版社，1997年，第202页；参考刘晋祥、朱延平：《内蒙古敖汉旗赵宝沟一号遗址发掘简报》，《考古》1988年第1期。

[2]西安半坡博物馆、陕西省考古研究所、临潼县博物馆：《姜寨：新石器时代遗址发掘报告》，文物出版社，1988年，第16页。

[3]中国社会科学院考古研究所：《宝鸡北首岭》，文物出版社，1983年，第20页；参考刘随盛、杨国忠、梁星彭：《一九七七年宝鸡北首岭遗址发掘简报》，《考古》1979年第2期。

单个居室面积仅3至5平方米。其中一间是套房，可能前为餐厅，后为有四个连体灶的厨房[1]，表明饮食可能是集体活动。

在加工谷物方面，仍然使用石磨盘和石磨棒或球，造型几乎没有太大的变化，同样搁置在房间里。而储藏粮食或肉类的窖穴有些在屋内，但大多还挖在房屋周围。如姜寨和凌家滩遗址居住区周围有数量众多的窖穴。姜寨遗址的窖穴有的为袋状并设有阶梯，有的底部铺有木板。讲究一点的如北首岭房屋门道外3米处有陶瓮埋于地下，仅露瓮口，显然是为了储藏而设。

这个时期的炊食方式发生了比较大的变革，尤其是器物的创新和发明。一是灶和炊具的进一步结合，二是器皿不仅类别丰富，更有器形即“型”和“式”的千变万化，细致到日常生活的各个方面。饮食的需求，使制陶工艺在这一时期达到了初步的专业化，出现了熟练的制陶匠。可以说是烹饪和陶工共同促进了这一时期陶器的繁荣。尤其重要的是妇女的参与，从发明烹饪到器皿都是她们的奇思妙想。陶器不仅造型丰富多样，从陶质到技术也已经有了很大的改进，适应制作各类饮食。

传统的炊食盛具种类釜、罐、盆、盘、钵、杯，以及后来的鼎、甑、壶、豆、盂、器盖、支架、组合灶在已有的类别基础之上，随着各个遗址的文化演变，发展出了新的造型和器型。需要说明的是，这段时间所获得的器物多是墓葬随葬品，这样就只能从这一部分分析史前聚落居民的饮食陶器。随葬品只是真实生活的一小部分，一些器物是实用品，一些是明器，

[1]湖南省文物考古研究所：《澧县城头山：新石器时代遗址发掘报告》，文物出版社，2007年，第170页；参考何介钧：《澧县城头山古城址1997—1998年度发掘简报》，《文物》1999年第6期。

其造型源于生活，但技术和器形却不是百分之百的与实用器物一致。另外，随葬品是某个聚落的文化反映，是一定的葬仪所决定和选择的器物。所以墓葬随葬品代表了一定的阶层文化或个人的风格。一个区域文化包含有一些器物相似的遗址，表明既有地区差别也会有跨地区影响。最后还有年代的局限，由于同一个遗址墓葬时间的不同，其随葬品可能有几年、百年或千年的间隔。陶器因制作的时间不同，只代表此聚落处于某一阶段的生活。从制作来看，不仅有陶工个性和技术的限制，还有材料、烧制条件因素的不同。从使用来看，各地区都有各自的因谷物的不同和饮食习惯而异的器皿，尽管每件器物大致有类似或相同的造型，但都不重复，反映了陶工自身及其所处文化的特点。

新器型的出现或是由于饮食的改进而出现的新的食谱如米饭、粥、面食以及新的饮料如酒或者茶；或是因创造了新的烹饪方式而改造了的新的炊具；或是因物品新的种类的增加；或是因新的生活习惯而出现的盛放物品的需求。这些器皿仍可分为炊具、饮食器、盛器或储藏器。饮食器仍分出饮器和食器，盛器分出汲水器和盛水器或盛物器。新的器皿包括饮水器的鬶、觚、盉；盛水器的瓶；盛物器的簋、尊。器皿附件器盖仍有成批制作的，可能只用于墓葬。生活当中，可能不再是通用的，而是专门配套的了。此外灶类附件的种类或组合也丰富起来。

根据地区的不同，同类器物虽有同样的名称却有新的变形或类型，或不同的区域有各自特别的器型；同一类的器皿虽基本具有同一功能，却有各自新的使用方法或造型的创意；某些器物虽造型一致，却有不同的功能，且从一器多用逐步细化为分门别类。除了比较流行的新器物，还有一些新的重要的器皿出现在个别的遗址，具有明显的地方特点和特殊性，即随地方的饮食习惯而制作。这些地方化的陶器一般只出现在一处遗址的某个时间段，有些直到晚一些才普遍出现在其他遗址，同时，随着食物资源的扩大，在下一个阶段成为主要器皿并四处传播。

总之，具有新意的器皿及其组合体现在炊器、食器、饮器、盛器或储藏器以及灶具和器盖等，甚至一些新的灶具或饮食具的附件上，表现出愈来愈细致和明确的分工及用途。

{图2-3-18} 北辛带盖鼎

鼎 北辛的带盖鼎经过了多次改进，不仅仅直接在钵下加足，将腹底变为尖锥状。鼎上的盖，从其纹饰与鼎身相符来看，是特意配备的。这个完美的盖，不仅加强了鼎的保温性，还使器物变得美观。

盆几乎所有的遗址都有这种器物。河姆渡的深腹盆，比较典型的为宽口沿或无沿但带双耳；城头山的盆造型差别很大，有宽沿阔腹盆，有浅腹圈足盆；北首岭、半坡、姜寨和大地湾部分彩陶盆的造型基本一样，即侈口、叠唇、折腹、圜底，饰有鱼纹或植物纹；大地湾二期和庙底沟的大口鼓腹小平底彩陶盆，卷缘曲腹盆，敛口浅腹盆，饰有花纹和几何纹。盆因其实用性和不同的功能而普遍使用，或盛食物，或盛水，或置放物品。

大地湾盆
{图2-3-19}

盘平底盘以另外一种造型出现在河姆渡遗址，圈足盘从跨湖桥遗址也传到了河姆渡遗址；大溪也出现了口沿内敛，宽底的圈足盘。前者似乎比后者更易放水果之类的物品。看来人们采集水果类的活动只增不减，而且由于饮食或物品的差异，所以才会有极为细化的器皿。

大溪圈足盘
{图2-3-20}

釜河姆渡的釜造型丰富多样，有多角沿敞口釜，也有黑陶腰沿釜；城头山有喇叭口的釜。马家浜文化遗址沿用了河姆渡的腰沿釜，却改变了炊煮的方式，发明了釜和炉箅的结合，如架在陶支脚上使用，或以搭配炉箅使用，或放在陶灶上使用；崧泽文化时期又改变了马家浜文化用釜的传统，代之以附加三足的釜式鼎；而西坡的釜似乎专为配灶具而制，同样与灶结合成为新式的炊具。

东山村马家浜文化罐形釜
{图2-3-21}

罐的多样细化了用途的多样，其造型南北方各有地方特点。赵宝沟的彩陶罐大口曲腹；牛河梁的彩陶罐圆腹有些带盖；北首岭的罐尖底，口部与腹部之间有折帘；姜寨的彩陶罐伞状盖鼓腹和尖底；大地湾的泥质陶罐带四錾有盖；南方河姆渡的罐大鼓腹无口沿，肩部双耳；大溪的彩陶罐圆腹，有大口小口；崧泽的罐有腰脊，其双耳的位置有在口沿处，有在腹部下端，口沿有敛口或侈口，有长颈或短颈，敛口长颈的可盛水，侈口可盛米。

东山村崧泽文化有腰脊罐
{图2-3-22}

〔图2-3-23〕大汶口薄胎磨光黑陶高柄杯

杯上山的杯到了这个时期在南北方已经到处开花了。城头山的曲腹杯、折腹小把杯和长柱带把杯；崧泽的杯大腹小口，带花瓣足；大溪的杯带足，把手或有或无。其他如庙底沟的大喇叭口小底的彩陶杯器薄精巧；大汶口的杯造型各异，特别是手柄，位置不同，有大有小，或用手指把持，或用一只手来托拿，如著名的薄胎磨光黑陶高柄杯。

〔图2-3-24〕大地湾二期的钵

钵河姆渡的钵承继了跨湖桥钵的造型，有长方形和圆形，斜直腹无口沿，有些还带有单耳；大地湾二期的钵和一期相似但仍有区别，与姜寨的彩陶钵类似；庙底沟的彩陶钵为敛口收底；三足钵在大汶口遗址还在流行，而一些小口曲腹小平底的钵，似有特殊的功能。

〔图2-3-25〕大溪文化碗

碗同样是吃饭的器皿，赵宝沟的碗还未脱离钵的造型；姜寨的曲腹碗与大地湾一期的碗类似，但无足；庙底沟的彩陶碗也是钵形；大溪的圆腹或斜腹彩陶碗有圈足；而在城头山，红陶圈足碗居多，造型各异，且其深浅以及腹部的弧度都不同。

〔图2-3-26〕庙底沟二期豆

豆继续流行于太湖流域并有所扩展。豆的盘或大或小，足或高或低，有实心的有镂空的。河姆渡的豆有较深的盏；城头山小碟式的豆盘加上细颈或镂空的小圆柱豆足；东山村马家浜文化出现一种子母口豆；东山村崧泽文化的豆足常为镂空，而带沿的浅豆盘极为舒展；庙底沟二期的黑陶豆显得比较厚实；大汶口遗址的豆似有南方之特点，高足或镂空足，豆盘直腹或浅盘式，喇叭形圈足。豆因其盘而多样，功能不一，主要用以盛物，也可做灯盏。

壶 这个时期的壶加入了其他器物的造型因素，表现在器口、器身和器底部分。北首岭的彩陶壶有带耳船型和无耳的大腹细项小口小平底壶，用于不同的场合；姜寨的彩陶壶有瓶式或葫芦瓶式，也有北首岭的大腹细项小口小平底壶；庙底沟的彩陶壶截然不同，折腹大喇叭口；大汶口的彩陶壶多为斜颈、圆腹、小平底。腹和口的变化细致，或宽肩、或带双耳、或长颈；河姆渡有一种壶似是两个圈足盘相扣而成；城头山的灰陶壶一定是用于不同的需要，或像罐、或像豆、或像杯；崧泽的壶，或喇叭口折肩、折腹，平底，或罐式，带盖、圆腹、花瓣式足；而薛家岗的壶介于带把鼎之间，有三足和直口沿。作为水器，壶根据盛水的容量不一而造型各异。

〔图2-3-27〕大汶口壶

鼎 作为基本器皿，鼎在许多遗址都有发现。虽然都归于鼎类，但造型迥然不同。北辛有盖和器口紧密结合的有盖鼎；北首岭有厚重而平稳的圆腹四足连体鼎、圆腹带嘴鼎、大腹小足敛口罐式鼎；大庙底沟有折沿浅腹鼓底鼎；大汶口文化有罐式、盘式、钵式、釜式鼎，有高足或矮足，加盖或无盖，有双耳或无耳之分；城头山有直腹罐式或釜式鼎，甚至还有一种带把手的鼎，有的轻而巧、有的厚而重；在凌家滩也有类似高足盘式的鼎。河姆渡、马家浜、崧泽时期，鼎成为主要炊器，有釜形、盆形、壶形和盘形鼎，将扁平或铲形甚至鱼鳍形的支脚和这些器皿粘合套接在一起。鼎足在东山村的崧泽文化还有凿形足鼎、镂空足鼎，上翘的把手和西瓜蒂式的盖使器型看起来非常轻盈。鼎可以直接放在火上使用，又可以用来盛物。

〔图2-3-28〕大汶口盆形鼎

{图2-3-29a-b}河姆渡甑

甑沿袭跨湖桥的甑，河姆渡和马家浜的甑加了双耳，只是两地耳不同形，位置也不同，河姆渡甑耳似扳手加在口沿部；青浦崧泽文化的甑无耳或有耳、有盖，更多的与鼎结合；城头山的甑为圜底圆腹有一种周身有孔，一种只在底部有孔，大多都配有盖；仰韶文化如仰韶村和姜寨遗址出现了盆形甑。南北风格的甑虽都利用蒸汽蒸食物，却因谷物或食物的不同而造型各异。

{图2-3-30a-b}河姆渡支架

支架，由于三足器和灶的出现，支架就比较少了。然而河姆渡遗址却例外，这里发现的支架不仅数量多且造型复杂，还雕刻有浮雕式的花纹。支架替代了鼎足，可以更方便地搭配各种器皿，其组合同样起鼎的作用。

{图2-3-31}大汶口陶甗

甗是蒸煮食物的炊器，一般分为两部分，上半部是甑，甑底有孔如同箅，用来放置食物，以利于蒸汽通过；下半部为鼎，其内壁有一凸沿承甑箅。鼎中盛水而在上部甑中放置食物，在鼎三足间放柴烧火，依靠其中沸水形成的蒸汽将上部食物蒸熟。崧泽的甑鼎是两部分合为一体。口沿部位还加盖以防蒸汽外泄进而提高热能；大汶口晚期的甗，器身是将釜和鼎连成一体。

{图2-3-32}庙底沟釜灶

{图2-3-33a-b}西坡釜和灶

灶这个时期与器物联系更加紧密，如河姆渡的陶灶形似簸箕，内壁为安放釜而设置三个乳钉状足支座。同时出现了更多的灶与炊煮器的组合，如庙底沟和西坡釜灶组合，上方放置釜来烧煮食物，灶做成方形或半圆，留一出口是填柴的灶膛，将燃火围拢聚集在一起不至于周围的风影响到火焰。最后灶的变化及其器皿式的灶或组合灶揭示了更合理的饮食的开始。可移动的灶可以在房屋内随意使用，还解决了木构建筑内煮炊防火的问题。

这个时期新出现的饮食具器型

东山村马家浜文化盉{图2-3-34}

大汶口盉{图2-3-35}

盉 作为新的器皿，其造型相差很大，大多有嘴，有或无鋬手。大汶口的盉有平底和三足，有注水口和出水嘴或上翘的管流；河姆渡的壶形盉，前有冲天管状嘴，后为喇叭口，中间以扁平半耳环联结；东山村马家浜文化的罐式盉，小口，有一位置略低而上翘的鋬手。其功能为盛酒器或调和酒和水的器皿。

崧泽鬶{图2-3-36}

鬶 一些遗址的器物虽同名同形制，造型却有很大的不同，鬶主要在大汶口文化遗址和太湖地区有所发展。大汶口的鬶造型各异，其颈部或粗或细，三足呈袋足或圆锥形，有的上部有槽型的似上扬的鸟嘴的流，有的鋬呈绳索状。还有仿兽型的鬶。出土时有些器底还存留有烟熏痕迹，有的器腹内还有灰黑色的残渣，当为残存的酒渣。夹砂鬶可能用来煮酒。而温酒的泥质陶鬶质地细腻，制作也精致，可能是专作注酒用的。太湖流域的鬶细颈圆形，口沿无流，器身或似鼎，如河姆渡的鬶，加环式鋬手；东山村崧泽文化和凌家滩遗址的鬶似壶，有上翘鋬手，细颈口沿。鬶作为炊饮两用器皿，炊具主要用于炖煮羹汤，食物做好后直接作为餐具，而饮具则主要是作为水或酒器。

大汶口鬶{图2-3-37}

〔图2-3-38〕半坡小口尖底瓶

瓶 分尖底或平底，有耳或无耳。双唇口双耳尖底瓶在北首岭、姜寨、大地湾、仰韶村、半坡、庙底沟等遗址都有发现。作为水器可能用于在水源处汲水，注了水的尖底瓶可以悬挂在三角架上，架在火塘或火堆上烧水，尖底的弧度使火苗得以触及瓶的上部，较快地将水烧开。庙底沟有带耳小口瓶；北首岭还流行小底鼓腹细颈蒜头口彩陶瓶，盛水口有点小，可能是饮水容器。姜寨还有平底葫芦瓶，而到了大汶口的瓶为深圆腹，小平底，有双耳或无耳，可能是放调料汁的容器，瓶口和底座的协调使得使用起来都显得很顺手。

〔图2-3-39〕大汶口瓶

〔图2-3-40〕大汶口觚

觚 大汶口的觚造型为圆形细长身、喇叭形大口、侈口、细腰、圈足外撇。这种造型让人想起庙底沟的无足喇叭口杯。可能最初并无明显的酒、水区别，只是随着酒的盛行而逐渐成为酒杯。青浦崧泽的觚敞口直腹，似乎是在杯下加了圈足的觚。

〔图2-3-41〕河姆渡簋

簋 敞口、直腹、圈足。高庙遗址、河姆渡文化遗址、大溪文化城头山遗址、东山村遗址同样都发展了簋。源于圈足盘却更为厚重。西坡遗址的簋形器也有一个窄于器身的圈足，有的带双耳。簋的出现无疑是由于饮食的需要，可能是水果、蔬菜的丰富，需要兼有盛储食物功能的器皿。

〔图2-3-42〕赵宝沟尊

尊 年代较早的赵宝沟的尊和较晚的大汶口的尊完全是两类造型，但口径相对都较大。赵宝沟的尊似壶，折腹、长颈、敞口；大汶口的尊像瓮，圆腹、侈口、尖底，可能插在土里以便固定或架在三脚架上。尊的出现说明生活资源的扩大。同时功能多样，或作为储藏器或作为储水器。

这个阶段很多陶器的陶质主要为泥质陶，夹砂和夹炭陶为次。史前陶工似乎不再盲目地使用材料，而是开始有选择地、有针对性地使用不同的陶土来制作不同要求的陶器甚至陶器的不同部位。特别是泥质陶，使用的陶土常有红色黏土、沉积灰土、黑土。选用土质较细、沙子颗粒较小的泥土，或有目的地、有比例地、有选择地掺入砂、植物灰烬、蚌壳等。经过淘洗和沉滤后成为较纯较细的原料。陶土进行淘洗会使陶器更为细腻，通常用来制作较小的器物。而一些大型的器皿陶质为夹砂和夹炭陶比较多。赵宝沟文化夹砂磨光尊形器，厚重结实。河姆渡的釜和灶要求耐火、不裂，器物有加入砂砾或掺和稻叶谷壳等的夹炭和夹砂陶，如釜和支架以夹砂陶为多，而鼎、罐、盆、盘、豆、钵等常常是夹炭陶，表面光洁，烧成摄氏温度为850度左右。这个时期大部分的器物包括新增加的饮食器皿都是泥质或细砂陶。如大汶口的鼎、鬶和一些壶和罐为夹细砂陶，而其他器皿如罐、尊、杯、壶则采用了淘洗过的较细腻的泥质陶土；庙底沟煮食物的釜为粗泥陶，汲水的尖底瓶为细泥陶；崧泽同样炊器制作用夹砂陶或粗泥陶，饮食器和盛储器制作用泥质陶。东山村的鼎、罐、缸、簋为夹砂陶，豆、鬶、壶、钵、盘、盆、杯等为泥质，后者大都是饮食或水器。彩陶的陶土尤其经过淘洗，胎质比夹砂或夹炭陶更为细腻，用来制作要求细腻的饮食器皿如盘、碗、杯、钵等。

从制作工艺来看，大部分陶器仍以泥条盘筑法手制为主，从一些陶罐的口和颈部尚留有清楚的轮旋痕迹，说明部分陶器经慢轮修整。一些遗址如大汶口的陶器已用快转陶车来制作。陶车由轮盘和轮轴组成，转动轮盘需借助陶轮转动形成的离心力将陶土塑成需要的器皿造型。从器型较规整、器壁较匀薄和轮纹比较匀称挺直来看，崧泽陶器采用了泥条盘叠再加慢轮整修的制陶方法，晚期还使用了轮制。综合来看，崧泽遗址的制陶术比较全面地反映了制陶从手制到轮制的演变。

这些不同陶质的陶器烧制后会改变颜色。根据所含矿物质的比例，夹砂或夹炭陶器物表面色彩基本呈红、灰、黄褐和黑色。泥制陶器表面呈红、灰、黑和白色，如大溪的泥质红陶，半坡的细泥红陶，大汶口的泥质灰褐黑陶，尤其是高庙等南方遗址使用了白膏泥的泥质白陶，大汶口遗址使用了一种坩子土制作的泥质白陶，都是由于土中的矿物质而呈白彩。施有陶衣的陶器色彩同样受制于颜料的矿物质成分，而呈现相应的色彩。此外烧制条件的不同即是氧化气氛还是还原气氛，是开放的窑还是封闭的窑，也导致色彩各异。同时还有烧制时火的均匀，空气的进入，温度的变化，柴火的火候，以及烧制的时间等方法和技术。其中质地较硬的白陶温度比红、灰、黑陶要高，在摄氏1200度左右。彩陶多为泥质红或灰陶，烧制条件多为氧化气氛。

这个变化也是由于这个时期在一些遗址出现了规模较大的陶窑。仰韶文化时期的陶窑主要是横穴窑，如半坡遗址发现的6座窑址。窑室直径有1米左右，由火口、火膛、火道和窑室等组成。火膛中燃烧起来的火焰经火道可以到达窑室[1]。城头山遗址发现9座锅底式陶窑，有火膛、窑室，侧面有烟道。这些陶窑大多数陶器烧制火候较低，烧成温度为摄氏750至880度[2]。由于有了窑室，较之原始的篝火式或炉灶式有了很大的进步，陶器不再直接放在火焰上

[1]西安半坡博物馆：《1971年半坡遗址发掘简记》，《考古》1973年第3期；参考西安半坡博物馆：《西安半坡》，文物出版社，1982年。
[2]何介钧：《澧县城头山古城址1997—1998年度发掘简报》，《文物》1999年第6期；参考湖南省文物考古研究所：《澧县城头山》，文物出版社，2007。

黑陶釜，河姆渡遗址
{图2-3-43}

烧制。这个阶段除传统的红陶外，使陶器中的铁元素在充分供给空气的环境下氧化烧成，还封砌窑顶而产生还原焰，发展了黑、灰陶。由于氧化和还原程度的千差万别，也使陶器具有斑驳陆离的色彩。

黑陶或灰胎黑衣陶，是在窑中陶器即将烧成时，不但封窑，还塞入浸水的湿柴，使之在窑内闷烧冒烟，让黑烟渗入陶器的器表。器表微小的孔隙为黑烟所渗填，所以这类黑陶不渗水。这也是由于陶土经过了洗筛、轮制，窑炉改进为了还原焰，温度甚至可以达到近摄氏1000度。河姆渡第四文化层出土的夹炭黑陶，胎泥纯净，器型多为釜{图2-3-43}、罐、钵、盆、盘、豆和支座等，均含大量炭粉，即烧焦的植物茎叶稻壳碎末的炭粒形式，含铁量少，仅为 1.5%左右，还原气氛烧制，温度在摄氏850度左右[1]。大溪文化晚期泥质黑陶占绝对优势，有细颈壶、折敛口圈足碗等。城头山的壶和豆经部分打磨后，施黑色陶衣而烧成黑衣陶。同样，青浦崧泽遗址的泥质灰胎黑衣陶也是使用还原焰烧制而成，器型有镂空圈足豆、深腹罐、有花瓣式圈足的壶等。大汶口早期的

[1]浙江省文物管理委员会：《河姆渡遗址第一次发掘报告》，《考古学报》1978年第1期。

{图2-3-44} 薄胎磨光黑陶高柄杯，大汶口文化遗址

泥质黑陶多数外表呈黑色，胎骨仍为红或灰色；而晚期的黑陶如薄胎磨光黑陶高柄杯{图2-3-44}，表里透黑，外表光亮，器壁制作得很薄，成为当时的精品，为以后山东龙山文化蛋壳陶的烧成奠定了基础。

灰陶，在陶器中占大多数，有夹砂陶、夹炭陶、泥质陶之分，这是因为烧制时既有氧化不完全，又有还原不够等原因。通常是陶器在窑中将要烧成时，将陶窑封闭，使窑内形成高温和缺氧状态，迫使陶土中的铁元素还原，陶土中的氧化物在还原气氛中转化为二价铁而呈现出灰色。如大汶口的灰陶有深有浅，斑驳不纯，浅灰带青色，但质地细腻，外表打磨光滑，烧制火候也较高，特别是尊、杯、罐等饮食或盛水器皿[1]。崧泽遗址从中期开始，出现泥质灰陶，有些是黑衣灰胎陶{图2-3-45}，泥质质地细腻，色较纯净，也有深浅之分，有在氧化环境下烧制，部分在还原焰不充分的条件下烧制，但火候大都在摄氏760至810度之间[2]。

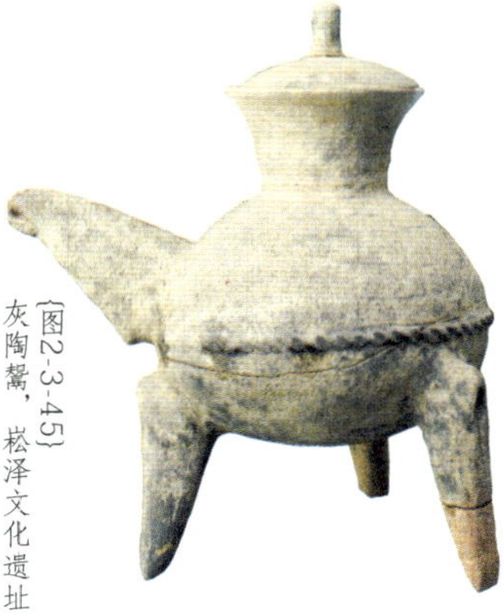
{图2-3-45} 灰陶鬶，崧泽文化遗址

[1]山东省文物管理处、济南市博物馆：《大汶口：新石器时代墓葬发掘报告》，文物出版社，1974年，第51页；参考吕凯、朱超、孙波：《山东泰安市大汶口遗址2012—2013年发掘简报》，《考古》2015年第10期。
[2]上海市文物保管委员会：《崧泽：新石器时代遗址发掘报告》，文物出版社，1987年，第39页。

白陶，其分布有地区和时间的差别。南方有位于长江中下游包括较早的洞庭湖地区的高庙遗址以及附近的千家坪遗址{湖南省郴州市桂阳县银河乡}和汤家岗遗址的白陶，较晚的有位于太湖地区的罗家角遗址的白陶{图2-3-46}。根据目前出土资料，从陶质和器表看这些遗址的白陶多为乳白色，也包含一些因原料或烧制而呈现出灰或黄白色、淡褐色、淡红色的胎质且器表施了一层白色陶衣的白陶。器型主要有罐、豆、盘、簋等，其中簋类器尤为丰富。城头山遗址也发现了少量的白陶片，工艺基本一致。北方大汶口文化的白陶器型有鼎、罐、壶、豆、盉，其中空足鬶、袋足鬶和长嘴盉{图2-3-47}是主要的器型。其工艺与南方相似，器表施白色陶衣，烧制前经过了将陶胎压模光滑的制作步骤。不论高庙遗址的白膏泥或大汶口遗址的坩子土烧制的陶器，都属于地方性的高岭土，或具有瓷性的黏土，一般铁含量低而铝含量高并耐得起高温。这样的高岭土烧制的白陶器，通过提高窑温，压磨光滑，经摄氏900至1200度的高温烧制而成，胎壁较薄，质地却很坚硬[1]。

白陶片，罗家角遗址
{图2-3-46a-b}

白盉，大汶口遗址
{图2-3-47}

[1]栾丰实：《海岱地区史前白陶初论》，《考古》2010年第4期。

{图2-3-48}彩陶钵，大汶口遗址

最后彩陶。这个阶段的彩陶从对矿物质的认知到烧制方法都不同程度有了很大的长进。通常是将不同陶质的泥质陶器表打磨光滑，在表面施上一层红或白色的矿物质颜料陶衣，或器物通体或上半部，然后在陶衣上再用两种或多种不同的矿物质颜料绘出图案。有些彩陶仍分施厚彩或薄彩。常见的是在灰白底上施红、白、黄彩；在红底上施黄或白彩，在红灰底上施黑或红白彩{图2-3-48}。大汶口红陶衣上绘黑彩、红彩或白彩；庙底沟红陶衣或白衣上绘黑或红彩；城头山一期和二期的彩陶大多绘黑红赭彩；姜寨和大地湾彩陶都是在红陶上绘黑彩；而大溪的红陶也大多绘黑彩{图2-3-49}。几何图案或动植物花纹通常彩绘于器物的上部或口沿部位。彩绘之后，待器物晾干后在氧化或还原气氛中烧制。经烧制后，各种矿物质颜料因不同呈色剂而呈现斑斓的色彩。

{图2-3-49}彩陶豆，大溪遗址

美的天性

这个时期，史前人类不仅在服饰和装饰品方面，而且在造型艺术如绘画、陶塑和雕刻方面的美感和技术制作达到了一个历史的飞跃。

服装　许多遗址中发现的纺织工具以及麻织品遗物说明史前聚落居民已经掌握了基本的纺织技术，制作出了比较定型的服装。骨针、骨锥、骨梭、陶或石纺轮几乎遍布南北方。大汶口遗址的骨针可穿很细的线，可制作比较薄的夏服；田螺山遗址的骨针长约8厘米[1]，似乎可以制作比较厚的冬装。城头山遗址、凌家滩遗址和崧泽遗址出土了数量众多的纺轮。除过石、木和陶的纺轮，河姆渡遗址出土有系列的织机零部件，如盖帽形器、两端削有缺口的卷布棍、梭形器和机刀、工具齿状器、木机刀、卷布棍、圆木棒、尖头小棒、木和骨匕等[2]，可能是属于一部织布机的零配件。

一些遗址甚至可能开始探索丝或麻织品。与蚕丝有关的考古发现如仰韶文化时期西阴村遗址{山西省运城市夏县尉郭乡西阴村}出土的半个人工切割的蚕茧[3]。此外还有蚕的造型形象，如中原地区的双槐树遗址发现了骨质蚕雕。这是一条正在吐丝的家蚕形象，长6.4厘米，宽不足1厘米，厚0.1厘米，用野猪獠牙雕刻而成[4]。而丝绸实物则发现于青台遗址和汪沟遗址{河南省荥阳市城关乡汪沟村}。在这两处遗址的瓮棺里的头盖骨附着物和瓮底土样中，检测到桑蚕丝残留物。这些丝绸是用来包裹亡童下葬的。这种现象也出现在郑

[1]浙江省文物考古研究所、余姚市文物保护管理所、河姆渡遗址博物馆：《浙江余姚田螺山新石器时代遗址2004年发掘简报》，《文物》2007年第11期；参考北京大学中国考古学研究中心、浙江省文物考古研究所：《田螺山遗址自然遗存综合研究》，文物出版社，2011。

[2]浙江省文物管理委员会：《河姆渡遗址第一次发掘报告》，《考古学报》1978年第1期。

[3]山西省桑蚕研究所：《蚕史文化》，《北方蚕业》2009总第123期。

[4]新华社新媒体：《河南巩义发现5000多年前神秘“河洛古国”》，2020年5月8日。

{图2-3-51a-b}
玉扣子正面和背面
凌家滩遗址

{图2-3-50}
玉人，凌家滩遗址

州地区其他仰韶文化聚落群中。青台遗址出土的是经纬丝纱和罗织物[1]。汪沟遗址出土的四经绞罗织物中有一块似经过染色处理的“绫罗绸缎”。这块染色罗是经过脱胶的熟丝[2]。可见当时已具有一定的丝织技术。一些遗址还出土了麻类材料纺织品实物。如西坡遗址M27墓盖板上发现有覆盖编织物的痕迹，大致为3幅经纬线较细密的类似麻布的织物[3]。城头山遗址出土的5件纤维密度精细的黑色平纹纺织品，线径不一致。粗线直径为0.5至0.7毫米，细线直径为0.2至0.3毫米，密度为9至24根/厘米[4]，可能为麻纤维。草鞋山遗址出土的三块炭化纺织品残片，其原料是野生葛，从纬线起花的罗纹编织法来看，远比普通平纹麻布进步[5]。此外一些造型既反映了蚕的形象，也表现了丝麻类编织纹样、服装样式，甚至可看出编织水平。如河姆渡象牙盅形器雕刻了蚕纹和编织纹图像；田螺山遗址的刻纹骨笄，正面上部刻着蚕形纹和平行线纹饰。此外，牛河梁遗址第五地点出土的陶塑人像有过及膝盖的衣服和脚下穿的短靴；凌家滩遗址墓葬87M1出土的玉人{图2-3-50}戴的帽子上的方格纹，腰带上的斜纹表示可能运用了挑花工艺。而从同一墓葬出土的玉质纽扣{图2-3-51a-b}，正配丝麻类的腰带。

[1]郑州市文物考古研究所：《荥阳青台遗址出土纺织物的报告》，《中原文物》1999年第3期。
[2]韩章云：《河南荥阳汪沟遗址发现目前中国最早丝绸》，中国新闻网、考古中国http://www.kgzg.cn，2019年12月6日。
[3]马萧林、李新伟、杨海青：《河南灵宝市西坡遗址墓地2005年发掘简报》，《考古》2008年第1期。
[4]湖南省文物考古研究所：《澧县城头山：新石器时代遗址发掘报告》，文物出版社，2007年，第495页。
[5]浙江省文物管理委员会：《浙江嘉兴马家浜新石器时代遗址的发掘》，《考古》1961年第7期。

装饰品　这个时期的饰品在数量、造型、材料、种类上都已经很丰富了。装饰材料多是就地取材，各有特点。以材料分，有陶、石、骨、牙、蚌、蚧壳等。其中以陶制的最多，石制、蚌制的次之，骨、牙制的较少。同时这个时期玉器渐渐成为比较重要的装饰材料，并常与其他材质的饰品搭配。河姆渡文化的饰品大多用玉和萤石制成，有璜、管、珠、环等，也有用石质或玛瑙制作的玦、璜、管、珠，以及用虎、熊、猪、獐的牙制作的佩饰或头饰，如河姆渡遗址精心雕制的刻纹骨笄，用于挽扎头发{图2-3-52}。这类束发器在其他遗址也有发现，如大汶口的石笄、西坡的骨簪、大地湾的骨笄等。大溪文化装饰品有玉、骨、石、象牙、蚌等材料，尤其是玉玦、玉镯、玉璜、玉璧，以及石镯、象牙镯等臂上饰物。姜寨从四个墓葬中出土的装饰品仅从数量看就很丰富：骨笄178件、陶簪20件、陶环143件、石环6件、骨珠3141颗。在这里骨珠作为项饰或佩饰似乎不论年龄，如一个十岁女孩的瓮棺中有175颗骨珠；编号M92墓葬中的25岁女性腰部发现有2400颗骨珠，头部有骨笄11件[1]。半坡遗址的装饰品包括陶质、石质、骨质等9类，共发现1900多件[2]。大地湾四期有石佩石珠、铲形玉佩、骨笄、石璧环。大汶口人男女都有翠绿色玉石和绿松石以及骨或牙质的头饰、项饰、臂饰等串饰，以及用猪獠牙制作的束发器、象牙制作的透雕梳{图2-3-53}。指环也有各种材料如玉、石、骨、角质等，其佩戴也很普遍，如庙底沟遗址灰坑中，在一人骨架手指上甚至发现佩戴有蚌制的指环。

{图2-3-52} 骨笄，河姆渡遗址一期

{图2-3-53} 透雕象牙梳，大汶口文化遗址

[1]西安半坡博物馆：《1971年半坡遗址发掘简记》，《考古》1973年第3期；参考中国科学院考古研究所等：《西安半坡：原始氏族公社聚落遗址》，文物出版社，1963。

[2]西安半坡博物馆、临潼县文化馆：《1972年春临潼姜寨遗址发掘简报》，《考古》1973年第3期；参考西安半坡博物馆、陕西省考古研究所、临潼县博物馆：《姜寨：新石器时代遗址发掘报告》，文物出版社，1988。

特别是在一些遗址墓葬中，玉饰件为墓主人主要的随葬饰品，包括首饰和服饰。以形状分，有梳背、箍、玦、璜、镯、护腕、璧、环、珠、管等；以功能分，有发饰、耳饰、项饰、臂饰和服饰。梳背、箍为发饰；玦为耳饰；璜为项饰，悬挂于颈上或胸前；镯为臂饰；璧为服饰；环、管和珠则为各饰件的配件或佩件。一些动物雕像以及抽象的造型为耳饰、项饰或服饰挂件。从玉饰品的造型来看，雕刻细腻，同时打磨光滑，形状中尤其圆形规范、对称、平衡，可以说具备了相当的美感。史前工匠将玉器材料、做工、造型、应用完美地结合起来，从发饰到服饰的各种组合，表现了不同地域、不同聚落的个性甚至流行性。如发饰有牛河梁的双人首三孔玉梳背饰{图2-3-54}、马蹄状箍{图2-3-55}，凌家滩的冠饰。耳饰玉玦几乎出现在这一时期大部分遗址，不仅见于牛河梁遗址{图2-3-56}、凌家滩遗址{图2-3-57}，还散见于长江中游的高庙遗址晚期、淮河流域的北阴阳营{江苏省南京市北阴阳营}和薛家岗遗址早期，以及太湖流域的河姆渡、马家浜、崧泽等遗址，其造型与早期的小南山遗址的玉玦几乎无异。项饰玉璜尤其流行于淮河太湖流域，常常成对成串，造型各异，如凌家滩编号87M4墓葬{图2-3-58}和东山村崧泽文化编号M92墓葬{图2-3-59}的玉璜。臂饰如牛河梁{图2-3-60}和凌家滩的手镯{图2-3-61}、凌家滩的玉护腕{图2-3-62a-b}，东山村遗址甚至还有脚镯。服饰挂件如牛河梁遗址的很多墓主都有的勾云璧佩{图2-3-63}，凌家滩遗址的玉璧佩{图2-3-64}。一些墓主有成组的玉饰品，比如凌家滩编号87M4墓葬墓主耳部有玉玦14件、身上有玉璜19件；编号87M15墓主头部玉冠饰有3个，胸前摆放着30多件大大小小的玉璜和玉管共49件串在一起作为项饰；而编号87M8墓葬墓主两臂位置一边堆放8件共16件玉镯[1]，这也与在这里出土的玉人两个手臂上刻画的手镯件数一致。除此以外，各地遗址还出土有动物甚至人物造型以及个别形状奇异或极具地方性的玉饰件。

[1]安徽省文物考古研究所：《凌家滩：田野考古发掘报告之一》，文物出版社，2006年，第99页、第138页。

发饰

〔图2-3-54〕牛河梁双人首三孔玉梳背饰

〔图2-3-55〕牛河梁箍形器

耳饰

〔图2-3-56〕牛河梁玉玦

〔图2-3-57〕凌家滩玉玦

项饰

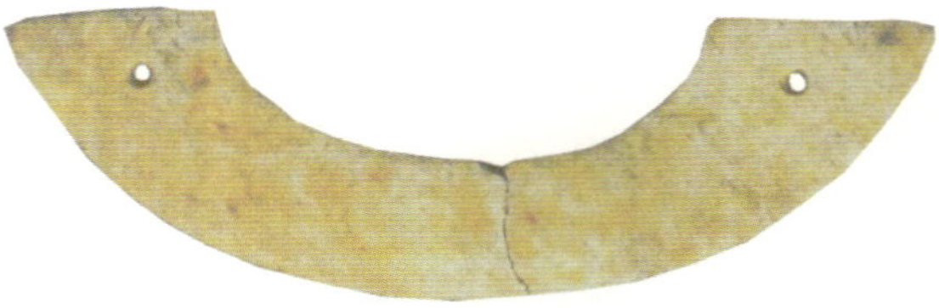
〔图2-3-58〕凌家滩玉璜

〔图2-3-59〕东山村崧泽文化玉璜

腕臂饰

{图2-3-60}牛河梁玉镯

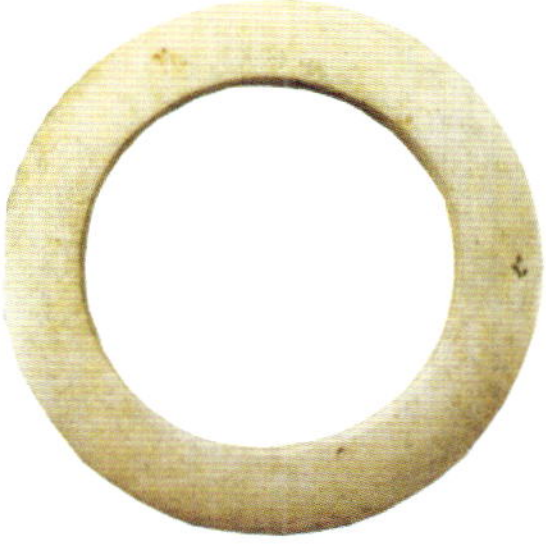

{图2-3-61}凌家滩玉镯

{图2-3-62}凌家滩玉护腕

服饰挂饰

{图2-3-63}牛河梁玉佩

{图2-3-64}凌家滩玉璧

绘画 这个阶段的绘画指用矿物颜料在陶器上绘制的纹饰图案以及在墙壁上的彩绘图案。陶器首先成为表现人类思维的载体。人们把自己对自然的观察或理解等精神因素通过陶器的纹饰和造型表现出来。纹饰的来源无疑是自然的动植物，还有人类的创造物。比如编织纹，可能来自绳编、竹编或藤草编等，甚至纺织经纬。由于纺织和陶器的纹饰大都是妇女所为，这两者的纹饰会互相影响。纹饰是平面的艺术，编织是立体的造型艺术，同时又是作为实用的饮食或日常用品。人们用纹饰美化陶器，并赋予其一定的意义。而图案的不同不仅表明地理环境的不同，也反映了人类思维对造型的理解和掌握以及审美的不同。纹饰有写实的、抽象的，因表达能力的局限而不同。构图有时连续布满器身，有时是单独一个画面。有些构图并没有经过预先的设计，而是即兴所作；有些根据器物的弧面来填充画面；有些则有一定的规划等。所以这些设计一定是经过了无数次的实践。这时期的陶器纹饰超越了之前陶器只为加固器皿而借助工具的刻划，已经是集美感和实用于一体的有意识的装饰性绘画了，而图案可以被称为史前聚落族群创造的“艺术”品，是精神产物，是对自然和人类生活的反映。

图案是人类思维的结果。较为简单的思维表现对世界或自然初级的理解，反映在陶器的装饰上更有直接性、偶然性或随意性；较为复杂的思维则是预设性的、构图计划性的，甚至思想性的。人们在绘制之前先有一个创作意图再赋予其意义，一定经历了非常漫长的过程。尤其是第一个创造某种纹饰图案的人。后来的模仿者加上自己的改变，使这些不同因子有新的组合，一个图形变得越来越普遍，然后成为一种模式。每个人都有对自然的一种印象，写实或抽象能力是对事物的一种再现，绘画者将自然物象在脑中的图像用图案表现在陶器上。人的绘画能力是有差异的，即善于将一个客体通过眼睛的观察，脑中的印象，用艺术手法描绘出来，这种再现的表现能力，每个人都不一样。正是那些概括或表达能力比较强的人才能组织一个完美的构图，尤其在一个圆的立体面上均匀地、等分地、对称地完成一个纹饰的布局。虽然模仿的能力是可以提高的，然而创造的能力是独特的。因每个人的观察理解不同，一种图案就可以来源于很多因素或一个图案不只出现在一个地方。不同遗址的陶器可能有相同名称的纹饰，但各自有不同的组合。所以尽管有相同的要素，不同遗址的创作者却表现出各自的特点，使这些要素的构图组合变化多端。由于在一个遗址中每件陶器及其纹饰都是单独制作，有些也可能出自一人之手，有相似却没有雷同，所以每一件都表达了制作者的个人风格，且切合饮食陶器的应用。

这个阶段研磨矿物质颜料成为陶器制作中施陶衣和彩绘纹饰的一个重要步骤。一些遗址出土了颜料研磨工具。如姜寨遗址一座墓内发现了石砚、石棒与黑色矿物颜料等；在大地湾遗址也发现了研磨石。

陶钵，姜寨遗址
{图2-3-65}

陶豆，大汶口文化遗址
{图2-3-66}

显而易见，人们处理颜料已愈来愈专业。经过研磨的矿物质颜料使器皿具有不渗透性，既实用又美观。尤其使器物表面的陶衣更为光滑和更易上色。彩绘通常是白、红、黑之间的两种或三种色彩的配合，或与其同色源深浅相配，或与其对立的色系相配。如大地湾文化彩陶彩绘搭配较艳丽，常有紫红色、黑色、白色和朱色；仰韶文化庙底沟类型彩陶色彩搭配较深，黑色或紫黑色多于红色；大溪文化的彩陶彩绘施彩搭配也较深，多是在红陶器表的白色或红色陶衣上分别施有红色或黑色或赭色；大汶口文化地域较广，较多的施彩搭配是红陶上的白彩配黑彩，或配以红彩。

这些色彩构成了各类纹饰。炊食盛器皿的装饰纹在这段时间从几何纹发展到更丰富和复杂的动植物纹或其变异纹，同时出现了几何和动植物纹饰两者合一的构图，也出现了绘画类的纹饰。这几类图案不是简单的直接的装饰，它们表现了人类对自然客体的概括能力和想象能力，并传达一种象征意义。

几何纹到这个阶段仍是主要纹饰，但表达了更丰富和复杂的思维。几何图形是人类思维复杂化的体现，即对线和面的理解，主要由线、弧和点，以及各种形状如圆、方、三角、格和带等元素构成。从构图看，同时具有数的概念、线面的结合、二方或四方连续的分布等各种形式，以及这些因素的对称、平衡、相错、相套合的组合。无论哪种形式的图案，万变不离其宗，即都基于平行线和稳定的三角纹。由此进一步扩展为连续的二方或四方纹饰，形成直角或锐角的折线或变异的波折纹，或网格状。而点通常是点缀，圆形则是构图的界面，如同器皿立体的和圆的形状。如北首岭、姜寨、半坡、大地湾彩陶多以黑彩施加几何纹，构图是以三角为基础的破折纹和网纹，有的加以弧、线、块、点的组合{图2-3-65}。大汶口文化彩陶有一些近似云纹或星纹的几何变异纹，八角星纹{图2-3-66}是直接建立在三角纹基础上的图案，方形云雷纹是三角纹的弧形形式，圆形云雷纹则是三角纹的弧形延伸。

{图2-3-67}
变体鱼纹盆
大地湾遗址

{图2-3-68}
庙底沟文化遗址
黑彩陶盆

动植物纹或其变异纹有些比较写实，有些比较抽象。这些纹饰的连续纹图案既表现了史前画工对自然的模仿能力，也表现了史前人类思维发展的过程。新石器时代时期人们生活在自然当中，观察、感受和体会自然物的节奏、形体、对称、色彩之美，把在采集、渔猎、农耕等生活中接触到的动植物形象加以综合和概括，创造出了排列对称，布局巧妙，具有立体透视感的纹饰。几何纹通常与之相配，绘在不同的部位或作为底的背景陪衬或填充。仰韶文化和大地湾文化晚期彩陶表现出了一些共性。除过在器皿口沿上多绘有红色宽彩带纹或锯齿状纹装饰，器身常绘以几何变体的鱼、蛙、鸟纹{图2-3-67}。

{图2-3-69}
彩陶罐，大汶口遗址

植物纹饰主要有花瓣纹、豆夹纹、勾叶纹等。有单独的一个花瓣连续起来绕器皿的圆弧一周。如姜寨的花瓣叶纹、庙底沟和杨官寨的花瓣纹交互组成，虽比较均匀周整，却非常自由随意。花纹大多数使用等分圆分割法，把花朵上下平行分割成几部分。应用最广泛的是由直线与曲线组成的曲边三角纹，这其实是抽象的植物花瓣纹饰。这些纹饰或相对或相背，以单体或交叉的方式连续，图案既高度概括，又灵活多变，韵律动感强烈，勾连回旋。如庙底沟文化的黑彩陶盆，以黑彩勾勒出五瓣花纹{图2-3-68}。构图虽不太严谨却不失对称和活泼。类似的大汶口文化彩陶罐的五瓣花纹则用黑、白、红彩勾勒出花瓣，表现出一种相套和的构图法，即一朵花的一片花瓣同时又是另一朵花的花瓣，相套和组成连续图案{图2-3-69}。大溪文化的花瓣纹彩陶，既有四瓣式，也有多瓣式。典型的四瓣式花纹是一件彩陶豆上绘制的以

{图2-3-70}
姜寨遗址人面鱼纹盆

{图2-3-71}
五鱼纹盆
姜寨遗址

{图2-3-72}
水鸟啄鱼纹壶，北首岭遗址

黑彩勾勒出精致的四瓣式花纹，花心有圆点延伸的旋纹，花瓣内还绘出中分线，花瓣间绘有纵向叶片作为隔断。植物纹饰通常与几何以及鱼、鸟、蛙图案结合，如大地湾鱼鸟花瓣叶片纹盆，由花瓣、弧形、圆点、线条和与水有关的旋涡纹组合。这样的组合使得画面丰富，寓意性更强。

装饰陶器还有一类具有独立形象的风格，即没有上面那些几何或变形的动植物图案的连续风格，而是表现如鱼、蛙、鸟等个体形象，兼有写实和抽象。这些图案有画在器表的，也有画在器皿内的。前者如北首岭、姜寨和半坡遗址流行鱼纹，仅姜寨的鱼纹盆就发现有22件[1]。后者在姜寨和半坡都出现了画在盆内壁的对称的鱼和蛙的图案，尤其是人面鱼纹的陶盆{图2-3-70}。画面让人联想到这里的人来到河边打水，一定在水中看到自己的脸和鱼儿叠在一起，就把这个印象画在了盆内。而姜寨八岁男孩墓中彩盆图案也把小河中的五条游鱼转移到了盆里{图2-3-71}。

独立画面还表现在几个个体组成一个有情景的构图，常常戏剧化地呈现出一个让人紧张的场景瞬间甚或一个故事情节。如大地湾的斗犬罐，两只犬用前腿在搏斗；北首岭的黑彩鸟鱼纹壶，一只水鸟在追着啄一条鱼，它叼住了这条有鳞大鱼的尾巴。大鱼似乎在摆尾挣扎，而水鸟却紧咬不放{图2-3-72}，情景紧张而激烈。

[1]西安半坡博物馆、临潼县文化馆：《1972年春临潼姜寨遗址发掘简报》，《考古》1973年第3期；参考西安半坡博物馆、陕西省考古研究所、临潼县博物馆：《姜寨：新石器时代遗址发掘报告》，文物出版社，1988。

{图2-3-73} F411房址地画，大地湾遗址四期

此外，装饰图案不仅表现在陶器，同样也用于装饰房屋。首先是大房屋和庙宇。如大地湾二期编号为F411的房址地面上发现的一幅黑色颜料绘制的似有二人面对面的人物画作{图2-3-73}。另如牛河梁女神庙，为“中”字形半地穴式，木骨泥墙有彩绘图案，绘红白相间的几何三角纹和“回”字纹。这些方法都使图案像一幅线墨画，由有色彩的线条和块面墨组成，其布局和结构的处理都是创造性的绘画。这种图案中个体的形象虽然简单，却表明这个时期史前人类具有了一定的写实能力，一种需要更高级的思维和造型的能力。

线刻画　主要指刻在陶器上的图案。有些还涂有颜色。一般较小的刻画纹图案会直接用尖硬的工具刻画，较大的图案会先画出来，再用一种似笔或刀的工具戳刻出来。从技术上来看，有些刻画是线条，有些则是刻和绘画的结合。首先是图案式，如太湖地区的崧泽文化在纺轮、罐、器盖等器物上发展的相错叠压的竹编编织刻画纹样。器型有纺轮、罐、器盖等。尤其崧泽文化不同地区的纺轮上都刻有编织纹图案，造型不同但都对称排列。甚至在陶罐上也刻画编织纹，可能制作此器物的陶工也熟悉编织的圆形篓筐，在造型上与圆形的纺轮一致，似乎希望表现出竹编纹随着器物圆形的延展，达到篓筐的效果。从这些器物的图案演变可以看出崧泽人在从实际的编织到形象的图案这一过程中反复的探索。对陶器器表而言，是平面和立体的结合，即在平面上表现叠压层的透视。连续的纹饰形成流动而在视觉上产生动感。其次是个体形象的线刻彩描。如河姆渡文化遗址黑陶钵刻有猪和稻穗纹的个体形象。一些陶片上也有刻画出来的植物。这些图像都是先用刀类的工具刻出来，再描上白彩以加工出效果。最后是情景一类的刻画，即一个个体或不同的个体组成一个画面。赵宝沟文化的小山遗址{内蒙古自治区敖汉旗宝国吐乡兴隆洼村}、南台地遗址{内蒙古自治区敖汉旗教来河}和赵宝沟遗址发现的尊形器上皆有这类刻画。赵宝沟遗址陶尊上用直线和几何纹刻有鹿身和鹿头的形象，菱形的眼睛、耳朵和鹿角{图2-3-74}；小山遗址也出土了一件陶尊形器，高

{图2-3-74} 鹿形刻画陶片，赵宝沟遗址

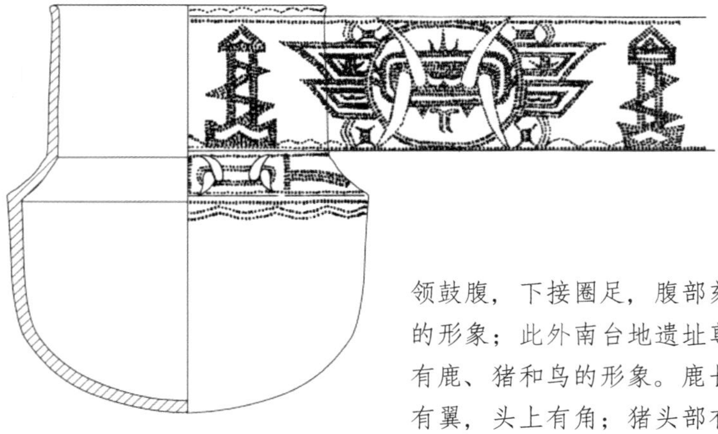

{图2-3-75}直领白陶罐颈部刻画，高庙遗址

{图2-3-76}白陶簋外器底刻画，高庙遗址

领鼓腹，下接圈足，腹部刻有鹿、猪和鸟的形象；此外南台地遗址尊形器上也分布有鹿、猪和鸟的形象。鹿长有细眼，背上有翼，头上有角；猪头部有尖吻和巨牙，有着蛇样的身体，周身布满鳞片；鸟圆眼钩嘴，头上有冠，背上有翼[1]。这些动物形象虽比较抽象，但各个部分的夸张表现却让人感觉到它们即形象又生动。另外在以洞庭湖为中心的高庙、千家坪、汤家岗以及罗家角遗址都发现有以戳印纹图案为主的灰或红褐系的白陶器皿。白陶戳印纹由许多小方篦点组成，是用一种戳具在陶器泥坯上戳印出下凹且有分隔的图像，部分图像还涂有朱红或黑色的矿物颜料。其他刻画图案主要有高庙遗址的直领白陶罐颈部器表{图2-3-75}以及白陶簋外器底上的兽面獠牙[2]{图2-3-76}、千家坪遗址白陶罐腹部上的凤鸟、汤家岗遗址白陶圈足盘外底上的八角星图等。以点代线，即用点构成画面将几何纹饰与动植物纹饰相结合的构图在高庙文化中独树一帜。

[1]邵国田：《敖汉旗南台地赵宝沟文化遗址调查》，《草原文物》1991年第1期。

[2]贺刚、向开旺：《湖南黔阳高庙遗址发掘简报》，《文物》2000年第4期；参考湖南省文物考古研究所：《湖南洪江市高庙新石器时代遗址》，《考古》2006年第7期。

{图2-3-77}
镂孔足豆
大汶口文化遗址

雕塑　从艺术的角度可分浮雕和圆雕，这个时期主要指泥质的陶塑。

陶塑首先发生在陶器皿的变形塑造。除过使用轮制的方法使器型更加规范以外，让器形发生变化可能是史前陶工对陶器装饰的进一步探索。除了器表的纹饰，塑型就是一种方式，包括镂空和堆塑。镂空是立体思维的创造，是雕塑的另一种形式，介于二维的面和三维的体之间。如大汶口的镂孔纹饰高柄豆{图2-3-77}，镂空的杯柄使器身变得轻巧。东山村崧泽文化出土的剔刻镂孔纹豆，器皿上呈敛口的碟形，下附喇叭形圈足，中间的豆柱从圈足往上端逐渐缩小，其上镂空出四组略为不同的连体蛙。如果说镂空能使器身轻巧空透，那么堆塑则使器身成为所塑浮雕形象的承载物。作为浮雕的表现，各种动物形象作为装饰的细节或某个部分。这在大汶口文化、大溪文化、马家浜文化、崧泽文化的陶器上都有所发现，如崧泽许多陶器的器盖把手顶端处理为小兽的凸起装饰；有的器耳则塑成鸡冠形或鸟首形。

陶器器型本身的塑形也是史前人对雕塑的尝试。比如改变器皿的一部分，比较突出的是器口部雕塑出人的头部来作为瓶或壶口部分。如大地湾晚期的红底黑彩的人头瓶{图2-3-78}；仰韶文化洛南的彩陶人头壶；尤其是崧泽文化南河浜的人首灰陶瓶，作为瓶口的部分，人的头部脑后束短辫，而作为瓶身的人的身体，则在其胸部开了一个椭圆形的洞。还有将陶器的壁或底镂空出人的五官，如杨官寨的人面器皿。这些人首的面部似乎有表情，可看出男女老幼。同样在这个遗址还出土了兽面壶、鹰首壶{图2-3-79}。器物带有头部雕像可能表示其有所属或有纪念意义。再比如进一步改变整个器皿造型而成为一个独立的实用的圆雕，即陶器本身成为一件独特的动物造型。如大汶口文化的猪形壶和狗形鬶{图2-3-80}。狗形鬶的四足为袋足状，后背为注水口，似在吠叫的犬口微张为出水口，其头部微微上扬，可以防止体内的水溢出，而提手似是上卷的尾巴的延伸。此鬶巧妙地利用了狗的形象特点，并兼顾实用功能。仰韶文化太平庄遗址{陕西省渭南市华县太平庄}的黑陶鸮鼎甚至将动物的肌肉和羽翼刻画出来，如前两足用鸮的富有肌肉的腿部来表现，后一足则用结实的尾巴来表示。崧泽的鸟形三足盉{图2-3-81}，鸟身，长颈，盉口为鸟首形，腹部为扁核形，颈及腹上压划羽毛为编织纹饰，折腹处有一周凸棱，圜底下附三兽形足。尾巴很巧妙地塑成短小的注水口，与盉口相呼应。另外还有陶器本身塑成物体形象的如北首岭网纹船形壶，两头尖翘，很像一只在海中颠簸航行的船只。

仿生器型也是想象的变异或抽象造型。有的似鸟形，如大汶口文化袋足鬶{图2-3-82}。造型充分利用了似鸟的嘴作为器

〔图2-3-80〕狗形鬶，大汶口文化遗址

〔图2-3-78〕人头平底瓶，大地湾遗址

〔图2-3-81〕三足鸟型盉，崧泽文化遗址

〔图2-3-79〕鹰头壶，崧泽文化遗址

〔图2-3-82〕袋足鬶，大汶口文化遗址

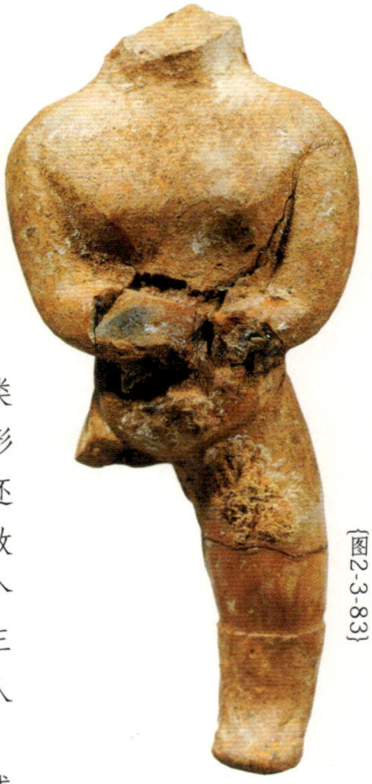
陶塑人像，牛河梁遗址{图2-3-83}

皿的流，鸟的两爪和尾巴作为器皿的三足。这类袋足鬶进而成为流行造型。河姆渡文化二期鸟形盉，也是鸟的形象，肥胖的器身像鸟的前胸。还有一些随性而作的异形器物，如崧泽文化的盛放液体的器皿。上部有三个相连的瓶口，下有三个扁足。这件陶器可能是盛酒的器皿，可同时供三人使用。这些不拘一格的陶器造型反映了史前人类思维的进步和想象力的丰富。

这个时期出现了具有欣赏价值的泥质圆雕或独立雕塑。这是对真实物体尤其是对人物或动物写实的或带有想象力的表现。它们不是可以使用的器皿，而是为祭祀所用、有观赏价值并以满足精神活动为目的的塑像。如红山文化的牛河梁女神庙遗址发现的草拌泥质的雕塑。在这里发现了和真人一样大小的雕像的头部，高22.4厘米，通耳宽21厘米。从头部后部的平直面来看可能是粘在墙上的高浮雕。发现的其他雕塑残块均为圆雕，有真人原大的，还有比真人大2倍到3倍的，分6到7个个体[1]。这些残块看来都是女性雕像。此外这里还发现了两件熊和鹰的原大雕像。其他有发现于第五地点第二冢地面的陶塑{图2-3-83}残高9.6厘米，从残留部分看为一女性，双手

[1]郭大顺、朱达、王来柱、吕学明、魏凡等：《牛河梁：红山文化遗址发掘报告（1983—2003年度）》，文物出版社，2012，第25页；参考辽宁省考古研究所：《辽宁牛河梁红山文化女神庙与积石冢群发掘简报》，《文物》1986年第8期。

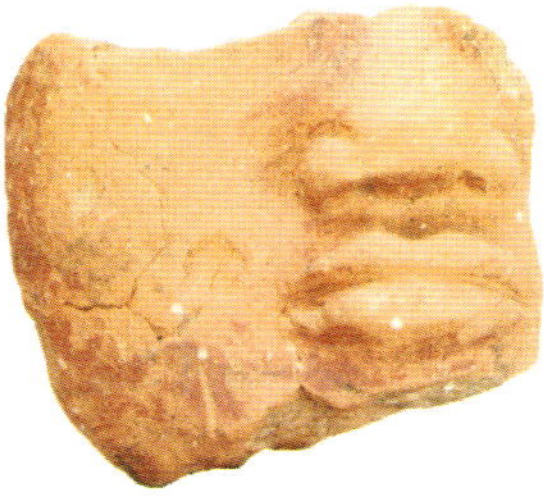
{图2-3-84}
牛河梁遗址陶塑人面像

放在腹部，有强调的意义；有第三地点发现的红陶人面残件，也似为女性{图2-3-84}。东山嘴遗址发现有两尊小陶塑立像圆雕，其中一尊残高5厘米，女性特征明显，腹部突出，臀部肥大，两手放置于腹部，与牛河梁第五地点的小雕像相似，涂有红色陶衣，通体打磨。此外还出土有20余件相当于真人二分之一的泥质红陶人物坐像残块[1]，似为2个个体圆雕。其中一个看起来是一尊盘腿正坐双手交叉置于腹部的坐像。考古发现证明辽西地区流行陶塑像。兴隆沟遗址出土了一尊三个裸体女人相拥而坐的雕像；西台遗址{内蒙古自治区敖汉旗}房址中也出土了小型孕妇像。从牛河梁到东山嘴再到附近的地区，这一带祭祀的主题是生育，祈祷怀孕顺利生产或多子等。这类人物陶雕像就是特意作为膜拜的对象而制作的。能够雕塑得如此高大且具有比较成熟的表现能力，说明这个地区的史前族群已经历了长时间的祭祀活动，其仪式越来越隆重以致发展到目前遗留下来的规模。此外以祭祀或表演为目的或玩偶的小型陶塑也出现在一些遗址。如赵宝沟和北首岭的陶塑人面像；河姆渡的小型动物雕像，如陶猪雕像{图2-3-85}。

{图2-3-85}
陶猪，河姆渡遗址

[1]郭大顺、张克举：《辽宁省喀左县东山嘴红山文化建筑群址发掘简报》，《文物》1987年第11期。

河姆渡遗址象牙碟形器雕刻{图2-3-86a-b}

雕刻　主要指用比较坚硬的石质工具在骨、石或玉石上刻出的图案或浮雕和圆雕造型作为首饰或观赏品。图案式雕刻如河姆渡一期骨匕柄部的连体双头鸟纹；二期象牙碟形器{图2-3-86a-b}上雕刻了两只相望的鸟和太阳。正面中间阴刻了5个同心圆，绕以火焰纹，可能象征太阳的光芒，两侧各有1只有勾喙的长尾鸟。其他雕刻有河姆渡遗址的盖帽形器上的蚕纹图案，以及刻有花纹的骨笄；凌家滩遗址龟壳上的八方图案；大汶口文化的透雕象牙梳。这些器物将造型、雕刻、材质和谐地结合在一起。大型圆雕如辽西地区流行石质圆雕像，功能可能具有祭祀目的。如草帽山遗址祭坛旁发现数个石质人像，有真人大的，也有略小的[1]。玉质浮雕和圆雕，通常在其背面钻出可悬挂的孔作为服饰或首饰饰件。有表现动物具体形象的，如牛河梁、东山嘴、胡头沟等遗址的猪、龟、鸟、蝉、鱼；凌家滩遗址的猪、龟、鸟、鹰、兔、蝉、虎等。此外凌家滩还有一些抽象造型的动物形象，如双猪首鹰雕，整个玉器呈三角形，鸟的两翼为猪首形，腹胸有八角星饰。有表现人物的浮雕式圆雕或半圆雕，如牛河梁和凌家滩的雕刻玉人。特别是凌家滩编号87M1和98M29墓葬中分别出土的立姿和坐姿半圆雕玉人{图2-3-87}6件，表现了不同的中年男性。雕像通高7.7到9.8厘米，表面同样琢磨润亮，均戴冠系带，双臂刻画出6到8个手镯，有的还刻画出弯曲的胡须[2]。

这几类雕刻分别用写实和抽象的手法呈现了动物和人物的形态和神态。表现了人类思维对圆、立体、线、面、弧等造型概念的理解，对对比、平衡、对称、对立等位置概念的认知，对各种色彩的反差和类似概念的把握。同时也表现了人类丰富的想象力，及其希望、情感、美感等。

[1]田野：《辽海地区的史前文明》，科学出版社，2018。
[2]安徽省文物考古研究所：《凌家滩：田野考古发掘报告之一》，文物出版社，2006年，第38页、第246页。

〔图2-3-87〕
坐姿玉人正面和背面，凌家滩遗址

人文氛围

随着谷物驯化更加稳定和谷物种植大田的发展，人口的增长，聚落越聚越多。从一个聚落村到数个聚落村直至中心聚落的出现。聚落布局的随意性演变到有目的的规划，发展为以大房屋为中心的地方文化及聚落群以大聚落为中心的地域文化。史前农耕聚落进入了一个相对前期群体更加复杂的社会生活，延续粟黍或稻谷种植，沿着河流两岸逐渐形成范围较广的地理区域，在辽河流域、黄河流域、淮河流域、长江流域和岭南地区，发展了具有区域特点的文化。北方主要有赵宝沟文化和红山文化、仰韶文化和大汶口文化；南方主要有凌家滩和薛家岗文化、高庙和汤家岗文化、大溪和城头山文化、河姆渡和马家浜以及崧泽文化。在这些聚落文化中，大田耕作、构筑村落，以及制作彩陶饮食盛器皿、石木工具、装饰玉器等成为基本的社会活动。虽然没有文字，集体组织还不完整，但器物制作分工和产品交换更多地是自发而为的。聚落长者或祭司引导了墓葬和祭祀仪式，并从日常的生活器皿和装饰品的物质文化中发展了作为沟通人和人、人和自然或人和神的语言符号。

各方关系

族群自然相聚为聚落，形成社会。社会是有组织的团体，可以是一个族群，也可以是多个族群聚合成一个聚落。聚落内部因共同生活而需要有一定的组织，聚落外部因与自然和其他部落的相互对立也需要建立一定的秩序，这样长者或有能力的人会自发或被要求来保护族群。人和人的关系基本是平等的，遵循一定的约定，并逐渐形成一定的文化习俗。同时由于人口增长而扩大了血缘部落，由单亲即母系一方扩大到双亲以父系为主的族群，或家族姐妹兄弟相继分离各成一群，原聚落内的平衡被打破了，新的族群建立了新的集体活动或之间的新的平衡，出现了从产品共同分配或交换到对资源或对地盘的占有而导致发生战争的矛盾，使得聚落的保护以及聚落之间更加相互依赖，人和人，家庭和家庭，族群之间的分工协作和交换更加频繁，新工具和器物随不断增长的需求而不断丰富，以致于从事谷物大田栽培的聚落围绕在以手工制作为主的中心聚落周围。这所有的因素促进了聚落村向更大的聚落城过渡。在这种变革中，聚落结构中人和人的社会关系除受制于当地地理环境的影响，更受集体经济状况的影响。

聚落社会的状况首先与谷物驯化、大田栽培以及相应的耜锄工具、家畜驯养有关。接着与集体性的共同活动、家庭式的分工劳动的基本生活方式有关。然后与这些环节下产生的人和人的关系、人和自然的关系有关：如家庭或族群以房屋内的灶为中心的饮食联系；以从事日常生存活动为中心的经济联系，包括制作各类工具、狩猎、采集、耜耕、建城等；以墓葬或祭祀为中心的精神联系，包括对死者的葬仪，对先祖以及对各种自然神灵的敬拜。这些联系渐渐从家庭走向族群，成为更大范围的集体活动。经济活动从家庭范围到合作式的集体性的物质劳动，精神活动从小群体的祭拜到群体性的祭祀活动。社会发展要求族群人和人之间的协作。组织这些经济和精神活动的人通常是长者或具有某些族群生存需要的有保护能力、有才能和技艺的人，某些对重要事物有认知的人。这些人基本上来自以家族为单位的多面手或在集体活动中具有某种长处的工匠、狩猎者、耕种者或祭司。家族虽以房屋为小群体，但并不稳定，在应对自然和别的族群方面必须依靠聚落村甚至中心聚落的集体活动。从考古发现来看，不同区域的聚落遗址包括房址布局、祭祀遗迹、墓葬以及物质遗存等大致反映了这个时期各地域性聚落的社会结构和各方关系。

北方辽河流域继兴隆洼文化后出现了更多的聚落。大多位于环山的台地和河流旁。红山文化以西拉沐沦河、老哈河为中心，以栽培粟、狩猎和驯养鹿和猪为主。有一些遗址是有居住区的聚落，如赵宝沟遗址；有一些是祭祀或同时是祭祀地点，如牛河梁、东山嘴、胡头沟、草帽山等遗址。从这些聚落群遗址发现的大量石器工具耜和陶器器皿以及聚落房屋和墓葬规模来看，粟的驯化栽培已形成大田规模。狩猎仍是生活的重要组成部分。鹿和野猪是

泥塑人像，东山嘴遗址
{图2-3-88}

主要的猎物和肉食资源。猪已普遍驯养成了家畜。人口得到了发展，在这个地区形成了以祭祀为主的聚落群体活动。作为一种有组织的祭祀活动，无论是地方还是中心聚落，都是在有生产和物质保障的情况下，即拥有较为充裕的谷物、石器、陶器、木器、骨器等器物，甚至拥有作为祭器的玉器等饰件。祭祀的对象是与人们生活息息相关的自然和先祖，通常被族群认为对人有恩惠或有力量的具有某种神力可以保佑聚落的动物或人物。祭祀的目的主要是祈求神力的保护，使生活所缺比如水或食物得到满足，使人生避免遇到大难比如生育、疾病、动物、灾难等的威胁等。可能红山地区自然环境气候在当时某个阶段比较恶劣，人们的生存和繁衍受到了威胁，这里的祭祀活动非常频繁。人们不仅在一个聚落中经常进行祭祀，如赵宝沟遗址有一处房址位于整个遗址的西部高台上，此处可能是先民们举行某些崇拜祭祀的场所，或是祭天地和祭祖先的庙堂，同时各聚落还集体进行祭祀活动。胡头沟和草帽山是地方若干聚落的祭祀中心。牛河梁和东山嘴祭祀遗址则面向周围所有的聚落群成为定期的活动中心。其高大壮观的气势说明了它们在红山地区的中心地位。牛河梁女神庙、祭坛和东山嘴祭坛的女性或孕妇雕像{图2-3-88}无疑是红山文化母系社会的母祖，是祭祀的对象，来保佑族群的生育繁衍。而牛河梁的积石冢表明这里并非只是一处单纯的神庙和祭坛。牛河梁遗址50平方公里范围从最高海拔近680米的山岗的女神庙到多道山梁顶部的十六个祭祀地点，各个地点都有规模巨大的墓葬—积石冢。除第一地点的女神庙，仅第二地点就有6个积石冢，为祭坛和积石冢的组合。有的用陶筒形器排列成圆圈，中心为墓葬，上层又叠压积石冢。可想而知这十六个祭祀地点的整体建筑规模了。看来红山人有很强烈的精神力量来建筑这些祭祀场所。大规模的建筑一定是经过了多年甚至所有聚落几代人的集体合作而成，尤其需要大量的工匠来完成工程的规划和施工。以第二地点为例。1号冢有两个中心大墓（M25/26），墓主为一成年男性和一成年女性[1]。整个1号冢围绕这两个大墓来进行布局。大墓直接开凿于山体风化基岩层上，四周筑冢台，外包冢界墙，上面积石。周围绕以25座墓葬。2号冢有一座大墓，其上加积石冢，周围绕以45座墓葬。3号冢为一个祭坛，它周围有长柱状的淡红色玄武岩作为石桩由外向内层层高起立置三圈。在这个区域出土了总共183件做工精美的玉器以及6到7件高大的泥塑。这个模式在地方性的祭祀地点得到了复制，如胡头沟的积石冢是个彩陶筒形器群围起来的大石围圈，上有一座墓葬为长方形石棺，同样陪葬玉器[2]。这里如同牛河梁祭祀遗址，既是墓葬又是祭坛。

这个宏大的工程让人不禁想到墓主和建造者。那些大墓和周围墓葬的人可能是规划组织者、工匠或祭司。从规划来看，包括器物造型和制作、墓的布局形制、陪葬品的选择、配备和放置等；从工程建筑来看，包括女神庙、积石冢、祭坛、石质或土坑墓穴的挖凿；从器物制作来看，包括女神像雕塑、玉器的雕琢，彩陶罐和众多的彩陶筒形器等，这些都需要有能力的人、有相关知识或经验的专门的工匠来设计和制作。而从祭祀仪式来看，需要祭司规划仪式并专门组织人力照此进行。1号冢大墓的男女墓主因其墓葬的中心位置似乎是组织者，而从随葬玉器来看，女墓主仅有玉器管状器1件、镯2件，男墓主仅有双兽首饰1件、镯1件、管状器1件[3]，从玉器的琢磨润亮程度来看，它们是墓主生前的饰件。但数量却不比他们周围的墓主多。周围墓主可能是工匠，拥有更多的自己生前制作的器物。从玉器的风格看，这些墓主的入殓年代基本接近。墓葬的位置显示出大墓墓主和周边墓主的关系是组织者和工匠的主次或从属关系，而不在于随葬玉器的多少。由此看出工匠们在这庞大工程中的重要地位。牛河梁祭祀遗址因聚

[1][3]郭大顺、朱达、王来柱、吕学明、魏凡等：《牛河梁：红山文化遗址发掘报告（1983—2003年度）》，文物出版社，2012年，第57页、第73页；参考辽宁省考古研究所：《辽宁牛河梁红山文化女神庙与积石冢群发掘简报》，《文物》1986年第8期。

[2]方殿春、刘葆华：《辽宁阜新县胡头沟红山文化玉器墓的发现》，《文物》1984年第6期。

集了各方人才，以大量的劳力和物资供应，强烈的生存和求神保佑的欲望吸引并凝聚了各方聚落而成为地区的中心。

黄河流域及其支流的岸边分布了大大小小的聚落。如上游的大地湾遗址坐落在陇山西侧的清水河的台地上。中游的北首岭遗址位于金陵河西岸；半坡遗址位于黄土高原浐河东岸；姜寨遗址地处临河东岸的第二台地上；庙底沟遗址东临北龙沟；仰韶村遗址坐落在三面环水的台地上；西坡遗址北靠秦岭，东、西两侧分别为沙河的支流；杨官寨遗址地处泾渭交汇处泾河北岸一级台地上。下游的大汶口遗址位于大汶河畔。这些地区土壤肥沃，雨量充沛，四季分明，气候较温暖。周围既有众多的山林，又有纵横的河流，有高山，平原，也有谷地。各聚落族群不仅可以进行采集植物和狩猎捕捞活动，还可以进行大田种植，牲畜圈栏。正是这样的环境孕育了大地湾文化、仰韶文化和大汶口文化，纵横两千里，绵延数千年。

这些文化的聚落村中心传达了族群的居住、制陶、耕作、祭祀、墓葬、壕沟或城墙的布局以及所反映的人和人、家庭和集体的关系。聚落内居民们的房屋围绕大屋或宫殿式的房屋、或中心广场，那里是组织共同活动的场所。人们已经有了“中心”和“秩序”的概念。如姜寨遗址。所有房屋都围绕广场形成一个圆圈，门户也向中央开，每一个群都有一个较大的房屋，可见这是为群体活动而搭建的。这些大房间虽是族群人集体搭建，却并不如居民的小房间讲究，虽有技术上的问题，但可能这个聚落的集体观念并未超出小家庭的范围。这个时期村中心概念的形成还和围绕聚落村的壕沟有关。姜寨人筑起具有防护作用的四条互相邻接围绕居住区的壕沟。附近的半坡村人在居住区周围也挖了一条长300米、宽6至8米、深5至6米的大围沟，而沟的底部宽4米，内部有木柱痕迹，在围沟底部和两旁还设有防御之类的障碍物。大地湾遗址二期突出了广场的中心作用。这里居民房屋呈扇形绕广场分布，周围以壕沟环绕。到了四期时广场被多间复合式建筑的大宫殿取代而成为聚落中心。这是面积为420平方米的宫殿，建筑上运用了当时木骨泥墙以及用砂石和土混合修筑地面的技术，设计了规整的布局、对称的中轴，其功能显然有了精神上甚至文化上的中心意义，体现了大地湾聚落村具有一定的经济和技术力量以及知识的积累，拥有有才能的工匠和族群长者的组织者。这些仰韶文化遗址大多有千年的历史，经过缓慢发展，才逐渐形成这样的规模。相对居民房屋，聚落村的大房屋和广场以及壕沟出现得晚，可能经过重新规划，才使家家户户围绕在广场周围。一种集体的社会生活渐渐形成。聚落内诸多的愈来愈复杂的事情要大家一起商讨，房屋和广场要愈建愈大才能容得下族群所有人。大家一起商量组织如何生存的问题，对付外族侵扰的问题，解决自然灾害的问题，甚至族人的生老病死的问题。正是这样的大房屋集体中心的活动，影响所有小房屋从个人到家族家庭的活动，而小房屋的变化也与大房屋的集体活动息息相关。然而以大房屋或宫殿为聚落中心的概念也有变化，从仰韶文化过渡到以庙底沟文化为代表的杨官寨遗址以其庞大的100多万平方米的面积和近2000米周长的环壕以及成排的房屋呈现了从向心式到方格式布局的趋向，同时中心位置的大房屋让位于一大型水池。这表明聚落的结构设计和集体的组织活动更为地方化。

仰韶文化正是在这种集体建造的聚落村和中心的氛围得以发展。这段时间出现了数量众多的房屋、灶台、陶器、墓葬，说明人口增加。同早期一样，每座房屋的灶是家庭日常生活的中心，是最基本的聚落单位。变化是随着食物来源的增加，新式烹饪的创造，陶饮食器皿作为衍生品，不论红、灰或黑陶还是彩陶，从器型到纹饰，成为聚落中最大的需求。女人们在这方面花费了很多精力，她们是制陶和烹饪的主力。从陶器皿的塑形、彩绘到烧制，再到陶窑形制，每个遗址的居民都有发明创造：从做饭的甑到吃饭的钵、碗，以及喝水的杯，从打水的盆、瓶、壶再到储物的盂、罐、瓮等一应俱全。但是除过家庭日常的炊食盛器，还有集体活动尤其墓葬随葬品或瓮棺所需，陶器使用量急速增加，一些家庭周围出现了陶窑，一些聚落中陶窑则有特别的区域，使得制陶日益成为某些个人的特长或家庭、家族的专长。

从出土的粟谷以及房屋内用于耕作和加工工具磨盘来看，个体或家庭式的谷物栽培仍占经济活动的大部分，如北首岭出土的石斧、石铲、石刀、骨铲、角铲、角锄、陶刀等占很大比例。看来聚落中有技术娴熟的工匠专门制作多种多样的工具。从工具种类来看，狩猎活动仍很活跃。最常见的有用骨、石、角磨制的箭头，其造型有三角形和柳叶形，带翼和圆锥状等十多种不同的形式，都磨制得很锋利。有的墓葬出土成捆的箭头达80多枚[1]，配以其他发现的石、角制的矛头和投掷用的石球。从猎获动物的骨骼看，半坡和姜寨遗址有斑鹿、水鹿、野兔、狸、貉、獾、羚

[1]刘随盛、杨国忠、梁星彭：《一九七七年宝鸡北首岭遗址发掘简报》，《考古》1979年第2期。

羊，还有一些飞禽。鱼类是渔猎的主要对象。大部分遗址野猪和马鹿居多。频繁的狩猎使圈养动物成为可能。而剩余的食物也可以用来喂养家畜。这些基本的经济活动使得聚落扩大。可以说聚落中人们发挥各自的能力，女人主要发展了跟谷物、纺织、制陶有关的较小群体的活动；男人仍活跃于狩猎、建村或城，可能还有战争等大群体的活动。但因耕种工具和制陶需求以及劳动量的增加，男人通常也加入到这些制作中。这种协作式的劳动导致聚落集体活动增加，劳动量扩大和日常生活需求增多。墓葬便可看出这些方面在某一时代的变化，也可显示出女性和男性甚至孩童在氏族社会中的作用及其关系。

墓葬活动是凝聚族人重要的精神活动，同时又是物质性和社会性的。墓葬从位于房屋周围发展到有一定规模的公共墓地，或是由于族群扩大，或是由于村落重新布局，需要将逝去的亲人葬在一起。而从聚落中的公共墓地的位置也说明埋葬逝者通常是族人群体活动，也说明族人对死者的态度。姜寨一期墓葬有土葬墓174座，位于东部三片公共墓地，十四岁以下亡童的瓮棺葬206座，一部分在墓葬区，大部分在房屋周围[1]；半坡同样将成人墓置于大围沟外北部的氏族公共墓地中，小孩瓮棺葬一般位于居住区内。从布局来看，两个聚落村都处于从自然形成的村庄向有规划的聚落村过渡。

随葬品通常反映了不同时期的生活状态以及不同的社会价值取向。人们将逝者使用过的物品包括装饰品、陶器和工具放在墓中，作为墓葬仪式的一部分。这段时间为死者特制的仿实用器皿的明器增加。这种情况可能是因为有些产品有限，需要留给生者，在日用品不足的情况下，特制一些用品代替。从墓中随葬品来看，有从情感出发放置的私人用品甚或礼物等，也有从葬仪出发放置只为死者使用的器物。无论生者，还是死者都希望人死后可以继续使用这些物品。这对于史前人类已渐成葬俗。而墓地通常葬有几代人。虽然每一代在每一时代都有不同的随葬品甚至没有，但都反映了一个时期的社会状况和生产能力。比如葬式反映了族群习俗；工具反映了谷物、狩猎和采集的状况；猪骨或其他动物骨骸反映了驯养的状况；陶器搭配反映了聚落家庭包括个人的饮食习惯。这些情况间接反映了居民的生活水平，如庙底沟一墓葬陪葬了墓主生前使用过的陶饮食器，有碗、盆、杯、罐、瓶、豆、

[1]西安半坡博物馆、陕西省考古研究所、临潼县博物馆：《姜寨：新石器时代遗址发掘报告》，文物出版社，1988年，第66页。

鼎、灶等各种器皿，表明墓主享有饮食的方方面面。其中灶虽是象征物，但确是器物组合中重要的一个，以灶火为支撑才能使用这些炊食盛器皿，使生活得以继续。

这个时期随葬品器皿的造型和纹饰也反映了居民的情趣，以及对自然的认识；而饰物可能最个性化，即反映了制作水平，又反映了史前人的审美观。而随葬品的数量和质量还可看出社会差异。这里的差异即有时间上是同代还是不同代的问题，还有遇到灾害、疾病、战争、生产力下降、产品缺乏等特殊情况的社会问题，也有男、女、老、幼个性化及其之间关系的问题，最后还有职业、身份等社会阶层的问题。这涉及随葬品的放置或分配方式：或是个人或家庭式，即依死者或家人的意愿或情感将其个人或家里的物品置于墓中；或是聚落平均分配式，即每个人是集体一分子，按村里葬俗办理；或是有尊长之分，尤其对于酋长或重要的人物的葬礼。根据随葬品来判断聚落社会中人和人的关系，情况是比较复杂的。简单地从墓葬形制以及随葬品看出聚落阶层或权力大小似乎并不完全可靠。比如姜寨绝大部分的孩子瓮棺葬中没有随葬品，只有个别的有放置随葬品，而且是比较贵重的物品，如十岁女孩的瓮棺中放置一百多颗骨珠，八岁男孩墓中有彩绘游鱼盆，甚至骨笄11件。同样半坡小孩瓮棺中也放置有精心绘制的1件鱼蛙纹盆和3件人面鱼纹盆。这种状况很可能是出于对孩子的喜爱或因失子的悲痛，母亲将亲手制作的陶盆和骨笄代表自己陪伴孩子。甚或是大人把这些个人物品暂时寄放在房屋附近孩子的瓮棺中。

大汶口文化的墓葬状况比仰韶文化更为复杂。大汶口遗址二期墓葬有46座展示了持续200年左右的聚落生活的图景。这些墓葬的墓主有男女老幼，随葬品多寡不一，多者达百余件，寡者则一无所有[1]。在有随葬品的39座墓葬中，其中38座有各类陶器器皿，25座有骨器包括装饰品、针和工具，27座有砍伐类石器包括斧、锛、凿、钺、铲等，10座有獐牙，9座有猪骨，1座有牛头。这一阶段大汶口人的陶器很丰富，尽管有一部分是明器。随葬品首先说明这段时间人们生产的陶器数量比较充足，先提供日常，部分供给墓葬。有一男性墓葬陶器近60件，有一女性墓葬陶器22件，甚至一个6岁的儿童有陶器35件。这些器物包括从炊具到喝水的杯

[1]山东省文物管理处、济南市博物馆：《大汶口：新石器时代墓葬发掘报告》，文物出版社，1974年，第23页、第111页；参考吕凯、朱超、孙波：《山东泰安市大汶口遗址2012—2013年发掘简报》，《考古》2015年第10期。

大汶口遗址
鸟形鬶
{图2-3-89}

子，不只是墓主使用过的，其中大部分是家庭的日用品，还有部分是特意为死者而制的。当年陶器产品丰寡与制作者的状态有关，一个陶工至少可以用自己制作的陶器陪葬自己、家人或孩子。从不同的随葬品来看，一个年龄约35岁的男性墓葬有4件石工具和30多件骨制工具，而一个年龄约20岁女性墓葬有骨针1件，石纺轮2件，不仅说明聚落中男女有分工协作，男性从事狩猎或渔猎，女性从事耕作、饮食和纺织，也说明随葬品的个性化。这和大汶口人个人的装饰品很讲究相吻合，比如男女老幼都有牙质束发器，这也是群体生活所致。到了大汶口三期，从随葬品的内容可见持续了近100年的社会变化。陶器变得精美，造型新颖，有斑斓的彩陶、光洁的白陶和磨光的黑陶，有独特的猪形和鸟形器{图2-3-89}。工具出现了新的材料有碧玉铲，装饰品最多为玉器也有新材料的饰品，如玉臂环、玉指环、透雕象牙梳，甚至工艺品如绿松石镶嵌象牙雕筒。从二、三期随葬品的差别来看，社会创造财富与墓葬所处时代有关。若某个时期生产的物资丰富，其陪葬品就比社会生产能力低下的某个时期的陪葬品多。另外，在社会分工的情况下，制陶者、石匠、养猪人或狩猎者的陪葬品可能也比其他人要多。这就涉及到了产品的私有。然而若聚落长者拥有更多的社会产品，其中一部分并非自己亲手制作，一些装饰品可能是族人所制或源于其他途径如交换，或按族中葬仪规格所得。这又涉及这部分产品的公共分配或某种意义的以聚落首领的名义对产品的拥有。这种情况表明随着聚落的发展，社会平均程度、墓主身份、职业都发生了变化。聚落长者评估所有归集体的财产并进行统一分配的标准发生了变化，甚至产品频繁的交换也使随葬品的所属随之也发生了变化，使物品用于个人墓葬还是用于聚落生活出现不平衡，从其普通的集体性出现了特殊的私人性。这些变化导致族群人和人关系的不平等萌芽的出现。

仰韶文化和大汶口文化中可能还没有出现一个特别的集团如祭司来占有或剥夺其他人劳动的这个现象，却逐渐演变了一套丧葬制度，对男人、女人、儿童、长者、工匠或不同职业不同身份的居民配以不同的随葬品。虽然陪葬品多寡不一也可能因为墓葬并不在一个时期，死者并不是同时埋葬，或不属于一个氏族，然而平均分配或同样的待遇被打破了，开始出现了按死者身份、地位或能力来分配社会或个人劳动所得的资源。而大汶口人的兼生产

{图2-3-90}涂朱砂人面陶器底 杨官寨遗址

和交换的方式更打破了人和人相对的平衡。在这种不断变化中，个体的人似乎突出出来了。人的形象似乎说明了这一点。仰韶文化中期的庙底沟文化的“人文”氛围在杨官寨遗址是以出土于壕沟门道两侧堆积物中的镂空的或浮雕式的陶器器壁和器底的人面像为特征的。镂空的人面表现在一覆盆形器，即一倒扣的盆，浮雕式的人面表现在一器皿的底部，面部还特意涂了朱砂{图2-3-90}。无论载体如何，表现了人的面貌，尤其在建设这一巨型壕沟中突出了人是重要的力量和因素，间接体现了聚落中人和人的关系。

从地域来看，长江中游位于沅江北岸的高庙遗址和位于澧阳平原的城头山遗址相距仅400多公里，两个遗址的地理环境却截然不同，由此出现了不同的经济模式和建立其上的各自范围的社会文化，并影响了周围地区。

高庙遗址是一个被周边高山所环绕的相对封闭的地理单元。从其下层文化的发掘状况看，这是一个没有围墙的聚落。约有十来座房址，均为挖洞立柱的排架式木构地面建筑。从这里出土的石器来看，居民使用斧、锛、凿、穿孔器进行砍伐或采集；从植物遗存达数十种来看，他们使用磨盘进行植物种籽加工，可能包括野生稻，近期还发现了碳化稻谷粒，并在高庙遗址的石器上发现了稍晚于澧水流域彭头山文化遗址的碳化稻谷[1]；从遗存中出土的数量巨大的淡水螺和贝壳以及鹿、猪、麂、牛、熊、獾、象、貘、犀牛等陆生动物骨骸来看，丰富的动植物资源使高庙人的群体活动体现在狩猎和渔猎方面，间或有些种植作为补充。从饮食器物方面看，他们制作夹砂红褐、灰褐陶，夹石英末灰白陶的陶器，包括釜、罐、钵、盘、簋、碗等，用堆火烧制。尤其是夹石英末灰白陶簋，虽火候不高，器皿表面略呈红色，却是陶器中的精品，此外簋器表面还刻画有自然和动物的图案。能如此关注于装饰器皿，这与高庙人的高度崇尚精神活动有关。他们在器皿上表现的图案，正是将自然环境精神化的体现。作为一个以狩猎为主的聚落，以捕获动物为主的祭祀活动是族群生活中最重要的部分。出土的打磨和抛光的骨质品如刀、匕、针、锥、笄、刻

[1]新湖南报客户端：《考古专家贺刚透露高庙遗址发现雪峰山地区年代最早稻谷》，2018年 1月3日；参考贺刚、向开旺：《湖南黔阳高庙遗址发掘简报》，《文物》2000 年第4期。

纹牌饰和象牙雕饰以及作为挂饰或蚌刀穿孔的蚌器表明，这个群体比较重视社交，梳妆打扮，尤其表现在祭祀活动中。这个活动就在聚落顶部一处祭祀场所进行。祭祀坑内出土有经火烧过的牛、羊、鹿和龟等动物骨骼和螺壳。而从簋器图像上的建筑与祭祀场对称的双柱环梯建筑遗迹相吻合来看，此器物专为祭祀活动特制。由此看来高庙人是以祭祀为上的聚落，白陶的发明和制作尤其是其上的刻画图案正是聚落族人集体的信仰。所以，这是当地特有的祭祀礼器类的器物，超越了普通饮食器，当为高画庙人独特的生活方式所致。

在地区范围内，高庙地方性的祭祀活动以及白陶器皿的影响扩展到了周边的沅江、湘江、澧水、洞庭湖流域，甚至到了岭南地区。这使得使用白陶祭祀具有一定规模的社会群体性。如湘江流域的千家坪遗址，有房址8处、墓葬54座，虽然是中型的聚落，却发现了厚达30多厘米的陶片堆积。其中白陶片的器表均有与高庙白陶类似的精美纹饰。另外洞庭湖区虎渡河畔的汤家岗遗址，是一个发现有碳化稻米和有着从土围顶至壕沟底部深1.8米的环壕土围的较大型聚落。此遗址也出土了“彩绘白陶”以及白衣红陶残片数百片，质地多为泥质白陶，其上有类似的图案。从白陶图案设计刻画到器物造型塑造制作，从烧制到技术以及社会生活方式，高庙遗址实为聚落中心。这样的创作是自发的，是大家所共知和认同的，是一种集体的活动，所以具有强大的社会生存能力。受高庙文化的影响，各处周边同期或较晚的聚落族群因此而凝聚在一起。

澧阳平原的澧水周围分布着密集的史前遗址。一些发展较早或者较快的聚落常常形成一个大聚落。大溪文化重要遗址城头山古城地处澧阳平原中部。得益于玉蟾岩和距离城头山不远的彭头山和八十垱的稻作，城头山利用周围的河流灌溉使古城建立在水稻田耕作之上。所以这里最重要的活动是从事人工栽培稻谷和灌溉。由于聚落的发展，人口的增长，各方面的需求也相应增加。谷物生产已经是大田耕作，从采集和初期阶段由妇女的零散栽培发展到男人的体力耕作。由于个人或小群体很难获得更多的收获，而农作物的种植需要一代一代人的知识和经验的积累，族群中有些有经验的人充当了指导者或组织者。共同的合作才能获得丰收。从工具来看，城头山人不再把制作重点放在斧和铲上，而是放在更先进的耒耜上。同时也由于需求量的增多，制作量的增加，要求一些熟练工或有技术的工匠来专门进行制作。有一些人可能因此就变成了专业者和对聚落发展举足轻重的人。所以在农耕和工程方面，组织者或领导者通常是有经验的农人和工匠。有成效的组织耕作使城头山成为一个大聚落，同时被一些小聚落围绕，各个聚落内部在不断地扩大，使得城址的建筑规模也在不断地改进。比如，公共场所和公共墓地的再建，围墙和围沟的建造或夯打或石垒，壕沟可以深到5米或宽到8米。这样的规模的确需要集体组织来建城。在这个过程中，吸引了来自不同地方的不同族群。一些周边小聚落可能随大城的扩大而纳入城内并参与了城的扩建。大族群聚落的各个家族以及同其他一些外来的小聚落相聚在一起，这样就涉及居住地聚落规划安排的问题，自然资源以及产品制作、分配和交换的问题，集体活动和公共墓葬的问题，还有组织共同劳动来对付自然灾害、野兽或其他部落侵扰的城建和军事等问题。这些都是城头山人必须解决的社会问题。当务之急是城的扩建要具有一定的规划。从房子结构上的来看，城头山保持以小家庭为单位。除过一座室内面积达到63平方米的殿堂式建筑，其他呈现出人们分室而居的小型排房：中间为走廊，两边对称分布小房间，单个居室面积仅3至5平方米[1]。看来族群的居住形式可能是对偶居或母子居。城的布局以及房屋的大小决定并影响族群的社会文化。

从这个时期丰富的物质文化来看，尤其是饮食文化即器皿的日益讲究，具有创造力的人才层出不穷。城头山发现的9座锅底式陶窑说明有陶工专门从事各类陶器皿的制作以供小型家庭或周围小聚落所需。由于制作有复杂的工艺，从陶土、成形、颜料研磨、轮制、纹饰到烧制，尤其是掌握装窑火候还原焰等技术，对于大量的需求，需要有组织地在有经验的工匠的引导或培训下来实现。手工作坊成为一个社会的集体活动场所。匠人不再是为自己使用而制作，而是为他人的定制、为交换其他物质产品、为不同目的如随葬或供奉等而制作。从聚落中心的出现，就说明这些中心有物质上的优势，它可集聚大量的有才能的人制作生活必需品。物质品种的丰富，产品交换就在聚落内部和聚落之间产生。这些多余的陶器可能用来交换稻谷，或石质、木质工具，甚至交换筑城的外来劳动力。从稻田耕作到大量陶器的制作，这些群体协作支撑了城头山西南城墙的四次大规模筑城，形成相应的四期城墙，从下到上累次加高，每期城墙都有内外坡的堆积层。城头山以其大型城址和祭祀建筑作为中心凝聚周围的聚落。这个中

[1]何介钧：《澧县城头山古城址1997—1998年度发掘简报》，《文物》1999年第6期；参考湖南省文物考古研究所：《澧县城头山：新石器时代遗址发掘报告》，文物出版社，2007。

心在有能力的祭司和工匠的带领下以稻谷和陶器等物质来寄托崇神或敬天礼地的精神活动并协调人和人的集体协作关系。

太湖流域的史前遗址有三个文化圈，河姆渡文化、马家浜文化和崧泽文化，都是以稻谷驯化和种植的经济模式以及相应的社会文化为特点。从地理和承继关系看，河姆渡文化主要分布在太湖以南杭州湾南岸的宁波平原，包括钱塘江北岸，范围包括田螺山一带。此地区湖泊众多，泥沙沉积，土壤肥沃；马家浜文化和后继的崧泽文化主要分布在太湖地区，南接河姆渡文化，北到长江下游流域南岸，范围包括罗家角、草鞋山一带，处于丘陵山地或海拔低而地下水位很高的沼泽地带。尤其是后续发展的崧泽文化遗址分布广泛，大多处于海滨、山陵、土墩、林木水草茂盛之地，如南河浜和东山村遗址。

河姆渡聚落历经两千多年，分四个阶段使跨湖桥时期的稻作进入了大田的耜耕以及与之相随的聚落扩建。一期的房址继续使用包括立柱、架梁的榫卯结构的干栏式建筑技术。二期以栽埋柱桩的建筑代替了第一期的干栏式建筑。尤其中心房屋建造得高大宽敞，可以容纳族人进行各种集体活动。此外，长条状干栏式民居房屋宽达23米以上，进深7米，房屋后檐还有宽1米左右的走廊过道，从其建筑结构来看，以地面建筑为主，以各种石器、木器工具打出一排排桩木为支架，上面架设大小梁承托地板，再构成高于地面的架空基座。仅这样的打基工作就需要在有组织的情况下众人的合作。特别是巨大的木材需要有专人丈量，计算后进行分类加工，建筑时需要有人现场指挥等。这些集体劳动的结果，显示知识或经验的重要以及男性因承担力量型的劳动而在聚落社会中日渐突出。这样的建筑基于一个物产有保障的社会。河姆渡聚落遗址的经济来源比较丰富，如一期在长条状干栏式房屋内有大量的谷物和丰富的动植物遗存，还有家畜栏。族人仍狩猎牛、鹿和野猪。家畜以猪为主，在遗址发现家猪个体73头，幼年个体40头。从陶塑羊的形象看，可能也圈养羊。饮食是生活的大事。从一至四期中出土的陶器可看出，当地人一直发明并改进烹饪以及相应的各类陶器皿，如带有烧焦了的米粒锅巴的陶釜。尤其是釜支架，拥有各种造型，说明河姆渡人乐于探索饮食方式。此外穿着以及装饰也是河姆渡人主要的追求。从发现的织机零部件、各种纺轮、骨针来看，河姆渡人用这些工具制作服装，一些纺织图案就同盖帽形器雕刻编织纹和蚕纹图案一样。人们穿着丝麻，用刻有花纹的骨笄固定头发，用石、玉质或玛瑙的玦、璜、管、珠作装饰品，用虎、熊、猪、獐的牙作佩饰。这些在意个性装扮的表现说明河姆渡人在意集体的生活，在意这种生活中的个性。所以装饰自己是一种社会表现，这种装扮则是经社会认可的，并普遍得到崇尚的。这种生活态度也影响了葬仪。在河姆渡遗址二期发现的13座零散分布在居住区的墓葬，大多数没有随葬品。即使到了四期发现的11座墓葬同样也没有太多的随葬品[1]。看来人们不重视墓葬却似乎一直寻求生的意义。河姆渡的稻作和饮食文化、木构建筑、装饰风俗和精神内容使其成为地区中心从而传播到周围的聚落。

距河姆渡不远的几乎同期的马家浜文化分布在杭州湾北岸的杭嘉湖平原以及周边的沿长江地段，其中罗家角、草鞋山和绰墩遗址发现了稻田，特别是拥有水沟、蓄水坑等灌溉设施并使用骨耜来耕种，说明聚落进入了耜耕的稻谷种植阶段。在这样一个以栽培稻谷为主的聚落群，人们以稻米为主，饮食器皿以釜为主，还发明了釜和炉箅的结合。根据2009—2011年的第二次考古发掘，80多座墓葬与居址混杂，为历代叠压埋葬所致，虽然个别有木质葬具，但随葬品总体仅百件，且以陶器为主，石器仅有锛，玉器也仅有玦[2]。说明马家浜人对死者并无特别的葬仪。人们更重视祭祀自然或现实生活而非死亡。河姆渡和马家浜都是不重视埋葬仪式的社会。而后来发展的崧泽文化中有的聚落发扬了河姆渡人重视生活的一面，有的聚落演绎了祭祀和墓葬仪式，这可从不同地区的崧泽文化遗址看出社会的演变。

崧泽文化遗址主要有上海的青浦、浙北的南河浜和江苏的东山村。重要的发现是房址和墓葬。三个遗址呈现了三个不同的社会文化。

青浦崧泽遗址中层的发现展现了这里的文化面貌。从陶器中的稻壳可看出水稻种植普遍，已驯养猪，生活日渐稳定。人们的注意力放在了陶器的制作上，出现了慢轮修整。这个技术让崧泽人制作了器壁匀称、器型规整的各类陶器。从陶器器型到烧制复杂的工艺来看，崧泽人一定经常在一起琢磨、试验，互相交流经验。尤其妇女的作用。由于女性多主持家务，发明新的烹饪菜谱、炊食器皿和纺织可能是她们生活的中心内容：从发明各类生活器皿，到还原焰的烧制方法，甚至烧出黑陶，再到致力于精美的纺织纹样，直到这

[1]浙江省文物考古研究所：《河姆渡：新石器时代遗址考古发掘报告》，文物出版社，2003年，第363页。
[2]中国考古网：《浙江嘉兴马家浜遗址》，2013年05月19日；参考浙江省文物管理委员会：《浙江嘉兴马家浜新石器时代遗址的发掘》，《考古》1961年第7期；浙江省文物考古研究所、嘉兴博物馆：《马家浜》，文物出版社，2019。

{图2-3-91} 纺轮图案，崧泽文化遗址

些不同技艺相融合表现在陶轮上的纹饰上{图2-3-91}。此外，女性还有流行佩戴玉璜项饰、石镯等饰物的风气。从这些精美的陶器、纹饰图案和饰件可以想见使用者的审美情趣，这里俨然有一种崇美的社会风尚，表现为是一个爱美的聚落。

南河浜遗址随葬品既表现为与其他崧泽文化聚落同样的共性，如各类饰件如一般饮食陶器，玉璜、玉镯等装饰品，以及流行的玉钺[1]，也展现了地方性，如鹰首壶、兽面壶等异形器。从制陶和制玉的水平旗鼓相当且都具有创新造型的器物，以及马家浜时期的祭坛在崧泽时期并未被发展来看，崧泽人更看重现实生活，是一群自由、浪漫的饮食器皿文化创造者。他们制作的陶器不再仅仅满足生活的需要，而是通过陶器的造型和装饰体现出制作者的审美情趣和个性化的美感体验。同时透过炊食盛器的造型也可以想象到崧泽人丰富的餐饮种类和优雅的饮食方式。

不同于青浦、南河浜崧泽文化聚落，东山村遗址则体现出对玉和钺情有独钟。这里发现的崧泽文化时期的墓葬，主要在遗址的Ⅰ区和Ⅲ区。从随葬品的多寡呈现居民的阶层。Ⅰ区为小型墓，共清理了早、中、晚期27座。随葬品大多在10件以上，个别墓葬随葬品有26件之多，较少的有两三件器物。包括各类陶器、玉饰件，石器中有石钺、石锛、石凿。Ⅲ区主要是大型墓，发现有10座崧泽文化早中期高等级大墓。随葬品数量多在30件以上，最多有56件，有各类陶器、玉器的数量多在10件以上，最多有19件[2]。东山村墓葬中每个墓主的随葬器物不同。每一件陶器和玉器都是不同时期制作的产品，其多寡与规格也因时期不同、社会生产力不同以及墓主身份的不同而不同。除了生活陶器，如釜、鬶、鼎、盘、豆、罐、壶、杯、匜、钵、纺轮等，两区均有钺的随葬。最能体现身份的是玉玦、玉璜，以及石器中磨制光滑精美且没有明显使用痕迹

[1]浙江省文物考古研究所：《崧泽之美：浙江崧泽文化考古特展》，浙江摄影出版社，2014年，第222页。
[2]陈瑞近、姚瑶、张照根：《张家港市东山村遗址发掘简报》，《文物》2000年第10期；参考南京博物馆、张家港市管办，张家港博物馆：《东山村：新石器时代遗址发掘报告》，文物出版社，2016。

的石钺和长条形石锛，尤其是钺表现了其独特性。钺在随葬品中地位的演变，从石钺到玉钺，从工具甚至兵器突出出来成为象征物，是崧泽早中晚期社会人和人关系变化的物证。

在辽河、黄河和长江流域之间的淮河流域的一些遗址得益于多地文化。崧泽的玉器在比其年代略晚的凌家滩遗址得到了发扬光大。遗址西距巢湖20公里，东距长江35公里。这是一个用一条长达2000米、最宽约30米、深2米至6米不等的壕沟环绕起来的聚落。在这个区域弥漫着玉文化的气息，充满着一种神秘的精神。这首先是聚落建筑构建了一种祭祀神灵的氛围，即最高处的祭坛。它自上而下分成三层台阶，顶上有祭祀坑，而在祭坛旁边是面积3000平方米的红陶土遗迹，可能是庙宇。这些地点是聚落全族人集体活动的场地。祭拜先祖是重要的活动之一。祭坛周围高岗上的墓葬同样位于高处和聚落中部，尤其是葬仪和随葬品是聚落有计划组织和制作的。从随葬品玉器数量来看，以祭坛南边第一和第二排墓葬规格最高，不仅墓坑面积较大，玉器占大多数，其次是陶器和石器；而中型的墓葬则是陶器和石器为多，玉器最少。另外，墓葬明显有了区别，不仅墓冢大小，尤其是各类随葬品的数量，它们层层叠叠有规律地放置在墓主人的两侧及身上，数量达几十件甚至上百件。几乎生活当中的所用都陪葬了，日常生活陶器有炊煮用的鼎，盛食用的碗、豆、盘，装水用的杯、壶，储藏用的缸；劳动工具如纺线用的陶纺轮，石器有开荒伐木的斧、整修木材的锛和凿、收割农作物的刀，也有磨制这些石器的砺石；装饰玉器有璜、玦、管、坠以及其他与祭祀和葬仪有关的器物。尤其是这些众多的玉器使人物身份突出了。从器型来看，玉器并不是日常使用的工具或器皿，而是精神层面刻意的装饰甚至一些祭祀占卜的器物。仅编号87M4墓中就有103件玉器，07M23墓中更有200多件玉器。凌家滩人从早期就有玉器陪葬品，虽然数量规格不同，可能因时期不同，社会资源多寡不一，但一直追求玉所体现的精神世界。可见，凌家滩人是崇尚玉器的，如此数量巨大的玉器制作需要族人中的工匠花费大量时间，不仅需要技术支持，还有长期以来形成的意识形态即精神因素的作用。从制玉水平来看，普遍使用了从打磨到钻孔的技术，制作精致，造型奇异。可以想见，玉器从材料的采集，造型的设计，玉料的切割、雕刻、穿孔、打磨等一系列技术的掌握成全了凌家滩人的社会文化生活。一些墓主生前可能为玉匠身份，既是玉器造型的设计者也是其制作者，如98M20墓

{图2-3-92} 虫形璜 凌家滩遗址

中出土有111件玉芯[1]，显示墓主与百件有孔的玉器如璧的制作有关。而选择的玉器造型则反映了当地人的价值趋向以及装饰习俗。如璜和玦是大多数墓主的装饰品。璜几乎每墓都有发现。有些墓主拥有璜的数量众多，如87M15有30件，87M4有19件，07M23有10件。玦虽然没有璜普遍，但在一些墓中也很突出，如07M23这个墓主就有玦34件。还有耳饰玦、手镯、项饰璜，甚至有虫形璜{图2-3-92}。与服装融为一体来体现身份的还有穿戴身上起装饰作用的环、璧、双连璧、管、珠等，还包括作为缀件的动物造型挂件，主要有猪、龟、龙、凤鸟、鹰、兔等。这些饰件与87M1和98M29墓中各出土的3件玉人像相符。玉人的出现，表明凌家滩社会由原先对动物和自然的崇拜已转向了对人的崇拜，表明社会观念已出现了变化。玉人表现了凌家滩人的形象，似乎这里的人很注重自身的修饰。玉人戴的冠和系的腰带，以及手臂上的8件玉镯，突出了其在族群中特别的身份，可能是酋长、祭司或工匠。玉人上唇留有八字胡，说明当时已普遍有了修饰或刮胡须的工具。可能也有剪磨指甲的工具，否则，有着长长指甲的手指如何制作陶器、玉器以及丝织品。这同凌家滩人的生活品位也有关系，精神生活明显是凌家滩的社会生活的重要组成部分。

相应地，凌家滩人还从工具、兵器甚至野兽中追求力量。祭祀使工具、武器类的斧、钺、戈也表现出装饰或身份意义。尤其是缺乏实用功能的被认为是礼仪用器的钺在凌家滩并不限于个别墓主，石钺和石锛有时还有石凿作为组合出现在早、中、晚三个时期

[1]张敬国：《安徽含山凌家滩遗址第五次考古发掘的新发现》，《考古》2008年第3期；参考安徽省文物考古研究所《凌家滩：田野考古发掘报告之一》，文物出版社，2006。

的一些墓中，说明它们一直在聚落中作为工具和兵器。在聚落中，这些器物的使用一定在很重要的场合，如耕作和战争，在生活中，每个人都需要配备这些器物。凌家滩人既是农夫、猎人，也是战士，其中也包括身兼数职的祭司和工匠。他们可能崇尚斧或钺的力量，如87M4墓口放置的大石斧；也可能崇尚一些力量型的动物，如07M23墓顶上放置的大玉猪。将这些造型转化为镇墓的含义。其他还有98M29墓主的1件双猪玉鹰，98M16 墓主的1件猪形玦，甚至87M8墓主的2件双虎虎首玉璜，或者87M4墓主的在背甲和腹甲中夹一玉板的龟。玉器借助这些动物造型的力量起神一样的保佑作用。一些具有特别认知的人还身兼祭司，墓主可能是这些玉器造型的创造者或使用者。一些较少或单一的玉制品不像从一期开始的钺或锛以及璜和玦那样具有数量的优势，却也反映了个别墓主在生前对某些思想的探索并以特别的造型表现出来的精神器物。看来制作配备族长祭祀所用以及随葬品的玉器是凌家滩人的大事。此外墓葬中不同的随葬品也和社会发展状况有关，和不同时期制作出丰寡不一的物品有关，也和工匠的制作能力有关。这些物品的工艺特点也受社会即聚落群体思想发展的影响。总之，凌家滩聚落强大的精神活动与对自然的认知、聚落社会的发展、生产资源的丰富、对玉的利用和技术的进步、工匠的地位和状况息息相关，也涉及造型所特别反映的史前人类的精神活动和社会文化水平。

从这个时期的各个地域的社会状况包括聚落集体耕作、动物驯养、城建、工具制作、祭祀、墓葬以及生活玉器的普遍使用来看，社会协作已形成。不仅如此，社会群体热衷于追求一种美感和精神生活。反映在物质上是饰品和产品的丰富多样，反映在人力资源上是各类工匠或对自然有认知的艺术家的形成。作为因果，交换活动便日益频繁，在物物交换中为了使自己的产品获取较大的价值而更重视发明创造。创造的产品越多，似乎拥有的也越多。一些多余的产品就可能成为工匠自己的所有物用来交换其他的物品，所以墓葬中的一些器物可能是交换而来的。这种交换使地方文化融入了外来因素，比如编织纹和星光状的几何图案，在青浦和南河浜崧泽文化和凌家滩基本相同；玦和双联璧的造型在红山文化、凌家滩和薛家岗遗址相一致。这些相似性说明聚落社会活动并不是仅限于聚落围墙内。这说明聚落发展的动力，首先来自有各种能力的族长或祭司、各类工匠，作为聚落的能者或智者，其理解力或技能足以解决聚落中的难题，带领大家走出困境战胜各种灾难，协助大家安居乐业。然而，真正让社会运转的是族群中或族群之间人与人的交流和沟通。

学会交流

在族群扩大分成若干分支或融入其他族群的聚落中，凝聚大家共同生存和进行有组织的集体活动的首要问题就是交流。从个人方面来讲，这涉及经验、知识、感觉、情感等的沟通；从聚落社会来讲，这涉及某些约定俗成的概念、定义的确定以及传播。在一个以满足基本生存需要的社会中，聚落族群忙于耕种、驯养、储存、烹饪、纺织、建屋、建村落、祭祀以及制作石器、陶器、玉器；应对生命的诞生、孩子的抚养、疾病、死亡等，不仅有日常生活还有天灾人祸。所有这些都需要沟通，而且要记下来并学会先辈的生存经验然后传授给其他人。除过饮食之外，交流可能是聚落得以生存或扩大的当务之急。这个时期，先辈的知识和经验并不固定。对此，史前人类处于“认”“知”和“识”的阶段，既要知道、了解、认知和理解前人或他人的知识，也要识别这些经验或自己经验的正确性，包括对形成的概念的识别认定，以及发明创造新的知识或修正原来的知识。所有这些都建立在语言的阐述和沟通上。如果语言不通，相互不理解，则万事不通。如同今天的方言一样，每个史前聚落都有自己的表达方式。语言的演变非常的缓慢，到了这个阶段，从考古发现看，文字还未真正出现。但在口语中，至少名词已产生，人们会为各种人物、动物或物体起名，以便指定。这就延伸出需要给一些器物赋予特定的意义。这些被赋予了意义的器物、雕塑、图像、刻画符号等就具有指代意义的象征性“语意”。这种意义源自聚落的习俗，在生活中自然形成并已被族群所发明、所采用或所接受为约定俗成。聚落中有威望或有知识的人，如当地各类器物的制作者、驯化谷物或驯养动物有经验的长者、对自然现象有独特理解的祭司，一起通过交流借鉴包括认、知、识来固定这些指代名词的词义，即取器物或图像之形而用之意。如同符号的形，只有意义才能使这个形成为名词，即意义和符号形的结合，使“词”产生沟通作用，才能使聚落得以凝聚、生存、运转并扩大。一些基本词的意义就是这样从器物和形象而来并积累起来的。

器物或雕塑造型和图案有一定的沟通意义，这源于一个地方本地文化的积淀，有对石器、陶器、木器、骨器、玉器等各种材料的各种造型的相关联系构成的综合语境系统。在各种各样的聚落活动以及祭祀中，一些遗址以打磨精致的石器为主要媒介；一些遗址以陶器和其相关的图案为主要媒介；一些遗址则突出了玉器以及相关图案为主要媒介；一些遗址则这几方面都作为沟通手段。这些器物包括遗址地层遗物和墓葬出土物。从器物的放置到组合至少可以了解葬仪。从葬仪可以来推断随

牛河梁遗址玉佩勾云形器
{图2-3-93}

葬品在日常生活中的作用。大部分随葬品与文化层的发现是一致的，即为生活用品，有一部分是专为墓葬制作的器物，是作为明器或礼器的葬仪用品。可以从随葬品制作的质量、技术、象征意义等判断同样类型的器物在生活中的重要性及其一定的社会文化背景，以及背景之后的自然环境和经济状况。同时，本地器物可能会融入外来器物的造型或技术，甚至图案意义。这种不断的探索、更新、融合，使得个性化的器物拥有越来越具体的意义而被本聚落和其他聚落接受。这样，器物由实用的装饰品、炊食盛器和工具，包括其上的图案，以及特别用途的雕塑品，转而成为从大众生活到祭祀或社会精神活动的沟通手段。此外还有一个器物流通或通用器物的问题。一些器物在若干地区甚至跨地区流行，这些相关聚落对此达成共识，却通过将其共性地方化，即造型的变异，或不同的组合以使其具有地方通用意义。

所以，文字出现之前的史前社会的交流有一个从利用器物造型到使用符号的过程，一个给予这些器物以一定语言意义的最早尝试的过程。这可分为两类。一是借助器物的沟通。器物是意义的载体。器物的意义表现在其功能以及延伸出来的造型和纹饰上。如装饰品、器皿、工具、兵器和乐器。一是借助图像符号的沟通，包括雕像、刻画图像以及刻符等。其意义表现在写实和抽象的形象上，也表现在进一步简化的符号上。书写便是从符号而来，即是造字过程的最初表现。造型就是史前人类对固定自己的思维并给其以抽象描述的形象载体，而器物则是其物质载体。

装饰品　玉器装饰品分族人、祭司和墓主饰件，从发饰到服饰，代表了一定的美感、场景和身份，以及传达的意义。无论什么情况下使用，或生活当中的首饰，或祭祀活动中的法器，或葬仪中随葬品，饰品都表达一定的含义。饰品的造型和材料，与其他饰件的组合和搭配首先表明了佩戴这些首饰的人的身份，还具有某些辟邪的含义，并且还代表族人与某神或先祖沟通，这在聚落中达成了一种共识。比如一些常见的环、镯、坠、佩、玦、管等流行于许多聚落，这是因为器物包含相同或相通的美感、情感或身份上的意义，甚至有特定的语意。一些个别的或地方化饰件的流通，表明其具有族群内部的沟通意义。如牛河梁遗址的抽象造型的玉佩勾云形器{图2-3-93}，发现于第二、第五、第十六地点的部分墓葬男性或女性墓主的胸前，虽然造型各异，却在众多的饰件中显得很有表现力，或许它们代表墓主的身份，或许因其云的造型具有与神沟通的语意。一些个别的或区域化饰件更具有族群间沟通的意义。如牛河梁遗址沿袭小南山遗址抽象的、对称的双联{图2-3-94}和三联玉璧{图2-3-95}，也出现在凌家滩遗址{图2-3-96}和薛家岗遗址早期{图2-3-97}。而作为耳饰的玉玦，已经流行于先前的小南山、兴隆洼、查海、北福地等聚落中，在此基础上这个时期又进一步扩展到牛河梁、凌家滩、大溪、河姆渡、马家浜和崧泽等南北方不同的聚落中，在男性、女性和小孩的墓葬中都有出现。几千年来，玉玦变得如此流行，一定是具有社会审美意义而被不同的氏族接受，其沟通意义具有很强的生命力。作为项饰的玉璜同时在几个聚落之间流行，有的聚落不论男女都佩戴，有的聚落只代表女性身份。而璜造型的地方化，使得其含有的意义也具有地方化。在大溪文化的一些聚落出现了比较简单的条形璜；马家浜文化的玉璜为半环形，厚薄均匀。尤其是在崧泽文化和凌家滩遗址璜的造型得到特别的发展。玉璜是崧泽文化晚期在玉器当中出土数量最多的一种，所选玉材较好，形式增多，造型变得比较精美，由早期体窄的半环形，发展为体扁薄两端宽中间窄的半壁形，以及近似鱼形或鸟形；东山村和南河浜遗址还出现了别出心裁的异形玉玦。凌家滩遗址大墓的葬玉比例非常高，其中有桥式、半壁式或有齿玉璜、双兽首式玉璜

双联玉璧，牛河梁遗址
{图2-3-94}

{图2-3-95}
三联玉璧，牛河梁遗址

双联玉璧，凌家滩遗址
{图2-3-96}

{图2-3-97}
三联玉璧，薛家岗遗址

等，可以说是玉璜之集大成者。尽管隔了距离和时间，玦和璜都是不同聚落共同的沟通手段，而其造型的演变则说明了不同聚落的人给予了其新的意义，使其成为既有共通的又有地方性流行的具有特别意义的符号式装饰品。

炊食盛器皿　这类器皿的造型因需而生。因需要煮水或食物而设计了釜、鼎；因需要吃饭而设计了钵、碗；因需要喝水而设计了杯；因需要装水而设计了壶、瓶；因需要装东西而设计了罐、豆等。这些从生活中来的器皿造型因陶器制作技术的进步而日渐便利且具有美感，流行于一个区域文化中。比如尖底瓶和鱼纹盆由于具有饮食文化中的特定实用性流行于几乎所有仰韶文化遗址，成为这些族群共同使用的器皿。而其上的图案得到了各聚落的喜爱。又比如鼎，不同的地方创造出由盆、钵、盘、罐等加足或支架而成，然后交互流行于各地，如河姆渡、大汶口和崧泽的鼎；又如袋足鬶，出现于大汶口遗址，逐渐影响了周边地区，如海岱和淮北。而带把鬶流行于崧泽、凌家滩、薛家岗等地区。这些器物带着各自的饮食功能和地域性的装饰效果，表现了不同文化先民们的审美，传达出一种功能性的精神因素。最为突出的是突破传统类型而设计制作出的新造型，无疑是史前人思想之花，表达了个性化的信息。而这些个性化的信息通过这些器皿的传播而影响了其他聚落的居民。因此这些器皿带着各自的特点而流行各地。不同地区给予这些同类器物以地方意义但又有共通的意义，是作为沟通最好的语言载体。这些器物又是聚落集体庆祝或聚落间联盟活动的礼器，联络族人或盟友；同样也是葬仪的主要礼器，沟通天地、先祖或死者。

工具或兵器　石器在这个时期已向打磨细致发展。如砍伐工具斧、锛、凿或铲，由于磨制锋利、有杀伤力而成为武器。它们因其力量的属性而具有了同样的象征义，尤其是通体磨光、形体较大或较小的、非实用的、或用玉石制作的、甚或刻画了图像的器物。如赵宝沟小山遗址在编号为F2的房址里发现一刻有人面纹的通体磨光穿孔石斧[1]，表明此件器物具有了图像所赋予或指定的意义，即石斧用图像传达其所属或作为一个有关力量的概念。一种新造型钺成为代表性的器物。横向装柄的石钺，与石斧或铲相通，为斧或铲的变异。最早的钺的原型可能出现在河姆渡遗址，是一个刃部两边有些上翘的石斧。这种新的器物出现在各地的墓葬中，有长方形、亚腰形、梯形、圆盘形，有些器身

[1]乌兰：《赵宝沟文化的史前艺术与精神信仰》，《赤峰学院学报》，2018年第12期。

和斧或铲区别不大，但共同的特点是刃部两边上翘或为圆弧形。大汶口遗址的穿孔玉铲可能已有钺的意义。所以这样的器物我们现在称“钺”，其形体与斧和铲相似，从石质再到玉质，从打磨精细并通体磨光甚至进行彩绘或饰有装饰图案，如东山村遗址马家浜文化编号M90大墓出土5件有孔石钺，刃部呈圆弧形，其中一件穿孔上方有数道朱砂彩绘痕迹[1]。从作为武器和工具的实用价值到被赋予了象征意义，即过渡到了具有力量的象征物，完成了物质上升到精神因素的过程。而这个过程是和其他表示力量的器物如锛、斧、凿“三剑客”共同实现的。一些遗址混合实用的和非实用的石钺或玉钺以及石斧和石锛作为随葬品，如东山村崧泽文化遗址的M90、M92墓葬各出土5把石钺，分别放置墓主身体两侧，同时都配有石锛和石凿。在这个遗址，玉钺的位置似乎比石钺重要，如在M91墓主左侧胸部下方放置有1把玉钺。到了凌家滩，钺成为主要葬仪器物，首先在87M4墓口放置了巨型石钺，重4.25公斤，同时还有17件石钺、3件玉钺、6件石锛、5件石凿。07M23墓中同时发现80多件石钺、28件石锛、3件石斧、9件石凿、2件玉钺、9件玉斧、1件玉锛[2]，从放置位置来看，这些器物都围绕墓主，没有特别的强调。西坡遗址的钺有石质但大部分为玉质，M34大墓出土玉钺2件，一件在右手边，另一件在脚坑内。其他M11、M17、M22墓葬均有玉钺出土[3]。可见这个阶段的石或玉钺比较普遍地出现在一些墓葬中，正在显现其特殊性。钺和锛、斧、凿的组合是力量的组合，在大部分遗址中作为葬仪礼器，借助其力量象征起镇墓辟邪作用。钺在墓葬中的意义反映了史前人类对某种器物具有的力量或某种神力有了概念，并加以崇拜。在集体活动或对外的交流中，钺从锛、斧、凿独立出来并进一步综合或突出这些器物具有力量的部位，即扩大或优化刃部，成为其组合的代表，作为已萌芽的权威或威望的象征。

乐器　与其他器物不同，乐器是以声音乐符起沟通作用。它早于文字出现，说明人类思维在理解音符方面早于理解刻

[1]南京博物院、张家港市文管办、张家港博物馆：《东山村：新石器时代遗址考古发掘报告》，文物出版社，2016年，第212页。
[2]安徽省文物考古研究所：《凌家滩：田野考古发掘报告之一》，文物出版社，2006年，第47页；参考安徽省文物考古研究所：《安徽含山县凌家滩遗址第五次发掘的新发现》，《考古》2008年第3期。
[3]中国社会科学院考古研究所、河南省文物考古研究所：《灵宝西坡墓地》，文物出版社，2010；参考马萧林、李新伟、杨海青：《河南灵宝市西坡遗址墓地2005年发掘简报》，《考古》2008年第1期。

河姆渡遗址陶埙{图2-3-98}

画符号。乐器最先是一种狩猎时模拟动物发声的狩猎工具，即用某种音符与动物交流，进而是人的情感表达或聚落召集。不止一个聚落的史前人试图进行乐器的创造。陶埙这一吹奏器让人想到先民可能尝试过吹响树叶。北首岭遗址和半坡遗址的陶埙是用陶土捏塑而成的，外形多呈橄榄形。其内部中空，有的有吹孔也有音孔，有的仅有吹孔。姜寨遗址一件二音孔陶埙，经测试可以用全闭、开右孔、开左孔及全开这四种按法吹出四个不同频率的声音[1]。河姆渡陶埙{图2-3-98}的形制不一，有圆形、管形和椭圆形，有一至三孔。其难度可见不是所有人都能吹奏的，而是需要有更多的经验。其他还有河姆渡的哨，大汶口的鼓，还有响声器。赵宝沟的陶质响声器，上部呈台状，下部呈半球体，内中空；姜寨出土了2件陶响器，即两块陶板之间有石子；薛家岗遗址出土了一件泥质红陶陶球，直径8.8厘米，制作精细、体内中空，内有数粒小陶丸[2]。凌家滩两片龟甲中加有石子，也是一种响声器。响声器可能是孩子的玩具，也可能是狩猎的工具，但一定会用于聚落活动中。会吹陶埙的人和持响声器的人起了组织者的作用，比如召集大家在大房屋进行集体活动或田间集体劳动。在祭祀活动甚至建城的活动中，人们相聚在一起，需要保持一定的行动节奏。不同的音符带有不同的意义，从而起到沟通交流的作用。

雕塑和雕刻　除过一些器物造型如大汶口的狗形鬶，其他写实或变异的动物或人物浮雕或圆雕雕像、雕刻多为饰件，同样有沟通作用。动物中常见的龟、鸟和猪的形象，是人人可见可知的

[1]西安半坡博物馆、陕西省考古研究所、临潼县博物馆：《姜寨：新石器时代遗址发掘报告》，文物出版社，1988。
[2]唐杰平、刘辉：《安徽潜山薛家岗遗址第六次发掘简报》，《江汉考古》2002年第2期。

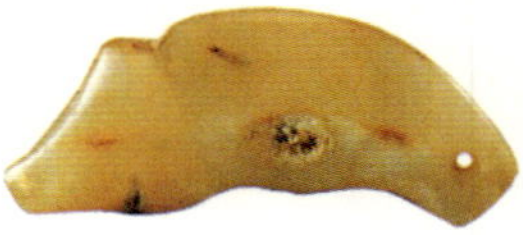

凌家滩遗址
玉猪小饰件
{图2-3-99}

具有普遍意义的造型。牛河梁和凌家滩的小饰件玉龟和玉鸟，造型力图达到写实。特别是猪的造型。野猪是凶猛的动物，长鬃利牙，因其味美，成为史前人食物的主要部分。作为史前所有聚落狩猎、圈养、食用最多的动物，野猪也因其独特地位而被族群所重视。在墓葬中，猪摆在墓主身边，表示其重要的财产，同时说明墓主人对野猪的驯服，这个成功可能是史前人能力的表现和为此而骄傲的事。因这些特别的意义，出现了猪和猪形的雕塑，如牛河梁遗址群第二地点一号冢4号墓出土的两件一青一白玉猪；凌家滩编号07M23墓中出土的重88公斤的大型野猪玉雕像和小巧的玉猪小饰件{图2-3-99}。另外还出现了变形的猪造型雕刻佩饰，如牛河梁遗址的猪形玦{图2-3-100a-b}；凌家滩遗址的猪形小饰件{图2-3-101}。其造型显然是取了猪的头部、眼、鼻、牙和猪背脊上的猪鬃，同时将猪因饰品的需要变形为蜷曲的身体，形成一个美妙的圆弧状造型，并钻孔便于用来佩戴。不同的是前者背脊上钻孔，后者同小玉猪挂件一样尾部钻孔，佩戴时猪的头向不同，可能不同的聚落给予其不同的含义。另外，凌家滩双猪首玉鹰饰件雕刻了一只鹰首，将背向的两个猪头雕刻成鹰的翅膀，处于鹰首和鹰尾之间，同时在它们身体连接处即鹰的腹部刻有两个同心圆圈，两圈之间刻画连续三角装饰纹，可能象征太阳，表现了写实的造型和抽象的含义，似乎是一个具有语意组合的雕塑表述：一只鹰在太阳下即空中抓到了两头野猪，表达对猪驯服的象征{图2-3-102}；抑或将两种有力量的动物放在一起作为图腾。这件饰件是史前人对自然界的认知和精神意义的统一。结合两类动物的特点，以刻

猪形玦正面和背面，牛河梁遗址
{图2-3-100a-b}

猪形小饰件，凌家滩遗址
{图2-3-101}

{图2-3-102}
双猪首玉鹰饰件，凌家滩遗址

纹加以解释，从而赋予其一定的语意在祭祀或葬仪上用于人与神或与死者的沟通。一个造型的产生，一定有其来源，有其实用的意义，同时也有其出现的条件。自然界中，史前人类最接近的可能就是动物，不仅从食物的角度，动物更是人类学习、模仿，甚至依靠的对象。在史前族群看来，动物是人类的一部分，或人是动物的一部分。对动物进行塑像，既是对其的认知，又是人类情感的表达。最先反映的是熟悉的动物特性并给予其一定的意义。这样的含义人人皆知，很容易达到理解、沟通和交流的目的。

另外对于人类自己的形象雕像也是尽量如真人一般。作为崇拜的对象如牛河梁女神庙和东山嘴祭坛的泥塑大型女性和小型孕妇陶塑，可能是女性族长的形象，其女性特征就是语言符号。而在其他聚落则表现了男性族长的形象，反映了两个不同的语意。对比牛河梁玉人{图2-3-103a-b}和凌家滩玉人{图2-3-104a-b}高浮雕雕刻：前者裸体，细腻地刻画了女性的身体特征，凸出的乳房、较宽的胯部、略为鼓出的腹部，大腿根处也刻出沟纹，双手抚乳，两腿合并至足处似雕出男性生殖器状。从背部的孔来看，似乎是悬挂在墙壁上用以祭拜。此雕像出土于一女性墓中，可能与生育有关或是墓主的保护神。而后者穿衣，同样细腻地刻画了男性形象，戴着有格子图案的冠，穿着似麻质的上衣和裤子，系着腰带，两足分开，双手上举至颈部，似是展现双臂上成组的手镯。从其双耳上和背部的穿孔来看，为佩戴所用。可能墓主是男性，将此人物雕像始终佩戴在身上，其形象或是墓主生时祭司形象，或代表着尊奉崇拜的祖先以及带有希冀被保佑或辟邪的含义。这两个玉人的姿势、体貌特征以及穿戴表现了一种身体语言符号，传达了史前聚落族群的祈求、愿望或希望等心理象征意义，用以沟通人和人、人和神，反映了当时聚落社会中的精神追求。

{图2-3-103a-b}
玉人正面和背面，牛河梁遗址

{图2-3-104a-b}
玉人正面和背面，凌家滩遗址

{图2-3-105} 陶钵的猪纹 河姆渡遗址

绘画或刻画图像　最接近文字的是器物上的象形绘画或刻画，分别是对具象的客观事物的写实描绘和对写实的对象加以改变使之成为抽象的图像。不同地方的人会创造出类似的刻画图像，因为人类思维是相似的，其共性使人类自觉领悟并接受图像的沟通意义。从具象走到抽象图像这个过程，不同地域的聚落会有各自的创造。同一写实的图像会指定或变形为不同意义的符号。从简单的写实，到将有些动植物的特点概括抽象出来的图像或组合，再到用线条和点等组成的几何符号，反映了史前人类思维的进步和对自然的认知，是偶然的也是必然的过程。

器物上的图像如河姆渡陶钵上的纹饰表现写实的动植物形象，一株稻穗和一只有着长吻和长鬃的野猪的刻画{图2-3-105}，可能三种情况都有所指，一是图案用来指明器物的相关用途；二是图案用来装饰器物；三是器物为图案表现的载体，图像作为符号起指示沟通的作用，比如对孩子说明什么是稻谷和野猪。河姆渡人自然会分别给这个植物和动物起名字，通过形象指定了事物的名称并广而告之。对大家都熟悉的客体的写实和想象结合的造型或独立构图的图案比较大众化。如半坡、姜寨、大地湾的变形蛙鱼纹、人面鱼纹。这些有意识或无意识的刻画最后导致一个纹饰的固定使用。这种带有特定纹饰的陶器可能用于特定的活动，作为沟通的手段。尤其在一些大的中心聚落，一些纹饰被赋予了生命或力量的象征，或成为部落图腾，或作为信息交流语言沟通的载体。这些图案、器型和纹饰应是在文字产生之前的思维表达，通过记录、传授、传播，成为比较固定的交流符号。所以彩陶的传播，不仅只是一些纹饰题材的传播，更重要的是包含在这些纹饰中的象征意义。这些纹饰使这些不同地域的聚落得以互相沟

凌家滩遗址玉龟背版上的图案{图2-3-106}

通，至少拥有对这些图像所含有的意义的共同理解而达到一种融合。其他一些比较独特的或独一无二的抽象图像，或符号化的图案，反映了地方性的“语意”，是各个不同聚落的族群对其独特自然环境在精神思维上的概括，即有选择性地突出某部分。这种选择是某一聚落个性化的沟通方式，正是史前族群想要表达的，或特意给予图像某种意义。比如河姆渡文化二期象牙碟形器上雕刻的与太阳光焰组合的双鸟朝阳图案；凌家滩双猪玉鹰饰件上以及玉龟背版上刻的似太阳纹或方位或天象图案{图2-3-106}。这些不同寻常的图案，表达一种借助太阳、动物和自然中神秘力量的愿望，这种愿望是当地环境或习俗所致，与聚落整体氛围协调。随着其意义的固定，这种图案进而成为一种基本的沟通因素而与神或与人进行交流，甚至借助共同的器物扩大地方化成为地域性的语言符号。如高庙簋器表面上有戳印刻划的装饰性的凤凰、兽面和太阳图案。白陶是表达思想、思维的精神载体。这种器皿和其上的图案共同表达某种意义，来与周边的聚落达成共识，如附近的千家坪遗址的白陶装饰手法和图案与高庙白陶图案几近相同。另如赵宝沟遗址尊形器的鹿、猪、鸟图案，小山遗址尊形器上的由几何纹和鹿、猪和鸟组合在一起的图案。这些图案因被赋予的意义而变得更为特别，在造型上也演变得更为复杂，成为一种艺术和祭祀相融合的用于交流和沟通的象征性的图像。随着图像含义的确定和传播，这种非大众化的刻意创造的象征符号或图案在聚落交流中渐渐用于特定场合充当词语来进行沟通。抽象的刻或绘画图像进而发展为比较复杂的几何纹饰。同样是对某些观念的反映，具有实用性和艺术性。一些炊食盛器皿上绘有的从自然现象抽象出来的纹饰，通常是实用品和被赋予的寓意相融合。如表现在陶器纹饰上，很多几何图形就来自自然、

大汶口文化陵阳河遗址大口尊及其抽象符号{图2-3-107}

植物、山脉、水波而形成一个连续的二方或四方图形。人类的思维经过简单的、数的、平面的、单一的、立体的、圆弧的、线的、综合的，直到连续的、叠加或套和的纹饰表明变化的、不断的、循环的、同质的、对立的概念而进步。史前人类在漫长的陶器几何纹饰实践中领悟到从自然客体中抽象出来的部分特征而构成的图像可以表现或代表这个个体，从而发展了一种表意符号。

文字演化的过程正是如此。各种变异的图案或造型是史前人类思维的结果。一些有形的刻画比较具体地表现出客体，像河姆渡陶钵上的猪，让人一目了然。若是史前人再进一步抽取这个图形的一部分或某些特点，成为具有或代表一定意义的刻符或符号，这就意味着向造字的方向迈进了。

刻符　这种用线简化客体的符号就具有象形意味，最可能是文字的雏形。大汶口文化尊或瓮上的刻符应该属于这一类。陵阳河遗址{山东省日照市莒县陵阳乡大寺村}出土的尊或瓮上刻一似植物一类的图像，这是介于写实和象形之间的符号{图2-3-107}。而尉迟寺遗址{安徽省亳州市蒙城县许疃镇毕集村}出土的尊或瓮上的刻符比具体刻画更接近字符，用线刻表现了日、云或月和山的形象组合，表现太阳在云端和山顶的初升或落下，或表现了太阳、月亮挂在山头的情景{2-3-108}。从发掘的位置看，刻画和器物是一体的，是说明器物功能的。这是文字产生的关键一步，但还没有演化到独立于器物，即器物只是符号的载体这一步。这说明至少这三个象形字在这个时期已产生。这是史前陶工或陶器使用者试图将有意义的字组合

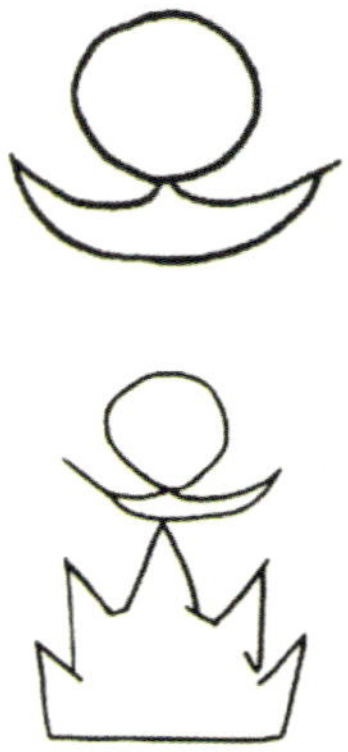

大汶口文化尉迟寺遗址大口尊抽象符号图2-3-108}

为一句话或一个句子的尝试。所以这类刻符是一句话的有形表示，对一个情景或器物功能的叙述，甚或是和器物一起在其特别的位置或场景发挥一定的精神作用。其意义用两个以上的物体组合表示并固定在这个刻画符号以及音节上，它在使用中因这些因素而形成一个“字”。有笔画构成的抽象符号，有形象的图像，这就具有指事的意义。而其意义的形成通常从民众约定俗成而来，或者由制定规则的人指定而来。

陶器上的单一符号或记号是人类记录的最初尝试。从人类的思维发展看，需要一个载体用某种符号来记录某一事件。史前人类可能选过很多自然材料，而陶器上的刻符只是留下来的记录和沟通的方式之一，且具有多种可能性。可能是陶工或使用者的刻划，所刻的符号，既有随意的，也有约定的，既有偶然使用的，也有普遍使用的。然而所刻符号无非有两种可能，一是个人化的，为自己看的，并无与他人沟通的作用；陶器通常是陶工自制，刻上记号为了记录制作的需要或计数、设计的草图或随意的刻划。二是有沟通作用的，即呈现给大家看的。这个阶段陶器的制作处于向专业化的过渡，但仍以个体制作为主。所以刻符表示的更多的是制作过程的记录和计数。制作记录是个人的，没有沟通意义，但有些表示的可能是自己的名字，或是使用者的名字，甚或是器物的名称。符号的出现，首先是一个名词单字，给一个人、一个物体命名，从记号到命名，要有相当复杂的认知。而数的概念也会出现。数字可能始于狩猎和采集，最多用于聚落产品资源分配、制陶件数的记录、烧制或分配陶器的数量。比如姜寨有刻划符号的陶器102件，一件陶器一个符号。这些符号可能就符合以上的情况。所以陶器上的刻符最先出现的应该是数字和人以及物品的名字。在实际生活当中，这两者的应用应该更加普遍。

犁和相关工具以及技术的出现，加快了田地耕作面积的增大和产量的增加，最终农业建立，人口和中心聚落增多。北方出现了黄河上游的马家窑文化和黄淮之间的龙山文化，南方出现了屈家岭文化—石家河文化，太湖流域出现了良渚文化，岭南出现了石峡文化。这段时间最突出的是“城—乡”规模的扩大并开始分离。聚落城址的扩大与社会组织的产生互为因果。不同行业的分工逐渐建立起来，使社会文化因社会资源和产品的异同具有个性和群体性。艺术性的饮食器物彩陶和黑陶与实用相结合，装饰和服饰工艺更为精致。人的社会意识增长，权威意识产生。良渚、石家河、陶寺、石峁等城址影响并带动了周边的大小聚落，从而从中心聚落进入了古国阶段。

第四章

从中心聚落到古国

新石器时代晚期 II（距今5000—4000年）

主要遗址

西辽河流域

内蒙古小河沿遗址（距今5000—4500年）

黄河上游

甘肃马家窑遗址（距今5500—4900年）

黄河中游

山西陶寺遗址（距今4500—3900年）

陕西石峁遗址（距今4300—4000年）

黄河下游

山东城子崖遗址（距今4500—4100年）

长江中游

湖北屈家岭遗址/石家河遗址（距今5000—4000年）

长江下游

浙江良渚遗址（距今5300—4000年）

岭南

广东石峡遗址（距今5200—3500年）

西部

西藏卡诺遗址（距今5300—4300年）

农耕的形成

距今5000—4000年，农耕已具有一定的规模，北方的粟黍和南方的稻谷已是季节性播种、管理和灌溉更为普遍，有比较稳定的收获和储存。同时这个阶段人们继续尝试扩大谷物种植。稻谷不仅在南方成区域性种植，甚至在北方的黄河流域也出现了具有独立特征的栽培稻类型。如在黄河上游的南佐遗址{甘肃省庆阳市}第五次发掘时采集到完整炭化稻米2720粒，碎米2000粒左右，炭化稻谷187粒[1]。在黄河中游的陶寺遗址{山西省临汾市襄汾县陶寺村}浮选出30粒本地栽培的稻谷[2]。在黄河下游的两城镇遗址{山东省日照市东港区两城镇}也发现454粒炭化稻谷[3]。龙山文化三里河遗址显示该时期农牧渔业规模水平从大汶口文化以来大幅提高，除粟和黍外，也发现有稻作物。同地区的尧王城遗址{山东省日照市岚山区高兴镇南辛庄子和安家尧王村}也发现了炭化水稻的颗粒[4]。这些发现是人工栽培水稻的实物证据。粟黍种植这时已经非常普遍，甚至到达了西部青藏高原的卡诺遗址{西藏自治区昌都市卡若区卡若村}[5]，以及东部同一时期的南山遗址{福建省三明市明溪县城关乡上坊村}二、三期[6]。同时北方的粟黍旱作还南下在江淮、黄淮以及成都平原汇聚重叠形成旱稻混作农业区。如桂圆桥遗址{四川省什邡市回澜镇玉皇村}一期黍的数量最多，二期时稻的数量多于粟和黍[7]。然而北方稻谷和南方粟黍的

[1]张文绪、王辉：《甘肃庆阳遗址古栽培稻的研究》，《农业考古》2000年第3期。

[2]赵志军、何努：《陶寺城址2002年度浮选结果及分析》，《考古》2006年第5期。

[3]凯利·克劳德福、赵志军、栾丰实等：《山东日照市两城镇遗址龙山文化植物遗存的初步分析》，《考古》2004年第9期。

[4]中国考古网：《山东日照尧王城遗址的发掘，2015年社科院考古所田野考古成果(七)》2016年1月11日。

[5]西藏自治区文物管理委员会：《西藏昌都卡若遗址试掘简报》，《文物》1979年第9期。

[6]中国社会科学网：《福建明溪县南山遗址》，2018年1月24日。

[7]万娇、雷雨：《桂圆桥遗址与成都平原新石器文化发展脉络》，《文物》2013年第9期；参考四川省文物考古研究院、德阳市博物馆、什邡市博物馆：《四川什邡桂圆桥新石器时代遗址发掘简报》，《文物》2013年第9期。

种植在这个时期并不具普遍性，虽然在某种特别的气候土壤条件下偶然生长，终究没有大面积的种植。但却说明了史前人类在谷物驯化和种植方面进行的各种探索。

谷物的种植和收获离不开与之相适应的工具的制造和技术的发展。农耕的主要工具这时已基本定型。不论粟黍或稻谷都继续使用开荒整地的石锄，砍伐的石斧，翻地的石铲、石耜，刨土的石锛，收割谷穗的石镰或刀，碾磨谷物以脱掉谷壳和磨碎谷粒成粉的石棒和磨盘。然而为适应大面积农田耕种的发展，这些已有的磨砺精良的穿孔农具有了进一步的改进，出现了新型的犁。比较先进的农具组合使耕作效率相对提高，使谷物栽培从锄耕和耜耕进入到犁耕阶段。耕种和收获都得益于新组合的有新功能的石器。从农具的组合可见粟黍种植技术已构成了一套农耕体系。

北方用很深的窖穴来储存大量的粮食，说明了这种体系的结果。如辽河流域继红山文化后的小河沿遗址{内蒙古自治区敖汉旗小河沿乡}房址的周围有深达1.9米的窖穴[1]。在马家窑遗址{甘肃省定西市临洮县马家窑村}的窖穴内发现有炭化的粟粒和成穗的粟。在同地区的林家遗址{甘肃省临夏回族自治州东乡族自治县东塬乡林家村}也发现有大容积的储藏谷物窖穴。与这个地区粟的产量相对应的是石器工具加工制作等方面的技术更加精细，不仅有经琢磨的用于翻土的斧、锛、锄，还有带孔的石铲，大部分通体扁薄，略呈长方形。有一些细石片可能是镶嵌在复合工具上的部件。收割的农具主要是石片磨制的和用陶片改制的爪镰，形状有长方形穿孔的和两侧打成缺口的两种。城子崖遗址{山东省章丘市龙山镇}为龙山文化发现地，出土有磨制的斧、铲、镰、半月形穿孔石刀等。陶寺遗址作为龙山文化的主要城址，城乡已分离。在小城外有些比较集中的窖穴，可能用来储存粮食。而陶寺的观象台则表明人们试图观测可以指导大豆、黍、粟等农作物播种和收获的节气。在墓中出土的石制的斧、锛、凿、铲中尤以扁平长方形的石铲数量最多，还出现了有肩石铲和骨耜。另一座龙山文化城址石峁遗址{陕西省榆林市神木县高家堡镇石峁村}，收割工具主要是细石器和磨制的石刀和陶刀，加工工具包括石杵和石斧。从玉器器型的刀、镰、斧、铲来看，应有造型

[1]李恭笃：《辽宁敖汉旗小河沿三种原始文化的发现》，《文物》1977年第12期。

相同的石器。通过对已有农作物遗存的量化分析发现，石峁遗址主要种植粟，而其他同时期邻近小型聚落持续种植黍。这种情况说明不同的聚落会因地制宜对谷物有不同的选择或供需的差异[1]。

南方人工栽培粳稻和籼稻成为主要的经济活动。长江下游太湖地区以犁耕为特点。崧泽时期出现的最初的石犁和管钻穿孔技术在这个时期得到了普遍应用。良渚遗址{浙江省杭州市余杭区}位于太湖流域，是沼泽、水塘以及河谷构成的比较低洼的水网平原。良渚各个聚落继承了马家浜—崧泽时期发达的稻作农业传统，水稻栽培成为当时最主要的农业生产活动。同时还在崧泽时期犁的基础上发展了一套大田农耕工具，如三角形石犁{图2-4-1}、破土器、耘田器、石镰和斜柄刀、半月形刀、有段锛等成套的农具。尤其石犁、破土器和耘田器的使用，是当地人因势利导的再创造。良渚人在低处的沼泽地开辟稻田、开沟筑埂、排水辟田、引水灌溉、开水沟、挖水井、引水或疏洪等，使耜耕发展到犁耕。工具的改进，促进了谷物的生产。在周边良渚文化遗址堆积中，都发现了属于人工栽培的籼稻和粳稻的遗迹。尤其在茅山遗址{浙江省杭州市余杭区临平镇}发现了面积约85亩(约合5.7公顷)的水田。而生产力的提高，则体现在良渚莫角山东坡大型灰坑中大量的炭灰稻谷堆积{图2-4-2}，估计埋藏量约

三角形石犁，良渚遗址{图2-4-1}

良渚莫角山遗址炭化稻谷{图2-4-2}

[1]魏世刚：《陕西神木石峁遗址调查试掘简报》，《史前研究》1983年第2期；参考陕西省考古研究院、榆林市文物考古勘探工作队、神木县石峁遗址管理处：《发现石峁古城》，文物出版社，2016。

2万6千斤炭化稻谷[1]。而另一个稻作区从长江中游澧阳平原的玉蟾岩、彭头山到江汉平原的大溪、屈家岭，再到石家河已初具农耕体系规模。石家河古城{湖北省天门市石河镇}的谭家岭遗址，在其屈家岭文化层中普遍发现了稻谷壳。到了石家河文化时期，石家河人在城址和聚落地点的选择上，很大程度上是根据其环境的水源是否适于稻作耕种的生产。石家河古城北部为剥蚀低丘地带，其间岗地起伏，湖泊众多，十多条河流自北向南穿流而过，而以东、西河最大，两岸大部分平坦开阔地带为水稻田分布区。与此适应的石器工具组合有斧、锛、锄、镰、刀等，其中长方形石铲、双肩石锄、长方形带孔石刀是新型农具[2]。而岭南地区从丰富的粳、籼稻遗存来看，稻谷种植在这个阶段也已发展到这个地区。在石器工具的组合上包括大石铲、弓背两端刃、有段石锛、有肩石锛、石锄、凿等。石峡遗址{广东省韶关市曲江县马坝镇}的水稻就因石铲的大规模使用而扩展了种植面积，替代渔猎和采集成为当地主要的粮食作物资源[3]。

作为粮食加工工具，北方继续使用加工粟黍的石磨盘和石磨棒，南方多是加工稻谷的石杵和石臼。这套加工工具伴随史前人类从采集活动到谷物的驯化，并延续到农耕的形成，使用时间最长。这充分说明了谷物类饮食已与人类不可分割，成为其生存的基本需求。大田播种和相应的农具，使耕种活动更易进行，并使农耕产生了革命性的结果，即进入了农业初步建立的阶段。人们已经能够比较熟练地掌握气候、节气、播种和保存种子以及剩余谷物。总之，这一阶段谷物种植规模形成，取代采集和狩猎成为主要的经济主体，南北农耕形成具有各自特点的体系。与之相应的是，不论南北，动物驯养的类型都得到了扩大。如良渚人饲养猪、狗、水牛等；石家河人饲养猪、狗、羊、鸡；陶寺人饲养猪、狗、牛、羊等，石峁人也饲养猪、牛、羊等。其中尤其以猪为最多，有些遗址盛行用整猪或猪下颌骨随葬。

在谷物耕种和家畜驯养达到较为稳定的基础上，北方辽河流域继红山文化发展了小河沿文化，黄河流域继仰韶—庙底沟文化发展了马家窑文化和龙山文化。而龙山文化又蔓延到淮河一带。南方长江流域继崧泽文化发展了良渚文化、石峡文化，继大溪—屈家岭文化又发展了石家河文化。这些文化不是单独存在的，而是彼此间有交流和有联系的。

[1]秦岭、马东峰、陆文宝、方向明主编：《权力与信仰（良渚遗址群考古特展）》，文物出版社，2015年，第69页、第70页。

[2]湖北省文物考古研究所、北京大学考古文博学院、天门市博物馆：《湖北天门市石家河遗址2014—2016年勘探与发掘》，《考古》2017年第7期；参考中国社会科学网：《石家河遗址考古勘探发掘取得重要成果遗址群年代、结构和布局更加清晰》，2017年02月21日。

[3]广东省博物馆、曲江县文化局：《广东曲江石峡墓葬发掘简报》，《文物》1978年第7期；参考广东省文物考古研究所、广东省博物馆、广东省韶关市曲江区博物馆：《石峡遗址1973—1978年考古发掘报告》，文物出版社，2014。

城中城

农耕的形成使聚落生活的中心基本从狩猎和采集走向比较稳定的耕作，人口渐渐增长，各种手工制品如服装、装饰品、陶器皿、玉器以及各类工具的需求日益增大。同时也因为史前人类对自然的利用、对灾害的认知，一些聚落村或城得以改建或扩建，或有组织、有规划地选择一个新的地方建立一个新的聚集地。这些城的共同点是扩大了面积，夯筑了高大的城墙，并且建有大小城，小城是大城的基础或中心，小城有城墙，大城有的不但有城墙，墙外还有壕沟或护城河。墙有夯筑而成的，也有用石头垒成的。城内按功能分区，有宫殿、手工作坊、祭祀建筑，有些遗址的窑址和墓葬在城内外。围绕城址的则是农田和一些中小聚落，这些聚落以耕田为主以家庭式手工为辅，形成城和乡的一体格局。在这个时期，从建筑上看，“城”用城墙和壕沟与“乡”分离了。南方沿着地域稻作文化的积累发展了太湖地区的良渚文化、江汉和澧阳平原的石家河文化等大型城址；北方则发展了城子崖、陶寺和石峁等龙山文化大型城址。这些城址都因各自的地理地貌而不同，从而具有不同的建筑风格，并因功能比较全面渐渐吸引了其他族群聚集在其周围，成为当时区域性的政治、军事、经济和文化的中心，从而具有了古国的规模。

良渚城　北有大遮山，南有大雄山，西有汇观山、窑山、南山等山丘，东部为沼泽平原。其间河流湖泊密布形成水网，地势低平，多滨海湖沼地带以及泥沙堆积的高地。良渚古城位于靠近东苕溪和地势低洼沼泽地域。遗址分布有良渚早、中、晚不同时期的各种建筑和遗迹。中期时达到了鼎盛。古城由中心莫角山、内城、外郭以及城墙和内外城河组成，面积达290万平方米。莫角山是一座西部利用了自然山丘而其他部分为人工堆筑的长方形土台，大约30万平方米。上面又有三个人工堆筑的高台小丘，呈长方形覆斗状，分别为大莫角山、小莫角山和乌龟山，为宫殿基址。在东北部的大莫角山上发现有两排共4个房基，同时在这个土台南部发现三处沟槽组成的大型建筑，根据槽内放置的木头和木板遗迹，这里可能是大型房屋的基址。从莫角山东坡编号H11大型灰坑中的炭化稻谷看，可能为宫殿区的大型粮仓之一。靠莫角山宫殿区的东面，有一条古河道，即钟家港河道，总长1000米，是城内的南北主干道。这里发现了大量的漆木器或木器坯料、燧石石片，还有玉料以及玉和石的钻芯等。说明这一带可能是木器、玉器、石器、骨器等手工业作坊区。附近的房址可能是工匠的居住地。大莫角山西南坡还有一个栈桥码头遗址[1]，与内城相连。内城有多条古河道，溪流沼泽相间。此外还有人工开挖的水路，使河网密布，同时有多处人工堆筑的台地，这使得良渚城就像一个“有高地的水城”。位于内城西北距莫角山台址约100米的反山墓地就是一座人工堆筑的土台，海拔约10米，面积约3000平方米。反山南面的姜家山和桑树头也是人工堆筑墓地[2]。内城四面城墙，现存东西长1500至1700米，南北长1800至1900米，从残留的4米高的城墙截面可以看出明显的分层，这说明当时城墙夯筑用石头垫底，用黄色黏土夯筑而成。东、北、西三面城墙有内外城河，8座水城门四面城墙各有2座，与内外水系连通。南城墙的中部，还有一座陆城门。内城墙外是外郭。在这个区域多为聚落和墓葬区。较大的有吴家埠包括居址和20座墓葬，以及庙前包括居址和69座墓葬。较远的有集祭祀和墓葬为一体的瑶山和汇观山遗址。离莫角山东北5公里的瑶山发现大墓13座，距莫角山西部2公里的汇观山发现大墓4座。良渚晚期居住地扩大至外城，四周的长条状居住台地均为人工堆筑，断断续续地绕城一周。较大的如西南面的文家山包括居址和18座墓葬等遗址；南面的卞家山包括居址和66座墓葬，还有码头和古河道；东面的美人地，其台地上有临河而居的建筑基址和古河道，河岸还用木板加固。

[1]秦岭、马东峰、陆文宝、方向明主编：《权力与信仰（良渚遗址群考古特展）》，文物出版社，2015年，第54页。

[2]中国文物信息网：《良渚古城城内考古发掘及城外勘探取得重要收获，发掘莫角山宫殿区、姜家山贵族墓地和钟家港古河道》，浙江省文物考古研究所，2016年12月19日；参考杭州市余杭区文化广电新闻出版局编《余杭遗珍》，文物出版社，2016。

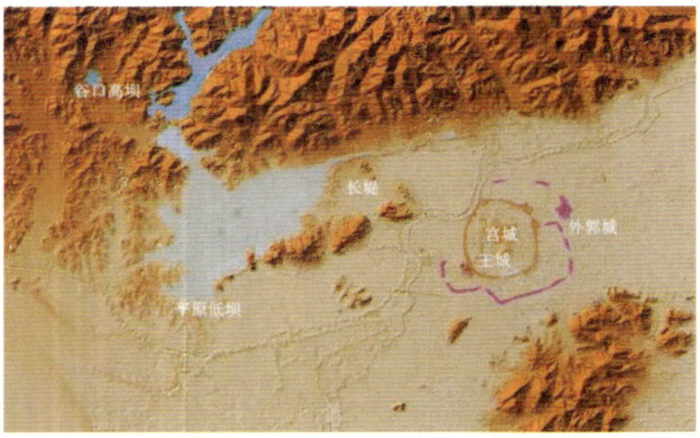

良渚城址高坝和低坝水利系统示意图{图2-4-3}

这些遗址都在外围水利系统的保护之下。良渚人在古城外围北部和西北部建起了11条水坝，分两组，形成北部高坝和西北部低坝的水利系统，控制范围达100平方公里。高坝修建在山区与丘陵区的沟口处，高度约10米以上，坝长50至200米。低坝利用自然山体堆筑而成，宽约50米，遗留高度2至5米，长4.5公里。坝体用芦荻、茅草把泥土裹成长圆形堆筑而成[1]{图2-4-3}。从遗址遗存状况看，大坝自良渚建城时就开始修建，是一个与建城同步的庞大的防洪堤坝工程。良渚其实是一个生态环境极为脆弱的“水城”。首先，位于西北部的天目山为暴雨中心，每年夏天的山洪困扰着良渚城；其次，城址位于河泽之上，城内密布水网，水系的涨落如同城里的神经网络。最后，附近钱塘江的海侵和海退现象、太湖地区的滨海湖沼地带、高地泥沙堆积、蝶形洼地的生态环境以及特别的动植物使得这里高筑土台作为居住地成为主要手段。良渚城在这样的条件下，不得不持续地、反复地来建设、维护和扩展城址，用了近千年。这样经久的活动以其较完善的城市布局，及其由此形成的文化影响了环太湖流域约600处遗址。如距离约70公里的新地里聚落遗址{浙江省嘉兴市桐乡市崇福镇}，发现良渚时期的居址和140座墓葬；距离约170公里的福泉山遗址{上海市青浦区重固镇}，发现30座良渚时期的高台墓地；距离约200多公里外的寺墩遗址{江苏省常州市天宁区郑陆镇三皇庙村}，发现两座良渚时期的大墓。

[1]王宁远、刘斌：《杭州市良渚古城外围水利系统的考古调查》，《考古》2015年第1期；参考浙江省文物考古研究所：《良渚遗址群：良渚遗址群考古报告之三》，文物出版社，2005。

石家河城　城址周围有十多条河流穿过，其东有东河，其西有西河，古城在两河谷地临河而建。石家河古城的中心是更早时期的谭家岭古城。此城大体呈正方形，发现有早期屈家岭时期的房屋以及城垣和壕沟。城垣有8层，均为人工堆筑而成。壕沟紧靠城垣，宽30米，深9米[1]。在谭家岭东部高地还发现石家河文化时期随葬玉器的瓮棺和大型长方形房址。房屋平地起建，有单间和多间。居住面经过处理，有红烧土、柱洞和墙。有的靠门边有一灶塘，有的地面有芦席印，有的房址有门道。石家河城址在距今约5000年开始扩大谭家岭古城，到距今4300年左右筑城达到高峰时期。利用自然生态环境，石家河人根据不同的地貌建有不同的功能分区，包括居民生活区、手工作坊区、祭祀区和墓葬区等，分布在不同的地点。在这个时期，中心谭家岭古城的墓地变为居住区；其西南部的三房湾为窑场，主要烧制红陶杯；西北部的严家山为石器加工地点；北部的邓家湾既是祭祀场所，也是墓地；西部城壕西侧隔护城河与石家河西城垣相望的印信台为祭祀区。此建筑截面为梯形，顶部地势比较平坦，分为3层台基，最大的台基东西长30米，南北宽13米，最高处达4米[2]。全部由人工用黄土夯筑而成。一些墓葬区在城垣和城壕之外。如城外东南部的罗家柏岭是制玉地点以及瓮棺葬墓地，南部的肖家屋脊是重要的墓地和祭祀活动地点。这些地点之间的城垣由城墙、环状城壕和外围台岗共同构成。这组建筑也是充分利用了自然水道，形成了人工加天然的屏障。从遗存的城墙墙基宽度和高度看，城墙高3至8米，墙底宽30至50米，上宽4至5米。城墙以外开挖环墙壕沟，壕沟或护城河宽60至100米，深4至6米，和自然河流相连。东城垣有一较低洼的缺口，可能是水门所在地，水门之东与古河流相通，水门之西与城内的低洼地相连。石家河人还善于利用水，不仅为了城内生活用水，还为了便利于水稻田的灌溉、汇洪和排涝。石家河城因此发展为城头山时期江汉平原和澧阳平原以稻作

[1]湖北省文物考古研究所、北京大学考古文博学院、天门市博物馆：《湖北天门市石家河遗址2014—2016年勘探与发掘》，《考古》2017年第7期。

[2]北京大学考古系等：《石家河遗址调查报告》，《南方民族考古》1992年第5辑；参考中国社会科学网：《石家河遗址考古勘探发掘取得重要成果》，2017年02月21日。

和水利系统为基础的中心聚落城，引导了这个区域的城池蓬勃发展。在其周围约8平方公里的范围内，较为紧密地环绕着十来个城址，形成一个具有密切关系的聚落城联盟群体。其中尤其是城河古城遗址{湖北省荆门市沙洋县后港镇城河村}，不仅城址如同石家河古城以土城垣环绕呈不规则椭圆形，甚至同样具有人工水系、大型建筑、祭祀遗存等重要建筑[1]。

城子崖城　位于黄河下游的武源河东岸，是仰韶文化之后、龙山文化之初的最大城址，在当时也是这一地区的中心。城址占地面积约20万平方米，平面近方形，城址东西宽430米、南北长530米左右，总面积20万平方米。城内有房基、水井、窑穴等遗迹。周围的城墙南北长约450米，东西宽约390米，墙基宽约10米。有南北城门且中间有道路连接。最大特点是发展了夯筑技术。城墙建筑采用平地堆筑法夯建，如城址南墙西段由下向上倾斜夯筑，从土层颜色可看出夯筑的层次。城墙高约2米，防御主要靠城外深达7米，宽30至50米的壕沟[2]。版筑夯土技术是城头山人的发明，即在夯土过程中使用木头夹板从两侧夹住土层再从上面用锤类的工具夯实。从城圈重叠的情况看，城子崖人曾多次使用这种办法筑城，为从版筑到束棍夯筑的筑城技术打下了基础。这是城墙与壕沟相连的防御模式，是史前中心聚落迈向更大城址的一步。城子崖遗址是龙山文化的代表，龙山文化主要覆盖黄河中下游地区，突出特征便是城中城建筑的出现，重要的有陶寺和石峁城址。

陶寺城　城址位于黄土高原汾河谷地，土壤肥沃，有农耕灌溉条件。陶寺人善于运用黄土和石灰以应对这里土质疏松的自然条件，将陶寺建成一个比较典型的土木建筑城址。经过早、中、晚期的初建、扩建、改建或重建，陶寺每一次的建设都根据对环境气候的认知以及居民的各类活动作适当的调整，同时善于利用旧城址，直到有比较完善的布局和结构：具有郭城与宫城的双城制，宫城有早期小城和中期大城。早期小城，城中有宫殿区、大型仓储区。面积56万平方米。中期大城在早期小城的基础上扩建而成，并利用了早

[1]彭小军、陶洋、范晓佩等：《湖北沙洋县城河新石器时代城址发掘简报》，《考古》2018年第9期。
[2]朱超、孙波、吕凯、张宗国：《济南市章丘区城子崖遗址2013—2015年发掘简报》，《考古》2019年第4期；参考总编辑李济执笔，傅斯年、董作宾、梁思永等七人著：《城子崖：山东历城县龙山镇之黑陶文化遗址》，国立中央研究院历史语言研究所编，1934。

期小城的东墙和城内的建筑设施。小城内的宫殿区和居住区到中期继续使用。宫殿区位于小城中南部，约5万平方米。宫殿大型夯土台子基础柱洞直径达40至80厘米，柱础石直径40厘米左右[1]。这种柱式宫殿应是陶寺人在大型木构建筑上对夯筑技术的应用，同时还在材料上有所创新，如在宫殿内发现了大块装饰有戳印纹的白灰墙皮和带蓝彩的白灰墙皮、硬似砖的夯土台基表面残块、建筑材料陶板残片等。宫城有东、南、西、北四面城墙和门址。大城内有居住区、祭祀区、窖穴、手工业作坊和墓葬区等。紧靠大城垣东垣偏北处是一处墓地，墓地以南是祭天并观天象的大型建筑。居民区位于大城的西北部，房址分地面、半地穴和窑洞式。其中窑洞式房屋除杨官寨遗址发现的类似形式，在这里则是一种陶寺人利用黄土高原的地貌而创造的适宜人居的建筑。其建筑方式是先挖出天井，崖壁处凿窑洞，四壁向上弧形内收形成穹窿顶，开门道，门前立棚柱，用草拌泥筑门槛，有的室内加柱，草拌泥墙壁和居住面均经烧烤，再抹一层白灰面，墙面上往往有或大或小的壁龛。天井院落除壁灶外，还有猪栏。每一个窑洞都可以是一个比较独立的单位。此外各房址周围有道路，深13米左右的水井，陶窑和较密集的储藏灰坑。最后，陶寺人将墓葬集中分布在早期小城外和中期小城内西北部，与居住区隔开。从陶寺城址所处聚落群的周围区域看，附近20公里的范围内密集分布有14处同时期文化遗址。

石峁城　城址位于黄土高原山峁上，山峁下有一条黄河的支流秃尾河。这里气候环境在当时虽比较温和，但山峁上岩基裸露，到处是断崖石。这是一座建在山峁上并依山势而建的有双重城墙的金字塔式的石砌城。海拔1100至1300米。由“皇城台”、内城、外城构成。总面积有425万平方米，是这个时期晚期的一座最大的城址。石峁城建城的方式是顺地势使用砌石和垒砌而建。尤其是各部分之间的石墙，均由经过打磨平整的砂岩石块或从砂岩直接剥离的石块交错平铺，并间以草拌泥加固砌筑而成，也像陶寺一样使用高原黄土和石灰。城墙将城分隔为不同功能

[1]严志斌、何驽：《山西襄汾陶寺城址2002年发掘报告》，《考古学报》2005年第3期；参考中国社会科学院考古研究所，山西省临汾市文物局：《襄汾陶寺，1978—1985年发掘报告》，文物出版社，2015。

{图2-4-4}
石峁城址示意图

的部分。“皇城台”位于城址最高处，处于内城偏西中心，为一座四面有9级护坡石墙包砌的方形台城，山脊上的城墙高约1米。其外围的内城有居址墓地窑址，面积8万平方米。台顶有成组宫殿夯土建筑基址，北侧有池苑。城内有位于东北部后阳湾地点的居住区，周边还分布有墓葬和瓮棺；位于正南的呼家洼地点有4座窑洞式房址；位于东南的韩家圪旦地点有房址42座、墓葬41座[1]。内外城之间的城墙建有城门以及城墙上的墩台。外城墙利用内城东南部墙体扩筑形成封闭空间，现存墙体宽2.5米，高1米多，墙体残长2000米。每重墙有四面城门。每座门旁又有附属的建筑，如窑洞式住房、库房、礼仪性厅房及石铺地坪和石砌院落。外城墙的东门有城防设施，包括门道、门塾，以及两侧的墩台、内外瓮城、马面和3个角台等建筑{图2-4-4}。城外东南处有高台式哨所建筑，构成预警系统。石峁外城墙的结构和设施复杂，呈现出石峁城是一个以军事为主的有很强的对外防御性的城堡。同时也是一个使用雕像、玉器、人牲祭祀、占卜

[1]陕西省考古研究院、榆林市文物考古勘探工作队、神木县石峁遗址管理处：《发现石峁古城》，文物出版社，2016年，第56—66页。

等祭祀手段来保护的城址。这个坚固的城址并不是孤立的，在其周围还分布有其他聚落。近距离的有约20公里处的寨峁梁遗址{陕西省榆林市榆阳区安崖镇房崖村}，33公里处的新华遗址{陕西省神木市大保当镇新华村}，远距离的有400公里的芦山峁遗址{陕西省延安市宝塔区李渠镇芦山峁村}。这些中小聚落其时代、石构城址的建筑形制和器物包括玉器等特征跟石峁古城有明显关联，是依附于或相对独立于石峁古城的聚落城[1]。

总之，这时期的城址建筑功能越来越全面，包括宫殿区、民居区、墓葬区、作坊区、广场公共活动区、道路、防御城墙和壕沟，以及城外的农田，尤其城址都发现了大型祭祀遗址。祭祀建筑在遗址中往往处于重要位置，或处于高台处，或特意堆筑而成，或有特别的结构，不仅是本聚落城建的中心，还是周边聚落群的中心。

有的是祭坛和墓葬的结合。如良渚古城之外的瑶山、汇观山遗址等。瑶山利用自然的山体修凿而成，在较平缓的顶部修建了长方形覆斗状祭坛，面积达1500余平方米。主体部分为阶梯状三层结构，将祭坛分成里外三重。中央是方形红土台，四周为灰色土围沟，外围边长约20米。埋有南7座、北5座两排墓葬。另一处汇观山祭坛总面积近1600平方米，西南部清理墓葬4座，是目前所发现的良渚文化规模较大的祭祀遗址[2]。

有的以红陶缸构成。如石家河城址西城壕西侧的印信台是一座顶部面积14300平方米的祭台，在祭祀台顶部发现5座台基遗迹，在祭祀台基边沿发现有扣碗、立缸、厚胎红陶杯，以及土坑墓和瓮棺等相关遗迹。同样的遗迹虽然也在邓家湾、肖家屋脊有所发现，但印信台是目前发现的长江中游地区规模较大的史前祭祀场所之一[3]。特别是在整个祭祀场所的核心区域，第二和第三台基之间的低洼地带有两组由数十个红陶缸首尾套接而成的套

[1]中国社会科学网：《陕西芦山峁遗址考古获重大发现》，2018年1月1日。
[2]芮国耀、方向明：《余杭瑶山遗址1996—1998年发掘的主要收获》，《文物》2001年第12期；参考浙江省文物考古研究所：《瑶山：良渚遗址群考古报告之一》，文物出版社，2003。
[3]湖北省文物考古研究所、北京大学考古文博学院、天门市博物馆：《湖北天门市石家河遗址2014—2016年勘探与发掘》，《考古》2017年第7期；参考中国社会科学网：《石家河遗址考古勘探发掘》，2017年02月21日。

石家河印信台遗址红陶缸{图2-4-5}

缸遗迹{图2-4-5}，总长达20多米。

有的专为祭天。如陶寺中期小城内的观象台遗址，总计13根柱子，形成12道观测缝。这些观测缝如同观测点，可能会观测到冬至—夏至—冬至一个太阳回归年的20个节令。这显示出陶寺人试图通过观测光线制定出一个较为缜密的太阳历法[1]。

有的专为“祭”城。石峁整个城址似乎是一个被祭祀的城，所有的活动都围绕建城护城进行。皇城台局部墙体以人面石雕装饰，同时这里还发现了100多件卜骨，可能祭祀时用来为防御或为征战进行占卜活动。东城门墙体出土的玉器有铲、钺、璜、璋、璇玑，以及外瓮城的石墙墙体内的玉铲和玉璜等。此外可能为稳固台基，外瓮城墙外侧和东门城门门道夯土内各埋有24个以年轻女性为主的人头骨[2]。最后外城墙体也用石刻人面像或雕刻来装饰，内瓮城墙体上则用壁画装饰等。

[1]高天麟、张岱海：《山西襄汾县陶寺遗址发掘简报》，《考古》1980年第1期；参考中国社会科学院考古研究所、山西省临汾市文物局：《襄汾陶寺，1978—1985年考古发掘报告》，文物出版社，2015。

[2]西安半坡博物馆：《陕西神木石峁遗址调查试掘简报》，《史前研究》1983年第2期；参考陕西省考古研究院、榆林市文物考古勘探工作队、神木县石峁遗址管理处：《发现石峁古城》，文物出版社，2016。

饮食的多样

谷物已是大面积地灌溉种植，以供给越来越庞大的聚落城的需求。这时候在丰年时人们可能已经有了一日三餐，谷物作为主食，同时辅以肉、蛋、蔬菜、瓜果，饮料也有了酒或果汁。相应于这样多样的饮食，人们创造出造型丰富的各类器皿。除了陶器，还要特别强调木器，因为后者在这个时期有了更多的发现。制陶技术的进步，木器的加工技术也日臻成熟，使得饮食器皿越来越结实和丰富。器型从小到大，从细腻到复杂。炊具类别基本定型，陶质和木质器皿互补，器型和饮食方式愈来愈完美地结合。饮食器皿渐渐成为艺术品，是生活实用品和工艺美术相结合的产物。此外，这时居住地的灶台和储藏坑也有了很大的变化。如石家河有的房屋有灶和双灶，少数有圆形灶坑；陶寺房址的居住面中央也有灶坑，窑洞式房屋室内有灶坑、灶台，有的还在灶台后部有连通室外的烟道，天井院落也有壁灶或灶坑、连灶，以及可移动的釜灶。灶的封闭性有所改进，下部有进柴火口，上部有风口。而储藏坑分布在居址内或居址周围。如城子崖有的房间内挖有窖穴；陶寺有专门的窖穴区，窖穴容积达100至400立方米。不论是灶、炊具、食具或储存方式都处于革新改进中。

各个文化因当地的地理环境、社会分工而呈现各自的特点。无论随葬的陶器或木器，抑或是房址文化层出土的器皿都反映了现实生活。而一些明器，尤其是葬仪特别的器物，有可能比日常生活简单，也有可能更为讲究。这基于各个文化对待死者和生者的态度，甚至是对饮食的态度。总体来看，大而结实的器皿更多地用于储藏粮食或其他物品，而精致的器皿主要用于饮食或装盛各类食物。炊食盛器皿的种类变化多样，形制复杂，却用途分明便利而细致，个别的器物在这段时间被发扬光大，说明人们使用饮食器物充分考虑到了食物的特性和使用的细节。

{图2-4-6}庙前陶鬶

{图2-4-7}陶寺黑陶簋

{图2-4-8}石家河红陶盉

总体来看，尽管大多数遗址仍沿袭地域或地区器皿的传统，但造型同类不同型，同时都发展了各自新类型的器物。各个遗址的陶器皿仍为炊器、饮食器、盛器和储藏器。而且这个时期仍是一个传承与创新的时代。从样式看，常用的罐、壶、钵、鼎、豆、瓶、盆、盘、杯等在不同的地区出现了新的地方化的造型。从姜寨、庙底沟时开始流行的鬲和斝这个时期在北方大量出现。大汶口时期的甗也更多地演变为鬲或鼎和釜的组合，鬶在南北方的龙山文化都有所发展，尤其是袋足鬶，甚至流传到了良渚晚期遗址群。簋、盉等太湖一带的器皿也往北方传播。酒器觚更为普遍，还出现了具有地方特色的新的酒器罍。

整体看，饮食器类别已较完备和固定，人们更重视器皿的细化。从器物大小看，炊器和储藏器为大器，比较厚重，饮食类器皿为小器，比较精致{图2-4-6、7、8}。

{图2-4-9}马家窑文化半山类型壶

{图2-4-11}马家窑文化半山类型瓮

{图2-4-10}马家窑文化半山类型罐

马家窑自大地湾一期出现彩陶后，这个地区的陶器又经历了仰韶文化、庙底沟文化演变到马家窑文化的彩陶。这个时期，彩陶制作技术发生了飞跃，使得器皿质量得到上升。如横穴式陶窑具备了火膛、窑室、窑箅、火道，塑形从泥条筑成法到慢轮修整，包括器表的抹、压、磨、刮，以及器型圆弧的规整、器壁薄厚均匀等。从陶质色彩、彩绘、造型来看，可分早、中、晚期四个类型：石岭下类型从庙底沟类型而来，陶质为红色；马家窑类型陶质为橙黄底，打磨后彩绘黑色；半山时期彩陶增多，陶质有红、黑、白陶。这两种类型纹饰多为几何、旋涡纹、网纹、动植物纹，且有共同的器型碗、盆、钵、豆、杯、瓶、壶、罐、甑、瓮、带嘴锅等；马厂时期多红陶和灰陶，上半部施红陶衣，彩绘黑白，图案有几何和蛙纹，且趋于简化。器型中最有特点的是各类罐，有敛口罐、大口浅腹罐、盘口罐；各类壶，有长项和短项壶；各类瓮，有大腹或小口。丰富的器型是由于饮食烹饪细腻所致，似乎每个家庭或个人都有自己的所好。虽然没有新的类别出现，但器型和图案却变化多样{图2-4-9、10、11}。

{图2-4-12}
庙前鼎

良渚文化继承马家浜和崧泽文化的陶器风格和制作技术，但不同的遗址发展了各自相应的炊食陶器皿。这些器物主要出土于墓葬和文化层。反山和瑶山作为以玉为主的祭祀和墓葬地，其陶器随葬品相对于周边聚落遗址来说较为简单甚至粗糙，这是由于粗泥陶胎火候不高所致。主要器型有鼎、豆、罐、缸，偶有圈足甑、过滤器。其他周边聚落的陶器因比较精致多样可能更反映出良渚的日常饮食器皿。比如卞家山的尊、盆、壶、杯、器盖、子母口盆形鼎；新地里的宽把杯、袋足鬶、鱼鳃形足鼎、双鼻壶、圈足盘、带盖钵等。不同遗址的器物表现了良渚文化不同时期和不同地点的时空变迁。共同的特点一是黑陶器居多；二是一些新的器皿如鬶、盉、匜、簋、尊等器物不仅有当地的特色也有其他文化的流行趋势。如流行扁弧形宽把，宽把安设在杯、鬶、壶、匜、盉等器物的肩腹部，与大腹的器身相配；出现了器身细长的竹节形的豆和杯；鼎更为广泛地使用，其中最普遍的造型是鱼鳍或丁字形足的鼎，稳重而结实；鬶既有龙山文化传来的袋足鬶的风格，也有良渚文化本地的上翘单把鬶的特色。这些器物在使用上更为合理和方便，从各个方面满足了日常需要:鼎直接用来烧水煮食物，也可以和甑组合；双鼻壶用来盛水；宽把壶有流便于向杯子注水或倒酒，宽把杯宽而上扬的流给人感觉倾注液体的流畅；盉和鬶是烧水的器皿，也可以直接架在火上；盛器盆、缸、豆、罐、尊、簋不同的器皿用来置放不同的粮食、水果、蔬菜、肉类以及汤类等。很多器物都配以精巧的盖。器盖不拘一格，似乎是按个人喜好制作，很少同形，很少模仿{图2-4-12、13、14}。

{图2-4-13}
美人地鼎

{图2-4-14}
良渚鼎

{图2-4-15a}
石家河谭家岭
彩陶罐式豆

石家河 长江中游的江汉平原和澧阳平原都受到了大溪文化和其继承者屈家岭文化的影响。尤其后者，发展了彩绘黑陶和蛋壳彩陶，典型器物有矮足罐形鼎、宽口沿鼎、高圈足杯、圈足甑、三足碟、直口长颈扁腹壶、蛋壳彩陶杯等。一些彩陶食器很精致，如碗、盘、瓶、杯、觚、豆以及碟。经历了大溪文化和屈家岭文化的石家河古城的各个遗址陶器器皿均有所不同。谭家岭陶器有出自墓葬也有出自房址，陶器除贯穿始终的鬶、鼎、瓮、擂、钵、豆、罐等，表现屈家岭文化的器皿有彩陶壶、彩陶碗、薄胎彩陶杯，晚期有罐形鼎、高领罐；到了石家河文化则出现了新的斜腹杯，以及各种造型的鼎、碗、罐以及器盖。器盖造型极为夸张。造型各异的豆、彩绘碗和杯则是饮食器中的精品。邓家湾主要是墓葬和祭祀遗址，陶器多用于随葬和祭祀。土坑墓葬和瓮棺葬的陶器主要有鼎、罐、碗、杯、豆等。这些器皿都源自生活。碗制作得很细腻，口沿和足沿都有卷起来的纤细的边缘。造型各异，应是不同陶工所制。肖家屋脊的陶器多出土于墓葬。有典型的屈家岭文化的蛋壳彩陶斜腹杯，有其他地方化的典型器物有圈足器碗、高领罐、折腹壶、器盖配小鼎、红陶鼎、直口长颈扁腹壶、罐形鼎、高领罐、高圈足杯、子母口器盖和器座，以及标新立异的器盖。晚期除过新的甑箅子、镂空圈足陶盘，肖家屋脊人更喜欢袋足类的器皿，有鬶、盉、斝，比如冲天流肥袋足鬶。其中带有外来文化的器物有带盖鼎、擂钵、三足杯、细柄豆、细长颈鬶、斝，看来都适应石家河人细腻生活中的各类需要{图2-4-15a、b、c}。

{图2-4-15b}
石家河谭家岭
彩陶盘式豆

{图2-4-15c}
石家河谭家岭
彩陶盘式豆

{图2-4-16}
姚官庄黄陶乳钉纹鬶

{图2-4-17}
两城镇红陶鬶

{图2-4-18}
两城镇黑陶鬶

城子崖以城子崖遗址为代表的龙山文化分布各地。尤其饮食器很多方面承袭了大汶口文化的器型，磨光黑陶数量更多，质量更精。这是由于大汶口文化出现的快轮制陶技术在这一时期得到普遍应用，得以烧出表面光亮如漆、薄如蛋壳的器物。尤其在陶器方面表现了重而巧的风格。重，体现在器型大而多素面，如造型多样的炊具鼎，以及储存类器皿瓮、尊、罐、缸等，有的器物高度达1米左右。这说明大量谷物的储存不仅有窖穴也有大容器。另如新出现的素面肥袋足甗、筒腹袋足鬲；还有小口大腹的罍、有嘴的盉、斝等，作为水或酒器。这类器皿的出现可能是由于饮食中酒和下酒肉菜的增多。巧，则体现在器型的镂空和口沿的薄而光滑，特别是杯的制作，如磨光黑灰陶杯、带把或直腹宽鋬杯、筒形杯等都是轻巧的饮食器，尤其高足杯可作为典型代表。而各式各色的袋足鬶，红、灰、黄、黑、白，则是重与巧的结合。袋足鬶或因其重而巧或因其实用的特点流传海岱地区并传播到了到江淮、江汉平原，甚至太湖一带。{图2-4-16、17、18、19、20}

{图2-4-19}
大汶口灰陶实足鬶

{图2-4-20}
东海峪白陶鬶

{图2-4-21} 陶寺彩陶罐式壶

{图2-4-22} 陶寺彩陶折沿壶

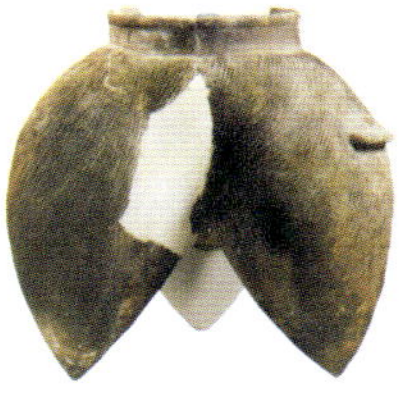

{图2-4-23} 石峁袋足鬲

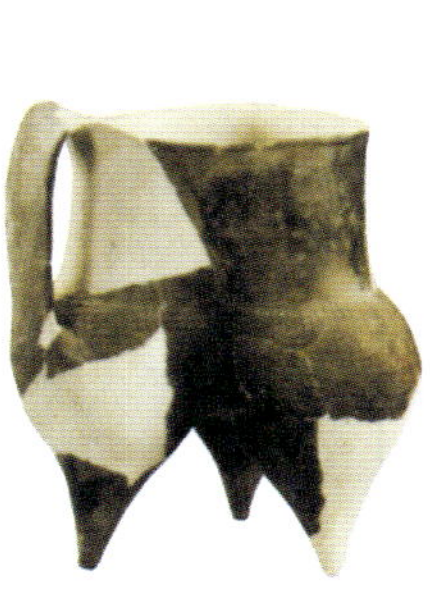

{图2-4-24} 石峁呼家洼袋足单把鬲

陶寺属于龙山文化的陶寺器皿有自己的特点，主要反映在重器组合即如釜、灶、鼎、罐、斝、甑；中期出现了鬲和甗；晚期演变为鬲、斝、甗的组合。釜灶中的鼎这时逐渐被袋足鬲替代了。另外汲水器出现了扁壶，饮器出现了觚。各类陶器皿还发展了新的“型”和“式”。针对陶寺人的酒、肉、谷、米俱全的饮食特点，炊饮具也按功能分门别类：鼎有罐形鼎和盆形鼎；壶有扁的和折腹的；杯有单、双把的和三足的；鬲有无把手的和有把手的。陶寺人吃饭用勺、碗、碟和钵；喝水用杯；盛水用扁壶和瓶；盛储物品用罐、豆、盆、簋、缸、瓮等。新的器皿鬲、甗、斝、觚、簋表明出现了酿酒。除过灰陶或黑陶，陶寺的彩陶从造型到纹饰都非常地方化，如背壶、折腹壶。双耳簋以及折腹敞口瓶和小底宽沿盆。仅从陶寺早期普遍使用成套的彩绘器皿就可看出陶寺人的饮食或宴饮情趣{图2-4-21、22}。

石峁龙山文化晚期的石峁陶器与陶寺风格接近，也有同样的炊具重器组合，鼎、鬲、斝、尊、甗、盉、宽把罐等。炊具中的鬲、甗、盉、斝共同的特点是这些器物的足都是袋足。这些器皿大多从房址地层发现，是实用炊食器。石峁人的饮食方式与其高大的城址建筑一样豪放。器物风格厚重、结实，尤其是他们发展了造型丰富的鬲，如三足鬲、带把鬲、双耳鬲等。从器型上折射出石峁人特殊地理环境的粗放生活{图2-4-23、24}。

{图2-4-25 彩陶壶，陶寺遗址

在各地遗址中都发现了制陶作坊和大量的彩陶，说明这一时期制陶的社会分工更为成熟，表现为专业化和独立化。各种陶质和各种色彩的陶器或继续发展或另辟风格，尤其是彩陶和黑陶。前者如马家窑文化、小河沿文化、屈家岭文化以及龙山文化等不同特点的彩陶器皿；后者如良渚的泥质黑皮陶、屈家岭文化的朱绘黑陶、龙山文化的蛋壳黑陶。

彩陶从陶质来看，更为细腻。夹砂陶陶土经过水洗，含沙量大大降低。一些泥质陶陶土也更加讲究，如马家窑类型陶器有夹砂和泥质红陶和灰陶，半山或马厂类型则大多为细泥红陶；石家河彩陶多为夹砂夹炭和泥制的彩质陶，陶色有灰、黑、红及桔黄色；陶寺的彩陶为夹砂红和泥质褐陶；小河沿的彩陶陶质为夹粗砂和细砂。从彩绘技术来看，马家窑文化各种类型的彩陶大多为橙黄底，打磨后彩绘灰、红、白、黄、黑彩等。屈家岭彩陶的绘制方法上色有浓淡，不讲究线条，里外皆施彩，通常陶衣有红、白等色，施加陶衣后再彩绘黑色或赭色；小河沿彩陶多为红底施黑彩，也有黑底施白和红色；陶寺的彩陶在磨光的器表或内壁上绘彩，先着褐色陶衣，再以红彩或白彩绘出图案。有的以黑陶衣为底，上施红、白、黄彩{图2-4-25}。彩陶陶器一般是烧前打磨光滑后着彩。但有些则是烧后绘制。尤其是大地湾五期彩陶。然而彩绘陶器的色彩容易脱落，或色彩易发生变化。从大地湾到马家窑，陶工们试图将颜料固定在陶器表面。经过了长时间的摸索，人们发现只有黑红铁矿石固化后可以紧附于器表，或以石灰石为主要成分的熟料固化后也可以紧附于器表不脱落。看来这与矿物质颜料成分和研磨有关。如涂朱砂颜料时同时将石英岩研细绘于器物表面，可使红色色度饱满而色彩明亮。在马家窑遗址具有一定规模的制陶作坊遗存中，发现了矿物颜料以及研磨颜料的石板、调色陶碟，说明了马家窑陶工懂得如何利用矿物质颜料，同时也说明马家窑彩陶何以发展出了不同的类型。

黑陶双鼻壶，良渚遗址{图2-4-26}

黑陶大多以河泥为原料，有泥质黑陶、夹砂黑陶、细泥黑陶，其中细泥薄壁黑陶制作水平最高。最为典型的是黄河下游冲积平原的龙山文化的黑陶，得益于由黄河携带的经过冲刷沉淀在河底的深层泥土，其土质特别细腻，黏性大，且富含多种矿物元素，在烧制中可产生均匀的纯黑质感，器型有碗、盆、罐、瓮、鼎、单耳杯、高柄杯等。大汶口文化的薄胎磨光黑陶在龙山文化继续发扬光大，其特点是漆黑乌亮，薄如蛋壳。如东海峪遗址{山东省日照市东海峪村}继承了使用河底泥烧制黑陶的工艺：在遗址的上、中、下三层，即大汶口文化晚期层、大汶口文化向龙山文化过渡层以及龙山文化层，均出土了蛋壳黑陶镂孔高柄杯，既是由下层同类器物演变发展而来，又是上层同类器物的祖型。这类杯一般由杯盘、杯身和底座组成：杯盘为浅盘，下接圆柱形杯身套入底座内，与底座结合。龙山文化尧王城先民除已熟练掌握了制作夹砂黑陶、灰陶、红陶、白陶等陶土的选择、处理、成型、装窑、烧制等一系列复杂的工艺流程，也善于制作蛋壳黑陶器，以胎薄、硬、黑、亮而著称，主要器类有鼎、鬶、罐、盘、杯、盆。然而黑陶制作在各地水平不一。屈家岭文化的黑陶泥质同龙山文化，也制作出了蛋壳黑陶。陶寺有些泥质细泥的陶土虽经仔细淘洗，但更多的是夹砂粗泥灰陶和黑陶。继跨湖桥的黑光陶、河姆渡的夹炭黑陶、崧泽的黑衣灰胎黑皮陶，到良渚这一时期出现了薄胎黑陶、夹砂黑陶、泥质黑皮陶，尤以泥质灰胎磨光黑皮陶最具特色。陶器器表以素面磨光的为多，少数有精细的刻划花纹如竹节纹、弦纹以及镂孔装饰。另外良渚人充分利用陶质的不同来制作硬度不同的器皿，如用夹砂黑陶制作炊煮器，用泥质黑陶制作食器等{图2-4-26}。

彩陶和黑陶的制作工艺从泥条盘筑法过渡到了轮制、慢轮修坯和模制。彩陶使用快轮制陶技术，使器型更加规整，器形的种类有了较大的革新与发展。屈家岭的许多陶器都是用快轮成型的。用这种技术制作陶器，不仅生产率可以提高许多倍，而且制作的陶器非常规范、圆正均匀。蛋壳彩陶正是用轮制技术制作的。黑陶“黑如漆、薄如纸”的特点也正是轮制所致。陶土经过淘洗，将泥土晾干，过滤制成泥坯，轮制拉坯造型后，再经打磨，直到陶坯表面密度增加，光滑如镜。再以特制的雕刻工具运用线雕、浅雕、深雕、镂空等技法，雕刻出图案。蛋壳黑陶素面磨光的最多，纹饰较少，主要有弦纹、划纹和镂空几种。比如城子崖遗址的黑陶单把杯，三里河遗址的薄胎黑陶高柄杯，后者壁薄仅0.3毫米，重不足40克。同样良渚的薄胎黑陶，只有使用快轮才能制成。陶寺晚期的泥质陶也采用了轮制，器物还经陶拍拍打磨光。

彩陶和黑陶烧制成功都和陶窑以及烧制气氛有直接的联系。石家河肖家屋脊的陶窑为横穴式，有火膛、火道、窑室和火眼。三房湾祭祀坑里的数十万件红陶杯表明这里有一个大型的陶器生产作坊，有陶窑、黄土坑、洗泥池、蓄水缸等[1]。马家窑横穴式陶窑的火膛与窑室分开，窑炉聚热聚温，使窑室热能稳定。陶寺发现的6座陶窑也为横穴式，窑室直径为0.7至1米，有多股平行火道，烧成温度为摄氏600至850度[2]。良渚黑陶的烧制是陶窑进步的表现也是烧制方法进步的表现：陶窑旁放置水罐等，以便陶器烧成后在窑顶渗水形成还原气氛的灰黑色。龙山文化黑陶烧成漆黑光亮，是在器物烧成的最后一个阶段，封闭窑门与烟囱，加入

[1]湖北省文物考古研究所、北京大学考古文博学院、天门市博物馆：《湖北天门市石家河遗址2014—2016年勘探与发掘》，《考古》2017年第7期；参考湖北省文物考古研究所、北京大学考古学系、湖北省荆州博物馆、石家河考古队：《肖家屋脊：天门石家河考古报告之一》，文物出版社，1999。

[2]高天麟、张岱海：《山西襄汾县陶寺遗址发掘简报》，《考古》1980年第1期；参考中国社会科学院考古研究所、山西省临汾市文物局：《襄汾陶寺，1978—1985年发掘报告》，文物出版社，2015。

{图2-4-27}
嵌三漆杯，良渚遗址反山大墓

大量柴草，产生大量碳素即黑烟，以便将陶器熏成黑色。如此烧制出窑后的器物便是浑然天成，其外观黑如漆、亮如镜。陶寺黑陶封窑产生黑烟渗碳，其他褐色则是因为窑温偏低氧化不足。这可能也是出现其他陶色的原因。即使在以黑陶为特征的典型的龙山文化两城镇遗址，虽烧制出的陶质细腻、表面磨光而呈黝黑光亮黑陶居多数，但仍因还原或氧化气氛各异所致而烧制出灰、褐、红、白、黄等色。

一种物质文化的形成和发展是和其他物质的发展相辅相成的，其制作技术其实与当时其他材料是互动的。炊食盛器皿不仅有陶器，还有木、漆、竹器、藤草编等。一些地区更多地使用这些材料，一是有资源，二是便于加工，三是便于使用。木器在较早的时代早已开始使用，比如城头山城址时期发现众多的木器工具，只是不易保存。良渚文化也拥有木器、竹器以及髹漆炊食具。如瑶山编号M9:78大墓出土的嵌玉漆杯整体为鼓腹带把宽流杯，口沿外壁弦纹带上还镶嵌有小玉粒；反山M22大墓出土的涂朱嵌玉镯形器底漆杯，表面彩绘图案上也镶嵌有小玉粒{图2-4-27}。即使在北方如在陶寺早期和中期的一些大、中型墓中，也出土了大量木器，如炊具中的案、俎、几、匣；盛器和食器中的各种盘、豆、斗、匕和勺；饮器中的觚和杯。这些木器一般都着彩绘，用黄、白、蓝、黑、绿等颜色绘出几何花纹图案。这些精美的彩绘木、漆器物虽然是随葬品，但却是生活的翻版，不仅造型、色彩赏心悦目，还使饮食方式别具一格。

个性与神性

{图2-4-28}
纺轮，石家河谭家岭遗址

这个阶段史前人类在思维以及美感方面发生了质的飞跃。尤其表现在服饰、装饰品、绘画、陶塑、玉雕等方面，是物质与精神因素的结合，从日常实用上升到具有观赏、美化、感性的艺术价值，有些甚至上升到具有威望和权威价值的祭祀器物或礼器。

服饰　这一时期的制衣已经十分发达。首先纺织工具已经变得精细。小河沿文化发现的骨针针鼻处磨成扁平状，钻有0.2毫米的细微圆孔，可以穿过十分精细的缝纫用线。纺轮有陶质和石质两种，有大小之分，大的重约98克，小的约9克[1]，可以捻出粗细不同的线，这样所织的布也有粗细之分。马家窑文化发现纺轮有58件之多，骨针236件，最长13.5厘米，最短为2.4厘米[2]。这个地区同时还种植大麻来纺织麻布。屈家岭文化发现了丰富的纺轮，如屈家岭遗址{湖北省荆门市}的彩陶纺轮，其横截面有椭圆形、长条形等。到了石家河谭家岭纺轮数量大为增加且变得小巧轻薄{图2-4-28}。由此可见纺织活动的普遍，同时由于使用了更为纤细的纤维，可以织出轻薄柔软的布来。纺轮上精心的彩绘说明人们是如此重视纺织和服装。从纺轮上的花纹就可看出织品的色彩和纹样，有旋涡纹、平行线纹、同心圆纹、卵点纹和短弧线纹。从这些差异来看，似乎家家都从事纺织。这个时期也发现了纺织品，如在钱山漾遗址{浙江省湖州市潞村}良渚文化层中出土了包括丝线和麻布纺织品的

[1]李恭笃：《辽宁敖汉旗小河沿三种原始文化的发现》，《文物》1977年第12期。
[2]中国考古网：《甘肃临洮马家窑遗址的发掘，2015年社科院考古所田野考古成果(四)》，2016年01月08日；参考谢端琚：《甘青地区史前考古》，文物出版社，2002。

遗存。其中一块被鉴定为“绢织物”，材质是经过缫制的家蚕丝，其经纬密度达到每平方寸120根[1]。看来这个区域的养蚕和纺织技术相当发达。在龙山文化的陶寺遗址早期大墓中发现了麻布类的编织物。石峁遗址不仅发现了纺轮和不少长短不一的超过万枚的骨针，还在瓮棺葬发现了紧贴婴儿骸骨上的织物残片，其原料为萱麻类纤维，下层经纬较为细密，上层经纬较为粗疏[2]。可见人们已经穿上了从萱麻到丝绸的服装，着装已如此个性和地方化了。

装饰品　这一时期的饰品主要还是发饰、耳饰、颈饰、手饰、臂饰和服饰，但发展了更丰富的造型用于日常和葬仪。装饰品遗存虽为葬仪用品，却是源于生活。从材料来看，有石、蚌、绿松石、骨等，尤其玉作为主要的饰品，数量之众多、品种之丰富、雕琢之精湛、造型之新颖、精神意义之表达，都达到一个高峰。

良渚文化玉饰品可分两类。一类是反山、瑶山、汇观山、福泉山墓葬出土的大型玉饰件。根据出土位置，这些墓葬的墓主从上到下覆盖有各类饰件：头饰或冠饰有作为梳背的冠状器，上部为山字形，下部镂有装梳齿的孔；发饰有作为簪上的三叉形器以及卯销成组的数量不等的锥形器，成组半圆形器；耳饰有玉玦、玉坠；项饰有以大小不等的玉管，或以玉管和圆牌搭配穿缀起来的璜作为串饰；臂饰有玉镯、玉琮、玉环；服饰有牌饰、小动物造型和带钩。而数量不等的玉璧则堆放在墓主的胸部或脚边。有些饰物按墓主的性别只出现于男性或女性墓葬中。如女性墓主随葬成组半圆形器，男性墓主则随葬钺杖或权杖以及各种作为器物配件的琮或管。此

[1]丁品：《浙江湖州钱山漾遗址第三次发掘简报》，《文物》2010年第7期；参考浙江省文物考古研究所、湖州博物馆：《钱山漾：遗址第三、四次发掘报告》，文物出版社，2014。

[2]魏世刚：《陕西神木石峁遗址调查试掘简报》，《史前研究》1983年第2期；参考陕西省考古研究院、榆林市文物考古勘探工作队、神木县石峁遗址管理处：《发现石峁古城》，文物出版社，2016。

项饰，福泉山遗址 {图2-4-29}

外，几乎所有饰件上都刻有兽面纹。这一类可能是葬仪所专用的首饰，折射了一种信仰精神。另一类是从附近的聚落如卞家山、新地里等墓葬中出土的小型玉饰件。发饰有梳背、珠管串饰；耳饰有坠；项饰有璜；腕饰有玉镯；服饰有环和玉锥形器等。特别是福泉山遗址出土的用锥形器、珠、管等串起来的项饰 {图2-4-29}，排列对称，典雅活泼，充满了生活气息，表现了当时生活的流行趋势。

石家河各个聚落遗址都有出土小型玉饰件。谭家岭古城5个瓮棺中共发现了240余件玉器[1]。从体积、尺寸、造型、器物上的饰件穿孔来看，除作为发饰的玉簪、玉笄、玉管，以及作为项饰的玉璜、玉佩或玉牌饰外，其他还有作为服饰的玉质人头像或动物饰件，如双人连体头像、虎座双鹰像、虎形冠饰等。肖家屋脊墓葬中出土的玉器有发饰笄；头饰管、坠；项饰璜、牌形饰、珠等；服饰挂件有人头像、飞鹰{图2-4-30}、虎头、羊头、鹿头、

石家河遗址肖家屋脊飞鹰挂饰 {图2-4-30}

[1]孟华平、陆成秋、刘辉、向其芳、刘明德、肖友红、余乐、杨中玉、向其华：《湖北天门石家河谭家岭城址2015—2016年发掘简报》，《江汉考古》2017年第5期；参考湖北省文物考古研究所、北京大学考古学系、湖北省荆州博物馆、石家河考古队：《谭家岭：天门石家河考古报告之三》，文物出版社，2011。

{图2-4-31}臂饰琮，陶寺遗址

蝉等。罗家柏岭出土的44件三器装饰品中也有作为服饰挂件的玉凤[1]。从其形状及钻孔部位等特点来看，是用线缀缝于软质的冠服上。

陶寺人首饰的丰富程度可以用数量表示。陶寺遗址已发掘的1309墓中有200多座随葬有玉石器共800件（组），其中透闪石—阳起石软玉98件、半玉6件、似玉或假玉433件。除过工具和兵器类，如钺、圭、铲、殳、双孔刀等，其他为首饰，有玉石梳、箍形器、笄、臂环、指环，还有绿松石镶嵌腕饰等；服饰有玉兽面、玉璜形佩、三璜或五璜联璧、牙璧等。此外有分别出土于13座墓的13件外方内圆和圆形的作为臂饰的玉石琮，包括玉质3件、似玉8件、石质2件，这些琮发现时套在或摆在墓主小臂处{图2-4-31}。同样的臂饰也出现在石峁遗址{图2-4-32}。陶寺遗址其中24座墓中都发现有发饰组合[2]，别致而不同寻常。这套饰件由玉环、玉坠、玉笄或骨笄以及绿松石组成。从其制

{图2-4-32}臂饰琮，石峁遗址

[1]张云鹏、王劲：《湖北石家河罗家柏岭新石器时代遗址》，《考古学报》1994年第2期。

[2]高天麟、张岱海：《山西襄汾县陶寺遗址发掘简报》，《考古》1980年第1期；参考解希恭主编：《襄汾陶寺遗址研究》，科学出版社，2007。

{图2-4-33}组合头饰玉簪，陶寺遗址

作看，工艺相当的讲究。这套组合头饰{图2-4-33}或与骨簪相配、或与镶嵌腕饰相配，体现了陶寺人审美和生活情趣。龙山文化晚期玉饰品同样别致讲究，比如作为发饰的簪。西朱封遗址{山东省潍坊市临朐县西朱封村}大墓除过用作头饰或冠饰的绿松石串饰，还出土了作为发饰的乳白色、半透明状的晶莹圆润的镂雕冠状饰和雕花玉簪[1]{图2-4-34}。冠状饰截面呈圆角长方形，两侧共有3个浮雕人面像。而镂雕玉簪，由簪首和玉柄组合而成，两部分可拆合。簪首两面都在两端对称镶嵌有圆形绿松石珠。镂雕和镶嵌工艺以及成左右对称的复杂纹样反映了这个时期史前人的思维和聚落文化整体的发展水平。

此外，这个时期的遗址发现几乎男女都佩戴首饰，不论生者还是逝者。即使较小的小河沿文化遗址也如此，男性墓主胸前多佩带项环，而女性墓主多带耳坠、臂环，头部多见管珠和发夹。

绘画和刻画　这个时期的绘画是有构图的装饰。可分两类，一类是用色彩描绘装饰的陶器、木漆器、墙壁上的图案；另一类是用线刻装饰的陶器器皿上的刻画。

{图2-4-34}镂雕玉簪，西朱封遗址

[1]韩榕：《山东临朐西朱封龙山文化墓葬》,《考古》1990年第7期；参考古方：《中国出土玉器全集（4）》，科学出版社，2005。

对陶器彩绘而言，与仰韶文化时期相比，人们对陶器的装饰更加善于以色彩来丰富器型。由于陶器的质地和矿物质的颜料愈来愈紧密结合，日益成熟的各种制陶技术也使陶工更易得心应手地运用色彩。这个时期南方石家河古城屈家岭文化的陶器以红陶为底，黑彩纹饰分为多层，由点、线、块构成。涂的方法很特别，器身用黑彩涂出红彩图案，器底用黑彩线描出图案。而北方的小河沿、大地湾第五期、马家窑文化还有龙山文化的陶寺发展了彩陶的色彩和装饰纹图案。如小河沿陶器有红、灰、黑色，或红底、灰底加黑彩，或红底加红彩。马家窑文化的彩陶多以橙黄色为底，但不同时期色彩有侧重：早期以黑彩花纹为主；中期是黑彩和黑、红两色相间的花纹；晚期多是黑、红两色的图案，也有黑彩中加绘红彩的，或表面施黑彩，也有填以少量白彩或其他色彩如褐红色。陶寺彩陶图案多以黑彩勾边，或在黑衣为底的器表上用红白涂彩，留出黑底作为图案的黑边。

这个时期的彩陶表现了各个地区的族群对纹饰构图的追求，即将装饰彩陶当作一种绘画。从几何纹到更丰富和复杂的动植物纹，其表现为写实或变异纹与几何纹合一的构图，最后再到单独的动物或植物纹饰。描绘时用笔粗细、用墨浓淡，以及构图大小疏密，都有不同的风格，或写实或写意。

几何纹饰。小河沿文化的彩陶彩绘纹饰为三角形、菱形、直线等几何纹，其中八角星图案用黑、白、红三种颜色绘制。马家窑文化的各种类型的彩陶基本由弧、线、点和方、圆、三角等几何图形组成，然而其基本因素是三角纹，无论如何变化，都似稳如泰山。由三角纹衍生的各种基本图案有水波纹、漩涡纹、齿纹、圆点纹、直或横竖的线条纹、方格或菱形的网格纹等；然后是这些元素的组合。图案根据器物的圆弧形多以二方或四方连续使用等分画面方

{图2-4-35} 马家窑型彩陶罐 马家窑文化遗址

式，使纹饰各部分恰当地构成与器形相协调的对称图案，疏密虚实穿插适宜，使纹饰富有变化和节奏。另外旋涡纹往往以圆点、有圆心的圆圈或同心圆为中心，向左右或四周发散出波状的线条，连缀成二方或四方连续的图案{图2-4-35}。如同水波与水点的涌动，流动连续，柔和均匀，结构巧妙，稳定中有强烈的动感。这是关于水的主题。由于马家窑、半山、马厂这些地区靠近黄河，可能描绘了与河有关的景象。三角波折纹在卡若文化彩陶纹饰中表现得最为突出，并延续到后期的曲贡文化中。石家河随葬陶器以及地层出土的陶片说明生活中的陶器纹饰多为几何图案。如谭家岭遗址墓葬和文化层都有出土的彩陶碗，碗以红陶色为底，黑彩纹饰分为多层，由点、线、块构成{图2-4-36}。陶寺陶器纹样有几何纹、勾连纹、圆点、条带、涡纹、云纹、回纹等。一些纹饰装饰性很强，并不是独立的或平面的，却是叠印的，或用不同的色彩隔出层次，有一种立体感。而且陶工很善于运用底色，似是一种套色图案{图2-4-37}。类似的图案也出现在陶寺的鼍鼓

{图2-4-36} 石家河谭家岭遗址彩陶碗

{图2-4-37} 彩陶盆，陶寺遗址

马家窑文化遗址
马家窑类型变形鸟纹陶壶
{图2-4-38}

表面。看来陶寺人的数学和立体思维比较强。这种构图方式是一种反向思维，需要事先设计，仔细构思好后方可实施。

{图2-4-39}
马家窑类型彩陶罐
马家窑文化遗址

动植物纹和人物纹或其变形或异形纹与几何纹合一的构图。通常几何纹作为整个构图的框架，而以鸟、蛙变形纹或植物叶变形纹来填补空白。也有以动物为主体，而以几何纹为装饰。如马家窑文化的壶表现了数个简化的鸟的形象，五个为一组重复排列在陶器颈部，具有一种流动的美，似乎在排队飞翔{图2-4-38}。马家窑类型的彩陶瓮上描绘的变形鸟似乎被网在了网格里，围绕鸟的圆弧的两个长三角部分又似乎是旋转的羽翼的延展而化作了的网格{图2-4-39}；马厂类型的彩陶瓮上的蛙纹则利用蛙四肢的造型形成三角构图，视觉表现稳而有力{图2-4-40}。这些图案多是二续或四方连续纹饰。

{图2-4-40}
马厂类型彩陶瓮
马家窑文化遗址

独立的动物或植物纹。陶寺早期的六座大墓中有四座发现有蛇图案的陶盆。口径有40.5厘米，陶盆为泥质黄陶和红陶，涂褐色陶衣，在其上以红、白彩绘制图案。共同点是盆中绘有一蜷曲的蛇的图案，似乎是不同种类或有不同花纹的蛇。口衔一株草的蛇

{图2-4-41}蛇纹陶盘，陶寺遗址

头伸向盆口边缘，身体和尾部蜷曲于盆中央，身上绘有鳞甲花纹[1]{图2-4-41}。绘彩的方式同陶寺的陶壶，可能是以黑彩勾出蛇的花纹，以陶盆红色为底色作为蛇的轮廓，同时以黑彩衬托出躯体。这种方法比直接用红彩画出来要复杂。即事先一定要打出底稿，分出层次来，才能表现出蛇身以及尾巴的逶迤弯曲。

另外，对于木漆器绘画来说，良渚卞家山遗址发掘出木漆器30件达10多种，主要有觚形器、盘、豆、器盖、勺等。这些漆器，胎体结实表面鲜亮，特别是其中的10多件觚，器高多22至26厘米，喇叭口，束腰，外涂朱漆或黑漆，个别施黑底红彩几何纹饰[2]{图2-4-42a-b}。陶寺早期大墓中出土的一批彩绘木器，器物多种多样，有鼓、圈足盘、长方平盘、斗、豆、案、几、俎、匣、勺、仓形器等。从木豆彩皮剥落时与漆皮相似呈卷状来看，这批木器用漆来彩绘。特别是木质乐器鼍鼓的制作。鼍鼓系树干挖制而成。鼓腔作直筒形，高1米，直径0.4至0.5米。鼓器表绘

{图2-4-42a}觚器盖，良渚卞家山遗址

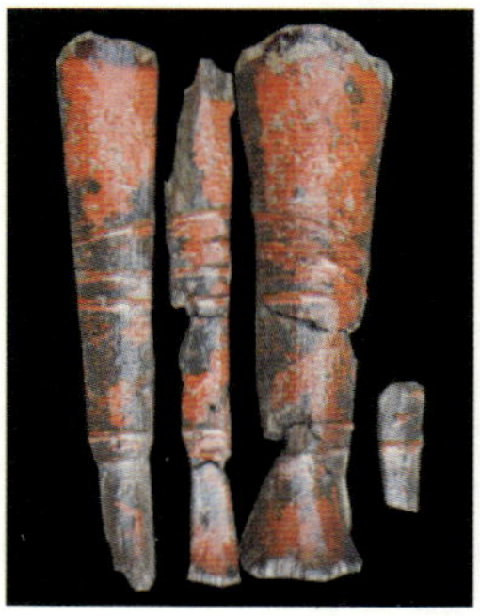

{图2-4-42b}觚器，良渚卞家山遗址

[1]高天麟、张岱海：《山西襄汾县陶寺遗址发掘简报》，《考古》1980年第1期。
[2]浙江省文物考古研究所：《卞家山：良渚遗址群考古报告之六》，文物出版社，2014年，第390页。

{图2-4-43}鼍鼓鼓腔花纹，陶寺遗址

{图2-4-44}房址壁画，陶寺遗址

{2-4-45}房址壁画，石峁遗址

有条带纹、云纹、回纹，而鼓腔则用白、蓝、褐红等色绘出繁缛的几何纹[1]{图2-4-43}。鼓腔内散见鳄鱼骨板数枚，说明鼍鼓表面曾用鳄鱼皮蒙鼓。

彩绘墙壁也是一类绘画。用色彩装饰器物在这一时期同样延伸到了建筑。一些较大的城址出现了建筑装饰画的形式。如陶寺城址晚期宫殿区的大量建筑堆积中，出土了大块装饰有戳印纹的白灰墙皮和带有色彩残迹的几何纹纹饰的白灰墙皮{图2-4-44}。纹饰由几条平行直角和圆组成，风格近似陶寺陶器上的纹饰。石峁城址晚期也发现了壁画。在内瓮城墙体表面及其倒塌堆积中发现了成片分布的壁画残块{图2-4-45}。部分壁画还附着在石墙墙面上。构图简单却厚重，对城的装饰似乎在追求一种庄严的风格。这些壁画以白灰面为底，以铁矿物颜料绘出几何形图案，从残存来看，有红、黄、黑、白、褐色、橙色等。

对另一类的刻画而言，线刻装饰的陶器主要有良渚的福泉山、庙前、新地里和卞家山等地的一些黑陶，尤其卞家山发现

[1]高天麟、张岱海：《山西襄汾县陶寺遗址发掘简报》，《考古》1980年第1期；参考中国社会科学院考古研究所、山西省临汾市文物局：《襄汾陶寺，1978—1985年发掘报告》，文物出版社，2015。

{图2-4-46}
陶器残片刻纹
良渚卞家山遗址

的500多片泥质黑皮陶片上都有线刻{图2-4-46}。其中保存较好的有福泉山的黑陶刻纹壶，刻画多以若干等距的鸟首蛇身以及几何形网纹为构图单元，背景填以鸟首纹、卷云纹或水波纹，图案以四方连续布满器物。可以想见在烧制之前，陶工仔细地设计了图案，并用较硬的工具刻画下来，线条流畅，疏密适当。

{图2-4-47}
鸟形鬶，龙山文化遗址

雕塑　从泥质的陶塑来看，史前陶工对器物的器型进行从镂空、贴塑、变形直到器物的动物造型的塑造手法更加普遍了。镂空如良渚的罐和鼎的足、大溪文化的红陶器座、屈家岭的豆足、石家河的圈足盘以及城子崖黑陶蛋壳陶杯的柄等。贴塑和堆塑也同样可以改变器身和器足。如马家窑的裸体浮雕彩陶壶。还有将常用饮食器皿的造型塑成动物形或仿生造型，如源于大汶口文化的龙山文化鸟形陶鬶{图2-4-47}，流似鸟头，器身似鸟身，足像鸟的双爪和尾为三点支撑，形象生动，雀鸟张着的大嘴（喙）就是壶嘴。这种造型从大汶口一直流行到龙山文化的城子崖城址、小河沿遗址、陶寺和石峁时期的鬶，而到了石家河和良渚晚期则演变为几乎是同样造型的陶盉{图2-4-48}。

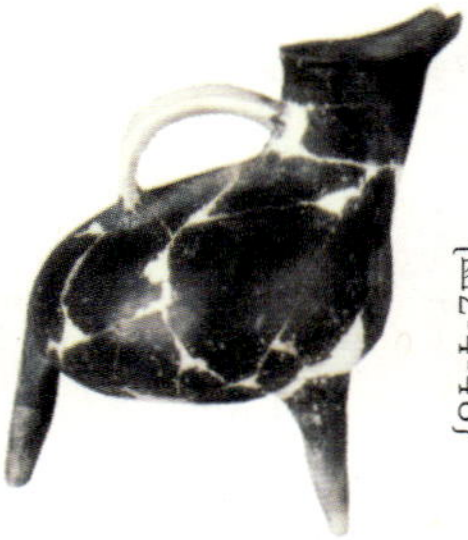

{图2-4-48}
鸟形盉
良渚卞家山遗址

这段时间的独立陶塑更多了。石家河古城在邓家湾和肖家屋脊编号H67和H69灰坑中总共出土了约上万个各种捏塑而成的泥质红陶动物和人物陶偶，动物有鸟、鸡、猪、狗、

{图2-4-50}
陶塑大象
石家河邓家湾遗址

羊、虎、象、猴、鱼、龟、鳖等，长和高平均为5至10厘米[1]。各种动物表现出生龙活虎的姿态，有躺卧的有站立的，有走动的有跳动的，甚至还有求偶的。而人物陶塑绝大多数头戴似巾的头饰，身着细腰长袍。头后挽髻，有耳有鼻，只是眼和嘴被忽略。这些陶偶姿态各异，有跨腿站立的，有举腿起步的，有挥手抬足作舞蹈状的。其中大多为跪坐抱鱼式：即双腿跪坐，左手托鱼尾，右手按鱼头，虔诚恭敬{图2-4-49}。这些陶塑虽然简单，可能雕塑者在很短的时间内成批雕出，但对动物和人物的主要特征及动态，甚至情态都表现得十分准确，有些达到了传神的地步。如大象，造型质朴逼真{图2-4-50}。不论动物还是人物都塑造了欢快的造型，传达了一种共同生活其乐也融融的气氛，生动地反映了石家河人丰足的日常生活，或在庆贺丰收，或在祭拜祖先的生动场景。

然而，无论如何，总体来看，这段时间史前工匠们在陶器在纹饰和造型上的创造力和想象力明显减弱了。人们将注意力和创作热情更多地倾注到玉器饰品的雕刻上。

{图2-4-49}
陶塑人物，石家河邓家湾遗址

[1]湖北省文物考古研究所、北京大学考古文博学院、天门市博物馆：《湖北天门市石家河遗址2014—2016年勘探与发掘》，《考古》2017年第7期；参考湖北省文物考古研究所、北京大学考古学系、湖北省荆州博物馆、石家河考古队：《邓家湾：天门石家河考古报告之二》，文物出版社，2003。

雕刻　这个时期的雕刻从艺术和技术来看，雕是造型轮廓的塑形，刻是造型表面线的刻画，玉器是两者的结合。器型主要有琮、璧、环、璜以及动物、人物等。从其用途来看，器物已是精神文化的载体，因为从材料的精心选择，到技术做工的精细雕刻，再到表现造型的细微和概括，无不含括心灵的要素。所以玉器虽然体积小，却因玉料和做工以及表现出来的造型内涵而呈现其被赋予的价值。装饰或首饰类玉器是主要的器物。虽然用于葬仪，却可看出日常的精神生活。饰品讲究表面光滑细腻，常选择玉质滋润、色泽纯美的玉。技术上通常使用线切割、钻孔、打磨、抛光以及雕琢，从平面雕刻到圆雕，有浅浮雕、线刻、减地阳刻、透雕等工艺，尤其动物和人物造型的佩饰常综合使用平面雕刻、透雕和镂空雕刻以及浮雕、圆雕等技法。其中镂空雕刻更是钻孔琢磨等综合技术的全面体现。玉质不同，加工处理的方法也不同。从燧石到玉石再到真玉或软玉，史前玉工创造了一套制玉技术。从发现的一些玉芯、半成品的玉料可看出石家河和良渚的玉器各有春秋，而造型的设计更是精神因素的体现，完成这样复杂的工艺需要工匠倾注全部身心，其精巧程度更是时间的结晶。

出土于良渚文化瑶山和反山大墓中的玉器是雕和刻手法结合的典型，其上的“神人兽面”纹同时使用了平面浮雕和线刻。在这里雕表现在兽面纹的浮雕和镂空上，刻则表现在浮雕上的线条。以反山十二号墓中编号为M12：98的方形“琮王”为例。图案刻在四面的凹槽平面上。头戴羽冠的方脸神人和有一双大眼、长鼻、阔嘴的兽是以浮雕形式来表现的，其上的羽毛、神人的面部细节、兽的眼部、神人的手和臂，以及兽身下似腿或爪的部分则用线刻表现{图2-4-51}。线刻基本表现为弧形或直弧形，以及椭圆或圆相重叠的同心圈。圈和圈之间繁密细致而工整，一定是用比玉器材料本身还硬的工具来刻。无论是浮雕上的线刻还是背景的线刻，虽有中断和接续的痕迹，但仍可看出雕刻者致力于细密匀称，尤其在刻画羽冠上的线条、兽的眼部以及兽身上的弧线、璇纹时的用心。为了突出人面和兽面，在整体雕刻之前先将器物的表面打磨光滑。浮雕完成之后，再一次进行打磨，然后在其光滑的器物表面进行线刻。这几道工序也同样呈现在同一墓中出土的编号为M12：100的“钺王”刃的部位上。比较这两幅雕刻，“琮王”突出了神人羽冠和兽面的大眼和嘴鼻的弧度，并在凸出的浮雕面之上线刻出羽毛和神人面部以及兽面的眼睛、鼻孔、嘴和牙齿，之后边缘经过打磨，使其具有立体感，相对而言为高浮雕。而“钺王”上的图案则刻意突出了羽冠和兽眼的边缘或边框，为浅浮雕{图2-4-52}。而同样形象的反山编号M15大墓的冠状器，则完全是神人兽面像变异的镂空雕刻{图2-4-53}。神人的面部和羽冠及两臂用镂空方式

{图2-4-52}
『钺王』浅浮雕和线刻
良渚遗址反山大墓

{图2-4-51}
『琮王』高浮雕和线刻
良渚遗址反山大墓

{图2-4-53}
玉冠形器镂空雕刻
良渚遗址反山大墓

{图2-4-54}
玉蝉
石家河肖家屋脊遗址

突出，羽冠和面部用线刻画出来，而神人颈部和伸展开来的两臂以及隐藏在冠饰两侧下部兽面的一对大眼则用回纹、弧线、直线刻画出细节。无论哪种雕刻方式，图像都强调了对称和均衡。这些概念已出现在陶器装饰纹的二方和四方连续中。良渚人认识到自然界中的现象和规律，将其概括地表现在器物雕刻中，这些概念又反过来影响人们的思维活动以及社会生活。

石家河的动物和人物玉雕是独立的圆雕。雕刻表现在造型的镂空和其上突出的线条。动物形象是生活中常见的，尤其是较为写实的蝉、虎、凤和较为抽象的虎头。如罗家柏岭的玉凤。雕工以镂空透雕表现了凤的造型，弯曲的身躯头尾相接构成近乎完美的圆形，并采用减地凸起阳线的雕刻技法来刻画凤的细部，如头部的眼睛和喙，身体上的羽翼等，经过精雕细琢，一件适合佩戴的优美的玉佩就雕刻出来了。谭家岭遗址的虎座双鹰玉饰，将抽象的老虎和一对写实的鹰这两种凶猛的动物放在一起，显现出各自不同的个性。整体造型对称、均衡、稳定，表现出强大却融洽的力量，丝毫没有违和感。肖家屋脊遗址瓮棺中的玉蝉出土最多，总数有33件。如编号W6：8的蝉。蝉体近似长方形，片状，长2.5厘米，宽2厘米[1]。它有一双近似椭圆形的眼睛。颈部左右两侧各饰一对反向的卷云纹，用线刻画出一对小翼。背部双翅合拢，翅上刻有两道羽骨，翅下露出有节的身体和尾巴。头部侧面各有小圆孔作为穿孔挂件{图2-4-54}。雕工用浅浮雕、线刻、钻孔镂空和抛光等技法生动地表现了这只蝉。人物雕刻主要是头像，看来石家河人倾向于表现人的面貌，构思巧妙，形象传神。如谭家岭出土的羽冠吐舌人首像，戴羽冠，佩大孔耳环，口吐舌，表情幽默。另一件肖家屋脊瓮棺出土的编号W6：17的侧面人头像，采取璜的造型，使用浮雕和线刻相结合的雕刻手法，雕刻出两面相同的人像。人物头戴尖帽、双耳戴环，杏仁眼、长鼻、阔口，唇上有卷曲的胡须{图2-4-55}。他面带微笑，似乎在洗耳倾听，又像在侃侃而谈。虽然只是一个侧面人头像，却表现了一个有着生动性格的欢快的人物。

[1]湖北省文物考古研究所、北京大学考古文博学院、天门市博物馆：《湖北天门市石家河遗址2014—2016年勘探与发掘》，《考古》2017年第7期；参考湖北省文物考古研究所、北京大学考古学系、湖北省荆州博物馆、石家河考古队：《肖家屋脊：天门石家河考古报告之一》，文物出版社，1999。

{图2-4-55}
人像正面和背面，石家河肖家屋脊遗址

权威渐出

史前人类从洞穴走向平地形成聚落村，再到中心聚落，然后到聚落城，城址和田地的范围越来越大。用墙围起来的区域形成一个地方氛围。族人在这个人文环境中形成一个大的族群，个体的活动成为群体活动的一部分。这些活动主要包括大田耕作、收获、储存、驯养动物、城建、手工产品制作、物品交换、墓葬和祭祀等。生活物品用途的扩大使得石器、骨器、彩陶、黑陶、玉器、漆器等各种器物手工业的分工更加细化，包括日常使用、祭祀和墓葬等目的的特制器物。人们认识到农耕与天象之间关系的重要性，对历法、节气、时间概念的形成就使族群人从散漫渐渐进入了有约束的状态，对自然天地和先祖的崇拜或祭祀形成了一种组织手段，进而形成政治形态和族群文化，从而凝聚族群甚至周边聚落：即有一套信念仪式规范人和人、人和自然的关系。权威或威望意识就此产生。人类有了一定的社会组织和社会关系，使族群从有一位首领的聚落发展到一个有了领导团体的聚落，尤其体现在越来越多的集体活动中。在文字还未出现的团体内，一些特别的器物或图像符号继续成为精神文化载体，作为沟通的语言工具或手段。祭祀活动作为族群成员一致的重要活动，礼器传达的信仰理念作为一种语意符号载体，沟通族群内部以及不同的聚落。这些礼器源于日常用具如炊食盛器皿或工具，利用其本身家喻户晓的特点，赋予其特别的意义或强化其某些方面，并在此基础上特意制作出含有一定意识和观念的想象的器物或发明一些概括性的图像和符号等。这些器物、图像和符号不仅起到沟通交流的作用，还促进了文字萌生，并被再改造和系统化或规则化而形成某种意识形态。最终，这种意识形态和其聚落的地理环境气候、自然资源、农耕和农作物的发展、城址的建筑格局、居民的创造力、分工导致的不同职业和产品的拥有、特定祭拜各类对象的祭祀礼仪、上层的组织能力、阶层的出现、族群文化认知和生活习俗包括对自然和人类群体的理解和积累的知识、方言和沟通的方式、饮食和服饰、手艺等因素一起，总体构成地域性的具有一定社会结构的文化族群。一些大的聚落城成为区域中心，具有初级国家古国形式，处于权力威望兴起阶段。

群体精神

北方一些聚落离开河岸，在山丘、山谷或平原地带建屋扩城；南方一些聚落则在湿润或沼泽地带搭台辟城。这个时期农耕面积增大，谷物生产已经是有灌溉的大田耕作，有更多的田地在沿河河岸开辟并建立了配套的灌溉设施。同时狩猎的副产业圈养家畜猪、牛、羊、鸡、水牛、狗等已遍布南北。大规模的城建，家畜圈养和农耕促进了各种集体活动，即有组织地从事基础性的谷物生产和储存、动物的驯养和放牧、工具的制造，以及陶器、玉器、木器、骨器的制作等，最后集中在进行产品分配和交换、扩大城建和灌溉工程、举行祭祀或埋葬死者仪式等较复杂的集体活动上。由于人口增长很快，各方面的需求也相应增加，尤其需要比以往收获更多的谷物，族群中有经验的人就充当指导者或组织者。从家庭式到集体或合作式生产，农作物的种植经过一代一代的知识和经验的积累，出现了专门的耕作者。从工具来看，史前人一直在探索新的材料和新的器物，如南方稻作中犁的使用越来越普及。土地得到深耕从而使谷物收获增加，进而促进了谷物的饮食。从炊食盛器来看，造型和功能的增多，需求量和制作量的增加，就要求一些熟练工或有技术的工匠来进行，而且由于高技术的要求还需要特别专业的工种和协作。比如陶器的制作，在塑形、轮制、纹饰等方面妇女仍然是主力；而制陶时的装窑、烧窑等，可能是男人来承担。同样大量的使用木漆器一样也是多方协作的结果，其过程包括从木材的砍伐加工，雕刻造型，生漆制作，直到纹饰彩绘等。技术分工同样表现在聚落城的建设方面，如打井便体现了一种专业性。这个时期，器物制作或工程建筑的分工已不再局限于本聚落或本城，而是发展到聚落群之间。尤其是一个大聚落被一些小聚落围绕时，大聚落不断地扩大，逐渐纳入了这些小聚落及其技艺。由此引起聚落间的融合。所以城的建筑布局也在不断地改进。如城墙和围沟或水坝的建造渐渐成为针对洪水或其他聚落的侵扰而建的防御性建筑。这些更大范围的群体活动揭示社会结构的变化，即母系氏族社会往父系氏族社会的过渡。所有这些新的群体生活和新的问题都是每个居民所共同面临和共同参与的。而组织者或领导者可能是能工巧匠，懂天知地的祭司或有经验的长者。其结果就呈现在城址遗迹所反映的逐渐形成的复杂的社会结构中。

一个城址的建设表现了一个城的社会结构。城址布局所包括的居址、广场、大房屋、作坊、墓葬、祭坛、田地的位置和规模，其间的关系反映了人和人、人和自然的关系以及体现这些关系的一定的社会集体性活动，进而反映并决定了一个族群一定的政治形态和文化概念，同时展现了这个城址处于怎样的自然和生存状态。

这个阶段各个地域文化都有各自的发展。南方太湖流域继马家浜和崧泽文化之后出现了良渚城；澧阳平原继城头山城后聚落群的波及出现了位于江汉平原的石家河城；北方黄河下游冲积平原的大汶口文化延续下来发展了龙山文化城址，以城子崖城址为始端，黄河中游的黄土高原上的陶寺城和石峁城为典型。这些较大的城址，经过长期发展在这个阶段表现出各自的地域特点和共性。

良渚城　出现较早的良渚古城是城乡分离的中心城址，即以莫角山为中心，与周边聚落有密切联系或领属关系。尤其作为一个建立在沼泽湖泊之上同时还受夏季洪水威胁的“水”城，面临的困难和问题可想而知。集体劳动可以分为农耕包括开辟田地和挖沟灌溉，城建包括堆筑高台和搭建房屋以及城墙壕沟，水利包括城内的河网和城外的大坝，祭祀包括祭坛和墓葬为一体的挖建以及葬器的备置等方面。显然这些工程和器物的制作已有工匠负责制。这需要有智慧和有经验的人包括进行计划和设计并具有实干能力的各类工匠。

良渚城是经过千年几十代人集体完成的，可以说成功地运用了人类的智慧并因时造势出各类工匠和组织者，酋长或王及其领导团体，其集体活动表现在多方面。

农耕。在良渚周边各个遗址发现的相同的新式农具如犁、耘田器、破土器，以及一些田埂和稻作土壤以及沟渠灌溉的痕迹，表明这些聚落居民主要开辟大田、从事稻谷耕作，如周围玉架山六个环壕组成的聚落族群，其中茅山遗址出现具有排水设施的大田耕种的模式。如果牛耕还未开始或正在开始尝试使用水牛，人作为主要劳力都需要更多的投入。这种协作可能是家庭基础上的聚落协作，范围从制作工具到使用犁等新式农具。器物的一致性表示有一个制作作坊并由一些善耕的农夫加工匠利用崧泽时期的农具，加以改进或发明了更适应深耕的农具犁的系列，并向四周推广。在莫角山上堆积的稻谷遗迹表明在城内同时建有大型谷仓。这些谷仓表明收获不再是供应一家一户或一个族群聚落，而主要是供应作为聚落群中心的城。根据良渚的规模，粮食需求不仅需要使用新工具，还需要集体的合作，从种植、收割、运输、储存到分配或交换都是一种有组织的一系列活动。

城建。从城内包括外郭的地理位置来看，处于沼泽环境中使良渚人不得不堆筑高地修建居住地和墓地。内城早期台地分布约有37处，包括大小莫角山和乌龟山三个宫殿居址台地建筑，以及反山墓地甚至其南边的姜家山墓地都是用土堆筑而成的高台。晚期台地面积扩大到19处，外郭居住地同样为台地堆筑，如文家山、卞家山、美人地的中晚期。为了坚固，城墙夯筑用石头垫底，用黄色黏土堆筑。虽然这些工程不是一个时期完成的，但可以肯定的是经过了数代人的集体劳动以及有组织的设计规划和建设。仅夯筑4米高的城墙以及高台就需要大量的土方量，还需要夯筑的工具。通常夯筑一堵墙至少要三到五个人，有人从地面往墙上送土，有人站在墙上面夯筑，还须有技术有经验的人合作完成。从早期到晚期的城址变化、台地的扩大，可见城址经过了不断的重新规划、改建或扩建以应对河道的不定期变化。

水利。从城内地势来看，良渚城是一个名副其实的水城。早期城内仅古河道就有51余条，经人工开挖，作为城内水路交通；8座水城门对内与城内水网连通，对外与东、北、西面城墙外护城河水系连通，只有一座门有陆路。可见城内外的水路交通使用小船来来往往，同时载人和载物。晚期中心古城莫角山西南坡还建有栈桥码头。这样的话，在良渚除其他手工艺外，制船可能也是重要的部分。从城外地势来看，良渚位于南北大雄山和大遮山夹在中间的盆地中，受夏天洪水的威胁。所以从建城早期开始，良渚人就开始修筑大坝。这是位于古城西北部外围的人工堆筑的低坝和高坝的水利工程。仅高低坝的总土方量就达到了260万立方米，这得益于工匠创造性地使用了“草裹泥”[1]。如果目的是拦蓄洪水，就需要对坝体的坚固度和对汛期流水规律有所了解、设计和计算，更要经过反复的试验。对于史前建筑来说，工程并不完美，比如有蓄水无泄水系统等。但是不论是城内水系还是大坝，同时都要进行不断地维护才不至于功亏一篑。从整体来看，良渚的城建包括维护确是一个浩大的群体工程，是一点一点、一步一步、一代一代来完善的。

祭坛—墓葬。良渚城内外的祭坛通常和墓葬在一个地点。反山、福泉山同居住地一样基本都是人工堆筑的台地，瑶山和汇观山先修整了自然山丘，再堆土筑台。因沼泽地势的原因，即使是文家山和卞家山的平民墓葬也建在堆筑的土台之上。这些祭坛—墓葬通常先建祭坛，后建墓地。瑶山祭坛呈方形，有三个土台：红土台、灰土台和除了东面为自然土丘的其他三面为混入砾石的黄褐色土台。祭坛部分边缘残留有砾石围起来的石圈。在红土台和灰土台边有6座墓葬，其余在黄褐土台上。反山的高台为人工堆筑，堆土量达数万立方米。高台可能分两个阶段建成，第一阶段包括9座墓葬，第二阶段包括2座大墓。

良渚将墓葬和祭坛放在一起，应是将祭拜先祖与祭祀天地和水联系在一起，是由当地人根据其地理环境的建城和修筑大坝的主要活动决定的。从建城包括莫角山、大坝、城墙、水路、周围居住地和墓地建设时间以及墓中玉器的制作配置来看，良渚曾经过几次重新规划，至少墓地可能在新城修建之后经过搬迁的，再经统一规划和重新进行埋葬并举行葬仪。瑶山和反山建筑时间约在良渚中期，可能分阶段完成，重新规划城址时对墓地特意进行了选址，如选择距莫角山不足百米的反山。重新安置了墓主，这些人可能都是参与了水城的建设和祭祀活动，不论死亡的时间是否一致。良渚社会的墓葬仪式可能如同祭祀一样隆重，从挖土、取土、搬运包括船运、堆筑和夯筑高台、丈量、测距、测高、平整等，到后勤方面的工具设备和粮草等，再到放置棺椁、搬迁死者、放置随葬品、进行入殓和祭祀仪式，同建城的其他活动有一致性，都是有组织的聚落分工协作活动。祭祀死者就是搭建高台祭坛的目的之一。葬仪包括三个方面：随

[1]刘斌：《寻找消失的文明——良渚古城考古》，（第四届中国公共考古荆楚论坛），中国考古网，2017年2月9日。

葬品、祭祀主持者和参与者、祭祀目的。

随葬品特别以大量的玉器为主。瑶山12座墓葬随葬玉器700余件（套），单件2582件[1]，反山11座墓葬随葬玉器1100余件（组），单件有3500件[2]，良渚中期玉器的使用达到鼎盛，超过良渚文化玉器总量的一半。有三个综合因素不能忽略，玉器的制作过程、工匠和玉器的使用。从材料加工来看，这是一个寻找矿藏、采玉、切割、打磨、钻孔等流水线作业；从手工工艺的水平来看，设计、雕刻、镂空等要求有经验的工匠长时间致力于一种产品；从劳动量来看，需要一个师傅加徒弟的团队或类似一个家族族群的祖传技艺；从造型来看，是一个有地方文化聚落的长期思维意识的积累；从器物的需求量来看，是大量的和成批成套的。如果墓主是祭司或族长，无论随葬玉器是其生前所有或部分的日常祭祀礼器或生活饰品，甚或生时和死时都各备一套，玉器在良渚的使用量都是惊人的，必须调动大量的优秀工匠和物力专门从事雕刻。问题是雕刻的时间可能和人的生命一样长。如果这些墓主是一个群体，制玉作为聚落集体行为为这些墓主们作为葬仪礼器，即敛玉只用于墓葬，即使这些墓主可能并不是一起死亡，也不是突然死亡，或者制玉工程始于墓主还健在的时候，或者在决定迁墓之后统一制作。尽管墓主可能在现实生活中并未能有这类标配。这样规模的制玉涉及所有工程物质资源和人力资源分配的问题。良渚大量的工程需要物力、人力，需要材料工具、粮食、服装、船只、甚至陶器皿和临时住房等，需要石匠、木匠、陶工、泥瓦工等，以保证工程的进度。同时墓地其他随葬品如陶、石、木、髹漆等制品，这些同样占据良渚人的主要活动和主要手工业产品的分工制作。所有这些同时进行似乎很难实现。从玉器的完整和统一的风格看，比较可能的是在城址经过改建或扩建的同时，将这些墓主重新安置，特意为他们制作补葬的。这样才会有每位墓主得到精心配置的、基本相同的一套玉器。在完成的器物放置中有一些玉器半成品或玉芯，说明这些器物并未来得及完成，可能期限已到，也可能缺乏人力来完成。从这点也可看出大部分玉器是特意制作的明器。从伴随的随葬陶器的制作也可以佐证这点。陶器器型简单，比实物小且无使用痕迹，有些器物的制作不是一次性完成，如鼎和豆的上下两部分是粘接而成的。相对而言，地层堆积的泥质黑皮陶的纹饰和造型比陪葬品质量要高。玉器半成品和陶器随葬品的粗糙说明了良渚人对葬

[1]芮国耀：《余杭瑶山良渚文化祭坛遗址发掘简报》，《文物》1988年第1期；参考浙江省文物考古研究所：《瑶山：良渚遗址群考古报告之一》，文物出版社，2003。

[2]浙江省文物考古研究所反山考古队：《浙江余杭反山良渚墓地发掘简报》，《文物》1988年第1期；参考浙江省文物考古研究所：《反山：良渚遗址群考古报告之二》，文物出版社，2005。

仪的态度，用一部分特意制作的葬器代替实用品而取其象征意义。良渚大量的建城工程需要大量的工匠和有能力的人，玉器雕刻的专门化说明有可能来自某聚落外的专业制玉族群来承制良渚所需的器物，甚至协助良渚工匠完成其设计和要求。

从良渚城的规划来看，祭坛—墓葬作为城的一部分，组织者是酋长兼祭司及其团体。可能会指定某些工匠负责从选址、筑建、安葬到随葬品的分配、制作、安排等每个部分和细节。良渚此时的社会是有一定的聚落规则或者习俗和葬仪的。祭坛用来祭水、祭天、祭祖，包括祭拜这些曾参与建城的墓主。这个活动是集体的组织。参与者不仅有死者家人、酋长、祭司，可能也有随葬品制作者、墓穴台地的堆筑人等，他们可能同时就是建城的人。玉器的使用与良渚人对玉的信奉有关。这个地区从马家浜、崧泽以来，玉饰品就是生活装饰的一部分。

对一个脆弱的水城来说，聚落一切活动都围绕城址的建设、维护和安全。从良渚聚落的整体来看，良渚人已具有一种集体精神和社会文化。农耕灌溉、功能区建筑布局、城墙和城门、防洪大坝，这些宏大的工程足以使良渚社会形成某种上层建筑，即一定的价值观或聚落社会道德，如以玉作为衡量，有规则有规范。

权力威望的出现。从有规划的城址布局和城建来看，从耕种、祭祀、墓葬以及各种手工业活动的组织和发展看，尤其玉器的礼仪化，良渚社会有一个以酋长为王或身兼祭司并围绕有一个各司所能的工匠集团分别负责具体工程或器物制作，一起解决聚落中具体的问题。根据墓葬早、中、晚期以及各时代的状况来看，这个集团懂得储存粮食，建立水利工程，与工匠们同住在城里便于监管制作各种器物以应对建城祭祀和墓葬礼器的需求，以此解决聚落共同面临的自然威胁，如城中季节性的洪水泛滥和居住在沼泽地的困境，尤其是水沼动物以及引发的疾病的威胁。比如疏通水道、堆筑高台、降低或祛除灾害。从良渚人各方面的创造力和高水平的技术来看，尤其在良渚文化中期，良渚进入了更加侧重以城建、治水、维护、制玉等“工程技术”为主的父系社会。领导者已经懂得获得或建立某种威信或威望。从墓葬专属的玉饰件或礼器的制作来看，良渚至少发展了玉葬仪，涵盖从造型到纹饰的特制以及标准的规范。虽然是墓葬所用，但也反映了社会现实。如玉权杖标志王权，钺标志军权，琮标志神权。在现实当中，良渚人已具有了这三方面的权威意识。酋长或王获得威信可能有两种情况。一是以族长世袭家族的威望来组织人力实现良渚城的建设，包括族里墓葬随葬品的制作。即以集体名义垄断社会公共资源包括谷物、材料、技术等使居民为其意愿服务。良渚领导层和族人的关系是使用某种权力或军事力量的结果。这种情况有可能出现在福泉山，稍晚于良渚，即良渚晚期；二是知天懂地的酋长与其工匠集团由于与族人一起共同解决族群面临在洪水或在沼泽中生存的问题而得到了族人的崇拜和支持。特别是族长善于运用全族群的智慧和才能。在良渚中期，因沼泽环境对居住地的要求至关氏族生存，良渚人对建筑高台、城墙和高低大坝等工程倾注了大量的劳力和财力，并对此寄予希望。这些建设可能经过好多次的试验和失败，经过好几代人的努力。反山和瑶山大墓的二十几位墓主有可能是一批早期建城者，其中有男性也有女性，有酋长也有有功的工匠。这就是为什么他们会得到隆重的葬礼，将如此多的玉器覆盖身体以期得到玉的保护以应对酸性土壤对尸体的侵蚀。这也可能是良渚人在迁葬中早已发现的问题。而玉器奇异的造型，丰富的想象力，浪漫的精神，精致的制作工艺，让人想到玉匠和设计者合作得天衣无缝，将其才能和杰作奉献给有恩于聚落建城的工匠或领导者。这些墓主作为祖先因其不同的功绩受到了族人的拥戴、追随和崇拜。玉器器物配备的不同表明墓主身份有别，如不论瑶山还是反山墓地，每一位墓主都配有冠形器，大部分墓主都有三叉形器，部分墓主有琮和钺，但其材料和形制不一样；两地墓地也有区别，瑶山墓主没有璧，而反山除过男性和女性有不同的配备外，大部分墓主有璧，三位墓主有权杖，其中一位还有“琮王”和“钺王”。显然反山墓主玉器的配置出现了权威的象征物。由于反山年代晚于瑶山，这也说明权威或威望意识的增长。从执行墓葬礼仪的角度看，良渚中期时良渚人在重新规划扩展城址的同时，将故去的酋长以及工匠墓葬迁移，根据其在进行水利工程时所建立的功绩和在族群中建立的威望而进行玉器的标配。这反映了这个时期生活中领导集团的上层意识、道德标准以及社会地位的状况。

玉器葬仪的影响。莫角山的集体意识还波及了一些地区。在良渚鼎盛期中期，在其他遗址如汇观山、寺墩、福泉山等也出现了堆筑高台式的祭坛—墓葬。不同于良渚城，这些遗址更像是单独的墓葬，表现的多是一个几代相继的家族墓地，尤其是福泉山大墓，从其随葬玉器的质量和一些重器如钺的配置来看，明显使用个人权力垄断或占用了族群社会资源[1]。这也从侧面反映了良渚文化盛期后一些地区权威意识的加强。然而从良渚城晚期墓葬随葬品并没有中期规模的礼器来看，这样使用大量人力、物力构筑高台、建筑墓地和制作玉器并未持续下来。此外从周边地区遗址的早、中、晚期可看出莫角山和外围区域文化似乎格格不入。这些聚落有自己的集体生活和较一致的地方文化。如城外几公里的吴家埠，发现良渚早期墓葬20座，随葬品中的鱼鳍形足鼎和澄滤器独具特

[1]黄宣佩主编：《福泉山：新石器时代遗址发掘报告》，文物出版社，2000年，第135页。

色，并没有发现钺、琮、璜等玉饰物[1]，应是一种当地文化。良渚外郭南部卞家山的码头，是与莫角山水路交通相连的重要组成部分。但从卞家山的墓葬出土物和地层出土物来看，当地人似乎与莫角山人不同，或者有两种生活态度，即对待死者轻于生者，墓葬器物多为明器，而地层出土物则展示了其质量和艺术性。如宽把杯造型的流畅，双鼻壶和盖的巧妙配合，似乎每件器皿都是每个人按自己的所好制作，很少同形，且一类多型。尤其是施纹漆觚为当地特产，器物的精致，纹饰的艺术，感性和充分的思想表达，让人感觉到良渚时代中晚期的卞家山人有着丰富的物质和精神生活。一些较远的聚落虽受莫角山的影响但仍保持自己的地域特点。如新地里发现140座不同时期的墓葬，其中94座有玉器，编号M120墓虽有玉琮[2]，但没有反山和瑶山大墓琮的威严。除少数玉琮外，其他玉饰件出土于各类墓葬，但以个人的所有为主，没有明显的区别。在良渚晚期时，这些遗址不仅有当地流行的器物如宽把杯，而且还接受了外来文化的影响，如龙山文化的袋足鬶、齐家文化早期的绿松石镶嵌玉片等，表现了一种更为开放多样的却有各自特点的聚落文化。

石家河城　城址位于澧阳平原，处于东西河岸的台地上。周围湖泊密布，能调蓄江河水量，减轻平原旱涝灾害，只有降雨增多的情况下，才会形成涝灾影响收成。有利的水资源使石家河人以稻作为主。这是一个以石家河古城为中心的多个聚落群，各个遗址随着城址的扩大具有了不同的产品分工或社会功能。

谭家岭是古城中的老城，石家河城址即在此基础上扩大，绕以城墙和环状壕沟以及密布的河流。城垣在石家河文化早期就开始构筑，由城墙、城壕和河流共同构成。三道城壕中有一段利用了东河和西河的自然水道，其他壕沟由人工开挖而成。城壕西侧是祭祀场所印信台，顶部面积14300平方米，其台基遗迹有5处，台基之间发现有厚胎红陶杯、扣缸和扣碗，以及瓮棺墓和土坑墓。位于石家河古城中心的三房湾遗址是以烧制红陶杯为主的专业窑场。土层中密集堆积数以万计的厚胎红陶杯残件，厚达数米。邓家湾遗址以祭祀—墓葬为特点。南距谭家岭500米，位于古城内西北角，这里有屈家岭文化时期的城墙，灰坑中发现大量陶偶，包括一巨型陶祖，其他有祭具筒形器，其造型奇特，腹部鼓出球状且有长乳钉，相互套接有子母口；到了石家河文化时期，同样有从两个灰坑出土的数千个陶偶，有夹粗砂红褐陶，尖圜底厚壁高0.5米的成组陶缸，以及祭具扣碗。此外有同三房湾一样

[1]浙江省文物考古研究所：《余杭良渚遗址群调查简报》，《文物》2002年第10期；参考浙江省文物考古研究所：《良渚遗址群：良渚遗址群考古报告之三》，文物出版社，2005。
[2]蒋卫东、丁品、周伟民、朱宏中：《浙江桐乡新地里遗址发掘简报》，《文物》2005年第11期；参考浙江省文物考古研究所、桐乡市文物管理委员会：《新地里》，文物出版社，2006。

的从灰坑出土的厚胎红陶杯[1]。而这里的中小型墓葬土坑和瓮棺可能是举行墓祭人员的墓葬。看来此地为延续下来的聚落集体祭祖之地。肖家屋脊则主要有较大的居住区和墓葬区。其他制石制玉地点在罗家柏岭，此地也有较大的建筑。石器加工地点在严家山。这些不同地点的聚落常常集体进行各类活动，有小范围的，也有大范围的。从祭祀来看，各个聚落有各自内容的活动，如邓家湾可能以祭拜先祖而制作小陶塑和供奉陶偶为主；印信台的祭祀也包括祭祖，但可能是联系各个聚落中心的庆典或是祭天地之地；三房湾烧制的红陶杯可能供应所有聚落的祭祀活动，厚达数米的用于祭祀的红陶杯残件，应是因大家喝完杯中的酒之后将陶杯摔碎所致。

石家河遗存具有生活气息，突出表现了族群日常生活。城址在扩大谭家岭老城的基础上建筑了长方形地面式房屋，族人在房屋中围绕火塘而居，或准备饭食、或从事纺织。屋外有釜和碗或罐相扣做成的亡童瓮棺。周围还有窖穴和猪栏、陶窑、水井和通往居住区的红烧土道路。陶窑已初具规模，有火膛、火道、窑室、火眼，可以烧制泥质灰、红、黑陶以及彩陶。石家河人使用的饮食器组合有喇叭口斜腹杯、高圈足杯、三足杯、圈足碗、高领罐、细柄豆、罐形鼎、细长颈鬶等，从杯到鬶仅从造型看就很丰富和有创意。一些骨针和大量的彩绘纺轮则反映了族群中女性所进行的具有艺术性的纺织活动，可能供应家庭以及族群的集体活动。石器中的斧、锛、凿、穿孔石钺应是男性用来从事砍伐或筑城活动的，武器中的骨镞、矛说明聚落人继续进行狩猎，可能还有防御性的战争。至于农耕，对比早先的城头山城址，这里城乡已分，大田在城外，可能有一些聚落专门从事耕作。

从城址布局规模看，石家河各聚落的生活以建城和祭祖为生活重点。其城址是集体劳动的结果，经过了一代代能工巧匠的设计和建设，包括懂建筑的夯筑工，会制作不论是日常用品还是明器的陶缸、扣碗、筒状器以及炊食盛器的陶工，还有制作生者和死者都佩戴的玉饰件的玉匠，捏制祭祀所用的陶偶的泥塑者。所有这些制作都需要各类工种的工匠若干年的准备。在这些工匠当中，尤为突出的是雕塑者和玉匠，其作品再现了石家河人生动的族群生活场景。邓家湾和印信台的陶偶和陶动物造型都是一个风格，可能是在具有雕塑能力的师傅带领下，由一个群体一起完成的。陶偶表现的是生活中的人物，动物也是生活中常见的动物。整体看起来，石家河的祭祀内容是先祖、丰收和生育。从祭祀坑中大量的小陶偶来看，可能代表祭祀时的牺牲品。但从形象表达的内容来看，偶像仿佛再现了现实，石家河人同时借助

[1]湖北省文物考古研究所、北京大学考古学系、湖北省荆州博物馆、石家河考古队：《邓家湾：天门石家河考古报告之二》，文物出版社，2003年，第4页。

陶偶向其祖先展现族群生活之状态。

另外墓葬的方式不仅表明石家河人对死者的安排，也表明石家河社会中人和人的关系。墓葬的特点是，从早期的土坑墓转向晚期以瓮棺葬为主，从早期的随葬品多为陶器和石器到晚期以玉器为主。肖家屋脊遗址早期以陶器皿为随葬品，晚期瓮棺墓地分两部分，各以编号W6和W71瓮棺为中心，瓮棺墓中有随葬品的只有玉器，其中瓮棺W6的形制最大，随葬玉饰件达56件。玉器的多寡显示了墓主身份的特别，其他聚落遗址比如在谭家岭发现5座晚期瓮棺出土了240余件精美玉饰件；在祭祀区邓家湾发现9座瓮棺葬，其中5座有玉器随葬，共发现各类玉饰件200余件；制玉地点罗家柏岭遗址除过玉料碎片外，在瓮棺中出土共44件玉饰件，此地似乎是专门对外加工和供应玉饰件。玉葬甚至影响到较远的石家河文化枣林岗遗址{湖北省荆州市马山镇}，在这里发现了46座平民瓮棺墓，虽然瓮棺比较小，不过多数都随葬玉饰件[1]。看来石家河人从早期重视饮食到晚期流行玉饰件，并作为一部分族人主要的葬仪器物，虽然有数量和质量的区别，但说明石家河人用玉器表达对身份的重视。这些饰件表明墓主生前的在族群中的地位和死后的待遇，反映了当地流行的装饰品以及佩戴者的身份，也间接表明了石家河人崇尚的社会价值及其演变。

从玉器形象看，器型较小，多是首饰、挂件包括项饰和服饰、玩赏或观赏类以及工具类。其中动物个体形象包括蝉、凤、虎、鹿、羊、蚕、鹰等，其他还有动物造型的虎座双鹰、虎形玉冠饰、凤形环等；人物形象包括人头像、双人连体头像等；其他饰件包括璧、管、环、笄、坠、璜、珠，牌等；工具类包括纺织用的纺轮，砍伐用的锛、刀、钻孔斧、凿等。这些饰件中突出的是对动物和人物头像的表现，写实的或抽象的，或两者的结合，或人和动物的结合。这些不同的表现可能各有所指，但都表现了人与动物的关系。玉雕动物都是日常生活中所见，但大多与陶塑动物有别，石家河人选择这一类的动物可能因其有着特别的寓意。肖家屋脊的7件和谭家岭的3件写实的人头像，可以是不同聚落的祭司或当地酋长的写照。有些酋长或祭司在进行祭祀时可能会戴面具。这两个头像戴的面具都是梭形眼、蒜头鼻，嘴中露出长长的獠牙，耳郭外张并有两个大耳孔，其中一个额头双侧伸展似鸟形，头顶有冠{图2-4-56}；另一个额头中心突出，似是鸟喙{图2-4-57}。不带面具的祭司或酋长则表现了平时的相貌，戴平顶冠和圆珥{图2-4-58a-b}。石家河人追求造型，用造型表现群体的精神活动、人和动物的亲近关系、祭司或酋长在族群中的地位和作用。石家河社会中祭司处于很重要的位

[1]湖北省荆州博物馆编著：《枣林岗与堆金台：荆江大堤荆州马山段考古发掘报告》，科学出版社，1999。

〔图2-4-56〕
戴面具的人物头像
石家河肖家屋脊遗址

〔图2-4-57〕
戴面具的人物头像
石家河谭家岭遗址

〔图2-4-58a〕
人物头像
石家河肖家屋脊遗址

〔图2-4-58b〕
人物头像
石家河肖家屋脊遗址

置，可能身兼酋长主持城建、祭祀等集体活动。不仅有各个聚落的地方祭司和酋长，还有整个石家河古城的祭司和酋长。祭祀活动在每一个聚落中都进行，如三房湾、邓家湾等，同时大的祭祀活动可能定期在印信台举行。

陶偶和玉雕反映了石家河人的乐观和豪爽，进而反映了聚落中人与人、人与神、人与自然相融洽的社会生活。尤其玉器造型不仅反映了制作者的雕刻技术和审美，也表现了史前工匠或艺术家奇异的想象、精心的制作和独特的风格。从早期陶器到晚期玉器，随葬品的精神因素多于实际的日常生活用品，是社会的变化使然。石家河社会从早期的陶器制作投入到晚期的玉器制作，社会的风气也从饮食文化转到装饰文化。社会意识形态和流行的引领者是玉雕和陶塑的匠人。他们所创造的器物和陶偶反映了石家河人的愿望，构成了社会氛围和生态环境，再现了石家河聚落集体祭祖以及庆贺丰收包括各类动物的繁衍和丰富的鱼类渔猎，以及不间断的建城和扩城所获得的成功。这样一个文化物产丰富的大城影响着周围40多个聚落群。

陶寺城　城址位于黄土高原汾河谷地，塔儿山山下。黄河从西边流过，当时气候比较湿润，周围分布有森林，覆盖黏性黄土。这里的居民了解土的特性，发明了窑洞式房屋，大部分人居住在这样的居室内。每户都有天井，院落中有灶，附近还有陶窑。陶寺人在院落利用当地的各类土质的陶土制作炊食盛陶器，同时还制作木质的饮食器皿。陶寺城中水井密集，大多深约14米。一些井位于广场。从到河里打水到从井里用扁壶汲水，本身就说明生活方式的改变。人们在家围绕火塘而居，在外围绕水井而聚。这里的土壤、气候又利于种植稻和粟，较为安定的农耕生活提供了充足的资源，使陶寺城得以从早期的小城发展到中期的具有一定规模的大城，这期间的布局反映了陶寺社会的变迁以及陶寺人的建城理念。这种状况在中期建造大城时就预先有了设计。比如保留宫城，扩大外郭城，成为一个有巨大城郭围绕的以宫城为中心的城址，同时建立了观象祭祀台。这不仅表明陶寺人既要提供物质资源还要提供各类工程技术和人力资源，还要有一个有力的组织者和齐心的居民，才能完成这样一个庞大的工程。扩大城址可能由于安定的生活使人口增长，或在耕作中受到自然环境、气候、洪水的威胁，或有外来聚落的侵扰或并入。

{图2-4-59}
玉圭，陶寺遗址

从中期以来，陶寺居民将人力、物力放在城建和天象观测方面。随着城建扩大，观象台的规模从最初奠定阶段到初具规模。这个进步基于对天象的观测以确定太阳历，并以此为标准而授农时的探索。这正是农耕对季节、节气等气候条件的需求。这个需求基本改变了陶寺人简单依靠季节耕种的生活，而是要试图了解并遵循节气的规律。观象台不仅布局具有一定的宇宙观，还细致到一定的天文观测如对阳光角度柱缝的设计。几百年当中，观天象可能是陶寺城中最重要的活动，决定族群农耕生产和生存。陶寺人对生存和自然观象不断提出问题又不断修正其想法并不断找寻答案，这就促进了相关占卜的流行。在对天象和农耕节气的探索中出现了占卜。在居住区发现的31枚卜骨，牛或猪的肩胛骨，有的有钻痕，有的只灼不钻不凿。说明居民在尝试以这种方式了解和预知自然现象，询问进一步的应对或行动。看来，观察天象或观测太阳或四季变化以定出一个适合耕作的节令活动说明陶寺人是一个以发展农耕为己任的族群。陶寺人除了通过占卜预知自然现象来解决耕作的问题，还由此发展了精神信仰活动。酋长或祭司在占卜过程中发展了个人的“认知”，建立了一套带领大家祭天、祭地、祭先祖的模式，设计了一套相应的礼仪、礼器。祭祀用品包括族人创造的各类器皿炊具、食器、酒器、陈设的案和几，乐器类包括鼍鼓、土鼓、特磬、陶铃、铜铃、陶埙等。另外，也组织专门的工匠分别从事玉石礼器如钺、琮、璧、圭{图2-4-59}以及彩绘陶器等的制作。从陶器的造型种类、彩陶纹饰、乐器的发明、石器和木器的加工制作、玉器装饰品的工艺来看，陶寺人是极有创造力和独特个性的。从观象台的结构、彩陶几何纹饰，以及人类思维发展来看，陶寺人似乎发展了逻辑和数学头脑。尤其是在传承了天象知识的酋长的主持下将各种能工巧匠聚合在一起，有计划、有方案地实施观天象以及观象台的建造。一些意识到天象的重要性并希望预知自然现象的人聚集在一起，各自发挥其所长，成为陶寺居民中有智慧有知识的人物。在这个过程中，由于知天象所带来的优越，这群人表现了一种群体权威或威望，得到居民的崇拜和依赖。

从墓葬形制大小和随葬品来看，已发掘的1309座墓葬情况复杂，虽然有随葬品的墓葬只有357座，但也表明陶寺社会在几百年间有很大的变动。早期的墓葬中其中6座大墓使用木棺并随葬成组陶器（包括少量彩陶）、木器、石器和乐器，甚至猪下颌骨。其他中型墓同大墓一样，也使用木棺，随葬品类别相同但数量少。小型墓墓坑小而狭长，大多没有木质葬具和随葬品。从墓葬来看，早期已有一个特别的群体或家族，但重视死者的吃、穿、住，表现在专门制作特别的器物用于大墓随葬品，可以说生活中的一切都陪葬了死者，呈现出死者对拥有日常生活中各类用品的奢望，甚至细致到猪下颌骨。但在中期的墓葬中，随葬品发生了变化。随葬陶器的只有42座，其余200多座墓陪葬有软玉、半玉、似玉或假玉的玉石器。看来玉石器代替了陶寺早期以陶器为主的各类随葬用品。从早期的陶器到中期的玉石器，说明陶寺的墓葬有了新的特定的葬仪，即对死亡的认识更接近精神上的需求。这与陶寺中期所建的观象台相符。这个时期的随葬品反映了陶寺人对观天象和占卜进行的精神活动以及相应的权威意识。除大多数首饰以及镞外，随葬玉器包括琮、璧、钺等，其中玉石钺有99件，此外还有一件出自于编号M22墓中的玉兽面[1]。从璧、钺以及琮、玉兽面这些可能来自良渚或石家河的外来器物可看出，陶寺人利用了这些具有威望特性的器物加强或显示其萌发的威望意识。此外在200多座有玉石器随葬品的墓葬中，石镞最多有333件，表明陶寺曾经大量制作这些兵器类器物，即此城经历过加强城址的防御阶段，尤其是保卫所建立的观象台。由此可见这群墓主中，

[1]严志斌、何驽：《山西襄汾陶寺城址2002年发掘报告》，《考古学报》2005年第3期；参考中国社会科学院考古研究所、山西省临汾市文物局：《襄汾陶寺，1978—1985年发掘报告》，文物出版社，2015。

可能就有观象者和占卜者，还包括拥有石镞的陶寺保卫者。而且有些墓主不可避免地身兼多职，既是战士又是工匠，既是观星者也是占卜者。总体上，中期以来从陪葬品数量和质量比较均衡来看，聚落成员都以各自的才能参与了城建等集体活动，出现了一个建立了威望的组织和各类工匠组成的建设团体，使陶寺城得以在观天象以知农时的状态下持续了几百年。

石峁城　城址位于黄土高原北部的黄河支流秃尾河北岸的梁峁上，一个比较险峻的地方。此城居高临下，俯瞰着周围旷广的地区。从这个面积达400万平方米的石砌城堡来看，这是一个以防御守护为主但也具备攻打来犯者的城址。所以，石峁首先具有“军威”。以皇城台为核心，有内外两重1米多高处于山脊上的石砌城垣包围，包括外城的墩台、马面、角楼、瓮城都是从便于守城的军事角度设计的，城外还分布有数座“哨所”类建筑遗迹，构成外围的“预警”系统；其次，从城的奠基来看，这是座驱邪镇妖祈求坚固的城址，本身就是一座“祭城”。所以，石峁又具有“神威”。在外城东城门墙体出土玉钺、玉璜、玉璋、玉铲，以及城内出土的其他工具和兵器类玉器锛、凿、刀、镰、斧、戈、璧、圭、牙璋等，大量的玉器表明存在一个为护卫城墙、城堡所进行的祭祀活动。同时在城门或城墙附近多处集中或分散埋放了若干头骨奠基，集中埋置的遗迹有一处位于外城东门附近下层地面，有一处位于外瓮城南北向长墙的外侧；一处位于靠近北墩台的门道入口处。此外，从城墙的垒砌来看，这是一座被雕像装饰包装的城址，似乎在威慑着远方的威胁。所以石峁又具有“王威”。中心皇城台建有9级护坡石墙，局部墙体中嵌入了20多件雕刻得栩栩如生的椭圆形石雕人面像，其中有两组三块大小基本一致的砂岩菱形石头构成的凸出了眼眶的人面。同样外城墙也嵌有“振威”的石刻浮雕[1]。此外，在皇城台还发现一个直径约50厘米，高近1米的神兽纹圆形石立柱；东门外一处“马面”旁坍塌的筑石中发现一尊高20多厘米同样砂岩质地的石雕人面像。这些雕像椭圆的脸型、深陷的眼窝、宽阔

[1]魏世刚：《陕西神木石峁遗址调查试掘简报》，《史前研究》1983年第2期；参考陕西省考古研究院、榆林市文物考古勘探工作队、神木县石峁遗址管理处：《发现石峁古城》，文物出版社，2016。

的前额，呈现出北方民族的特征{图2-4-60}。这些雕像可能表现了此城的居民形象或借一个威猛的形象来增强城的威严或威慑来犯者。

人面石雕，石峁遗址
{图2-4-60}

这样的城址中居住的可能是一个以守城为主且又是守卫“军威、神威、王威”这三威的聚落军队，主要从事与军事和建城相关的活动。而组织者是皇城台的军事首领。皇城台就是指挥部门。城门附近的房屋居住者是守城门的士兵。城内后阳湾、呼家洼、韩家圪旦等居址包括40多座房屋和周边分布的40多座石棺、窑洞式房址和婴儿的瓮棺等遗存[1]，说明这里的居住者是一个族群。发现的谷子和糜子以及野兽、猪、羊等家畜的遗骨，石料以及石器凿、斧、刀、锛，甚至一些玉料说明族人从事农耕、狩猎、畜牧以及制作玉石类工具和兵器，这些主要是男人来承担。他们同时是战士、农人和工匠。此外在兽骨中发现了大量骨针及其完整的“制作链”遗物，包括砸裂的骨料和切片，磨制和钻孔的毛坯、砺石磨以及残次品和成品等。从这些超过万枚的骨针骨锥类来看，这里有个制衣作坊。在婴儿骨骸上发现的麻织品证实了这一点。还有一座陶窑专门烧制城内需要的饮食器鼎、鬲、斝、尊、甗、盉、罐、杯、瓶等，这些器物都属于可以随时或临时生

[1]西安半坡博物馆：《陕西神木石峁遗址调查试掘简报》，《史前研究》1983年第2期。

火做饭和简单吃饭的器物。看来这里有一群女性专门负责这些制衣、制陶以供城中族人或士兵使用，可能还管做饭和照看儿童。看来石峁人遇到了威胁或劲敌，为了防范或出击以振“三威”，族群在军事首领的带领下以全力保护这个庞大的石城堡。从周围类似建筑和同样发现玉器和陶器的遗址如新华遗址和芦山峁遗址，石峁城址可能有外援，专门耕作和放牧以供应石峁的粮食和肉类。东门的作用可能有几个方面，礼仪、出征、震慑等。从这些状况来看，这座城虽然有明确的军事防御目的，但经济方面基本自给自足，并和周边的石城聚落进行交换，包括物品以及人员的补充等。从房屋尤其窑洞、玉器、陶器来看，社会文化很中原化，尤其是夹砂灰陶鬲、鳄鱼骨板和玉琮，与距离500千米以南的陶寺有联系。但从石人头像的面貌和陶鹰雕塑来看，又很草原化。居民可能是北方一个游牧聚落中的一部分但混合了中原族群，或反之。这个族群在这里利用砾石筑城可能是为了阻击、袭击敌人以保护城堡及其族群，或像一个中转站一样供给流动军队必要的军需。无论如何，石峁城所拥有的军威、神威、王威从城的建设来看却是可以肯定的。

这个时期各个遗址展现威望或权威的器物因地区而异。辽河流域的玉器文化并未在小河沿文化中继续却发展了细致的陶器；黄河上游的马家窑文化仍然继续着大地湾仰韶文化的彩陶制作，器型和纹饰走向了规整和精致。这两个文化仍是聚落中心形态。而良渚城、石家河城、陶寺城和石峁城却表现了有城墙壕沟的聚落城和具有以玉器为主要器物的特点，并以建城和祭祀为主要的社会活动。通过这两个重要活动，祭司、酋长或王及其团体建立了权威和威望。从祭祀内容看，良渚以墓葬玉祭为主，祭坛和墓葬基本为一体。祭天祭祖等是全部居民的集体信仰，包括玉器的制作也是共同信仰的结果；石家河以祭祖和祭谷为主，印信台和邓家湾是主要的祭祀地点；陶寺以祭天、祭谷为主，观象台是主要的祭祀地点；石峁遗址以祭城为主，以玉器作为礼器来护卫城堡。这些活动使聚落形成领导和被领导的群体。首领或王的集团在建城和祭祀的活动中，逐渐地掌握了物质和人力、知识和技术等资源，具有了对自然现象的解释权威，力图解决聚落困境，找到协调族群矛盾和取得族群信任的方法，进而组织顺应城址和居民生存需要的一切活动，如房屋布局、墓葬葬仪、祭祀器物制作、人力分工、资源分配、生老病死、对抗外敌天灾野兽、扩大地盘和耕种土地，甚至内外沟通的方式等。如此才得以聚集族人并维持庞大的聚落中心及其秩序，并进一步利用和改造族群所创造的物质和精神文化并使之制度化和实现某种意义上的宗教化。

以聚落城址为标志，史前聚落过渡到有信仰和有权威的社会，进入到五帝的时代。这个时期仍然有着巨大的创造空间，人们的想象力和思维并未受到约束，却促使史前人类完善了驯化谷物和驯养动物，进一步发明了陶炊食盛器皿，建设或扩大了相当规模的城址，使城乡彼此依赖而存在。新型的城址面临前所未有的问题和不断出现的连锁需求。这一切都使有才能的人应运而生，并促使其各显所能参与各个方面的物质和精神活动，填补各种“空白”或应对各种连锁“反应”，以致出现了一个贤者或英雄人物时代的高级阶段，即有功于族群的、并建立了威望或权力的首领和其领导集团。一些传说人物便是这个时期的写照。如像黄帝一样懂得并指导族人播种百谷草木、制衣冠、建舟车、制音律、创医学等，融合周围的部落，征服比较强势的族群；或者像颛项一样有勇有谋，懂得策略；或者像尧一样组织有才能的人测定推求历法，制定四时成岁，春分、夏至、秋分、冬至，为百姓颁授农耕时令。同时还设置谏言之鼓，让天下百姓尽其言，立诽谤之木，让天下百姓攻击其过错；或者像舜一样敬祖尊老、选用人才，各司其责来掌管治理水土、农业、教化、刑法、百工、山林、礼仪、音乐和教育，以及命人公布规则，发布命令或收集建议和意见，对这些管理者考察政绩来决定提升或罢免；还可能像禹一样身为表率，尽心治理水患，凿山通泽，疏导河流，治服洪水，使天下人民安居乐业，使人心向归，得到各方的尊重和称颂。这些英雄因其才能或因其所为而“使民悦之，逐使王天下”。这些理想的族长或英雄人物成为聚落社会或聚落联盟的主导，因其功绩而建立了威望。聚落城的出现是人类社会由简单到复杂，由母系到父系，以及城市居民和城乡社会组织结构形成，权威和威望向绝对权力过渡的阶段，也是迈向王国时期的阶段。

从这些英雄的业绩来看，一定创立过人和人以及人和神相沟通的象征性的器物、图像甚或语言文字。毕竟，交流和沟通是促进社会演变的动力。

造型意义

随着城建的扩大，容纳的聚落越来越大，族群越来越杂，集体活动的范围越来越广，规模也越来越庞大。这个时期谷类种植，猪、羊、鸡、牛等动物的驯养，各类手工业，房屋建造，饮食方式基本定型。但是族群还很脆弱，仍面临生存的问题，有更多的因素或连锁因素不可掌控。如多雨干旱等气候导致的粮荒；沼泽或洪水等地理环境对盖房建城的影响；不仅大的野兽甚至一些蛇鼠或蚊虫都会威胁人的安居和生命；传染病之类的疾病使族群人口减少；所居地盘的不稳定，外族或其他迁徙部落等对本族人的骚扰和入侵。所有这些问题都需要组织族群集体活动共同面对。应对这些问题没有语言的交流是不可能实现的。显而易见，当务之急是沟通的问题。一些能够解决这些问题的长者、祭司、工匠或酋长便运用智者的贤能和智慧通过自下而上的实践，采纳或聚集全体居民的创造。沟通方式的产生最初是一个让大家能够接受的漫长过程，而不是简单地用血缘关系、武力、财力、权力来实现群体的交流。尽管还没有发现文字，但从史前人所遗留下来的器物、建筑等可以推断，族群中的沟通是分群体和场景的。如家庭范围的，包括吃、住、穿和装饰等；如相关职业分工范围的，包括种植、狩猎、建房、制陶、制玉、木工等。这些“术语”或“行业词汇”由一代一代祖先传下来已有了日积月累的语言环境，比如口语、表情、手势、器物或图像，甚至有一定意义的刻符。而一些新的或综合性的问题如扩城或重新规划一个城，或扩大田地面积实施灌溉，或对一些老行业有了新的发现和认知而进行变革或创新，或需要组织大量劳力、物力对付从未遇到的灾害、疾病、战争等。尤其是在对天地先祖更为依赖而进行的祭祀活动中发展了与神沟通和葬仪的场景语言。这些大型的集体活动都需要创造新的沟通语言，定义新的词义，包括记录和传承的手段。从人类思维的发展来看，抽象比具象难以普及，因为前者因个人或某些人的思想或理解而比较个性化，后者则是公共资源而比较大众化。所以使用前者的符号来让大家理解需要漫长的时间积累或广泛的传播。某种表现权威或能够凝聚众人的规则应是大家所能理解和容易接受的，不至于发生语意情景和表达理解上的误会和纠纷。最为有效的方法仍然是利用大家所熟悉的器物和图像或自然客体来赋予其一定的意义，然后在这个基础上创造出或采纳在某种情况下进行沟通的符号，即按照族群的需求有意识地组织沟通手段，从族人创造的各类形式的器物和图像总结或归纳或加工出本族群的“语言”，从而应用于集体活动中。

所有这些都发生在聚落城之中，即建筑构筑的一个城域语意中。这个时期的城址表现了比较发达的物质精神文化的社会形态。每一个聚落城都会发展一定的沟通手段，即地域的“方言”。城以墙或壕围起来即是一个大的“家”。某种意义上，城市布局就是一个具有某种地理因素的语言氛围，聚集所有居住在内的人，人和人彼此的交流促成了某种社会风尚或习俗，从个人的、家庭的、团体的最终汇聚为整个聚落城的语言，在建筑、收获、打猎、战争、墓葬或祭祀甚至庆祝等活动中起沟通作用，并反过来影响当地政治、经济、文化的形成。

虽然经过了几千年，这个时期沟通的手段仍然依靠器物包括装饰品、炊食盛器皿、工具、兵器和乐器；图像包括绘画和刻画以及刻符等。但是无论器型还是纹饰，功能还是技术都向精细且“达意”发展。史前人将器物在现实中生活和祭祀的意义延伸到葬仪“场景语”。从随葬品可反观出其在日常的应用和代表的意义。最有代表性的是一些流传若干代和数个区域聚落的器物，积累了内涵，标志着既有一定的共识，也有地方文化的意义。

装饰品　最有代表性的是璜和琮。玉璜多出土于墓主人胸颈部位。璜一度在南方非常流行，从大溪、马家浜、崧泽和凌家滩到良渚，各种造型的璜以大小串联为特点，而良渚大墓中的璜{图2-4-61, 62, 63}不仅造型，甚至数量都代表一定的意义。璜在这个阶段仍是女性的饰品，但因数量多且制作精良在族群中起威望或某种标识身份的作用。同时作为墓葬葬仪的随葬品，璜是墓主的殓葬器物，以造型数量或串数表现了女性在日常中的身份。

玉琮，最早作为臂饰或手镯。从镯式的圆形，到内圆外方形，从大孔径到小孔径，再到饰以兽面纹，分为一节到两节甚至多节。琮在良渚中期反山和瑶山墓葬中表现了由最初的饰件成为一个表现兽面纹的载体，一件葬仪礼器。琮从圆到方的外形既是一个造型演变过程，也是语意变化过程。首先是镯式琮，分内外皆为圆形和外方内圆形，内径大小可作腕饰或臂饰。内外皆圆的琮如反山大墓M10编号M10：15{图2-4-64}和瑶山大墓M9编号M9：4。内圆外方琮的外方程度可以分为四角微凸和四角突出的方形两种。如反山墓葬M12位于两臂两侧的琮，为孔内径平均为5.6厘米左右的臂饰。其中编号M12：90和编号M12：93的琮为四角微凸形{图2-4-65}，编号M12：92、编号M12：96和编号M12：97的琮为四角方形{图2-4-66}。琮由圆形到微方再到方形，从大孔径的臂饰到外方内圆四角分明而孔径较小的琮说明琮脱离了臂或腕饰的功能而被赋予了一

｛图2-4-61｝
镂空玉璜
良渚遗址反山大墓

｛图2-4-64｝
圆琮
良渚遗址反山大墓

｛图2-4-62｝
玉璜
良渚遗址反山大墓

｛图2-4-65｝
微方琮
良渚遗址反山大墓

｛图2-4-63｝
玉璜
良渚遗址瑶山大墓

｛图2-4-66｝
方琮
良渚遗址反山大墓

个新的精神方面的意义，尤其是琮的器表还刻了兽面纹。特别是反山M12大墓编号M12：98的“琮王”，置于墓主头侧，是一个体积最大而孔内径只有3.8厘米的四边为微弧形的方形琮，它的表面同时刻了兽面纹和神人兽面图案（参见图2-4-69）。良渚人选择了这几类琮随葬死者，可能良渚人了解当地的酸性土壤对尸体的侵蚀，恐怕尸体得不到完整的保存，而借用了玉器永久不腐的特性将墓主从头到脚覆盖来作为墓主灵魂的载体。所以位于头部的大琮虽失去了臂饰的实用功能，却含有一定的象征意义。不仅代替头部，还因其体量较大以及其上的刻画图案具有特殊“语义”而表示墓主特别的身份。此外刻有兽面纹的这类琮并不孤立，它与其他器物如冠形器、三叉器、锥形器、璜、璧等组合在一起，以器表刻上兽面纹为标志，作为葬器中琮的系列祭献给包括反山和瑶山大墓中被认为重要的墓主。而这种组合只属于良渚文化遗址。在同一时期同一区域，汇观山、福泉山、寺墩的一些大墓发扬了刻有兽面纹的琮的象征义。而其臂饰功能，则传到了更远的龙山文化的陶寺、石峁以及海岱地区，甚至岭南石峡地区。而琮的意义和功能也随着时间的变迁而不断演变，如琮在后世被认为是一种礼器，具有礼地的功能或是聚万物之宗源[1]。

炊食盛器皿　鼎和袋足鬶仍是在南北方都流传较广的器物。而新出现的鬲则主要流行于北方。这些器物都有三足以方便放在篝火上。尤其是鬶和鬲虽不同型却都有肥大的袋足。

鼎仍是基本的炊具，用于烹煮。这个时期已传至南北方，被不同的家庭、聚落广泛接受然后被地方化。良渚时期的鼎贯穿早、中、晚期和各个聚落。明显的区别是足的造型，主要有鱼鳃足鼎、凿形足鼎，早期流行于庙前、新地里，随后在其遗址群中开始流行。发现于石家河古城肖家屋脊和谭家岭的鼎是一类罐形鼎，短足大器身，有的还带盖。陶寺的鼎在器身的上口沿部和与足连接的部分以及三足都压出装饰纹，使鼎呈现出一种厚重感。鼎涵盖的信息不仅因炊煮的方式，还可能因其稳定、厚重的特点而代表或象征一个族群及其聚落城。

袋足鬶首先由大汶口人发明，这个时期各地的聚落出现了不同型的鬶。最有特点的是白陶和鸟形以及其他动物形的袋足鬶。小河沿陶器中多有动物造型，如鸭形壶、鸟形壶、鸮形壶等，虽然不同器，立意却一致；城子崖龙山文化的袋足鬶，经过发展，在石家河文化和良渚文化晚期也开始流行而且具有地方特点。这是一种造型不同于有流的袋足鬶，而是有翘起的单

[1]如《周礼·大宗伯》：“以玉作六器，以礼天地四方。以苍璧礼天，以黄琮礼地。”《白虎通·瑞贽》：“琮之为言，宗也，象万物之宗聚也。”

把并有盖的似鬶的盉或似盉的鬶。这类鬶以其多用和携带方便的用途让人联想到饮食方式的不同，而造型则表达了一种粗犷或轻巧的情趣和风格转而具有地方意义。

鬲似乎是袋足鬶的下部分，首先出现在龙山文化，然后在北方其他地区流行。陶寺遗址发展了各种造型的鬲，尤其是袋足鬲。在石峁遗址也有同样造型的袋足鬲、袋足斝和袋足盉。鬲同鼎一样在烹煮方面也起到灶的功能，在北方狩猎迁徙中甚至耕作地头都能使用。除了具有其他袋足器的丰盈饱满的造型，鬲含有一种稳定且丰足的象征意义。

这些器物在日常和墓葬中都是很重要的器皿，沟通人间和墓祭。不同时代不同聚落赋予其不同的意义。除过其共同的烹饪作用，还表示人的身份、来源、族群标志，确定同族同地方或跨地方文化圈的属性等。这些器皿不仅在一个文化中流行，还流传至其他文化，从仰韶文化到大汶口文化，大汶口文化在北方延续至龙山文化，在南方直到良渚文化和石家河文化。这种流行不仅因为器物的使用价值，还在于具有可被其他文化接受的交流或沟通的意义。在语言不通的各个文化中，这些实用的器皿可能因烹饪及其象征意义起到各地域文化连接互通的作用。

工具或兵器　这一类中尤其值得注意的是集斧、锛、凿、铲、刀等力量型器物为一身的钺。钺演变到了这个时期仍然最有代表性，不仅数量增多，从石钺还发展到了玉钺。同时钺从工具基本上固定为一种具有精神意义的兵器，象征着力量和威严。所以钺主要随葬男性墓主。大量使用钺和钺的权威形式表明社会由母系走向了父系社会。尤其在良渚，钺的使用还覆盖了周边各个聚落。如汇观山4号墓石钺就达48件之多；卞家山和新地里墓葬也有石钺，仅文家山的M1墓中有20多个石钺。这些地区墓葬中的石钺可能只表示力量，起镇墓作用。而反山和瑶山大墓拥有较多的玉或石钺则表示墓主的身份，或者是对墓主能力的考量，作为因其对良渚族群做出的贡献的奖赏。钺同玉琮一样在这两处墓葬中作为身份标识。几乎每座男性墓葬都有石钺或玉钺。反山11座墓葬中有5座配以玉钺，瑶山12座墓葬南排6座墓葬都配以玉钺。根据钺在墓葬中的位置来看，有的在墓主的腰部，有的在墓主的肩部，有的握在墓主手中。似乎都与大大小小的权威有关。玉钺的最高表现形式是带有瑁镦和冠端饰而使其具有了权杖的形式，如反山M12、M14和M20大墓各有一组玉钺及其瑁镦；瑶山M7大墓有一组玉钺及其冠端饰。这些带有瑁镦和冠端饰的钺由不同的墓主拥有，不仅是墓主生前的身份标识，还可能被用在不同的集体活动中起号召和组织作用。特别是反山M12大墓中作为权杖的刻有神人兽面纹的“钺王”显示了墓主的身份和地位。另外，从每座墓葬的墓主都配备有冠形玉梳背来看，这些墓主显然是一个群体。在现实生

玉石钺，陶寺遗址
{图2-4-67}

活当中，这个群体也可能头戴冠状器或玉梳背，手持带有瑁镦和冠端饰的玉钺—权杖在祭祀或建城的活动中以其特别的身份与族人沟通，甚至具有外交礼仪的意义代表族群与其他聚落进行联络、交流、交换甚至战争、谈判等，从而展现其实力、权威或威望。

钺也出现在其他地区，如南方大溪文化和石峡文化遗址，北方陶寺、石峁等龙山文化遗址。不同地区赋予了钺各自的意义。在陶寺遗址中晚期1300墓中，其中有200多座共计有玉石器800件(组)，其中玉石类的钺有99件，80多个墓中几乎每个墓都放置一个玉石钺{图2-4-67}。陶寺的钺材质介于玉和石之间，多数是半玉或假玉。玉钺在陶寺墓葬中似乎并没有上升到精神的力量或权威，却作为葬仪礼器具有镇墓作用。说明在陶寺生活现实中钺只是武器或工具被广泛应用。表现权威的却是新式的玉圭和玉璋等。在石峁遗址玉钺却被赋予了防御的力量，如一些玉钺出土于石峁遗址的石墙，同时配有玉或石的铲，以及可能具有权威的新式的牙璧（玉璇玑）和玉璋，这些组合所含有的精神力量，具有保护城址的功能。总之，钺特别是玉钺在不同族群的不同场合的应用表达了不同的意义或意识，从驱邪镇墓或御城中反映了其在聚落中的力量和权威或权力的象征意义，通过传递威望和权力意志来沟通和凝聚各个聚落。

乐器　音乐可能是比较高级的交流。乐器的产生既有偶然性又有社会的需要。这个时期已经不再是仅仅用乐器来进行狩猎或召集族人。陶寺乐器的功能可能脱离了在狩猎活动中简单地吸引动物而进入了一个比较系统的社会体系。即从讯号、音符发展到音乐乐曲。在早期大墓和中晚期中型墓中发现了26件乐器包括石磬、鼍鼓、土鼓、陶铃、铜铃、陶埙等。石质的磬，用石灰岩打制而成，长80到90厘米。木质的鼍鼓，均成对，鼓腔作直筒形，高1米，直径0.4 到0.5米，系树干挖制而成，器表底着红彩，施有黄、白、黑、蓝色纹饰。其图案同陶盆和建筑壁画同一风格。可能应用于同一时期和同一目的。石磬与鼍鼓出土于同一地点，应是一组乐器。铜铃和早期文化层中的陶铃是同一形制。陶质土鼓，上部有戳印花纹，下部有浮雕几何纹饰，口部贴有圆形的花瓣饰，中间的两个环同马家窑的陶鼓一样可以悬挂。后者口沿处分布有一周倒钩，两端内有穿孔可悬挂，可能像腰鼓一样去击打。如此的乐器就自然会有一定的音符乐曲制定出来，作为交流沟通的手段，伴随群体的舞蹈，在庆祝、葬仪或祭祀活动甚至集体劳动的号子中传达某种特定的沟通意义。而音乐意识也正是在这一过程中得到发展。

{图2-4-68}
蛇纹陶盆，陶寺遗址

绘画和刻画　首先是绘画。器物上的图像中最有代表性的是表示动植物或人物以及写实和抽象的组合。图像的产生最早是装饰，只有简单地模拟实物的特点。在越来越复杂的社会中，图像被赋予了某种语意用于沟通，在一个族群中起语言作用。比如陶器绘画。相比良渚大范围的神人图像，陶寺遗址在早期4座大墓中各发现了一个有彩绘蛇图形的陶盆{图2-4-68}，同时这4座大墓的其他随葬品也是比较相似的。类似的彩绘盆在其他包括早、中、晚期的墓葬中都未发现。这4个大同小异的陶盆，表现了不同花纹或种类的蛇的图案。对盆而言，蛇的图案起装饰作用；对图案而言，盆起到载体的作用。对墓主或其家族而言，在墓葬这个时期，蛇盆对墓主比较重要，可能是墓主家族所有。所以，选择蛇来装饰盆，传递的信息不仅在器物上或葬仪上，也有当时社会意义。蛇盘可能象征一个氏族的传代，可能表明族属或家族蛇图腾；或一个职位的继承；甚或是家族的一种用盆煮蛇的习俗，当蛇煮熟后会在盆中卷成一个圈，就像盆中蛇所表现的一样。这可能是一道宴饮大菜。陶寺人将蛇盆放在墓中可能只是葬仪，即让墓主可以像生前一样吃到蛇。同时周围绕以各类成套的饮食器皿就烘托出一种宴饮的氛围。这可能只是家族的风俗。所以这个图像具有家族或氏族内部沟通的符号信息。此外，尽管在同一个墓葬中出土的鼍鼓，用鳄鱼皮来包裹鼓面，说明陶寺人应该知道鳄鱼，也可以绘出有四爪的鳄鱼的形象，但却选择了卷曲的蛇。蛇可能有比鳄鱼更为实际的意义。图像是蛇的真实形象，一个实际的可理解的标志。这种沟通的方法就是借义，借蛇的图案通过盆的载体表达赋予其的意义。

其次是刻画。同陶寺陶盘上较写实的绘画一样表现一种葬仪场景，良渚大墓尤其是反山和瑶山的墓葬中发现的众多的玉琮和玉饰件上所刻的图像是写实和抽象相结合的构图。造型和图像虽是一种特别的墓葬语言，却反映了生者对逝者和死后世界的理解，抑或是对现实生活的反映。有三类：一是神人兽面纹的完整或标准图像；二是局部的分解、变形及其任意组合的神人或兽面纹图像；三是单独的兽面纹图像。第一类只发现于反山大墓M12中。刻有完整神人兽面图像有编号M12：98的“琮王”，置于墓主头部位置；编号M12:100-1的“钺王”，置于墓主身体位置左侧，与其附件镦和瑁组合作为权杖横置于墓主上身位置；此外还有同一大墓中编号为M12:87的高柱形琮，发现于墓主颈部位置；编号为M12:90的臂饰琮，发现于墓主两臂位置侧面。放置的位置已表明器物以及墓主身份的重要性。其中最标准的神人兽面像刻于“琮王”之上{图2-4-69a-b}。在其四面的正面中部即两棱角之间的凹面部分上下各雕刻了一幅完整标准的神人兽面纹。上层图像刻画较细致。在凸出的四角之上刻有上下两个圆目宽鼻的兽面纹，两侧还有半个兽眼。上下图案用两

〔图2-4-69a-b〕
『琮王』神人兽面图像，良渚遗址反山大墓

重平行的组线分层，每层之上又以一条划出上刻似兽面纹的阔嘴部分。“钺王”靠刃部的上角有与琮一样的完整标准的神人兽面纹，下角刻有与琮兽面纹侧面一样的半个兽眼；钺瑁棱部也刻有完整标准的神人兽面像，两端侧面各有半个兽眼，周边为旋涡纹图案。第二类是从完整图像中分解或简化提取出来的神人或兽面的局部或变形，甚至仅仅是漩涡纹等，多刻在琮、三叉器、冠形器、半圆牌饰、璜、管、锥形器、柱形器以及钺镦等器物之上。如反山M12的钺镦上刻有兽面纹，突出了圜眼；瑶山M7钺端饰则刻有旋涡纹。从数量来看，出现在反山和瑶山所有的墓葬中以简化的神人或兽面的图像的器物占绝大多数。这些图像变化表现得活泼自由，且体现了器物—图案一体的象征义或“语意”。第三类单独的兽面纹主要有反山M12大墓墓主两臂侧面位置的臂饰琮，其四角的雕刻如同大琮的四角图像。这类图像普遍刻于反山和瑶山其他大墓的琮和其他造型的玉饰件上。

“琮王”上的神人兽面图像主要由神人和兽面组成。神人在上，方脸，头戴羽冠，羽毛的根部用线穿缀起来。从胸口伸出来的双臂上的点缀类似鳞纹，两手伸向胸前的兽面。下方的兽面圜眼，长方形鼻和口，口中有牙，伸出贴在上下唇。其下的两肢以及延伸过来的两爪也刻有鳞纹。这部分可以属于神人，也可以属于兽。从神人的两臂和两腿的刻纹一致性来看，应是神人的腿部。尽管有多种解释，无论如何，这个图像反映了人与兽的关系。从神人头上的羽毛冠来看，可能是族长，兽可能是与良渚生死相关的动物，与其沼泽水的地理环境有关。而蛇为沼泽之王，可能威胁也可能有益于当地人。其天敌为大鸟或鹰，鸟抓蛇的景象在自然中常能见到。蛇、鸟和沼泽水环境及其关系与良渚人息息相关。兽面可能是蛇的头部，而回纹或旋弧纹则表现了蛇的鳞片。族长被设计为与鸟蛇合一的形象，头戴鸟羽冠，脚为鸟爪，两臂两腿为蛇鳞纹，似披了蛇皮。手抓一蛇，蛇圜眼，有两叉的舌头吐出上下闪动。神人兽面纹表达了以大鸟（神人）控制泽中之王蛇而达到镇水的目的。善于抓蛇的族长有恩于族人，便被水城居民崇拜。而蛇是良渚图腾，神人手扶蛇头，表示他像大鸟一样降服了蛇而拥有了这两种有灵动物的神力。

玉匠设计出这种图案，传达了这个故事，将族长的功绩表现了出来，刻在琮王、钺王和瑁上以及其他玉器上。大墓M12不仅有刻有完整的标准的神人图像的“琮王”，还拥有刻有同样图案的“钺王”，这表示墓主可能是领导团体的主要人物，并以此为沟通手段或身份标识。从反山和瑶山大墓其他器物的图案雕刻来看，他并不是孤立的，神人似乎也没有那样神圣，它可以被提取、被划分、被分割为几部分，还可以被变形后活跃在其他器物的图案中。这个神人在其他图像中任意

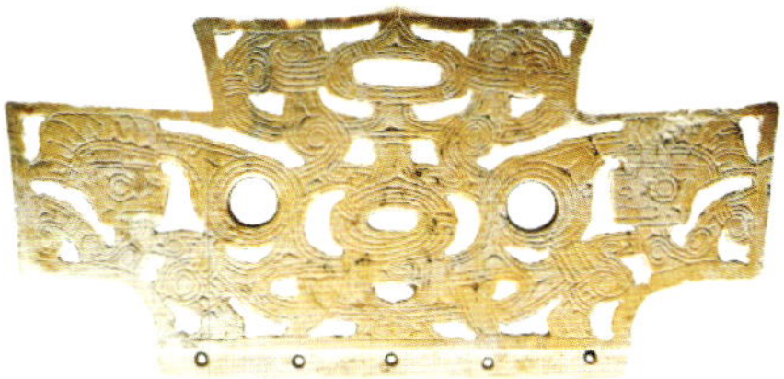
〔图2-4-70〕冠状器 良渚遗址反山大墓

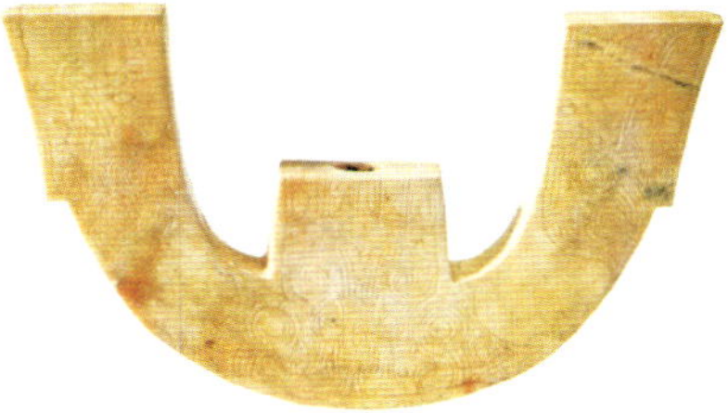
〔图2-4-71〕三叉形器 良渚遗址瑶山大墓

〔图2-4-72〕圆琮，良渚遗址瑶山大墓

穿插、风格随意，有时还有幽默感，影影绰绰看出这个人物似乎与这个群体有密切的关系，有融洽的沟通。如反山M16:4的镂空玉冠形器〔图2-4-70〕，神人一改正规的形象和比较严谨的平面浮雕和线刻，而是用较为粗犷的线或镂空表现出神人生动活泼地与兽面相融。神人和戴着的鸟羽冠变为两幅头像，一左一右相向对称排列，神人两个半张脸却似四目相对，羽冠像飞扬的头发，身体前倾富有动态，兽面因素也变形为镂空的圜眼、鼻、嘴，分别刻在冠形器顶部和中部，融入环绕的象征蛇鳞纹的旋弧纹中。同样瑶山M7大墓三叉形器〔图2-4-71〕上的神人也被分开立于两端的叉头部，用蛇鳞纹的旋弧纹象征神人的身体，之间主体部分的兽眼上面还戴着鸟羽冠。此外，编号M9:4圆琮〔图2-4-72〕图案以兽面纹为主，但神人的鸟羽冠刻在圜眼之上，看来神人元素与兽的元素在这里融为一体了。由此可见，神人兽面像可以被一些墓主所分享，也可以相对独立。神人和兽的元素自如地被运用，表示统一中的差异即相同的元素不同的构图，如同每座墓主都配备的冠形器上各有风格的图案。这些元素不仅在这些墓主之间传达或生者与死者的沟通，其象征意义在现实生活中也将良渚人凝聚在一起，并且作为墓主生前的代表或身份标识，甚或权威或权力符号与族人沟通。

然而作为族群标志或聚落图腾的可能更是反山和瑶山大墓大部分玉器上刻的兽面纹。反山M14墓主的琮只有兽面图像和无图像的钺杖，说明兽面纹也具有一定的意义。一些圆形琮、冠形器、半圆牌饰等多是兽面纹。特别

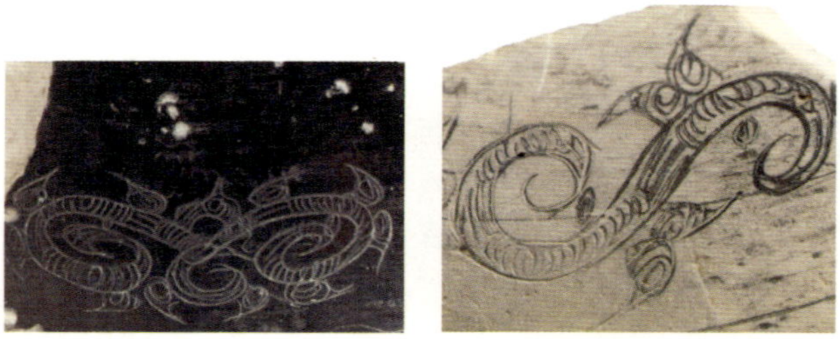

良渚庙前遗址陶器上的蛇图案{图2-4-73a-b}

是方形琮王，为了突出兽面，工匠刻意将兽的鼻和嘴凸出在琮的四角，使得琮从圆变成了内圆外方，从微凸到有四角的方形。这是工匠的一大创造。由此看出兽面在良渚人意识中的重要性。神人与鸟羽冠表示族长及其团体，突出表现的兽面或蛇纹代表族人。这个图案与当地流行的蛇鸟图案有关。从考古发掘的发现来看，在张陵山聚落遗址{江苏省苏州市吴中区吴县甪直镇}出现最早的刻有兽面纹的镯式玉琮可能在良渚也流行，而且两地琮上都刻有同样的蛇图像。良渚将这些图案地方化，作为族徽沟通族人，表现了一定的价值取向。

此外，蛇鸟纹图案在太湖一带是各个聚落喜爱的图像和共同的身份标识也可从卞家山、庙前、福泉山、新地里等发现的陶片上的图案看出。这些陶器上刻画的内容应是生活中普遍流行的纹饰。比如福泉山刻纹壶以螺旋纹衬底突出蛇鳞纹和鸟纹，庙前的残陶片刻有类似的表现出鸟嘴和蛇身的纹饰{图2-4-73a-b}；卞家山漆觚器的器盖残陶片上的彩绘图案也表现了当地陶器上的变形蛇样刻画以及螺旋线。显而易见，鸟、蛇以及相关的水、网，这些因素仿佛有某种逻辑关系，或许良渚人意识到这之间的联系，以线刻表述下来。图案有一定的意义才会被当地人接受为沟通的符号。因为史前人类尽管建了房屋、筑了城墙，仍然处于大自然或动物世界中。人们会按对动物的认知，战胜的难易度，其特点的好坏，情感的喜好而给予它们一定的价值或神性。一个概念的形成必是由当时人类所处的环境和认知的水平以及群体沟通的程度和需求来决定的。

从反山M12琮钺上完整的神人兽面图像（抑或是鸟和蛇的变形）到其他大墓中各种类型的玉器上的神人或兽面的异形图像，再到周边聚落陶器上的蛇鸟图案，似乎存在一种关联。表现在思

{图2-4-74a-b}
陶杯刻纹
良渚葡萄畈遗址

维方面，是对其地理环境的反映；表现在群体沟通中，蛇鸟被赋予了一定的维系氏族的意义，是群体的标志。反山M12墓主可能是一任族长参与了建城工程，与他一起的工匠或参与者如M14墓主等都得到了刻有蛇鸟图像的玉器。这是良渚人将有功绩的人的死亡看得非常隆重，用这样的葬仪表达对死者的一种敬意。这说明在这个时期，器物和图像不仅在生者的社会具有群体精神，还意味着是沟通生者和死者的媒介。这也归结于人们“威望”意识的提升，促成了一个向崇拜权威发展的英雄时代。从雕刻和构图的不同方法来看，工匠们把自发的权威意识表现在图像的刻画中，娴熟地运用基本的元素，进行创造性的、个性化的雕刻。由于约定俗成，图案愈来愈简练和概括。随着时代变迁，良渚元素或图像的意义已被定义、演变为一种抽象的图像，即取其意而已，具有语言符号的功能。无论这个图像如何解读，其所含的信息，必是良渚人或莫角山人所能理解并能沟通交流的，有某种含义的起语言符号作用的图像。某种意义上，神兽纹的简化正是蛇和鸟从具象走向抽象而具有象征性符号的形成过程。

这个过程经历了画图识物再到画图识字的阶段，如良渚人在陶器上刻画的一些动物的写实形象，如狗、羊、鳖之类。如卞家山陶器上对蝎子的刻画{图2-4-74a-b}。表现动物的字来自动物本身的形象，这种一般具象造型和简化的图像的抽象演变是语言演进必经的阶段。这些写实的形象，和其实际意义的所指，从具象到抽象，在这个过程中象征或符号意义已被逐渐定义，慢慢形成最基本的象形字。这既是史前人对客体的认知，又是比较明了的语言符号，在沟通中有明确的意义，在传播中有看图识字或识义的作用。因为这些图像，最直观的是客体象形图案，它的有指定意义的象形与其发音共同构成字符。

由于人们需要表达和交流的首先是身边熟悉的人、食物、动物、植物、山水、天空、气候环境等，同样包括人类的创造物，如房屋、谷物、工具、兵器、饮食器等，这些已经有发音的事物都可以给予一个形象符号或象形字，其意义便是其直观形象。这些内容就成为最基本的字。如人、犬、木、山、水、月、雨、家、米、刀、鼎等。这些最初的象形字符，建立在音的基础上，模拟实物来造一个形，是直接表现事物的象形图像，即具有某种意义的图形，一个人们对此能一目了然、人人都易懂的形状，直到它被固定下来，约定俗成，为大家所接受，让不知道的人能理解和沟通，并使其固定在某种场合中使用。正是在这些最初的基本的直观的象形字的基础上，才能发展出借义、指代或抽象的符号并且作为造字成分。

刻符　在这个时期，陶器上的刻符仍然出现在一些遗址中，而刻符中最有代表性的仍是陶器上的符号或图像。陶器仍然是刻符的主要载体。由于陶器使用的普遍性和大量地制作，尤其是专业化的分工式协作制作，制作方面的符号就可能多起来，特别在大型工程方面的器物还有其用途和位置的标识。如石家河早期的陶器刻符。其中有48个符号均位于大口陶尊的上腹部[1]。从笔画来看，大多只有二到三或四划。笔画简单，比较流畅，仍以单个为主。从笔画在坯体上的裂口来看，这些符号为烧制前刻画在陶器上的。由于器型比较大，有一定的制作和烧制难度而使用盘筑，可能陶工以刻画作标识。同时这样的大口陶尊使用的目的可能多样，但从陶尊排成直线和曲线形来看，应是用于祭祀场合，这样其上的刻符也可能是标识这些尊的使用目的和排列位置，甚至和数字有关。另如柳湾墓地{青海省海东市乐都县高庙镇}的陶器下腹部或底部的刻符，似与制作时表明器物数量有关。陶器因分工制作，陶工在制作时可能需要记录一些制陶工序或计数、陶工的署名以及定制者之名即陶器的所属者的记号、甚至师傅验证表示产品质量的合格等。这在烧制过程中非常必要。尤其是陶器烧制前的刻符，多为陶工所为，烧制后的刻符可能是陶工所为也可能是使用者所为。而使用者的刻符更是将陶片作为载体记录除过制陶以外的内容。

[1]北京大学考古系等：《石家河遗址群调查报告》，《南方民族考古》1993年第1辑。

这种记录只是发生在陶器制作过程中，或是陶工之间，或是与定制者之间，或是师徒之间，虽未进入大众化的交流，但符号已经进入了沟通的阶段，即使是一个小的范围，也是约定俗成。在陶器制作已专业化的情况下，可能一个作坊中师傅带若干徒弟，或是为某些家庭而制作，或是应一些特别的需要如祭祀、葬仪等定制，这样形成一个交流圈，以及相应的文化认知。尽管这样的符号不如从图像发展而来的象形符号那样易识，但相比而言，除过记录制作过程，这种记号可以标识名称，陶器制作者、使用者无论个人或家庭、甚至是陶器之名，表明数量、使用目的和放置位置等。尤其在一种文化氛围下，可能这些符号还带有一定的意义，如有关祭祀的器物符号。这样的符号可能就超出了小圈子，从刻符所刻位置来看，面向更多的人。如卞家山陶器上不同位置的80多个刻符[1]，有些刻符的位置是在器物的明显部位，似是广而告之一类。

文字是符号、发音和意义的结合，并有沟通意义，记号类刻符可能没有。这类记号或符号往往是阶段性的、个人或职业圈子的，不是文字，然而却是造字的一个重要部分和一个环节，一个人类的思维与其文化活动相互影响的结果。这些名称、数、位置的概念在这个时期可能发展于集体活动中的建城、祭祀、器物制作、绘画雕塑等，从人和人的关系以及人对自然或天地先祖崇拜的交流中产生的。重要的是工匠们或有智慧的人正是从这些记号中发现了造字方法，即不用描绘具体的客体仅仅一个有表现或抽象义的符号就可以达到沟通目的，而且这些基本符号无疑可以成为再造其他字的成分。这个意识无疑是人类思维和文化的进步。

[1]张炳火主编：《良渚文化刻画符号》，良渚博物院编著，上海人民出版社，2015年，第403页。

驯化谷物成就了人类各方面的发展。相应进步的工具和技术不仅扩大了农业的规模，也促进了社会的进步。聚落因人口增长而扩大，单一氏族解体转变为多族群的集合。物质文化也日渐丰富，材料从石器、骨器、陶器、木器发展到了铜器。一些器物的流传反映了多聚落之间产生了交换和交流。从各地出现的卜骨来看，史前人建立了新的人和人以及人和神的沟通方式，建立了祭祀礼器、葬仪和社会礼仪，借助器物或符号的交流，直到历史进入了王国阶段的二里头文化。

第五章

从古国到王国

青铜时代早期(距今4000—3500年)

主要遗址

西辽河流域

内蒙古夏家店遗址下层（距今4000—3500年）

黄河上游

甘肃齐家坪遗址（距今4200—3700年）

甘肃四坝滩遗址（距今3950—3430年）

黄河中游

河南平粮台遗址（距今4600—4100年）

河南王城岗遗址（距今4469—3543年）

河南新砦遗址（距今4050—3750年）

河南二里头遗址（距今3880—3520年）

黄河下游

山东岳石遗址（距今3950—3500年）

淮河流域

安徽三官庙遗址（距今3800—3600年）

长江上游

四川三星堆遗址（距今5000—3000年）

云南海门口遗址（距今4000—2500年）

长江中游

湖北盘龙城遗址（距今3500—3200年）

长江下游

浙江马桥文化（距今3330—3030年）

西部

新疆通天洞遗址晚期（距今5000—3500年）

新疆小河墓地（距今4000—3800年）

新疆林雅遗址（距今4000—3400年）

西藏曲贡遗址（距今3750—3500年）

文化的互动传播和融合

距今4000—3500年，新石器时代晚期经过各种文化融合交流，到这个时期一些遗址和文化消失了，一些遗留或流传下来，一些才兴起。比较重要的有北方的夏家店遗址{内蒙古自治区赤峰市松山区夏家店乡夏家店村}及其文化；西北的齐家遗址{甘肃省临夏回族自治州广河县齐家坪}及其文化、四坝滩遗址{甘肃省张掖市山丹县四坝滩}及其文化；东部的岳石遗址{山东省平度市东岳石村}及其文化；东南部的马桥遗址{上海市闵行区}及其文化；长江中游的盘龙城遗址{湖北省武汉市黄陂区}；中原的王城岗遗址{河南省郑州市登封市告成镇八方村}、新砦遗址{河南省新密市刘寨镇新砦村}以及二里头遗址{河南省洛阳市偃师市二里头村}及其文化。这些新的文化上承仰韶文化、马家窑文化、良渚文化、石家河文化、龙山文化等，发展了在农耕、城建、器物制作包括陶器、石器、玉器、铜器等材料的装饰品、炊食盛器皿、工具、兵器、礼器等诸方面有共性的地方化区域社会文化因素。而西部边疆的通天洞遗址晚期{新疆维吾尔自治区阿勒泰地区吉木乃县}、小河墓地{新疆维吾尔自治区巴音郭楞蒙古自治州若羌县}、林稚遗址{新疆维吾尔自治区哈密市天山北路}，以及曲贡遗址{西藏自治区拉萨市}；西南长江上游的三星堆遗址{四川省广汉市}以金沙江和澜沧江之间的海门口遗址{云南省大理白族自治州剑川县甸南镇海口村}同样发展了各自具有特点的地域文化。

作物的多样化　北方的粟作物耕种在黄河流域从仰韶文化和大地湾文化到马家窑文化、龙山文化以及辽河流域的红山文化等基础上有了发展。南方的稻作在长江流域的良渚文化、石家河文化、石峡文化基础上也有了进一步的发展，因气候温暖湿润往北到了淮河、黄河中下游一带。这使中原地区、海岱地区和澧阳平原、江汉平原、黄淮流域、太湖流域、石峡地区连成一片。中原地区在这个时期呈现出南北谷物混种的局面。在一些和二里头遗址早、中、晚基本同期的遗址，如王城岗遗址、新砦遗址和皂角树遗址{河南省洛阳市关林镇皂角树村}中，粟黍仍然是主要的旱作谷物。稻作在这些遗址呈现此起彼伏的状态，可能和气候、聚落经济、水源等有关。王城岗遗址在龙山文化时期出现了少量的稻，虽然在二里头文化时期未发现，但在二里岗文化时期有了稻作；从新砦遗址浮选的植物种子比例来看，栽培稻粳稻在其龙山文化时期、新砦期或二里头文化早期成为主要的谷物。而同时期的皂角树遗址二里头文化层发现的栽培粳稻也比粟黍多[1]。而稻、粟、黍的共同种植已延伸到滇西地区远至金沙江和澜沧江流域一带。如白羊村遗址{云南省大理白族自治州宾川县城}在距今4500年的地层发现了储藏有大量灰白色粮食粉末和有稻壳、稻杆印痕的窖穴23个，其中农作物品种主要有稻、粟和黍[2]。大墩子遗址{云南省楚雄彝族自治州元谋县城}在距今4200至3600年的地层中发现农作物种子粟、黍和稻的数量与出土的其他植物相比占绝对优势[3]；海门口遗址早期也发现有稻、粟，此地的这种共存一直延续到晚期[4]。石佛洞遗址{云南省临沧市耿马县}在距今3500至3000年这个时期以稻米为主，也有少量的粟和豆科植物。这里使用磨盘和磨棒，饲养猪、水牛、狗，并已开始使用牛耕[5]。大豆虽是野生，但在这些遗址都已成为采集类粮食

[1]北京大学震旦古代文明研究中心、郑州市文物考古研究院：《新密新砦1999—2000年田野考古发掘报告》，文物出版社，2008年，第532页；参考赵春青：《夏代农业管窥——从新砦和皂角树遗址的发现谈起》，《农业考古》2005年第1期。

[2]Rita Dal Martello、Rui Min、Chris Stevens、Charles Higham、Thomas Higham、Ling Qin、Dorian Q. Fuller：《Early agriculture at the crossroads of China and Southeast Asia: Archaeobotanical evidence and radiocarbon dates from Baiyangcun, Yunnan》Journal of Archaeological Science：Reports 20 (2018) 711 - 721。

[3]云南省博物馆：《元谋大墩子新石器时代遗址》，《考古学报》，1977年第1期；参考金和天、刘旭、闵锐、李小瑞、吴小红：《云南元谋大墩子遗址浮选结果及分析》，《江汉考古》2014年第3期

[4]中国考古网：《云南剑川县海门口史前遗址》，考古论坛--2008年考古新发现，2009年1月13日。

[5]云南省文物考古研究所：《耿马石佛洞》，文物出版社，2010。

之一。特别是这个时期新谷物品种小麦，约距今4000年前左右出现在西部。如河西走廊四坝文化的东灰山遗址{甘肃省张掖市民乐县六坝镇}发现的小麦遗存[1]，在通天洞遗址晚期浮选出的炭化小麦[2]。随后小麦在这一地区得到广泛栽培，如在小河墓地M13：5草篓内发现的盛有干结的食物、黍及麦粒；在新塔拉遗址{新疆维吾尔自治区和硕县胜利公社}文化层出土的小麦籽粒、加工谷物的大型石磨盘和绘有麦穗图案的彩陶器皿；在青藏高原昌果沟遗址{西藏自治区山南市贡嘎县昌果乡}发现的雅鲁藏布江麦作农业，包括有栽培的青稞、脱壳粟，其中麦类3000多颗粒[3]。在中原地区距今约3800年这个时期也已经开始出现了小麦，如黄河中游的新砦遗址[4]，黄河下游的教场铺遗址{山东省聊城市茌平县乐平镇教场铺村}、丁公遗址{山东省邹平市长山镇丁公村}[5]。在距今约3400年，小麦也发展到了西南滇西。海门口遗址二期铜器时代早期直到三期铜器时代中晚期都发现麦与稻、粟共存[6]。

陶器的分布　在这个时期，陶器以泥质灰陶和夹砂灰陶为主，制法普遍提高，有泥条盘筑或泥圈套接法、慢轮修整、快轮成型、模制等。各地陶工已掌握了氧化焰和还原焰的烧窑技术。新的生活器皿丰富了，有些器型演变为礼器。陶器有彩陶和灰、黑、白陶。先看彩陶，器型多饮食器。彩陶主要分布在东北的夏家店遗址下层文化，西北的齐家文化和四坝文化，直到西部的哈密和吐鲁番等地区，甚至西南的海门口遗址。这些地区的彩陶各有特点。夏家店下层文化的彩陶纹饰除过常见的几何纹，出现了卷云纹和兽面纹。其技法普遍先在烧制好的器表上施一层褐色或黄色陶衣以后再绘彩。虽然色彩比烧前绘彩的彩陶要艳丽，但彩绘极易脱落，显然不适合炊食盛等实用器皿，而是作为礼器。齐

[1][5]赵志军：《小麦传入中国的研究——植物考古资料》，《南方文物》2015年第3期。
[2]中国文物信息网：《新疆吉木乃通天洞遗址》，2018年01月26日。
[3]李永宪：《略论西藏考古发现的史前栽培作物》，选自中国考古学会编：《中国考古学会第十次年会论文集》[C]，文物出版社，2008年版，第138—151页；参考霍巍、王煜、吕红亮：《考古发现与西藏文明史·第一卷：史前时代》，科学出版社，2015。
[4]钟华、赵春青、魏继印：《河南新密新砦遗址2014年浮选结果及分析》，《农业考古》2016年第1期。
[6]闵锐：《剑川海门口遗址综合研究》，《学园》2013年第15期。

{图2-5-1}镶嵌绿松石陶罐，火烧沟遗址

家文化以齐家坪遗址、皇娘娘台{甘肃省武威市凉州区}和柳湾遗址出土的彩陶较具特点。其中大双耳罐是最常见的器物。四坝文化彩陶比例较大，如四坝滩遗址，尤其火烧沟墓地{甘肃省玉门市清泉乡}彩陶超过半数以上。一些器型和纹饰图案与马厂类型、齐家文化较为接近。器型以罐、壶为主，其中豆、方鼎、四耳带盖罐、腹耳壶是最常见的器物，彩绘以施紫红色陶衣后再施黑彩居多，既有烧窑前绘制的，又有出窑后绘制的。纹饰有三角纹、折线纹、条带纹、蜥蜴纹、回纹和圆点纹等。可能一部分用作炊食盛器，一部分用作礼器。后者的器物有些还特别镶嵌绿松石片{图2-5-1}。哈密地区的彩陶以林雅墓地为代表，仍然是双耳罐最有特点。彩陶图案多三角纹、锯齿纹和波状纹。在这里共出土彩陶器400多件，以高颈壶、梨形罐、带流杯、带流罐最具地方特色。彩绘多为红色陶衣上施红褐色彩或黑彩。纹饰富于变化，主要有三角纹、斜线纹、网格纹、棋盘纹。这个地区的彩陶一直流行到较晚的伊犁河谷和吐鲁番盆地，如中部天山以察吾呼墓地{新疆维吾尔自治区吐鲁番地区和静县哈尔莫墩乡}为代表的彩陶文化群。施红色陶衣这种风格可能也传到了金沙江和澜沧江流域。在海门口遗址的中晚期地层出现的彩绘陶大多为双耳器上施红彩，甚至晚期时红彩颜色愈红。新光遗址{云南省大理白族自治州永平县}晚期红陶渐多，纹饰大量出现花边口、波浪纹、圆形纹、菱形纹、涡纹、之字纹、网格纹、叶片纹等。由于陶器器型及纹饰由早至晚有着明显的演变关系，这里可能发展了本地的类型[1]。

[1]戴宗品：《云南永平新光遗址发掘报告》，《考古学报》，2002年第2期。

再看其他灰、黑、白陶，器型多炊器和盛器。一些流行南北方尤其良渚文化、龙山文化、小河沿文化的重器如鼎、盉、鬶、簋、尊、鬲、斝，罐、瓮等在这个时期进一步扩大其使用范围。造型因地区差别而不同，但其中鬲、斝在中原地区基本一致。太湖流域的马桥遗址以泥质黑衣灰陶为特点，生活用具中有尊、簋、“T”字形足鼎，同时还继承了良渚文化，并有和中原地区相似的器物。长江中游巴蜀地区的三星堆遗址一期和二期也出现了类似的袋足盉等。辽河流域的夏家店文化陶器中的筒形鬲、簋为富有特色的典型礼器。如大甸子遗址{内蒙古自治区赤峰市}随葬陶器的墓有葬600余座，器型不仅有鬲、鼎、罐、尊等，尤其是出现了爵。黄河下游的岳石文化，有特点的器物有子母口罐、平底尊、三足簋、圈足簋，特别是袋足器皿鬲、斝、鼎等。中原地区的王城岗遗址龙山文化晚期的陶器为深灰和棕褐陶，少量黑陶和白陶，以夹砂陶的鬲、鼎、圈足罐、大口罐、缸，泥质陶的罐、鬶、瓮为主，纹饰较简单。新砦遗址的夹砂和泥质陶有当地特色的子母口缸、镂空足鼎、高足鼎、折肩罐、袋足盉等。海门口遗址出现泥质和夹砂的磨光黑陶、镂空圈足器，似与周边有联系；而新光遗址虽有灰色或深灰色，或褐色夹砂陶的罐、尊、壶、钵、缸、盆、杯、器盖、勺，甚至三足器，但在器型上有其他地方不具有的地方特点。这里陶器不仅用于饮食，还作为盛器主要用于储藏、载运等[1]。

玉器的流行　　玉器发展到了良渚时期形成了一个高峰，其造型和精神含义也随之流传并形成地方风格，从龙山文化到石峡文化，与石家河文化相呼应。在这个阶段，玉器分类更加细腻。齐家文化的玉器有1000多件，种类有20多种，有自制的，也有输入的，可分为工具、礼器、兵器和饰品等。工具类包括刀、铲、锛、斧、凿、纺轮等；礼器类有璧、琮、璜、刀、圭、钺等；兵器类有刀、双孔刀、戈等；饰品类有环、管；乐器有玉编钟。此外还有一些特别的器物如镶嵌了绿松石的玉兵器、牙璋，尤其玉琮，除形制各异、大小不等的素面纹琮外，还有竹节纹琮、弦纹琮。稍晚的四坝文化也有玉璧、玉斧、玉锛、玉凿、玉权杖首等。另外在这

[1]戴宗品：《云南永平新光遗址发掘报告》，《考古学报》，2002年第2期。

一时期的夏家店文化大甸子遗址出土的玉饰件也很有特色，尤其玉玦，从新石器时代早期小南山遗址一直流传到这个时期。一些玉器造型在王城岗遗址、新砦遗址以及马桥遗址流传，如齐家文化宗日遗址{青海省海南藏族自治州同德县巴沟乡团结村}的有领璧，在陶寺遗址和二里头文化遗址，甚至三星堆遗址也有发现。此外玉琮和多璜联璧发现于陶寺遗址，可能间接接受了良渚文化的影响[1]。

铜器的出现　新石器时代中期已经出现了铜器。如姜寨遗址发现了一块半圆的黄铜片，主要成分是铜、锌、铅等多种合金；马家窑文化林家遗址的青铜小刀为范铸青铜；陶寺铜铃和带齿铜环的含铜量93%以上；石峁皇城台上层文化层的铜环与铜镞是砷铜，而铜刀则是锡铜。这些铜器大部分是独立出现，发现地很分散，数量不一，有些地方只有一件，且制作技术、材料和成分也不一样，既无原料，又无加工作坊，并未形成规模。而有些地方发现了铜作坊或加工工具和残料，但没发现铜制品，如凌家滩遗址发现了厚大的坩埚片；石家河邓家湾遗址发现了铜块和炼铜原料孔雀石。虽然如此，冶铜业在缓慢产生。到了新石器时代晚期或铜石并用时代，铜制品作为新的材料正处于开发阶段。其过程经历了从单件的外来物品到人们开始尝试进行金属冶炼。而后者需要铜器产生的条件，如矿藏、工具、工匠及技术等，还包括人们对铜矿冶炼的认知和经验甚至组织方式。

而在这个时期，各地普遍都发现了铜器器物。铜器的出现，取代了一些石质工具和兵器，包括传统的石器“三剑客”斧、锛、凿，此外还出现了铜制的装饰类饰件以及象征权威的器物。在西北地区的齐家和四坝遗址发现了至少15处铜器遗址，总数超过百件。齐家坪所出5件铜器中，最引人注目的是一面圆形带钮铜镜和有銎铜斧以及人头形柄铜匕和权杖铜饰尤为特别。皇娘娘台遗址出土的刀、锥、凿、钻、削、斧、戚、镢、匕、矛、戈、镞、镰等30件红铜工具，是目前成批出土的年代最早的纯铜器。尕马台墓地{青海省海南藏族自治州贵南县拉乙亥乡昂索村}40余座墓

[1]贾建威：《甘肃积石山县新庄坪齐家文化遗址调查》，《考古》1996年第11期；参考朱乃诚主编：《2015中国广河齐家文化与华夏文明国际研讨会论文集》，文物出版社，2016。

葬中出土有42件铜器[1]。多属装饰品类，有铜镜、铜泡、铜指环、铜牌饰、铜环、铜指环和铜镯，其中铜镜质地为锡青铜，上饰七角星几何纹图案最引人瞩目。四坝文化的火烧沟遗址发掘清理的312座墓葬中，埋葬铜器的就有106座。铜器数量多达200多件。除刀、斧、镢、镰、凿、匕、锤、镞、管、鼻环、铜泡等工具和装饰品，尤其出土了四羊首青铜权杖头。再往西曲贡遗址也出土了当地制作的青铜工具扁叶形箭镞，其成分为比较标准的锡铜合金[2]；林雅墓地的700多座墓葬中发现了针、珠、牌饰、耳环、钏、管、镯、环、铃、镜{图2-5-2}等[3]；呼斯塔大型聚落遗址{新疆维吾尔自治区博尔塔拉蒙古自治州温泉县}发现了角柄青铜短剑和有装饰图案的角柄青铜锥[4]；吉仁台沟口遗址{新疆维吾尔自治区伊犁地区哈萨克自治州尼勒克县科蒙乡恰勒格尔村}则发现了丰富的与青铜冶铸有关的遗迹、遗物[5]。在北方辽河流域大甸子遗址夏家店下层文化层发现有小型的青铜器如代表权力的铜手杖，以及饰品指环和耳环。淮河流域的三官庙遗址{安徽省合肥市肥西县桃花镇三官庙村}出土的铜器以兵器为主，共计18件，包括铜锛、铜凿、铜铃、铜戈、铜戚、铜钺、角形器、箭镞

铜镜，林雅墓地{图2-5-2}

[1]青海省博物馆文物研究中心：《中国最早有纹饰的青铜镜出土地——尕马台墓地》，人民网人民科技，2021年2月17日；参考青海省文物考古研究所、北京大学考古文博学院：《贵南尕马台》，科学出版社，2016。

[2]王仁湘：《拉萨河谷的新石器时代居民——曲贡遗址发掘记》，《西藏研究》1990年第4期。

[3]潜伟、孙淑云、韩汝玢、常喜恩、亚合甫江：《新疆哈密天山北路墓地出土铜器的初步研究》，《文物》2001年第6期。

[4]新华社：《温泉县呼斯塔遗址被确认为青铜时代大型聚落遗址！》，2017年8月23日。

[5]中国社会科学网：《考古学家聚焦新疆史前聚落遗址成果》，2019年3月5日。

等。其中铜钺的造型已呈“凤”字形，左右双面对称[1]。中原地区的遗址如王城岗的小城之西城内的灰坑中发现了一片二里头三期的锡铅青铜铸造而成的铜鬶的腹与袋状足的残片[2]。在新砦遗址新砦期地层中发现了一件红铜铸造的类似鬶或盉类酒器流部长8厘米的残片[3]。可见，陶质炊食盛器也在被铜器模拟或被取代中。铸铜甚至缓慢发展到了位于滇西长江上游的金沙江流域的海门口遗址晚期。在其第四层到第七层为铜石并用时代，出土小件器物17件，有锥、针、凿、镯、饰片和铜料，其中最有代表性的是钻、箭镞和铃。虽未出过陶范，却有铸铜石范。目前看来滇西地区是云贵高原青铜文化和青铜冶铸技术的重要起源地之一[4]。

城址的扩展　自良渚、石家河、城子崖、陶寺、石峁相继发展了聚落城址群以来，城池的建设已成规模。虽然有些聚落城消失了，但发展却在积累中前进。

东北地区继红山文化以后的辽河流域夏家店文化遗存以分布在丘陵山地的较大城寨或小城堡为代表，大多数都修筑有城墙，甚至多达三重。典型的有赵宝沟村的城堡群等。这些小型的聚落城址主要以居住为主，如二道井子遗址{内蒙古自治区赤峰市红山区文钟镇二道井子村}。这里发现早期圆形房址，外部多附有回廊或侧室，构成院落，村外有环壕和城墙相连。回廊内筑墙，分割成小隔间，个别隔间之间有门道或门洞连接。其他还有面积较大的以祭祀为目的的城址，如城子山遗址{内蒙古自治区赤峰市敖汉旗萨力巴乡和玛尼罕乡}是一处用城墙围起来的约6.6平方公里的祭祀点，建在山梁上，是夏家店下层文化中心祭祀遗址。周边有石砌的高约2米的围墙，内分中心及东、南、西、北5个区。在此围墙内有200多个圆形石砌祭坛[5]。

中原一带处于龙山文化时期的平粮台城址{河南省周口市淮阳区大连乡大朱庄村}虽早于二里头遗址却已具备了后者的一些基本要素。这是一座呈现出布局方正、规矩的城址，城正中间以一条道路贯穿南北为中轴。结构上有规整统一的高台式排房和公共基础设施排水系统，包括城内居址日常排水、城墙排涝和城门通道排水。从技术层面看，管道铺法为在沟底铺一条套接的陶水管道，其上再并列铺两条有一定坡度的陶水管道，宜于向城外排水。而陶质的排水管，不论是城内还是城门城墙处用的，都是35至45厘米长的直筒形，壁厚和表面拍制纹饰相似，看来是标准化的产

[1]中国社会科学网：《安徽肥西三官庙遗址》，2020年5月4日；参考考古中国：《2019全国十大考古终评入围：安徽肥西三官庙遗址》，2020年4月16日。
[2]方燕明、刘绪：《河南登封市王城岗遗址2002、2004年发掘简报》，《考古》2006年第9期。
[3]赵春青、张松林、顾万发、玫华、李琛：《河南省新密市新砦遗址2000年发掘简报》，《文物》2004年第3期。
[4]云南省文物考古研究所、大理州文物管理所、剑川县文物管理所：《云南剑川县海门口遗址》，《考古》，2009年第7期。
[5]李恭笃：《辽宁凌源县三官甸子城子山遗址试掘报告》，《考古》1986年第6期。

品。这证明整个城市的排水系统是统一规划、由社会群体共同完成的公共设施。此外，城墙采用版筑和堆筑法建成，这在后来二里头时期也是宫殿和大型建筑基址的重要建筑手段。最后是在城中道路以及道路上发现的“双轮”车辙，印迹宽0.1至0.15米，深0.12米，最明显的一条长达3.3米，连通中轴路[1]。从城内发现四具完整的用于祭祀的黄牛来看，车可能是由牛来牵引。稍晚的王城岗城址遗存有早期的城垣建筑，两座并列的东西小城和后建的面积超过30万平方米的大型城址。大城城墙为夯土城墙，外有壕沟。小城和大城内都发现了若干“奠基坑”。晚期大城也有城壕和祭祀坑。从挖沟到堆土施夯来看，这是一个耗时耗力的大工程。城址周围有龙山文化遗址群24处[2]。处于二里头早期时期的新砦城址基本为方形，有东、北、西三面城墙及城墙下的护城河。设有外壕、城壕、内壕共三重防御设施。在城址中心区建有大型建筑基址，有夯筑墙体、柱洞、红烧土和活动面等，可能是露天活动场所。还有一座宗庙建筑，其东部有附属建筑，均有大路连接。中心区外有手工业作坊区。处于二里头二期时的大师姑城址{河南省荥阳市广武镇大师姑村}，由城垣和城壕两部分组成。修筑方法为平地起建，倾斜堆筑，水平夯打。尤其是在城址中部发掘出土有成片倒塌的夯土墙体和大量的陶制排水管道，显示在城址内部存在有规格较高的大型建筑，同时有制陶区和墓葬区[3]。

[1]曹艳朋、秦岭、张海等：《河南淮阳平粮台遗址龙山时期墓葬发掘报告》，《华夏考古》2017年第3期；参考中国考古网：《河南淮阳平粮台城址》，2020年5月9日。
[2]北京大学考古文博学院、河南省文物考古研究所编著：《登封王城岗考古发现与研究(2002—2005)》，大象出版社，2007年，第770页；参考方燕明、刘绪：《河南登封市王城岗遗址2002、2004年发掘简报》，《考古》2006年第9期。
[3]王文华、陈萍、丁兰坡：《河南荥阳大师姑遗址2002年度发掘简报》，《文物》2004年第11期。

而南方干栏式建筑在海门口遗址发展为类似大型聚落城。这里出土了2000多根木桩、木柱，柱桩上有清晰的卯榫和穿斗结构，木桩的孔两孔对称，四孔对称，应是梁、柱，其他还有类似门转轴、插门栓的木构件[1]。这种楼阁式的房屋建在水滨之上，非常密集，各户之间的通道也在搁架上，而进出聚落的寨门甚或围栏也必不可少。这里人们已经具有了群居和城的意识。此外值得一提的是南方长江中游的三星堆古城。三星堆城址早在新石器时代晚期就有聚落居住，可能那时就已开始兴建，如在青关山城墙墙体下发现的三星堆一期文化的夯土台，台面上有土坑墓葬、陶器坑和形制较大的柱洞式建筑。从三星堆二期开始即二里头时期逐渐扩建城址，建筑了月亮湾小城包括周长约3000米的西城墙北段、青关山城墙、真武宫城墙和月亮湾城墙，以及青关山人工土台、月亮湾土台、仓包包祭祀坑。在这个时期末到三期初，城址的城墙和城内外的建筑都在继续扩大[2]。

总之，这些二里头时期之前、同期、略后的城址都不是孤立建筑的，而是有因果关系的。从农作物、家畜、陶器、玉器、铜器，甚至车辆，最后到城址，从种类到技术，二里头遗址在其形成“国”的过程中广泛地融合和吸收了各方的文化因素甚或新的“城”的概念，成为这个时期发展比较全面的集大成者，呈现了从新石器时代晚期到青铜时代早期承上启下这一重要历史阶段中的社会演变。

[1]闵锐：《剑川海门口遗址综合研究》，《学园》2013年第15期。
[2]四川省文物管理委员会、四川省博物馆、广汉县文化馆：《广汉三星堆遗址》，《考古学报》1987年第2期；参考雷雨：《三星堆遗址考古的新突破》，《中国文物报》2016年3月25日第5版。

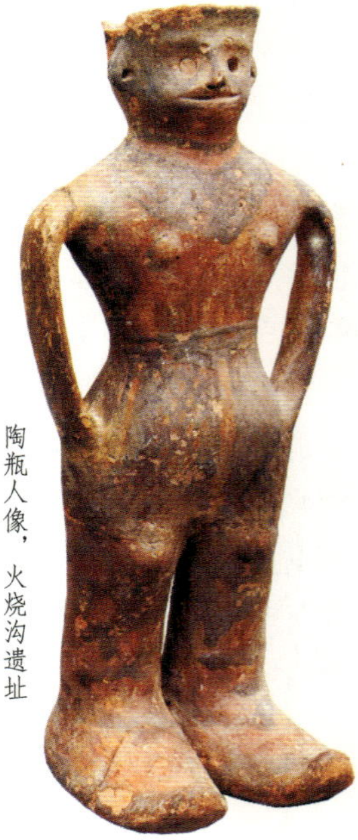

陶瓶人像，火烧沟遗址

二里头文化的文明因素

从农作物产品的丰富、新器物材料铜的铸造、礼器造型的建立、手工作坊种类的增加、宫殿及城址的扩大，直到祭祀占卜仪式的出现，聚落群体中人和人、人和自然的关系复杂化以及作为沟通的上层建筑礼器的“语意”和文字的初步形成，在同时期的文化中，位于中原的二里头遗址，虽然并未全部发掘，但已是具有以上因素之典型的城址。

五谷三畜

二里头遗址位于黄土台塬，伊洛河流域的洛阳盆地。当时气候较温暖湿润，有适宜耕作的土壤。浮选出的炭化植物种子有12.2万粒[1]，其中从一期持续到四期的粟和黍都是当地主要种植的谷物，稻谷种粒从数量来看约占总数的三分之一，略少于粟的粒数。稻作应该是二里头的耕种作物，尤其在四期有所发展。这里当时有湿洼地、水源或田埂灌溉，具有相应的水文条件。周边同样地理气候条件的遗址如新砦遗址就有以稻谷为主的耕作。小麦出现在四期，数量虽少但至少说明小麦出现在这个区域，仍有可能是当地种植或受其他地区的影响。此外还有采集或驯化中的野生大豆，大量的灰菜种子和山药块茎作为食物补充。作为与农业相关的家畜养殖业，猪、羊和黄牛从二里头一期发展到四期，不仅有地区承继关系也有外来因素，特别是西北的齐家文化。拥有多样的家畜来源，二里头遗址正是在诸多文化中扩大了粟和稻的谷物耕作，以及豆类和麦类植物的食用，同其他一些地区一样出现了五谷三畜。

[1]中国社会科学院考古研究所编著：《二里头：1999—2006》，文物出版社，2014年，第1299页；参考中国社会科学院考古研究所编著：《偃师二里头：1959年—1978年考古发掘报告》，中国大百科全书出版社，1999。

宫殿高墙

二里头城址目前的发掘只是全部遗址的一小部分。遗存包含上至距今5000年左右的仰韶文化和龙山文化，其发展无疑是从聚落城或聚落中心而来。从仰韶文化的半坡和姜寨遗址聚落村，到城头山、良渚、陶寺、石峁、王城岗、平粮台和新砦以城墙、壕沟或护城河为标志的城址，再发展为二里头大型多组宫殿式城址，其发展特点从中心大屋到宫殿、广场；从居住区、墓葬区、手工作坊、祭祀区等各个功能的面面俱到到突出多种手工作坊和宫殿管理的布局等。二里头遗址建城的过程表明这是一个具有逐步规划和布局的城址，有建于不同时期的建筑群[1]。一期遗迹虽确定为距今3880年，但建城从二期距今3740年开始，用了近80年的时间建宫城，包括编号3号和5号大型院落基址，两个基址之间有暗渠，院落中有水井窖穴。3号基址中有贵族墓葬。围绕建筑有“井”字形道路系统。三期自距今3610年用了50多年的时间扩大了1和2号单体四合院建筑，4号、7号、8号、9号基址，这一期的宫城包括宫殿区、房址、祭祀区、墓葬区、二期时的道路，以及周围各类手工业作坊如铸铜、制陶、制骨、加工绿松石，还有4个石器制造作坊，使用不同的石料打制锛、凿、斧、镰刀、镞、钺等。到了四期距今3560年二里头继续三期时的规模，包括其建筑夯土基址，同时扩建了6号和11基址。工程持续了约40年[2]。

从二期到四期一些小型房址分布在宫殿群之间，有一部分在宫城内外，有一部分在作坊区。另外还有几处灶址，分布在道路旁边。祭祀活动区位于宫殿区以北和西北一带，东西连绵约二三百米。这里集中分布着一些可能与祭祀有关的建筑、墓葬和其他遗迹。在四期末，这个多组建筑基址群为主的城址面积达12万平方米。其中宫城城墙沿4条“井”字形主干道夯筑将宫殿区封闭起来。同王城岗类似，城墙也是夯筑而成。东墙有3座城门。不仅宫城有围墙，作坊区也有围墙。建筑群中最大的1号和2号正殿为四面坡式建筑，复原

[1]中国社会科学院考古研究所：《二里头：1999—2006》，文物出版社，2014年，第465页；参考中国社会科学院考古研究所编著：《偃师二里头：1959年—1978年考古发掘报告》，中国大百科全书出版社，1999。

[2]张雪莲、仇士华、蔡莲珍等：《新砦—二里头—二里冈文化考古年代序列的建立与完善》，《考古》2007年第8期。据夏商周断代工程二里头一期距今3880—3640；二期3740—3590；三期3610—3555；四期3560—3520。

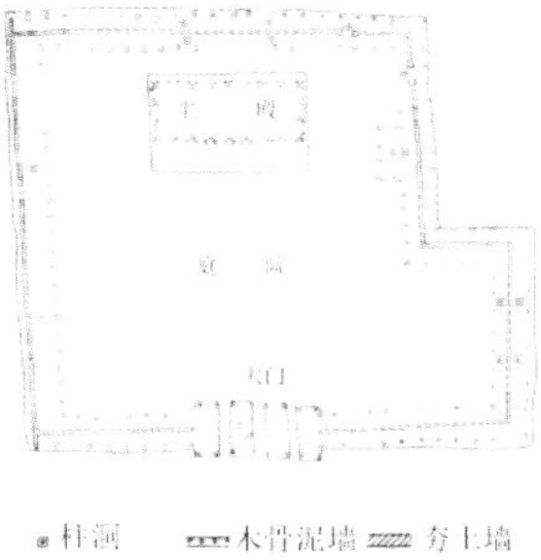

{图2-5-3} 一号宫殿示意图 二里头遗址

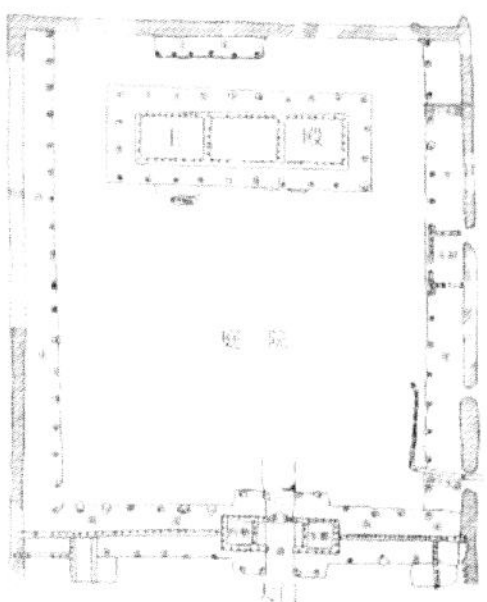

{图2-5-4} 二号宫殿示意图 二里头遗址

后为一个“四阿重屋”式的殿堂。编号1号建筑基址{图2-5-3}平面略呈正方形，东西长108米，南北宽100米，高0.8米。正殿四周有木骨墙基和廊柱22根，殿外有廊柱支撑屋顶，回廊有一圈大柱洞或柱础石，殿前有数百平方米的广庭。庭院绕以围墙，有3个城门；大门位于南墙的中部，有3条通道也是并排的车道。编号2号庭院基址{图2-5-4}距1号基址150米，院内有正殿、木骨墙基、廊柱、庭院、廊庑和门道等一组建筑。其南面为复廊和大门，北墙和三面廊庑围成一个广庭。同平粮台城址一样庭院里有陶质下水管道铺成或石板砌成的地下排水设施。两座基址遗址群同新砦遗址一样均有大路连接。从内外围有纵横交错的道路网及车辙遗迹来看，道路系统包括宫城内外的主干道和宫殿之间的道路[1]。

尽管目前发掘的城址并不完整，但在这个范围内，仍可看出较清晰的城址布局，尤其是数处宫殿建筑、多条道路和多处手工作坊。

[1]杨国忠、刘忠伏：《1980年秋河南偃师二里头遗址发掘简报》，《考古》1983年第3期；参考中国社会科学院考古研究所编著：《二里头：1999—2006》，文物出版社，2014。

管流之陶

二里头遗址的墓葬和文化层出土的饮食陶器以夹砂和泥质灰陶为主，但还有一些白陶，根据分期有不同阶段的器物。一期可见龙山文化时的罐、甗、盆、尊、瓮、鬶、盉、器盖等。二期和三期为高峰期，与同期发展的石器、骨器、玉器、漆器、铜器相呼应，一些各类不同型和式的新型器皿丰富了炊食器。炊器有深腹罐、圆腹罐、鼎、甑、甗、鬲、斝；饮食器有豆、三足盘、壶、觚、盉、鬶、杯、平底盘、圈足盘、爵；水器有壶、罐；盛储器有尊、瓮、罐、缸、盆等。一些从3号基址院内贵族墓葬中出土的随葬品因陶质、塑形、烧制手法多样化可以代表这个时期陶器的水平。夹砂陶主要是大的器物有甗、盆、罐、尊、鼎等；泥质陶加入了石英粉末制作簋、盘、豆、觚、爵等。制作方法主要是泥条筑成法，其中鬶、盉、鬲、斝为模制法，慢轮修整、快轮拉坯；灰褐色为还原气氛烧制，红陶为氧化气氛烧制。特殊陶器有白陶、印纹陶或原始瓷。高岭土的白陶有鬶、盉、爵、尊。陶器纹饰多为几何花纹，有的在口沿处雕刻蛇图案。四期时发展了云目纹、雷纹、兽面纹等。不同分期的器物也在演变，不仅有本地的特点，还有外来影响。如第一、二期出现的甑到后期少见或不见；三期时出现的盉取代了鬶成为流行的酒器。同时浅盘口深腹罐大量出现，典型大口尊开始流行；四期最常见的是深腹罐和圆腹罐，其次是大口尊和卷沿盆；这一时期晚期出现了橄榄形深腹罐、薄胎细绳纹鬲、束颈盆等；簋取代豆成为主要食器。最有特点的是具有岳石文化影响的半圆和管状流的鬶、袋足和平底的盉，尤其是新出现的槽状管状流的陶爵{图2-5-5}。在夏家店大甸子遗址也发现了类似造型的陶爵{图2-5-6}。爵是二里头文化的酒器，主要用于温酒和注酒。其特征是腹底有三个细长足，腹侧有一

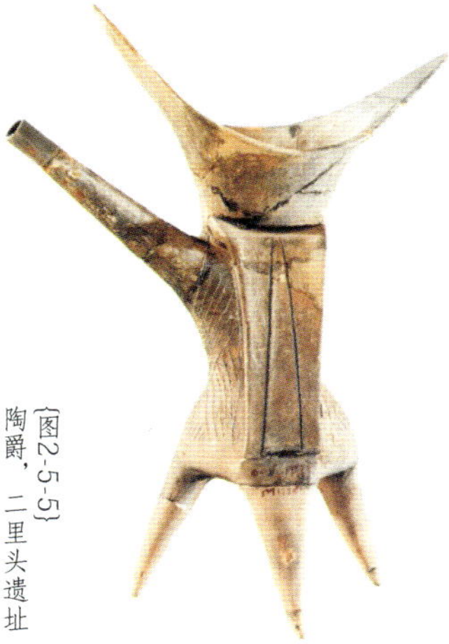

{图2-5-5}
陶爵，二里头遗址

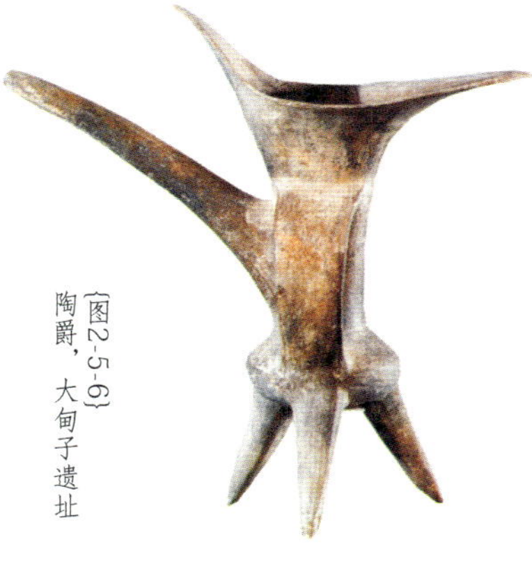

{图2-5-6}
陶爵，大甸子遗址

鋬，口沿两端分别有半管状的流和保持平衡配重的尾。其他酒器还有陶觚。这说明二里头的陶器饮食器皿随着作物和饮食方式的变化而变化。从墓葬中陪葬陶器的组合也可看出日常生活饮食器的组合，如觚、鬶、盉等酒器和三足盘、平底盘、豆等盛食器。此外，动物造型的器皿从黄河流域的仰韶文化、大汶口文化、小河沿文化、马家窑文化、齐家文化一直流传到二里头文化，如长流平底的“象鼻盉”。此器物也是新出现的釉陶，器表施透明釉，器身饰弦纹和云雷纹等拍印的几何花纹，瓷土作胎，胎土成分与白陶相近，表面施高温钙釉，烧制温度为摄氏1200度，是由陶向瓷转化的原始瓷器[1]。

礼仪建立

这首先涉及精神层面的祭祀、占卜和葬仪，以及进行这些仪式的器物、建筑和方式。辽河流域自红山文化时期就有祭祀女神的礼仪建筑女神庙、祭坛及其附近的大型积石冢群建筑和玉礼器；长江下游太湖流域良渚文化有大型祭坛和墓葬仪式以及祭祖的玉质礼器；黄河下游龙山文化也有蛋壳黑陶杯、白陶等用于葬仪仪式的礼器。在二里头文化时期，相应于大型的正殿和庭院建筑、丰富的五谷和家畜、新造型的炊食盛器皿、乐器和工具或兵器、新的材料铜和进步的工艺技术等，祭司或占卜者甚至工匠日渐形成了一个阶层，组织对各类不同对象的祭祀和占卜、开展大型的建城和器物制作等活动。各地都以物质文化为基础，渐渐形成了上层意识形态的精神文化、社会文化概念，进而促进了由成

[1]杨国忠、刘忠伏：《1980年秋河南偃师二里头遗址发掘简报》，《考古》1983年第3期；参考中国社会科学院考古研究所编著：《二里头：1999—2006》，文物出版社，2014。

{图2-5-7}
玉璋，二里头遗址

套的陶器、漆器、绿松石尤其是玉器和铜器等礼器以及相应的祭祀和葬仪等组成的礼仪制度。

从玉器来看，二里头遗址30余座墓葬，共出土玉器1200余件。这些用于葬仪的玉器中，璧、戚、钺、璋、戈、刀、圭、柄形器、鸟形器、琮、管、含等虽是兵器、工具和饰品的形制，却具备了礼器的性质，可能日常中也用于祭祀或集体活动中。其中玉钺、玉璋{图2-5-7}、玉刀和玉圭与龙山文化有联系；玉戈和牙璋与齐家文化有联系；琮和璧与良渚文化、龙山文化和齐家文化都有联系。这些都是对外传播的标志性器物。而二里头文化二期出现的柄形器，可能是独创，也属于礼器范畴。三期则是各类大型兵器类礼器居多。在继承其他地区新石器时代晚期玉器的基础上，融入了军权色彩，以彰显墓主的军事权力或军功。如玉质礼兵器玉刀源自新石器时代晚期的多孔玉刀，不同之处在于两侧饰有扉齿。尤其是来源于西北齐家文化牙璋和玉戈，首见于二里头文化，作为礼仪用器，是玉质礼兵器的新品种。牙璋发现于贵族墓葬，数量多，器形和纹饰趋于复杂，一般有多组扉齿，刻有细线纹。有些形体甚大，表面涂有朱砂。玉戈形态与二里头文化的青铜戈基本一致[1]。

[1]李伯谦：《二里头类型的文化性质与族属问题》，《文物》1986年第6期。

从铜器来看，二里头遗址的贵族墓葬里出土了200多件铜器。单件数量从一件到四件不等。炊食盛器物有爵、斝、角、盉、鼎、鬲等；工具有刀、锛、凿、锥、鱼钩等；武器有戈、戚、镞等；装饰品有簪、钺、珠等；乐器有铃等。作坊冶炼遗物有铸铜的坩埚、陶范、铜渣、蓝铜矿石和孔雀石等，还有铸器的石范。在这个时期，石质、玉质、陶质的工具、兵器、炊具、礼器渐渐被铜器取代。二里头遗址的制铜作坊在这个过程中起了试验场的促进作用，而这个铸铜过程从造型到技术都受到多方影响。有些器物造型如铜爵、铜斝和龙山时代的陶爵和陶斝无多大区别，这时由于对酿酒技术的掌握而出现的酒器。铜锥、铜刀、铜镞也是仿照龙山文化石质或骨质的造型，如环首青铜刀与齐家文化的环首刀相似。同时技术上开始使用复杂的合范铸造。二里头三、四期的铜器有的以单范铸成，有的是多范合铸，有的器表留有范痕，有的经过修整。青铜的制作显然经过了从砷铜和含砷铜到青铜合金成分比例的演变，如青铜的锡和铅含量仍然偏低[1]。在这种实践中，铜匠已经认识到青铜合金的几种主要原料金属的性质，懂得按比例来配制锡青铜合金和铅锡青铜合金，不同器物使用不同的模范，如铜制工具和兵器多用单范和合范铸成，仿照陶炊食盛器皿的铜爵和铜斝用陶质块范铸造。二里头文化的陶爵、铜爵{图2-5-8}是祭祀、社交礼仪酒器中最早的礼器之一。而青铜钺和青铜戈，是迄今所发现的中国最早的青铜礼兵器。这些铜礼器因其制作工艺而显珍贵，同玉礼器一起构成了用于祭祀、宫廷礼仪等所需要的酒器、乐器、仪仗武器等。

[1]中国社会科学院考古研究所编著：《偃师二里头：1959年—1978年考古发掘报告》，中国大百科全书出版社，1999年，第395页。

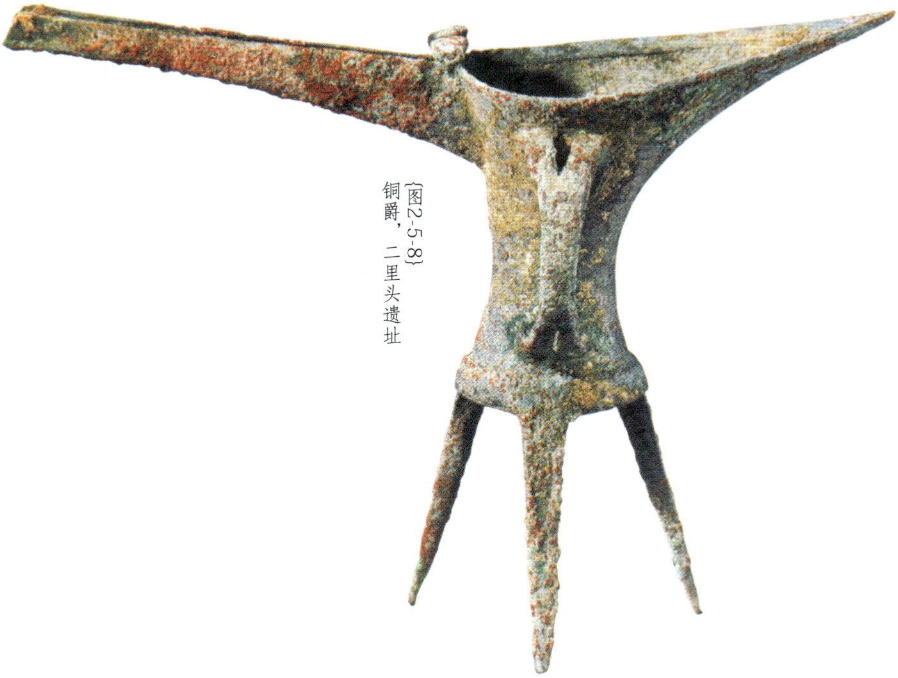

〔图2-5-8〕
铜爵，二里头遗址

此外，与礼器有关的器物还有绿松石器，包括绿松石拼对蛇形器和绿松石镶嵌铜牌。工艺上都以绿松石镶嵌为主。二里头二期编号2002VM3大墓中，出土的一件将墓主从肩部到髋部覆盖的绿松石拼对蛇形器{参见图2-5-13}，全长约70厘米，由2000余形状各异的细小绿松石拼对组合而成，每片绿松石厚度仅0.1厘米，大小0.2至0.9厘米[1]。镶嵌绿松石铜牌饰{图2-5-9}分别出土于齐家文化遗址和二里头遗址四期{图2-5-10}。这两件从纹饰到工艺都大同小异，都是将200多块绿松石拼接后焊接在铜牌上。可见工艺上的复杂性使这些器物变得珍贵，而图案更以其简练概括传达了某种精神含义。

齐家文化遗址镶嵌绿松石铜牌饰{图2-5-9}

总之，礼仪建立在对不同器物的选择和使用上，这些器物包括对其造型、技术、材料等的考量。一些陶器、玉器、铜器脱离了日用品的范畴，被赋予了特定的意义，经过各种组合在特定的祭祀或仪式场合中使用。这些饮食、兵器、礼仪类礼器折射出二里头的社会主导文化，一种上层建筑氛围。

二里头遗址镶嵌绿松石铜牌饰{图2-5-10}

[1]中国社会科学院考古研究所编著：《二里头：1999—2006》，文物出版社，2014。

社会分层

二里头遗址社会结构的分层主要表现在墓葬和房屋、从事的活动或职业、器物的使用等方面。墓葬有早、中、晚三期，每期都可分为三级。其中一级的墓葬少但随葬品丰富，有陶或铜鬶、盉、爵、斝、玉器、绿松石器、漆器的组合。陪葬品器物的组合、种类、数量、质量乃至埋葬方式反映了一级墓葬是一个社会上层。与之相应的是这个上层也是二里头的大型宫殿的使用者，从事比较特殊的职业。首先是祭司或高级工匠的组织者及其集团，以其权力、知识或技术来主导二里头所有的活动，尤其是祭祀等精神活动以及建城、军事、管理大型手工作坊等集体活动。他们是一级墓葬的墓主和宫殿的使用者。祭司可能也是占卜者。卜骨的大量发现说明占卜在二里头的流行。高级工匠是因为这里发现了众多品种的手工作坊。这个阶层的人还包括这个时期因大量工程规划、器物设计、观测天文星象等需要的知识技艺人员以及记录的人。因为知识和技艺的传承性，可能出现了专门教授的人。此外由于战争的频繁，一些有军事能力的人也属于管理集团。其次是物质生产者，包括石器、陶器、玉器、铜器、绿松石器、车、服装、饰品等工匠阶层，其中还有农人。由于技艺的普及，同样由于知识的积累和技术的进步，这个团体中通常是师傅和徒弟的组合来生产生活用品以及礼器。与产品生产有关的是流通，即流动性的供给、贸易或交换。由于经济产品的多样化和大量的生活需求、制作和交换日益频繁，一是出现了流动的有技艺的工匠、懂耕种的农人或善于驾车的车夫，二是出现了一些专门从事物品交换或买卖的中间人。这些人流动于各个聚落或城址，成为特殊的人群。最后最底阶层的人由于族群血缘关系被打破，因灾难、战事、疾病等而迁徙或依附于另一个聚落或城址。这样的人可能一无所有，以提供其劳动力为生存方式。

因器物而分出的阶层表现在墓葬中对日常器物使用的规格上，从而产生了不同的葬仪或礼仪。或是使用高质量的白陶、黑陶、彩陶、玉器、漆器、铜器的阶层，或是使用一般陶器的阶层。玉器和铜器因其技艺上的独特而成为重器。这些器物的种类和造型包括纹饰图案，不同于生活器物，而是传达王或祭司思想的载体。阶层还表现在服饰和装饰品的材料上，或是丝织品、玉器、绿松石等，或是麻织品、石器或骨器等。可谓不同阶层不同配备。

词义构成

从社会构成来看，二里头有个“宫殿”阶层掌握了聚落的重要活动及组织，尤其是建立了社会上下沟通的方式以维系城址的运转。而祭祀仪式是最大最集中的沟通，是维系聚落最复杂的一系列活动，对沟通甚或文字的产生有重要的促进作用。这个时期随着城镇的扩大、人口的增长、对各种资源的利用和技术水平的提高、各类产品的丰富以及大量的需求、思维的进步和认识的积累、对新事物的广泛的探索、不同社会阶层的出现、族长或王及祭司甚或一些有特殊才能的工匠的权威和威望提高及其对社会资源占有的集体认同，以及气候、洪水、干旱的威胁导致对神寄托的加强，祭祀或占卜活动的频繁，所有这些都是深化交流和沟通的起因。特别是祭祀活动。其仪式语言是王或祭司编排的成套的集体活动而举行的礼仪。祭祀包括祭天、祀地、祭拜先祖、葬仪等；占卜吉凶活动包括农耕、战争、驱魔治病、建城、盖屋等；这些活动通常都伴随器物、雕塑、图像、符号、音乐以及乐器和舞蹈的应用，以及牺牲、宴饮的方式。礼仪语意在二里头文化发展到新的阶段。此外，二里头文化时期突出地出现了群体语言或阶层语言，尤其是管理层和工匠、器物和建筑语言，具有了政治或经济活动概念的“词义”，构成了一个社会文化的氛围或框架，联系并影响人和人的关系。

器物如炊食盛陶器、兵器、工具、乐器等被首领集团如管理祭祀、作坊或军事的人用作或特意制作出具有沟通作用的礼器，作为器皿符号和仪式符号，以及既有装饰性又具有象征意义的图案和造型、音符，可能也有一定的文字符号，形成一种社会群体观念和制度。这些器物在二里头时期继续发挥其交流沟通作用且更加细化，传达不同社会层次的语言，尤其代表“宫殿”阶层的意识形态。相关的各类概念日益成熟，表现在各种进行建城、器物制作、耕作、占卜和葬礼甚至庆祝的祭祀礼仪或仪式的逐渐规范化，在这个过程中丰富了这些具有社会意义的象征性沟通和交流的媒介。

作为物质文化的器物尤其陶质、石质、玉质、铜质的器物演变为礼器。一是随着谷物品种和数量的增加而出现的饮食并因此而发明的器皿。如酒的发明，是对谷物进一步利用的结果，由此发明了一系列新的酒器类器皿，有陶或铜质的爵、觚、斝、盉等。铜器皿，因其材料和技术的难度和铸造的不易而使其价值提升；酒，因其提神作用而使其具有在特别场合饮用的仪式价值，这两者的结合给予酒器以及饮酒仪式以隆重、肃穆和神圣的意义，加强了祭祀中人与神的沟通。二是随着战争规模的扩大、方式的多样导致武器的发明，玉器中就已有兵器类的戚、钺、璋、戈、刀等。钺更是穿越了历史，在二里头发扬光大了其传统的象征意义。钺可能是最早出现且集从兵器到精神意义为一身的器物。从砍伐和兵器斧的造型而来，却贯通了新石器时代“三剑客”斧、锛、凿的力量。这几件器物经常同时出现。从牛河梁、良渚文化、龙山文化晚期，直到二里头文化时期，石与玉的斧、锛和钺混合使用。如大甸子遗址二里头文化时期的800座墓葬中有101座有石质的斧和钺[1]。这些器物在葬仪中起镇墓辟邪的作用，在祭祀时就演变为驱鬼镇妖和王、军、神权的象征。二里头遗址的铜质器物无论种类和品种都在替代石质的器物。生产工具如刀、锛、凿；武器有戈、戚、镞以及钺、锛、斧。后三者因为是穿孔装柄器，不论作为工具、兵器还是礼器都会装柄。有柄的器物从农耕的耕作工具、兵器演变为祭祀活动的礼器或王的权杖，就有了精神上的意义，即表示力量、暴力、威望、权

[1]刘晋祥：《敖汉旗大甸子遗址1974年试掘简报》，《考古》1975年第2期；参考中国社会科学院考古研究所编著：《大甸子：夏家店下层文化遗址与墓地发掘报告》，中国田野考古报告集考古学专刊丁种第四十八号，科学出版社，1996。

威或权力。这些工具、兵器经过石、铜、玉等材料的演变，逐渐成为具有语意的人与神之间、王或祭司与其他人之间沟通的器物。三是新的具有仪式性的器物的出现。玉圭和浅刻花纹玉牙璋的出现表明二里头时期王的权力就已经建立。玉圭和牙璋出现在龙山文化时期的陶寺，而牙璋则分布比较普遍，如龙山文化时期的陶寺和石峁，二里头文化时期的齐家文化，甚至较晚时期的三星堆遗址。说明这个器物带有普遍的精神意义可以沟通不同的文化。

最后，从制作工艺方面，更为关注礼器的雕刻、钻孔、抛光，从而达到了高品质和艺术性。做工的精细，材料的珍贵，神秘的具有某种意识的图案，赋予了礼器某种意义并使用于某种威严的仪式，这样的器物以及其上的图像就成为一种器物语言或被符号化，约定俗成，即族群的人都理解这些符号的含义及其共同的价值观，以沟通天、地、人、神的关系以及凝聚神和人，王和民的关系，同时促成社会层次和上层建筑的形成，促进人类自然语言以及文字的发展。

音乐随着乐器种类的增加而有了礼仪仪式价值。二里头遗址发现的乐器有石磬、陶埙、陶铃和铜铃。在这些乐器中，目前只发现了一个特磬，可能作为主调与其他乐器一起演奏。这些不同的乐器和乐曲表达不同仪式的意义，不仅“鸣以聚众”，还奏出更为复杂的有一定意义的在祭祀、葬仪、出征、庆祝等不同场合使用的礼乐乐曲，以沟通人与人、人与神的关系。石磬曾有陶寺遗址的特磬，这个时期在其他地区也有发现。以东下冯的发现最完整，石磬由细砂岩打制而成，略呈三角形，上部对钻一悬孔，敲击声音清脆[1]。齐家文化的磬比较大，清纯悦耳，音律完整。陶埙与陶寺、仰韶、河姆渡等地的陶埙相似，为橄榄形，中空，一端有一吹孔，壁上有音孔，吹之有声。二里头发现了约12件铜铃，为红铜，含铜量为97.8%，属于单翼铃[2]，器壁薄，椭圆形大口，顶部有半环形钮。陶寺及齐家文化都出土了铜铃，虽然两地的铜铃形制不同，但说明了二里头与这些地区有交流并直接延续了音乐的社会意义。

[1]黄石林、李锡经、王克林：《山西夏县东下冯龙山文化遗址》，《考古学报》1983年第1期。
[2]中国社会科学院考古研究所编著：《二里头：1999—2006》，文物出版社，2014。

{图2-5-12}牙雕上的兽面纹 二里头遗址

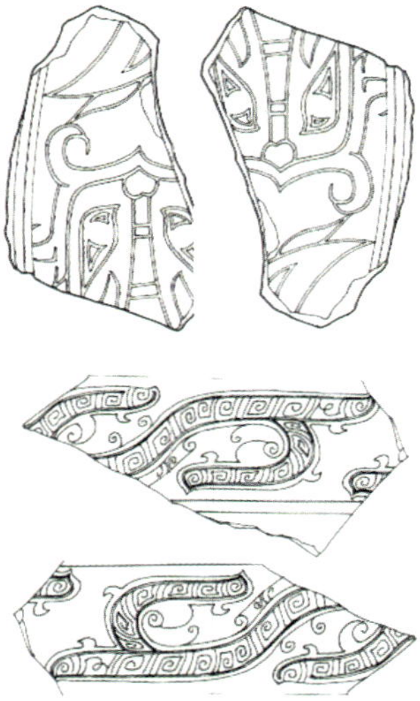
{图2-5-11a-b}陶器盖上的兽面纹，新砦遗址

{图2-5-13}绿松石蛇形器，二里头遗址

以器物作为载体的图像纹饰发展到这个阶段具有了概括性和象征意义。丰富的、奔放的、自由创作的彩陶纹被以祭祀为主流的王权、军权、神权社会发展的具有精神意义的符号所取代。典型的兽面纹纹饰，若溯其源的话，早期有各具风格的高庙文化白陶上刻画的兽面獠牙纹饰、石家河文化玉人雕像上的神人面具纹饰、良渚反山玉琮和钺上的兽面浮雕纹饰；后期有风格类似的齐家文化和二里头遗址的绿松石镶嵌铜牌上的兽面纹饰、新砦遗址陶器盖残片上阴线刻画的兽面纹饰{图2-5-11a-b}、二里头遗址牙雕上雕刻的兽面纹{图2-5-12}，甚至绿松石蛇形器{图2-5-13}。二里头遗址三个绿松石镶嵌铜牌饰中编号1984 VI M 11：7上的兽面纹饰{参见图2-5-10}，用镶嵌的绿松石勾勒出牛头的轮廓和牛角形状，以有凸面的圆形白玉嵌出圜眼；编号1981 VIM 4：5上的兽面纹饰则表现了似蛇头的形状，蛇的圜眼，牛的菱形长眼和牛角，以鼻梁柱贯穿为中轴。新砦遗址陶器盖残片上阴线刻画的兽面纹饰其中一片表现了似是牛头正面的倒置，同样有上挑的菱形的眼睛和弯曲的牛角，鼻部两侧似各有一颗獠牙，另一片则表现了蛇身的鳞纹。二里头牙雕上雕刻的兽面纹似是牛头的正面，牛头正面从鼻子到头顶突出有脊骨成一长柱状，上挑的菱形眼眶突出鼓起的眼球，两侧一对牛角分别向内弯曲成牛角尖。而二里头绿松石蛇形器表现出蛇的头顶部的俯视，头椎骨自顶部向前延伸至鼻部成直柱状鼻梁，一对圜眼处于其两侧中部偏上，头椎骨自顶部向后延伸成为蛇身体脊椎骨。蛇头部以绿松石嵌出方状轮廓，以青白玉组成直柱

二里头遗址陶片纹饰
{图2-5-14a-b}

状鼻梁，绿松石为鼻头，以绿松石嵌出菱形眼眶，以有凸面的圆形白玉嵌出眼球，身体由绿松石组成蜿蜒的蛇形。看来工匠们不仅有相当准确的观察力还有形象的概括力，并追求对称和平衡。可见这些兽面纹与一些最接近人类生活的动物如蛇、牛有关。这些动物比较写实的形象经过变形，融合在一起，成为一个想象中的形象“饕餮”或龙的原型。这些概念随着史前聚落族群想象力和抽象思维的进步，可能在这个时期产生了。从逻辑上讲，一个形象不会无缘无故的产生或出现，是有因有源的，通常和其遗址地理自然环境和人文氛围大背景有一定的关联，与人类的思维和心理发展有关，尤其与人类生存能力以及与动物的关系有关，甚至与祭祀及其某种权威语言有关，尤其和制作者和设计者有关。设计者必然表现了某一意识形态但仍处于不确切的状态中。二里头晚期陶器的刻画纹饰已经将曾经流行的兽面纹逐渐演绎为比较固定的纹饰或符号{图2-5-14a-b}。比如将牛角造型或蛇的鳞纹转化为“回”字纹样的几何纹。这些纹饰表明设计者或陶工正在探索并慢慢形成一种比较固定的构图方法，追求对称均衡。兽面纹镌刻在礼器上，就有一定的宗教含义，或是起祖神崇拜作用，或是起威慑作用，或是起辟邪作用。它同礼器一起表示一种礼仪语言，王或祭司借助器物的形象通过祭祀活动向族群人传达其思想或上层建筑的信息。这样，器物和纹饰一起就转化为一种社会体系的结构形态，一套制度或文化架构，用于政治、教化、道德、礼制，又依此意义作为具有凝聚力的沟通交流的语言符号。从文字的角度看，器物和图像是创造文字的重要步骤，通常是象形字的主要来源。

文字的最初探索首先是对自然动植物的模仿而形成的纹饰或刻画，这是最具有抽象意识和思维表现的形式。二里头遗址二期的陶尊腹部刻画有一穗水稻；三期出土一陶尊，刻画有麦穗图案[1]。似乎表明两个陶尊分别装盛稻谷和麦子。类似的图案早在河姆渡时期就已出现，如钵上的猪和稻穗。相距3000年到了二里头时期，这两个图一定会有名称和发音。这正是象形文字的雏形，是易懂的、便于交流的象征符号。比纹饰刻画更为接近文字的是抽象的几何图案。二里头出土了大量的陶片，上刻有几何装饰图案，这些图案似被反复的使用。在二里头这样大规模的城址，陶器从塑形到烧制虽更加细化并专业化了，但陶器仍是主要的记录载体，造字一定是从陶工开始，进而是不同的使用者。尤其是陶器上的刻符不仅是陶工制作陶器时的记录或记数，或陶工的名字或定制者的称呼，更可能是将陶器作为载体通过图案表达某种思想。这些几何图形同样含有某些意义，用于装饰器物，并用于某种场合，具有某种功能和用途。虽然不是文字类符号或记号，这类几何图案却是史前人类抽象思维发展的阶段，甚或是一种思维“训练”，是从形象到象征的文字符号的关键一步。特别是被给予了一定意义的符号，是刻符形成文字的前奏。从记录到表达再到展示，使其成为具有“语义”的符号，这是符号成为有意义文字的第一步。这要归功于人们从较为抽象的几何图案中发现了记号或符号的规律，同时也有社会发展的大背景。当社会发展了集体的活动，扩城、农耕、祭祀、物品制作和交换等，就需要有一定的、准确的、有意义的并且大家都理解和遵守的符号或字符，某些图像或刻符被设计并被赋予了一定的意义。通常首领或祭司或某位有知识的人物就承担起确定字义、组织和沟通并将这些发明广而告之这样的角色。这些作为沟通交流的符号不再是临时的或某一个时期的，或只限于陶工和用户之间的记号，而是逐渐扩大了其使用范围，具有了文字的记录、交流、便于理解的功能。

这个时期，考古发现刻符的载体不再只有陶器。由于占卜活动的频繁，卜骨就成为造字的新载体。二里头文化时期正是处于用卜骨占卜从而发明文字的过渡或承

[1]中国社会科学院考古研究所：《中国考古学·夏商卷》，中国社会科学出版社，2003年，第107页。

前启后的重要阶段。早在贾湖和陶寺等很多早期的遗址就已出现的卜骨在这一时期更普遍了，如在下王岗遗址{河南省南阳市淅川县盛湾镇下王岗村}、西史村遗址{河南省荥阳市城关乡西史村}、朱开沟遗址{内蒙古自治区伊克昭盟伊金霍洛旗陶亥镇朱开沟村}出土了大量的羊、牛、猪、鹿肩胛骨制作的卜骨，以及齐家文化较原始的卜骨。而这一时期二里头遗址出土的的150件左右这类动物肩胛骨的卜骨[1]，东下冯遗址{山西省运城市夏县埝掌镇东下冯村}三期到六期地层以及新砦出土的卜骨{图2-5-15}说明占卜在中原地区成为预知、感知、判断、描述未知事件的主要方法。卜骨上的灼纹或刻纹具有符号文字产生的心理因素，表现在祭司或占卜者的解读卜骨上的灼、钻，或灼、钻兼施的纹路或迹象的过程中。这个过程不仅达到运用某种认知预知占卜的目的，还是创造文字单词以及词和词组合的过程，甚至培养了占卜者和求卜者一定的逻辑能力。在占卜时，对天地的理解，对自然的理解，更便于占卜者造字。尤其是从对事物的分类以及方法，到进一步分析事物的类别、特征，从具体的名称、人称到动词、形容词，以及从词到句的认知等。扩大的词汇建立在最初的象形字的基础上而创造出来的指示或会意字。这些认知同时也在制定沟通规则、发布告知众人的布告、组织活动的公告或记录分配产品等集体生活中日渐成熟。文字成为族群大众化交流符号的形成表明权威或王权的出现。这是由于确定文字形体和意义的人是祭祀以及集体活动的组织者。民间一定创造了和流传着各种各样的个性化、小群化，包括分工导致的行业性的沟通符号，但是只有组织者可以打破界限，固定这些符号的意义并在聚落集体活动中推广应用，并因势导出新的有特定意义的符号。

综合二里头的建城、道路、手工技术的复杂社会背景，文字应该已经处于初创时期。然而这个造字过程是反复的，在各个遗址中此起彼伏的，并不是一致的或同步的，但一定是在交流中前进的。而从甲骨文已形成比较完整的记载人们的活动、表达思想的语言体系来看，在此之前必有一个相当长的发展过程。卜骨应是向甲骨的过渡载体。二里头文化时期处于文字的创造和词义的确定中。文字内涵或字义本

[1]中国社会科学院考古研究所编著：《二里头：1999—2006》，文物出版社，2014。

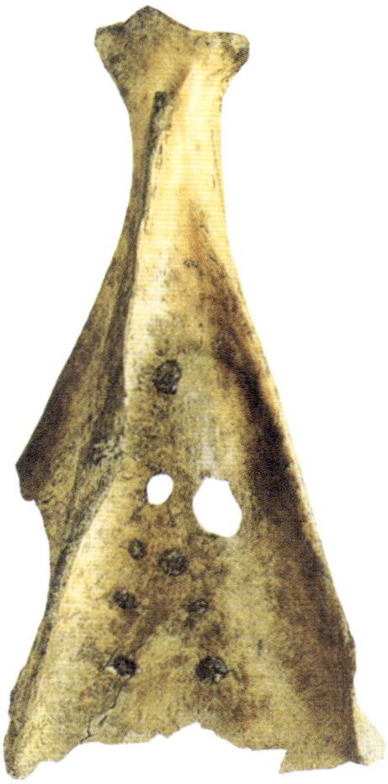

卜骨，新砦遗址
{图2-5-15}

身认知，以及概念的形成是知识积累的结果。由于意义通常是人对自然的认知的描述，这些知识和其载体的物质形态经过积累、传承、再创造，逐渐形成了社会政治形态和文化概念。这一切反过来又促进了人类记录文字的需求和创造。

城址语境

城址布局和建筑本身包括城内居民的生活方式也表达了一种由城内各个功能构成的建筑语义。在城址的演变中，每一处都渐渐形成地域性的“方言”。城以墙或壕围起来即是一个大的“家”。某种意义上，城市布局或建筑布局就是一个语言氛围，聚集所有居住在内的人，人和人彼此的交流促成了一种社会风俗，从个人的、家庭的、团体的最终汇聚为整个聚落城的，形成当地的语言，在各类活动中具有一定的语义，并反过来影响当地政治、经济、文化。二里头遗址发掘的这一部分表现出以官殿建筑为主体周围辅以道路及其他建筑的语言结构，即官殿—手工作坊，穿插墓地、居住区和祭祀区。这个结构一直伴随着四个阶段的演变，即从最初一期的始建大坑到四期末的手工作坊。从建筑遗迹看，二期编号为3号和5号多进院式宫殿，以及殿内的大墓到三期时被编号为1、2、4号廊庑式官殿及其四面的城墙替代[1]。北部的祭祀区、官殿区外以东以北分散的居住和中型墓葬也在这期间增加。虽然城址扩建或改建工程在二期和三期时有明显的持续性，到四期时发生了断裂，但二期时官殿四周的井字形道路、其间分布各处的石、陶、玉、骨等手工作坊一直断断续续到三、四期。尤其是铜器和绿松石器手工作坊从二期一直持续到四期并在技术上有所传承和提高。看来这里居民生活方式主要是建城和器物制作。

总体看来，若是作为一个王国的城址，其建筑语言目前看来缺乏几个因素，首先如纺织、文字、艺术、耕种。尽管墓葬中发现了丝织物，但没有发现纺轮或纺织工具的痕迹，仅有一些骨针、骨锥。还没有发现真正意义的成形的文字，陶片上的十来个刻符至少与这样较复杂的建筑布局不相应。此外文字不发达与一些器物如爵、铜牌饰、玉圭、玉牙璋含有的丰富内涵的造型和图案，以及这些器物承载的复

[1]赵海涛：《二里头都邑聚落形态新识》，《考古》2020年第8期。

杂的文化概念有些矛盾。二里头手工作坊情况较复杂，既有本地产品，也有与周边器物的联系，这些器物或由有技术或工艺的世家族群迁徙带来，不易形成地方性系统的文字。陶器纹饰更多的是较单一的几何纹饰。除标准的合乎规整美感造型的酒器或礼器，绘画和雕塑还没发现；谷物遗存同周围遗址一样有五谷，但支撑这样的城址，需要大田和灌溉。其次仅从作坊规模看应该有相应的平民生活居民区和墓葬区，不止有似是贵族的大中型墓葬和居住区。此外城中缺乏全面铺设的下水道系统，虽然在早期宫殿建筑之间的通道下铺设了长逾百米的木结构排水暗渠，在晚期宫城中大型宫殿建筑的院内，也发现了铺设石板砌成的地下排水沟和陶排水管组成的地下排水设施，但这种向院外排水系统仅发现于宫殿区，城址居住构建以及其他建筑也应有排水系统，这在平粮台城址已经有能力构建了。然而这种有限可能限于考古发掘。如目前宫城北部的祭祀区和墓葬区的范围以及居民人口还不确定。

迄今发现的二里头城址的建筑语言传达了一个城的功能信息，这是一处以制作各类产品为主的遗址，或作为其中一部分附属于一个更大的都城，或本身只是一处为其他城址加工定制器物的手工作坊都邑。从二期到四期的主体建筑功能布局来看，总体显示了宫殿与各类作坊的特殊关系。如二期时始建的3号和5号宫殿，周边的铸铜作坊、三座铜器浇铸场，以及与此有关的房屋、熔炉、陶窑、墓葬、居住区；宫殿和作坊内的墓葬和居住区出土的重要的铜器、玉器和特殊的陶器，宫殿南部分布的绿松石和制骨作坊[1]。三期的1号、2号和4号宫殿，继续使用的铸铜、绿松石和制骨作坊，宫殿区北部和东部的中型墓葬。四期早期时延续了三期时的结构，晚期宫殿发生了形制的改变，以及铸铜和绿松石作坊的继续存在。所以无论是二期的多进院式宫殿，还是三期的庭院、正殿和廊柱的建筑结构都表明这里是可以聚集人群和货物以及组织各类庆典、发号施令或迎接各方来客的场所。城址面积随阶段变化，有些基址或宫墙在二期遗址上特意设计建造的，似乎按当时的需要进行调整。从居住区来看，宫殿或作坊内的居住区比较固定，这里居住着工程的负责人

[1]杜金鹏：《二里头遗址第二期考古的主要成就》，《中原文物》2020年第4期。

或工匠的领班，而由于工匠族群的流动性，没有大型的固定的居住区。

至于手工作坊的规模，从面积不小于1000平方米的绿松石器的生产区域来看，其他作坊至少也有同样的规模。如这里发现的多处铸铜遗址，仅宫殿南部围垣内的铸铜作坊面积就达到了约1.5万至2万平方米，几乎占遗址发掘面积的一半。这里出土了不少铸造遗物，如相当数量的陶范以及大量坩埚碎片等等。作为一个新材料和新挑战，这些作坊都在尝试铸造铜器。三期时工匠可以铸造个别合金配比合适的有强度的青铜，但直到四期才开始流行高铅含量的铅锡青铜合金铸造。在作坊里没有发现冶炼矿石后留下的大量矿渣，可能铸铜类似流水作业，矿石冶炼金属和铸造是分开进行的，或是在矿产地，或者仅收集铜器进行再加工。其他石器、玉器、陶器等作坊可能是一样的模式，比如4个石器加工点。各类作坊是组织性的劳动，作坊的产品不是个人的产品，而是统一制作，从器型到纹饰。仅从纹饰的重复来看，陶器器表已不是随意表达思想的载体，大量标准的规整的几何花纹标志着出现了成批生产的订单或定制的产品。

从器物来看，其生产具有较严密的分工和组织。从原料的开采、切割或加工，再运输到作坊，制作是一个整体的过程。相适应地，工匠也处于一个流动的协作的被组织的状态。手工作坊的布局表现得专业化，说明工匠的专业化。从宫殿内和作坊内或附近居住地集中的大中型墓葬及其随葬品可看出墓主是管理者以及重要的男性匠师或工匠。这些人可能从外地招募而来，由于有祖传技艺，从而可以流动到需要建筑工程和各种器物制作的地方。甚至也有可能接受订单而停留某地。与齐家文化风格相似镶嵌绿松石铜牌饰可以说明工匠或技艺的流动。除齐家文化遗址外，绿松石镶嵌工艺还可见宗日遗址精细的镶嵌绿松石腕饰、哈密地区等更加原始或简朴的镂空铜牌饰。这些都具有图案和工艺上的相似性。这种融绿松石镶嵌和铜器铸造为一体的技艺的流传可能是器物单纯地跨区域交换、馈赠等方式而成，但更可能的是工匠个体甚或一个族群在这个时期在不同聚落流动而造成的。二里头大型的作坊具备一个流动的或迁徙至此的工匠聚落在此制作这类器物的条件，所以这件器物可能是有流动到此的工匠在宫城南部的绿松石作坊完成制作的，或是与铸铜作坊共同合作完成的。

此外，从二期和三期道路来看，各个地点之间由布满车辙的纵横的道路来连接，纵横交错分布于宫殿内外，城墙内外，城门内外，建筑群之间，甚至包括宫城的三道城门。能留下车辙，说明所载的货物或人员较重，车辆用来交通和运输，后者可能占大多数。宫城内的建筑群之间的距离更方便的是走动而不是乘车，如1号和2号之间150米的距离可能不会坐车移动，除非是装载货物。装载的货物可能会集中在庭院，进行检验、分配、举行祭祀。车可能是用于运输的人力“架子车”。而从平粮台城址的车辙和4个黄牛遗骸来看，二里头人应该比较熟练的驾车和使役黄牛了。车轮是重要的发明，二里头的车应该是木质的。可能是二里头建城时的发明或在这个时期引进了从齐家文化来的车轮。从这样深的车辙印来看，已有不少的车辆行驶在城中道路上。这样的话会有不少消耗，就算一年去旧换新，求可能大于供。即使从其他地方引入，也仍有可能在当地有一个造车作坊。其他因素如庭院内的井和窖穴，都可能是这种运输活动的辅助设施，甚至主干道路旁的灶可能都是应对大型活动尤其是运输所设。

从二里头的建筑语言可以设想二里头社会的运转。宫殿贵族可能是作坊管理者或是设计者，比如二期多进院式宫殿内的大墓出土绿松石蛇形器作为葬仪礼器，表明墓主与绿松石作坊有关，墓主可能是工匠或设计者。蛇形绿松石形器可能是其作品。器物造型选取蛇状用来覆盖全身起辟邪作用，也起身份标识作用。在二期开始建城时，各类工匠被大量招募。各地工匠迁入二里头。管理者在正殿发布布告、调配人力和物力资源、产品的定制和检验以及在庭院聚集工匠和组织祭祖等。一些作坊就在宫殿附近，使得匠师便于监督，工匠集中劳作。粮食是征集而来，尤其是稻甚至小麦除少量的种植外至少是阶段性地征集来使作坊运转。而肉食可能从齐家文化遗址输入山羊和绵羊包括人工养殖技术。运输资源以及货物的车辆来往于各个作坊和采矿地点之间、二里头大城址和宫殿—作坊之间以及其他聚落之间。按当时的技术以及作坊的规模，制作的产品包括铜、玉、绿松石、骨等器物以及车轮和车本身，可能供应二里头大城址内部、贵族个人、平民日常需要和定制的葬仪、祭祀等礼器、炊食盛器皿、生产工具、兵器等。器物交换或交易频繁发生在不同的聚集地之间。此场景下的语言沟通在组织和交流方面已经成熟，工匠和产品管理者或设计者的衔接可能已使用具有“标识”意义的图像符号，记录也采用不同的载体。

二里头遗址并未完全发掘，这一部分的布局呈现的应该只是一个更大城址中的作坊都邑。从建城的二期到四期的墓葬以及建筑叠压等来看，二里头所处的状态并不稳定，这四期中各有建筑重点。但从二期到四期的手工作坊的持续说明二里头王国已认识到除了谷物作为生存基础，无论用于生产还是礼器的器物制作自然形成了社会存在和进步的必需。尤其是新材料铜制品的铸造，生产的器物包括实用的和非实用的礼器及其所表达的意识形态的含义。这是二里头遗址的宫殿—作坊式建筑语言所呈现的意义。虽然在二里岗时期衰落，却传播至周边，如齐家文化或三星堆文化，以致后期二里岗时期的郑州商城和偃师商城都将器物生产作坊作为大型城邑的重要部分。

重器铸国

当农耕从一定的稳定性生产迈向更大的规模，先进的工具就成为主导，从而引发社会的一系列变革。这个中坚的力量就是铜器制作技术以及传播。其过程包括采矿、冶炼、制范和熔铸等专业化生产程序，而传播则包括矿资源的流动、工匠的流动、器物的流动、技术的流动以及器物所载的相关观念的流动，以及对于这些流动形成的临时性的落脚点，对技术或工匠进行控制、垄断或“加油”站。从制铜工艺发展来看，涉及矿源、合金成分、铸造方式等；从铜制品的性质来看，从工具、器皿、饰件上升到礼器；从青铜器的传播时间来看，可以始于齐家文化直到殷商时期；而从传播的方式来看，则有以上各项的跨地区流动和停留。

齐家文化铜器种类主要有工具、武器、用具和装饰品类如刀、锥、凿、削、戚、镢、戈、镞、镰、匕、斧、矛、钻头、环、镜、泡等。同一种器物，其造型、纹饰也不尽相同。铜的材料有从孔雀石到红铜、砷铜、砷青铜、镍青铜、铅青铜和锡青铜等合金，冶铸技术有中火法冶铜（地表烧制孔雀石）、铸造、锻造包括冷锻和热锻及热锻冷加工、锻造加范锻（模范包括石和陶范、单范到合范）等都出现在这里。尤其是冶炼铸造技术的混用。齐家文化时皇娘娘台墓地出土的如刀、锥、三角纹镜、钻头、环、斧等铜器以红铜器为主，多是用冷锻法锤击制成，少数是以单范铸造法甚至合范法铸造的。红铜器明显使用锻造技术的比例较高，而青铜器则是锻造和铸造比例相当。齐家文化红铜和青铜并存，其红铜冶炼和制作技术已趋渐成熟；青铜多为砷青铜和铅青铜，而砷青铜占了相当大的比例，制造方式上锻制与铸制都被采用，包括冷锻、单范铸和简单合范铸等几种技术。

四坝文化时铜器型种类也大为增加，如玉门火烧沟墓葬中埋葬铜器品种有：刀、斧、镢、镰、凿、匕、锤、镞、管、鼻环、泡等工具和装饰品。这批器物铜器合金成分比较杂，有红铜也有各类合金青铜。四坝文化制铜技术延续了齐家文化青铜冶铸的传统，但已有大幅度提高。铜器逐渐发展为以砷铜、锡砷、铅锡、锡青铜、锡铁青铜等二元或三元合金铜，尤其是含砷铜器。人们逐步认识到砷青铜与锡青铜的不同物理性状，在制作不同器类的过程中，开始有意识地选择红铜或青铜来制造不同器物，并最终用锡青铜取代了砷青铜。无论红铜还是青铜，使用铸造技术的比例远远高于使用锻造技术的比例，锻造技术只是作为其补充。尤其使用了合范技术，甚至镶嵌铸件。火烧沟遗址出土了铸造铜镰和铜镞的泥质砂岩石范，已经掌握了模制铸造技术。如四羊首青铜权杖头分范铸造，中部镶嵌四只分铸好的羊头。说明其铸造水平已达到能够使用合范和嵌铸技术了。从齐家文化到四坝文化，西城驿遗址{甘肃省张掖市明永乡下崖村}最能说明其冶铜业从红铜时代到青铜时代的转变。此遗址的冶炼遗迹包括大量炉渣、矿石、炉壁、鼓风管、石范等，以及大量的木本植物木炭。出土铜器为工具类，材质有红铜、砷青铜、锡青铜、锑青铜。从一期到三期，锡青铜的比例逐步提高，加工技术体现出从锻造向铸造的转变。这个冶炼技术流程中存在相应的合金炼制技术，已进入从红铜—砷铜合金到锡青铜的青铜时代的早期阶段，是河西走廊的一处冶金中心[1]。

二里头遗址从二期到四期，铜制品从简单到复杂。铸铜作坊遗址主要在第三、四、五区面积近1.5万至2万平方米的范围内，遗迹有炉渣、炉壁残块、陶范、浇口铜、铜块、坩埚、铜渣、木炭，以及带有多层火塘的房屋。后者被认为可能是烘烤、预热陶范的场所。二期的铜制品有锥、刀，铃和铜牌饰；三期的铜制品有工具武器和容器，如刀、锛、锯、凿、纺轮、鱼钩、戚、戈、镞、爵、铃、圆形器等；四期新出现了鼎、斝、盉等[2]。从器型变化来看，是从工具过渡到器物，出现了容器。铜器合金成分为红铜、锡青铜、铅青铜，其中锡铅青铜最多，坤青铜只有1件[3]。出土的陶范说明，二里头铜器制作采用陶范铸造成形。主要是器物的主体使

[1]陈国科、王辉、李延祥、张良仁、杨月光：《甘肃张掖市西城驿遗址》，《考古》2014年第7期。
[2]陈国梁：《二里头遗址铸铜遗存再探讨》，《中原文物》2016年第3期。
[3]梁宏刚、孙淑云：《二里头遗址出土铜器研究综述》，《中原文物》2004年第1期。

用包括泥芯和外范的多块合范，采用浑铸，分铸铸接等方法[1]。二里头时期晚期的其他铸铜地点如东下冯遗址出土了铅青铜块、铜渣和斧和凿的石范。青铜合金有锡青铜、铅青铜、铅锡青铜、砷铜等种类。这种合金通过向红铜中添加锡、铅、含砷物料而得到，方法与二里头等遗址类似[2]。此外较大的是西吴壁遗址{山西省运城市绛县古绛镇西吴壁村}。这里发现了冶铜活动场所遗址巨型坑H111。此坑内部下半部有成层堆积的200多斤的铜炼渣、大量残炉壁、碎铜矿石、木炭等，同时出土了少量陶范、石范、鼓风管、石制与角质等冶铜工具，包括敲砸矿石或拣选铜块所用的石砧、石锤和鹿角锤等。此遗址的冶金产品为红铜，所用铜料为未经焙烧的富硫氧化矿石[3]。二里头文化四期之后，其冶铜活动促进了二里岗文化时期各地初具规模的冶铜手工业。东下冯遗址和西吴壁遗址二里岗文化时期继续前期的铸铜活动。后者遗迹包括房址、灰坑、灰沟、冶铜炉残迹、水井等。一座地穴式房址带有多个被火灼烧过的壁龛，房内堆积中出土很多铜炼渣。灰坑形制多样为袋形、直壁、锅底形等，其中多数都发现有数量不等的铜炼渣或残炉壁等冶铜遗存。已确认两座底部的残存冶铜炉之间有很大一片活动硬面，串联起多个与冶铜相关的遗迹[4]。

在二里头文化四期衰落之后，二里岗时期的铸铜地点发现于距离6公里的偃师商城，随后出现于各地。较大的有东部的郑州商城、南部的盘龙城和西南部的三星堆古城三期至四期的过渡阶段。偃师商城{河南省洛阳市偃师市}应是二里头城址的延续、扩延或重建。从早期到第三期形成一个成熟的都城，包括大城、小城、宫城，三重城垣；城内南半部有3座小城，其中一座小城为宫城居中，内有成组的大型宫殿基址；另外两座小城位于此宫城的东北和西南，内有成排建筑。城墙系夯土筑成，有城门7座。城内有纵横交错的主干道和用石块砌筑的排水道。一些道路与城门方位基本对应。内部水系主要用于排水，外部水系包括护城河及壕外的两条南北向古河道。内外水系循环连通、排水防涝，宫殿区内还建有近3000平方米的池苑[5]。这里虽还未发现确定的铸铜作坊，但与铸铜生产活动相关的遗存共有3处，并随着城址的修建，铸铜地点也发生变化。其中两处曾分别位于大城东北隅和大城东墙南段内侧，发现有木炭、炭灰、陶范碎块、铜炼渣、“矿渣”、“铜液凝固

[1]廉海萍、谭德睿、郑光：《二里头遗址铸铜技术研究》，《考古学报》2011年第4期。
[2]李建西、李延祥、田建文：《东下冯遗址冶铸遗存研究》，《考古与文物》2018年第1期。
[3]新华社：《山西西吴壁遗址发现大量夏商时期冶铜遗存》，2018年12月17日。
[4]中国国家博物馆考古院、山西省考古研究所、运城市文物保护研究所：《山西绛县西吴壁遗址》，中国社会科学院考古研究所考古杂志社、中国社会科学网，2020年1月13日。
[5]赵芝荃、徐殿魁：《1983年秋季河南偃师商城发掘简报》，《考古》1984年第10期。

{图2-5-16} 方鼎，郑州商城遗址

块”、坩埚和陶范残片。第三处可能是宫城四号宫殿的水井。在水井的废弃堆积中，也出土了一些坩埚、铜渣和铜矿石。发现的石范显示是双合范的残件，产品为斧、锛、凿一类带銎的工具[1]。

同期稍晚的二里岗时期的郑州商城遗址{河南省郑州市}二、三期距离二里头城址和偃师遗址以东100多公里。城内东北部发现宫殿夯筑基址多处，可能是结构复杂的宫殿建筑群，其中心有用石板砌筑的人工蓄水设施和水井遗址。城垣为长方形分段“版筑”逐段夯筑的城墙，并留有城门。城外有居民区、墓地群、铸铜、制陶、制骨作坊遗址等。城池内外，还有青铜窖藏和祭祀场地。城外这些手工业作坊遗址是按一定布局建立起来的，主要有内城北城墙外和南城墙外多处的铸铜场地、窖穴和烘范窑。与铸铜有关的遗物有铜矿石、炉壁残块、熔铜坩埚、木炭、熔渣、陶范、残铜器、陶器等。熔铜坩埚有用外涂草拌砂泥制作的大口尊以及用粗砂厚胎的陶缸。陶范分为生产工具范、武器范、容器范3类，近20种，以工具范为数最多，如刀范、镞范、车轴头范、花纹范和容器范等。这说明此遗址以铸造生产铜工具为主，也有少量容器。200余件青铜器出土于铜器窖藏和中型墓葬。其中出现了大型器物。如杜岭一大一小1、2号方鼎、圆鼎、提梁卣、牛首尊等。其中杜岭2号方鼎通高87厘米，口长宽61厘米，在口沿上有两个对称的圆拱形竖耳，鼎腹呈斗形，底部由四个上粗下细的柱型足承托器身，鼎身装饰兽面纹和乳钉纹{图2-5-16}。不论其造型还是纹饰，都显示了礼器的标志，属于最早的礼器。这批青铜器合金成分为锡青铜和铅青铜，且以后者为多。

铸铜向南扩张到达了长江流域的盘龙城。此城建于二里头文化三期，延续至二里岗文化。这是一个有中轴线的城址。南、北城门位于中轴线上。城墙采用分段版筑法夯筑，分墙体和护坡两部分。内城总面积约75400平方米，有大型夯土建筑基址，似为周有回廊的“四阿重屋”式建筑，基址两侧台基边缘还设有南北向陶水管。铸铜作坊遗迹有熔渣和沾有铜渣的陶缸片。墓葬中除陶器、玉器、石器和骨器等遗物，青铜器包括工具和武器，主要有斧、锛、凿、锯、钺、戈、矛、刀、镞。此外还有铜面具和大批礼器。面具以鼻梁

[1]常怀颖：《夏商都邑铸铜作坊空间规划分析》，《中原文物》2018年第5期。

{图2-5-17} 铜面具，盘龙城遗址

为中轴，对称表现了一对上挑的眼睛和弯曲的角{图2-5-17}。礼器有爵、鼎、簋、斝、觚、盉、罍、鬲、卣、盘等，其形制、纹饰以牛角或牛首纹为主，辅以云纹、弦纹、三角纹、圆圈纹、涡纹、雷纹等。盘龙城青铜器合金成分以铜锡铅三元青铜为主，且容器含锡量普遍较高。铸铜工艺同黄河中游的二里岗上层文化具有明显的一致性[1]。偃师、郑州商城甚至盘龙城提供了这一地区新式铸铜城址的模范。

然而大量的青铜制作开始于兴起的殷墟。但与此相关的沿洹河建筑的洹北商城{河南省安阳市}却是前奏。这是一个有外郭城垣布局规整的城址。宫城位于南部，居住区在城内北部，其间有手工业作坊区。大城西部偏北发现了铸铜遗迹，有残碎陶范、陶模、鼓风嘴、坩埚与炉壁残块、铜渣、磨石、水井，出土的陶范多为红褐色且火候低。一些陶范出土于工匠墓葬。除过部分工具范及芯，从其形制、花纹可知，这里可能主要铸造一些饮食器如觚、斝、爵、鼎等容器类礼器。应是兼营礼器与工具生产的铸造作坊。部分青铜器出土于墓葬和窖藏坑[2]。继洹北商城后，在洹河两岸呈环形分布的殷墟城址{河南省安阳市}没有城垣，随着时间以及事件的起落而向四周扩大。主要包括宫殿宗庙中心区、王陵遗址、族邑性聚落遗址、家族墓地群、甲骨窖穴、手工作坊等。手工作坊有铸铜、制玉、制陶、制骨、制车、纺织等，都达到了相当大的规模。大批青铜器出土于王陵遗址包括商王武丁的配偶妇好大墓，除工具类如锛、凿、斧、锯、铲等，生活用具类如漏、勺、箸、器座等，兵器类如戈、矛、钺、刀、镞等，突出的则是炊器、食器、酒器、水器类礼器如鼎、斛、簋、觚、爵等；乐器如铙、铃、钲等；礼仪用器如人面具、人头面具、铜牛、铜虎、铜铃铜镜、杖首等；此外还有车辆构件。其他铸铜作坊分散在城址内且各有特点，基本都是一至四期持续使用。其中较大的铸铜遗址，如小屯周围出土有大批陶范和铸范、陶模、内芯、坩埚残片，从出土陶范看，这一地点可生产的品种有觚、爵、簋、盉、鼎、卣、壶、戈、镞、矛、车饰等。苗圃北地出土遗物显示这里主要以生产礼器为主。薛家庄铸铜作坊出土的铸铜遗物有陶范数千块，孝民屯铸铜作坊有大批陶范、熔炉残块、铜渣、木炭等，两地以生产容器为主兼制武器和

[1]湖北省文物考古研究所：《盘龙城，1963—1994考古发掘报告》，文物出版社，2001。
[2]牛世山：《从洹北商城到殷墟商邑：城市规划与建设的嬗变》，《中原文物》2018年第5期；参考何毓灵：《河南安阳洹北商城发现铸铜制骨手工业作坊遗址》，《中国文物报》2016年12月16日第8版。

{图2-5-18} 陶外范和纹饰，殷墟

{图2-5-19a-b} 外范和内范示意图

工具。辛店铸铜遗址甚至还发现了烘范窑等遗迹，从出土的陶范残块来看，这个铸铜作坊的主要产品也是以容器为主。任家庄南地作坊的产品以铸造青铜礼器为主，但铜泡、车马器陶范的发现，说明还兼铸车马器[1]。看来各作坊都生产大量使用的工具和容器或礼器，只有个别作坊生产特殊用品。殷墟青铜器合金成分以铜锡铅三元青铜为主，同时还存在铜锡、铜铅二元合金以及纯铜，其比例或合金方式随不同时期、不同器物、铜料来源而变化。如礼器的三元合金比例稳定，表示有了一定的标准。虽然青铜器形制丰富多样、造型复杂、纹饰繁丽，但铸造方法已经趋于程式化，主要表现在器体造型、翻范包括若干外范带有表面纹饰{图2-5-18}和内范即泥芯{图2-5-19a-b}、浑铸或块范法即分范和合范铸造技术。器物附件浮雕和立雕如兽头状附件与器物主体的连接方式则主要是分铸法即铸接和焊接技术。具体可分为榫卯式后铸法、铆接式后铸法、榫卯式先铸法、包裹式先铸法等四种方式，有的青铜器还综合利用这些方法，采用多次铸接的分铸工艺[2]。这些方法出现在殷墟各个时期的不同作坊。除了殷墟范围内铸铜遗址之外，距殷墟10公里，有另一处较大的与殷墟同时期的铸铜地点安阳辛店遗址{河南省安阳市北关区柏庄镇辛店村}。这里发现了陶范、坩埚残块、融铜炉壁残块、磨石、铜针形器、骨针等，以及与铸铜有关的熏范窑、范块阴干坑、铸铜遗物废弃坑以及水井，还有铸铜工匠的墓地等等。从鼎、簋、觚、爵、斝等青铜礼器的陶范残块来看，这个铸铜作坊与殷墟已发现的铸铜遗址从铜合金到铸铜方式相同[3]。

[1]常怀颖：《夏商都邑铸铜作坊空间规划分析》，《中原文物》2018年第5期。
[2]刘煜：《试论殷墟青铜器的分铸技术》，《中原文物》2018年第5期。
[3]孔德铭：《河南安阳辛店发现商代晚期聚落和大型铸铜遗址》，《中国文物报》2017年8月11日8版。

铜神人面具，吴城遗址{图2-5-20}

与殷墟基本同期的吴城遗址{江西省樟树市山前乡吴城村}二、三期是南方一处较大的都邑遗址，总面积约4平方公里。现存城墙是充分利用其地形条件，依托自然岗丘和河道建成。在城外侧还挖筑护城河，把人工开凿与利用现有的天然河道结合起来，使其同时具有泄洪、防御等多种功能。遗址内有制陶区、冶炼区、居住区、墓葬区、祭祀区或祭祀广场等遗迹。祭祀广场由道路、建筑基址、祭祀台座、红土台地与柱洞群五部分组成。在人工堆筑的红土台座上，分布着廊道、建筑基址、祭祀台座、柱洞群等。除陶瓷器，在诸种手工业中，发展水平最高的是青铜铸造业。吴城城内出土了大量铜渣、木炭、铸铜石范，多是工具范和武器范，少量是容器范。大部分器物含铜量在90%以上[1]。青铜斝和青铜鼎多采用浑铸法以及石范铸铜，即将多块范、芯紧密扣合，然后一次浇铸成型。

与吴城遗址隔赣江相望的还有一座与其大致同期的也可能是吴城文化部落衰退后兴起的牛头城遗址{江西省吉安市新干县大洋洲乡}以及城外新干大洋洲商墓{江西省吉安市新干县大洋洲乡程家村}。牛头城址布局因丘陵地形而就势建造，平面呈不规则的梯形分布。分内城和外城，面积达38万平方米。有外城墙和内城墙，城垣平均高6至4米。内城外城均设有城门和马面。城外有护城河。建筑遗迹有鹅卵石通道、祭祀广场。与吴城的堆筑不同，城垣为夯筑土城，房屋建筑多用木柱连续竖立形成木柱泥墙，这表现了因地理环境影响的地方性。出土文物如陶器在造型、纹饰、制作工艺上也有其特点[2]。城内没有发现铸铜地点以及大量青铜器，但在直线距离4公里的大洋洲商墓出土了大批青铜器。而且出土陶器与牛头城遗址出土陶器基本一致，可能是牛头城外的墓葬区。然而大洋洲商墓虽距吴城遗址30公里，其文化却于吴城文化相当。大洋洲墓共出土青铜器有礼器包括食器鼎、鬲、甗、簋、豆、匕等；酒器有罍、瓿、卣、壶、瓒、勺等；兵器有胄、钺、戈、戟、矛、长刀、短剑、镞等；乐器有镈、大铙。其他有用器有杖首、炭箕、厨刀等，工具有斧、钻、凿、刻刀等，农具有耜、臿、犁、镰等。此外还有一些饰件和杂器。比如带角的神人面具{图2-5-20}。虽地理位置距殷墟较远，在青铜文化面貌上显示出强烈的地域风格，但是其合金成分仍与殷墟青铜器相近。其铸造方法主要采用主体浑铸、部件分铸然后再合铸而成[3]。

[1]江西省文物考古研究所、樟树市博物馆：《吴城：1973—2002年考古发掘报告》，科学出版社，2005。
[2]李家和、杨日新、徐长青：《江西省新干县牛头城遗址调查与试掘》，《东南文化》1989年第1期。
[3]陈旭、李友：《新干大洋洲商墓的年代和性质》，《南方文物》1994年第1期。

{图2-5-21} 铜神人面具，三星堆遗址

西南的三星堆城址在其三期即相当于殷墟晚期、吴城文化三期时扩大了青关山人工土台、仓包包小城包括周长1400米的北城墙、东城墙、仓包包城墙、李家院子城墙和马屁股城墙拐角，以及三星堆外城圈包括周长约7000米的东、西、南、北城墙段。到这个阶段有外廓城和内廓城的三星堆已成规模，直到三星堆四期，青关山人工土台还在建筑，其上的柱网密集和红烧土墙基“宫殿区”的单体建筑群、以及城址的布局一直在这期间演变。整个城池呈梯形，占地约3.5平方公里。在三星堆城墙与南城墙之间的台地东部发现了八个祭祀坑，出土了金、铜、玉、石、陶、贝、象牙等珍贵文物近千件。尤其青铜器。一号坑出土的青铜器种类有人头像、人面像、人面具、跪坐人像、龙形饰、龙柱形器、虎形器、戈、环、戚形方孔璧、龙虎尊、羊尊、瓿、器盖、盘等。二号坑出土的青铜器有大型青铜立人像、跪坐人像、人头像、人面具、兽面具、兽面、神坛、神树、太阳形器、眼形器、眼泡、铜铃、铜挂饰、铜戈、铜戚形方孔璧、鸟、蛇、鸡、怪兽、水牛头、鹿、鲶鱼等。特别是人像表现了各类不同的人物、人头和面具{图2-5-21}。其中2020—2021年新发现的六个“祭祀坑”已发掘至器物层，可辨别的青铜器有眼部有彩绘铜头像、巨型青铜面具、青铜神树、方形尊等重要文物。这些青铜器造型独树一帜，包括动植物和人物雕像，即使是容器也有动物和人物的浮雕如龙虎尊、羊尊等，总体造型奇特、体型大小不一，有些还特别巨大。三星堆青铜器的合金构成可分为五种类型：红铜、锡青铜、铅青铜、锡铅青铜、铅锡青铜，其中以铅锡青铜器数量最大。青铜器的材质容器类为铅锡合金，造型类器物多铅锡合金，但铺以铅青铜，同时含有银、锑、砷、钴、铋、铁、锌等。尤其铅含量普遍较高[1]。三星堆大型青铜器为合范铸造，多次浇铸成形，小型青铜器为一次性铸造，器物饰件补铸而成。其铸造方法是使用范畴法浇铸成型的，采用了分铸、混铸和嵌铸法等，又大量运用了铸接这种联结组合技术，配以套铸、铆铸、嵌铸、锻打等工艺。虽然还没有发现铸造地点，但发现了陶质坩锅和铸造青铜器的泥芯，这表明有青铜器作坊的存在。三星堆遗址的青铜器虽然比其他遗址年代较晚，但从器物的成熟度来看，之前经过了相当长的一段铸造试验。

[1]马江波、金正耀、田建花：《三星堆铜器的合金成分和金相研究》，《四川文物》2012年第2期；参考赵殿增：《三星堆考古研究》，四川人民出版社，2004。

显而易见，各地都已进入了青铜时代早期。玉器、陶器、骨器、木器、金器、象牙器、青铜器等是一个大城址必备和扩大的利器。其中作为新材料铜器的需求量从二里头时期就开始增长，逐渐替代了石器的工具、兵器以及陶制品的容器。铸铜的需要可能如同陶器的产生一样，不是单一或独一无二的现象，可能差不多的时间内被史前人认识，这是因为人们在寻找更坚硬和更便捷的材料来替代石质的工具和兵器，同时铜器又以其制作快速、轻便、精细、坚硬的特点胜于制作费时又笨重、粗糙的石器。史前人正是从找寻更理想的石质和陶土材料的过程中发现了铜矿的特性。此外社会已发展到了多族群形成的大城址和由此导致的大型集体活动尤其建城、祭祀、军事等，促使一些已建立了某些礼仪的具有“国家形制”的城址就更需要一定的新器物作为载体来适应、或表达、或推行这些观念。一些陶容器转而被青铜器替代成为祭祀或葬仪礼器。所以对矿源铸造技术工艺甚至工匠的需求成为这个时期各个城址社会发展和变革的核心。而铜矿源、新发明的技术和工艺、有设计和铸造能力的工匠跨地区的分散和流动，使铸造的产业从资源采矿到加工制造出现了一系列地区或集中性的跨地域协作生产链以及产品交换甚至贸易。

首先，被大量需求的尤其用于祭祀、葬礼和其他仪式的礼器在聚落或城址内部已逐渐形成了协作式生产。如玉器的制作包括采矿、玉石加工、切割、雕刻、打磨、钻孔等；各类彩陶、印纹陶、釉陶等器物制作包括陶土的淘洗、塑形、从氧化焰到还原焰的烧制、绘彩等；加上设计环节都形成一个系列。特别突出的是这个时期跨地区生产的铜器铸造。其铸造特性呈现采矿、加工、冶炼、塑形、制模、铸造为产业链，即协作式或分工式的制作，其结果必然会出现聚落性的专门的工匠和作坊，以及对铜矿资源跨地域开发、垄断和进行贸易交换的城址。

正是铜矿资源使铜器铸造打破地区限制，形成跨地区生产链的根本因素。如果说齐家文化带来了新材料铜器，那么真正广泛使用则开始于四坝文化。铜器的合金也从红铜或纯铜发展到青铜合金。尤其是当地的砷锡铜。河西走廊地区以及天山东部、昆仑山东部、祁连山南侧的铜、铁、锡、铅、锌、砷等多种金属矿产资源满足了砷铜技术在当地独立起源的条件。如四坝文化时期金塔县的白山堂古铜矿{甘肃省酒泉市金塔县}。辽西地区青铜时代早期的遗址主要有夏家店下层文化墓地，出土有青铜饰件，其中耳环为锻造，锡含量低；戒指为铸造，锡含量高，看来工匠能够调配锡含量，由此说明这一地区存在锡矿遗址。可能矿石来自大井铜矿{内蒙古自治区赤峰市林西县官地镇中兴村大井村}，铜矿料含锡、砷。在黄河和涑水河、沁河之间的中条山的千斤耙采矿遗址{山西省运城市垣曲县}，发现有采矿工具、炼炉残壁和采矿竖井[1]。附近的东下冯和西吴壁遗址就有铸铜作坊，可能这里也是二里头文化和二里岗文化遗址青铜器铸造的矿源。

长江中下游地区有多处含冶炼、有炉渣出现的遗址以及矿冶遗址，如铜陵矿区{安徽省铜陵市}可能是三官庙遗址青铜器的矿源。特别是铜岭铜矿遗址{江西省瑞昌市夏畈镇}其采冶遗迹有露采坑、矿井、巷道、选矿场、工棚等百余处，发现有铜、石、竹、木、陶质采矿工具和生活用器数百件。此矿产可能直接使吴城文化遗址受益。铜绿山古铜矿遗址{湖南省大冶市}发现各种采矿井巷数百条，生产、生活用具上千件，其中有铜斧、铜锛、石钻、木铲、木耙、木槌、铜铸、铁锄、铁錾、船形木斗和辘轳等采矿工具，以及多种形式的炼铜炉。遗迹显示当时的开采技术已采用竖井、平巷、斜巷的联合开采方法。这两座矿资源可能直接有益于盘龙城、殷墟、吴城和三星堆等周边大型或小型城址。

这些资源经过了交叉利用到控制、垄断，促进了技术协作，以及家族、聚落、城址或“国”之间的交换或贸易。二里头时期的器物制作已形成区域性协作，形成了一个作坊性的城址，至少和西北早些或同期的齐家文化、四坝文化有工匠的流动及其技术上的联系。

一些遗址可能并不是以铸造为主，而是通过矿资源的交换得到需要的青铜器。即有矿源却没有铸造能力甚至不必要有这种能力的城址，可能通过交换得到需要的青铜器，如南方三官庙遗址，可能以交换当地的矿产资源获得需要的铜制品尤其是兵器钺、戈、戚、箭镞等。有可能三官庙的铜器制作于二里头铸铜作坊。此外二里头铸铜作坊与东南部的东下冯遗址三期铸铜活动有联系。此铸铜作坊依靠中条山矿资源，以冶金活动以熔铜、铸造为主。东下冯遗址的铜合金技术就与二里头遗址相近，而石范表明其铸造器类与二里头遗址有一定的差别，说明也铸造当地的产品。东下冯五、六期遗存表明与二里岗文化有联系，如青铜爵没有发现相应的陶范。说明一些器物是外来的[2]。

[1]李延祥：《中条山古铜矿冶遗址初步考察研究》，《文物季刊》，1993年第2期；参考刘新玮：《山西垣曲中条山先秦矿冶遗存调查》，中国考古网，2013年10月15日。
[2]李建西、李延祥、田建文：《东下冯遗址冶铸遗存研究》，《考古与文物》2018年第1期。

在二里岗文化时期，二里头铸铜遗址及其制玉、制陶转移到了距离6公里的偃师，后又扩大到郑州商城，这里的铸铜与西吴壁铸铜作坊以及矿源相呼应，地区工厂这种区域的产业链得到扩大。西吴壁遗址虽不如郑州商城面积较大，但因靠近矿源而具有中心聚落的性质。这里可能已具备冶铜产业链的重要的采矿技术、冶铸红铜技术等环节。同时还起贸易或运输原料的作用。这些矿源方与矿料需求方，可能是协作、联盟甚或是被垄断的关系。而需求方可能是一个家庭、家族、聚落，具备铸造能力的王国。矿源方还可能起中转作用。如铜绿山的矿产可能通过仅一江之隔的盘龙城，经长江运输线到达中原的与其基本同时期的偃师商城、郑州商城、洹北商城，直到殷墟一期。可能各有所需，殷墟通过盘龙城或和其合作控制了这里矿山的开采，并在盘龙城作坊生产，而盘龙城也因此得到有殷墟特点的青铜器。器型如随葬容器礼器类鼎、簋、鬲、甗、罍、盉、斝、觚斝、盘等，兵器钺、戈、矛、刀，镞等可看出于属同类型，尤其是爵和斝为 5件成套的铜器组合方式。此外，盘龙城青铜器的铸造工艺主要为分型制模、分模制范等范铸工艺。不仅器物纹样和形制属典型的二里岗上层文化风格，其铸造工艺、合金成分以及随葬习俗等也与二里冈上层文化相符，但有地方特性。如两者容器合金成分的共同点以三元青铜为主，但盘龙城铜器含锡量普遍较高，可能与相关工艺和锡料来源便利有关[1]。从洹北商城到殷墟，大大小小的铸铜作坊分布在城址中，而矿源却在四周各地。这些矿源包括中原的中条山、长江流域的铜绿山、铜陵和铜岭，甚至滇中的东川铜矿{云南省昆明市}。滇西海门口遗址的铸铜虽然晚，但说明当地也有丰富的铜矿资源。这种控制产业链尤其是矿资源对进一步开发、利用、组织工匠、提高技术进而巩固一个王国是一个重要的手段。

矿资源的分布分散不仅出现了在这个产业链中依赖铜矿源的某一聚落从事铸造产业链中的某一个环节，也出现了因缺乏或远离矿资源而从事特别的环节，可能会依靠其他资源的丰富，专门从事加工和制作，以便与其他聚落交换产品。比如三星堆各类造型各异的青铜祭器同吴城及其文化的大洋洲墓遗址的红铜和青铜礼器都含有同一种“高放射成因铅”的特殊铅，又叫异常铅有关[2]。其矿源可能来自吴城附近的铜岭铜矿，甚至三星堆以南的东川铜

[1]李明滇：《商周青铜器合金成分》，中国考古网，2011年9月2日。
[2]马江波、金正耀、田建花：《三星堆铜器的合金成分和金相研究》，《四川文物》2012年第2期。

矿。三星堆出土的数以亿计的陶器残片，种类丰富包括诸如炊器、酒器、饮用器、食用器等生活用器以及少量的礼器和生产工具，说明这里是一个长期有居民居住而陶器被大量而普遍使用的聚落。自二期时就逐渐有专门从事各种手工制作的工匠阶层，并且积累了当地文化。出土的各类器物有浓厚的地方色彩，应该是地方设计和铸造。然而还没有发现铸造作坊，有可能这些器物是定制或在其他作坊铸造再搬运过来。但从大型器物来看更合理的是当地铸造。这种情况下也不排除另一种可能。根据三星堆大量的造型不一有各地风格的青铜器、金制品以及象牙原料，这里更是具备一个各种材料加工厂的条件。既满足地方的需求，又供应其他地区。特别是掌握了某种工艺。比如铸铜方面善于运用铅的合金，利用铅的易流动性和柔软性，使青铜器的造型可以达到繁杂。另外此地具有金器和象牙制品制作技术。金器一般大多属于金银二元合金。纯度高达85%左右，另外的15%是银，还有其他少许微量元素。金匠先淘洗沙金，或加工交换得到原料，再使用熔融法冶炼成合金，经锤打和碾压制成金箔，然后再根据需要制成面具等造型。可见金制品的制造是一系列工艺的合成，只制作一两件明显不能说是作坊。在火烧沟和夏家店下层文化都发现有金耳环，郑州商城二里岗文化也发现有叶状金片和金箔。三星堆时期在盘龙城编号M17墓葬中出土了一件镶嵌绿松石片和金片的勾状兽面纹饰件，其中用金片饰作目、牙、眉或角，金片部件长约5厘米、宽约2厘米[1]。在殷墟也出土有金叶或金花，以及各类金片或金箔。这些金制品造型小巧精致且含金量达85%，主要作为饰件贴于其他器物表面，或者作为首饰。而这些饰件比起三星堆是小巫见大巫了。三星堆的金制品最为特别，在祭祀坑中出土了金杖、金面具、金叶和动物造型金饰。其体量都比其他地方要大。可见三星堆人不仅拥有大量的金源，掌握了金器制作技术，还有供应其他聚落需求的可能。再看象牙制品。郑州商城在制骨作坊遗址出土了象牙梳和象牙觚。因没有发现象牙料，这两件应是例外。盘龙城遗址文化层出土了一根长约66厘米的象牙骨，殷墟妇好墓出土了3件象牙杯，是用象牙根段制成，侈口薄唇，中腰微束，其中一件带流虎鋬杯，高42厘米，通体以双线阴刻繁缛精细的饕餮、夔龙、鸟等图案，图案周围刻以细纤的“回”纹作为衬托。特别是

[1]孙卓：《盘龙城杨家湾M17出土青铜牌形器和金片绿松石器的复原》，《江汉考古》2018年第5期。

杯一侧的鋬，饰以鸟、夔龙图案，其目、喙、羽、爪、眉及身部还镶嵌有绿松石。这件象牙杯，采用了浮雕、线刻、镶嵌等多种手法，是不可多得的艺术珍品。这几件精美的象牙杯以及殷墟发现的象墓说明人们对象的喜爱。然而作为单件的制品，在殷墟的制骨作坊也没发现一定的象牙原料，所以有可能是在外定制的。而三星堆除1、2号“祭祀坑”，新发现的6座祭祀坑中，仅3号坑已探明的象牙就有120多根，4号坑也发现了30多根象牙，平均长度在1.2米左右。而5号坑和8号坑则发现了小件象牙制品，有的饰品表面还刻有精美的云雷纹[1]。不论象牙的来源是否为蜀地的特产，或为了祭祀目的来烧撩，这样的数量和体量都可与相当巨大的象牙制品加工活动相匹配，包括获取、运输、加工、设计、制作和供应，特别为其他地方订制加工制作。如果象牙来源充沛的话，也不排除三星堆人用它与其他地方进行物质贸易来交换其他资源，比如铜矿资源。这正说明三星堆实际上是一种复合型文化，吸收了大量的外来文化因素，与二里头文化、殷墟以及长江中下游的良渚文明、西北地区的齐家文化都有千丝万缕的联系。这种联系除过加工制作就是贸易。海贝的出现说明交易有了中介物。使用贝作为货币在郑州商城就开始了，出土了460多枚穿孔海贝。在殷墟妇好墓中出土了来自东海、南海海域出产的6800多枚海贝。在三星堆二号祭祀坑的底部出土了产于印度洋北部地区的4600多枚海贝。这些海贝虽有不同的产地，但作为货币表明可能在这些出土地点之间或其他地区有贸易活动，还有可能与海贝产地也有贸易。

此外，具有资源性质的还包括器物造型和纹饰的设计环节。通常与器物的使用目的有关。从青铜器的造型来看，设计理念表现了其共性和地方性，甚至传承性。鼎的造型从二里头的圆鼎演变为郑州商城的杜岭方鼎，三足变为四足，开始因功能的不同而发生变化，从用来日常煮肉、烧水到祭祀时放祭品或宴飨，同时与其他器物如簋并用。祭司将饮食文化转为与饮食有关的祭祀文化，将这些饮食重器转为礼器重器。方鼎就成为祭神、祭祖先奉献祭品的器物。接着杜岭方鼎的发现，在郑州商城还发现数量众多的方鼎。同时还在鼎的下方发现了一副完整的牛骨架[2]。基本上在这些方鼎的器表上都饰有牛头纹饰：以鼻为中轴，两边对称分布突出的牛眼，牛角用卷曲纹表现出弯曲状，其空白处填

[1]人民日报：《三星堆遗址集中发现象牙超100根，还有象牙制品》，2021年3月20日。
[2]杨育彬：《杜岭方鼎》，河南博物院网站，2012年6月1日。

{图2-5-22} 杜岭方鼎纹饰

{图2-5-23a} 殷墟王陵牛鼎纹饰

{图2-5-23b} 殷墟王陵鹿鼎纹饰

{图2-5-24} 殷墟妇好墓方鼎纹饰

以同样的曲纹{图2-5-22}。牛头纹表明了此器物盛装的是祭品牛。器物纹饰所指的祭品还体现在殷墟王陵出土的两尊方鼎，饰有牛头纹和鹿头纹{图2-5-23ab}，已经很清楚地表明了方鼎的祭祀牺牲内容。鹿是人类狩猎最早和最普遍的动物，而野牛最早发现于姜寨遗址，但从这个时期开始，野牛已处于驯化中，比如在平粮台遗址发现了黄牛的骨骸。山羊虽然比牛进入中原晚，但这个时期也开始驯化。妇好墓出土的方尊有着似山羊的纹饰{图2-5-24}，说明祭品或是山羊。用这些猎物或驯养中的家畜作为祭品是这个时期重要的祭祀活动。青铜器皿就是敬鬼神的礼器，所饰图案是鬼神能懂的语言，即祭司通过器物内的祭品、器物上的纹饰或浮雕与神沟通。纹饰使器物有了一定的意义，脱离了基本饮食器的日用功能渐渐被作为祭祀礼器的功能所代替。祭祀品最常用的可能是被认为神圣的牛。而牛头作为器物纹饰也开始于这个时期。这个图案已经出现在齐家文化和二里头绿松石镶嵌铜牌、新砦陶片和二里头牙雕上，直到出现在杜岭方鼎上抽象的几何牛头纹饰，奠定了向神或先祖奉献牛或牛头祭品的礼器典范。杜岭方鼎牛头图案被各地模仿或演绎，此后青铜器上不乏一些具象的牛头纹饰，如牛头纹鼎等，但从殷墟开始出现了更为复杂繁复的牛头纹饰，以及除鼎外的器物。以殷墟妇好墓出土的饮食器为例。按贮藏、烹饪和食用目的主要被分为鼎、鬲、簋、斝等器，表明祭祀的方式复杂起来了，祭品也分门别类多了起来。作为纹饰主体的牛头纹饰也变得抽象起来，以鼻骨椎为中轴，两侧是圜眼和弯曲的牛角，有时有耳，后又加入了其他元素，或为所谓“饕餮”纹，或将这些元素分解成组成部分，变成细密的几何纹饰。祭祀的礼器是敬神的器物，纹饰便是和神沟通的语言，祭司将纹饰变成鬼神才能懂的图像语言。作为中介，祭司通过祭器和纹饰与鬼神沟通，同时又使祭拜者心怀敬畏或恐惧。除了纹饰，有在器物上加动物或人物浮雕或圆雕、或改变器物造型如动物形来加强器物的祭祀功能。再进一步，器物的组合就表现了一定的祭祀程式，呈现出整齐严谨的系列设计体系。整套礼器通常由不同类型的器物组成，如爵和觚的酒器组合，或按奇数的鼎与偶数的簋的组合，如九鼎八簋的完整组合[1]。礼器逐渐由祭祀鬼神之器变成了王器，王的专用器。这种造型和图案的设计者在殷墟按符合当时社会的意识形态，包括王或祭司的思想，来做艺术加工，这种设计概念以及包含的观念成为一种标准而在各地流行。这从其他遗址的青铜器可看出造型和纹饰的共同点。可能殷墟这样需要矿资源的铸造作坊通过对祭祀器物等的设计和产品的铸造来交换或组织和占有矿资源。而其他遗址如吴城遗址及其文化的大洋洲墓遗址的红铜和青铜礼器，从器物造型和纹饰来看，既有本地特点又有殷墟的标准，说明这些器物可能都是定制，即通过交换其矿资源得到所需的器物。

然而，这种城址和作坊间的联系是生产各个环节的工匠包括个别或族群的流动或迁徙所致。工匠的流动带来了器物、技术和造型的传播以及改进，而工匠首先又受制于矿源，没有对矿物的认识，就谈不上铸铜。从采集矿物到有意识地开采矿源，通常工匠可能长期居住在矿源区，在对单一的矿物如红铜的试验后又进行多金属合金的试验，认识到铜、锡、铅等不同金属的属性，从而进行三元合金的合适配比各种试验，以解决红铜太软硬度不够的问题。从小规模使用石范和冷锻，到利用当地其他的矿物资源寻找耐高温的炉壁，改良模范的材质，这些工匠最终走出矿区来到聚落，建立作坊进行铸铜。工匠应该选择一个有矿源的地方，或一个能得到矿物资源的地方。由于工匠顺着矿源的流动才使得铸铜四处传播成为可能，也才会出

[1]中国社科院考古所、安阳市考古所：《殷墟新出土青铜器》，云南人民出版社，2008。

现器物的一致或类似，也才会出现与当地融合的新的铸铜方式，如石范发展为陶范。石范出现在新疆、河西走廊，西城驿遗址。陶范出现在二里头遗址，但并不是只有陶范，这里还同时发现了石范。工匠带来了石范技术到了二里头，由于大量的作坊式的陶器生产，影响了铸铜业，才出现了陶范。正因为石范演变为陶范，代之以复合范铸造法，青铜制品才得以发展更大型的、更细致的、数量更多和更为实用的酒器、容器和兵器直至繁杂的礼器。无论如何，铸铜包括铅、锡、砷、铜等含多金青铜最初的发生一定是在矿源附近。而没有矿源的地区，铸铜活动一定是由于工匠的流动所致。所以铸铜可能发生在有矿源的地区和缺乏矿源的地区，这些地区之间首先发生传播，如西城驿和齐家—四坝文化圈，其中有各种专业相互协调，采集铜矿者、运输者、造型设计者、铸铜者，甚至交易者。无论铸铜技术是当地的还是从西到东或从南到北，其传播一定源于工匠的流动，甚至整个族群的流动。这些第一批掌握技术的专业工匠走南闯北，到处流动，寻找矿源或有需要技术的聚落，他们将所在地区的文化带向远方。至于中原地区，一些缺乏工匠和技术的聚落如二里头则将城邑变成一个手工业作坊，使工匠停留于此。这也是为什么二里头突然在二期时开始就出现拥有技术的比较成熟铸铜和绿松石镶嵌作坊，也很快从铸造小件的工具或器皿发展到大型的容器式礼器，从而成为一个地区性的手工作坊中心。

工匠的流动可能会形成以铸造青铜为主的聚落，依附于一个大的聚落城或“国”。他们不仅将大小麦、牛、羊等带到所到之处，将技术、造型设计、纹饰概念，甚至器物实物及其使用方法都可能带到了各地，作为制作产品的样板。工匠在这个时代被所有聚落所需要。他们或者到处流动，或者专门接受定制，或者在一处停留。在这个时期从北到南，从东到西到处都出现了青铜器。战争、农耕需要兵器和工具，饮食、祭祀需要器皿和礼器。各地青铜器物的共同点说明了工匠的传播和促进作用。比如合金成分比例说明工匠使用同样的矿藏和同样的铸铜方法。砷铜主要出现于河西走廊的四坝文化、青海省同德县宗日遗址、青海省贵南县尕马台墓地、甘肃省临潭县磨沟遗址、新疆天山北路，说明这些地区的工匠发展了砷铜制品。尤其是一些特别的工艺，如绿松石镶嵌铜牌或镶嵌绿松石片和金片的纹饰技术，可能是一些工匠的“专利”，他们创造了这种技术并将它带到各地或流传在齐家文化、新疆天山北路、二里头及四川广汉三星堆，甚至包括盘龙城。一些器物造型和纹饰的地方性中却贯穿着共性，比如盘龙城、老牛坡{陕西省西安市灞桥区燎原村}、殷墟、大洋洲，城洋{陕西省汉中市城固和洋县青铜器群}、三星堆的鼎或尊上的牛头纹饰；盘龙城、老牛坡、城洋的牛头形面具。

从各地普遍铸造或发现的青铜器来看，族群工匠从事铸铜的某一个环节也由于各地的需求而产生个体或整个工匠聚落的流动。从四坝文化到二里头文化已经出现了这种趋势，到二里岗和殷墟时代逐渐形成。可能四坝文化的工匠有流动到二里头的；二里头的工匠有迁徙到周边的郑州商城的；又有工匠族群流动在中原的殷墟、城洋，南方的吴城、三星堆等。这种流动给某一地区带来了当地需要的器物，比如说城洋青铜器群可能是与殷墟和吴城文化有联系的工匠族群所制，这个族群后来可能去了三星堆，带去了有关的技术。反过来，也有从南方流动到北方的。这种流动从某些南北技术上也可看出。有些不同时期的青铜器器物铸造工艺及类型的演变显示它们之间技术的传承。比如一些器物在早商和中商时都具有南方风格，如双耳簋和凤鸟斝，可能是南方某个工匠发明了铸铆接分铸技术来铸造这些器物，并将工艺流传。在商晚期，具有铸铆接工艺的传人来到或被迁移到殷墟的作坊中，在这里用此技术设计铸造了青铜盂、甗和偶方彝[1]。工匠的流动或被安排在某一处作坊体现在一些工匠的墓葬。从二里头官殿内的工匠或作坊管理者之墓，到殷墟洹北商城的铸铜及其他手工业作坊内，都有一定数量的这类墓葬。不少墓葬出土的器物如磨石、青铜削、骨器等与青铜铸造制模、制范及铜器后期加工有关的工具有关。正是在这种青铜铸造链的格局下，每一个地方的器物都可能是不同工序工匠的协作制作以及由工匠带来的文化的融合。所有这些地方性的流动推动了商业贸易的产生和繁荣。这种贸易有个人或聚落的，这些工匠以生产某一产品为业，他们或得到订单，为其他人制作，而后还会把自己生产的产品去交换其他物品，进行贸易。这种行为也是国家层面的，管理专业化的产业链，从铜矿资源开采、冶炼、设计、造型、铸造到与其他工匠族群、有矿资源的聚落或王国进行交换和贸易。由于这种流动而形成的以铸造青铜为主的聚落便依附于某个大的聚落国。如距离殷墟10公里的辛店遗址。从这里出土的铜器上所铭族徽看，这是一个名为“天”的族群聚落[2]，专以铸铜为业，工匠死后便葬在此地。从

[1]张春海：《殷墟青铜器包含南方技术因素》，《中国社会科学报》2014年5月5日。
[2]孔德铭：《河南安阳辛店发现商代晚期聚落和大型铸铜遗址》，《中国文物报》2017年8月11日8版。

发现的青铜礼器的陶范残块来看所铸器物与殷墟相同，说明这里可能是殷墟控制之下的相对比较独立的铸铜手工作坊，同时还为其他聚落铸造青铜器。即使是在地理环境比较封闭的地区，如金沙江和澜沧江流域的海门口遗址，流动的工匠们依靠当地丰富的铜、锡矿藏资源，根据当地的需求融入其他文化的风格而铸造一些工具类铜器。进而这种铸铜工艺缓慢地促进了古滇国{云南省昆明市以滇池中心的云南中部及东部地区}的出现。

总之，流动或停留一处的工匠带来了新的技术和新的器型以及器物所涵盖的新的观念，这些促进了社会的变化，并由此带动了整个社会环境进入一个流动的、一个城址此起彼伏的状态；一个新的台阶、新的需求、新的生产制作方式等来适应新的观念的传播和实践。从而文明因素从点到面，在一个或数个区域流行。而城址正是通过对这种新材料、新技术、新产品以及体现在器物设计上的新观念的表现、需求或产品交换中对铜矿资源和工匠及其技术阶段性的占有和组织，相对提高了对其的利用和提升，而后又进入新的器物的流动、工匠的流动状态。这促进了文字和文化和交易的互通，促进了各地聚落的联系和交流，甚至战争和融合。这种状态丰富了生活产品，不同族群的精神文化，使得各个聚落社会间协作更加密切，导致一个城址形成可以与异文化进行交流甚至贸易的单位，迈向了族群性相对独立的王国。

交通是这种变化的脉络。不论工匠流动，当地或异地铸铜，或是两地的货物运输，都得益于水陆路运输。水路有黄河和长江尤其是矿资源附近的支流，洹水、汉水等。自河姆渡时已经发明了舟，但是可能还利用更为古老的木或竹筏来运输大型的器物。作为陆路运输，殷墟和老牛坡发现了两轮木车和马匹。从老牛坡的车马坑看，当时的木质车子结构基本结构为独辀、一舆、一轴、两轮、一衡[1]。形制与殷墟相同，同时车马器也已普遍使用。从制作技术来看已相当成熟。从道路和马的驯养来看，马车在殷墟之前就经历过一个长期的发展完善过程。如道路在偃师二里头遗址上发现了早期车辙的道路痕迹，同时郑州商城、偃师商城曾出土过车軎陶范和铜车軎等。而马的来源比较复杂，或是外来的已经经过驯化的马，到了殷墟或老牛坡只是作为殉葬用，而驾车的可能主要

[1]刘士莪、宋新潮：《西安老牛坡商代墓地的发掘》，《文物》，1988年第6期。

是牛。然而只有在大量铸铜的时代，道路、养马业、船舟制造、马车制造包括车马器的铸造才开始兴盛发展起来。

最后，这种多方面的交融，不仅促进了各地物质的沟通，还促进了各地文化的互通，尤其是地方性的语言甚至某种共同的表达方式。比如牛头纹，作为祭祀的图像语言，被各地所接受。这个时期作为记录载体的有出土的陶文包括工匠的制作记录和特定的符号，明显有了沟通意义，甚至有朱书陶文[1]，还有甲骨和青铜器铭文，包括青铜器上刻的符号，甲骨文包括占卜祭祀等内容。鉴于殷墟卜辞有些字或与中原陶文、铭文相同或类似，这些字或字体表现了交叉互融的影响。尤其是铭文表现了一个从名称到句子的过程，而甲骨文则呈现出有句法的成熟的语言。最早的铭文出现于二里岗时期一座郑州商墓出土的青铜罍的肩部。最初商代青铜器铭文作为徽记，多表器主的族属、铸器人名、被祭祀者名，标识存放地点或使用场所等。特别是殷墟妇好墓出土的青铜器，其中铸“妇好”铭文的共109件。字体同甲骨文。直到殷墟晚期出现较长铭文，内容多涉及商晚期重要战事、王室祭祀活动、王室与贵族关系等。如四祀卣铭文字数即达42字。甲骨占卜其实在新石器时代晚期就已在多处遗址出现，在殷墟自武丁时起，就有甲骨记录。在殷墟宫殿宗庙区分布着为数众多的甲骨窖穴，出土35000多片甲骨刻辞，作为祭祀语言，记载内容包括各类祭祀占卜内容，几乎涉及生活的各个方面。甲骨文在文字沟通方面是占主导的，如墓葬位于殷墟宫殿宗庙区表明妇好是一位主持祭祀的祭司，其随葬器物也多与军事祭祀有关。妇好墓出土的

[1]发现于河南省郑州市的距今3500-3000年一处商代都邑小双桥遗址。参见河南省文物考古所：《1995年郑州小双桥遗址的发掘》，《华夏考古》，1996年第3期。

{图2-5-25}
平底铜盉妇好铭文
殷墟妇好墓

{图2-5-26}
记载商王占卜妇好是否能够平安生子的甲骨文
殷墟

青铜礼器只标明器物所属“妇好”徽记{图2-5-23}，而祭祀占卜用的甲骨中则有记载妇好事迹卜辞{图2-5-24}。

不同文化工匠的流动和跨地区的铸造铜器刺激了各个聚落之间的战争或联盟，发挥了人和人、聚落和聚落之间的贯通作用，刺激了表述事物和事件的字包括叙述句的发展，刺激了作为占卜的甲骨的书写记事功能，发挥了陶器、铜器、甲骨作为文字载体沟通的手段，产生了更为丰富的词汇和句法或语法。这些文字的相融和相互影响，使大大小小的王国及其发展水平不同的聚落从协作、联盟到融合或兼并，进入了有丰富铭文和甲骨文文字的青铜时代盛期。

这种决定性的变化得益于重器铸国。重器指相对于玉器、陶器、石器等的青铜器，其中又指作为礼器的容器爵、觚、斝、鼎、盉、簋等。而这些重器形成的礼仪则显示了立国之本。除此以外，还有两点比较重要，一是重器体现在工匠地位和相应铸造技术的提高。二是祭祀饮食类礼器转变为王器，体现一种替代神与人沟通的语言符号。作为重器，加入了意识形态概念的规范化，管理国家的规范化，进而成为国家的象征。

结论 创造文明

人类经过漫长的演变进化到智人—现代人，终于到达了一个新的起点。从此人类历史进入了开天辟地的创造文明的阶段。中国史前遗址考古正是对这个时期，即文字出现之前或孕育阶段人类的成长及其人类创造物质、精神、社会文化过程的探索。这是一个相对于自然的“人文”环境的创造过程。

史前人类从狩猎、渔猎到采集，直到人工栽培谷物和驯养家畜，经历了数万年。最终改变了迁徙的生活而定居下来。在辽河流域、黄河流域、淮河流域、长江流域以及岭南和西部地区，史前聚落在不同的地理环境中各自发展了不同的区域文化，开始了群居的社会生活。经过对从旧石器时代末到青铜时代早期这期间百余座遗址的考古探索，在我们面前展现出如下场景：

两万到一万年前，旧石器时代末到新石器时代初，大地开始变暖。虽然狩猎仍是生活中的一部分，史前人类的注意力已逐渐转向谷物驯化。肥沃的土壤使得培育野生的植物结出果实，人们同时尝试各类植物种植：黍、粟、稻、豆、瓜、果、薯、蔬。收获的季节看来需要固定在一个地方照看作物。一部分人便留在居住地，忙于制作相应的耕种使用的工具，或改造或加固之前简单的茅屋，更重要的是制作新的饮食器皿。这一切改变了人们的生存方式甚至穿衣打扮。

几千年过去了，新石器时代中期，定居的生活在各地遗址日复一日却在缓慢的进步。谷物收获有了多余，人们挖掘窖穴用于储存粮食。对谷物的食用，使人们发明了新的烹饪方法。饮食的改变对陶器的需求量大增，妇女们投入了很大的热情发明了各种具有独特造型的烹饪器物，如炊器、食器、水器、盛器、灶具、用具、储藏器等，她们还独具匠心的给陶器绘上纹饰。男人们打制用来砍树枝、砸坚果或切割肉类的石器，随着种植谷物的需要，又打磨出了挖掘和收割的工具，有石、骨、木制的斧、锛、凿、刀、铲、锄、耜、犁等。另外他们还砍伐树木建造地穴式和平地起建式的房屋。一家一户的小房子陆陆续续出现在大地，这个家可能容纳一个或若干孩子及其父母，也可能是一个大家族的一部分。人们围绕火塘而居。最初人们以自己的房屋为中心来制作所需的陶器或其他器物，储藏粮食，甚至埋葬死去的家人。随着人口不断地增长，家族也愈来愈大，房屋也愈来愈多，大家面临的问题从针对自然到人类社会本身。族群需要组织起来找到解决生存的方式。人们盖了大房子，聚集在一起安排生产和分配资源。聚落的布局愈来愈有规划，一家一户通常围绕中心房屋，村落有了从居住地到各种祭祀点、烧窑、储存、埋葬等功能的布局，构筑城墙壕沟来对付外族的入侵、动物的侵扰、自然灾害的威胁等。

又过了千年，新石器时代晚期，城建规模越来越大，布局越来越中心化，对外界防御的程度也越来越高。大型宫殿的出现，表明社会阶层开始分化了。从女人、男人、孩子的三大自然分工到各类社会性“职业”的分工。族群中有酋长主管各类事物，祭司主管祭天、祭地、祭祖先，军事首领同时主管狩猎和因聚落的防御或扩张而进行的战争，不同材料的各类陶、石、木器等器物的制作也因众多的和更加复杂和细致的需求而出现不同的工匠。社交活动比以往更加频繁。服装和首饰的制作也日益专门化。人类的装饰美感更加成熟，有了为适应各类群体活动而出现的服装和饰件，从头饰到指环都显示出人们的不同身份甚至不同的“职业”。此外，祭祀越来越频繁，同时有了一定的仪式，一些具有力量的打磨精致的工具和兵器、奇异造型的玉器装饰品、彩陶和磨光的黑陶饮食类器皿、结构复杂的乐器成为礼器，并且出现了按照祭祀的需求而制作的器物。礼器的制作就成为一项特别的工作。其中包括葬礼。聚落中对死者如同对生者，亲属会在墓中放一些家里的和死者的私人物品伴随其灵魂。自从有了公共墓葬，尤其是一些在族群中从事公共事务的酋长、祭司、工匠等重要人物，族群可能要进行比较隆重的仪式，制作特别的器物如玉器来厚葬。而器物设计，代表了本地文化，包括造型和从简单的几何纹饰到写实的或抽象的纹饰。意识形态的礼器设计与祭祀仪式相辅相成，反映了精神的需求。族群在族长或祭司的带领下祭天、祭地、祭先祖，祭祀更是改变了人和自然的关系，使人对自然神敬畏甚至依赖，也加强了人和人的社会关系，使人们因此而聚集在一起，从而更加强了聚落中人和人之间以及聚落之间的交流。一些器物、礼器、图像、符号由于具有某种自然或被赋予的意义而成为沟通的“道具”。沟通使聚落运转和有凝聚力，反过来又促进了其他因素的发展。集体性的活动加速了社会分工从而形成了不同的“职业”阶层和资源分配、交换，也出现了私有的概念和财产。能者或酋长、祭司、王或军事首领逐渐树立了威望，成为社会主导，出现了对共有资源的占用，并建立了某种上层意识形态，即从习俗、仪式等发展了一些地方方言“词汇”。

又经过千年，到了青铜时代早期。新材料铜的出现，由于矿源资源、技术、工匠等的流动促进了各个文化的交流，地方“语言”在与其他族群的互动中得到充实和丰富。代代的口承相传积累并发展了丰富的知识概念，逐渐形成了某种文化。尤其是蕴含在占卜、祭祀或葬仪的礼器器物和纹饰的含义，并通过玉器尤其是铜器产业链从资源采矿到加工制作和制造的一系列跨地域的协作，刺激了交流必需的文字的出现。比如可能一个聚落酋长带着本地的特产去另一个聚落讨论如何交换他们所需的物资。交流就是这些聚落中和之间重要的环节。正是这种新材料、新技术、新产品以及体现在器物设计上的新观念导致史前聚落迈向族群性国家。

通过对史前时代的探索，我们发现每一个阶段的每一处遗址都处在其上下时空中，呈现出起伏的有逻辑联系的发展脉络。人类文明的进步基于农耕以及相应工具的发明。这二者相辅相成，改变了居住地的自然环境，构建了生存必要的吃和住的基本条件。以此为起点，工具的进步推进了聚落的经济生产，生活物质也以前所未有的速度被创造出来。同时发展了以物质为载体的精神文化。建立在农业之上的物质和精神文化反过来更依赖谷物收获的稳定以保证族群的生存，聚落从村到城就更依靠群体活动，有目的的祭祀活动也日益有组织性，从而使聚落进入了一种有一定秩序和习俗的社会文化状态。人类正是在这个过程中从体质到思维，从精神到社会关系得到各方面的进化。各种文明因素互相影响、互为因果地彼此相融相存，从而迈进新的高度。

文明的基础因素

农耕　这是物质、精神、社会文化的基础。一切都从驯化谷物开始。而谷物的驯化又因不同的地理、地域、气候而不同，从而产生不同的耕种方式和生活文化。北方和南方，山区和平原，湖海和内陆，谷地和沼泽，高原和草原，不同的地理生态环境蕴含着不同的生命要素：水、土、山林、植物、动物、季节、气候等，这些不仅是地域性农耕产生的条件，也是人类认知、概念、思维发展的起因，以及各种形式的人类创造物的灵感源泉。从各地新石器时代聚落遗址的考古发现来看，各个聚落有共同的和各自的文化特征，即文明有一致的和多样的因素，而谷物耕作则是文明的根本基础，水是谷物耕作的命脉。按水系分布主要有辽河和黄河流域的粟作文化、淮河的混合作物文化、长江中下游的稻作文化，甚至长江上游金沙江和澜沧江流域的稻粟文化。从人类基本生存条件来看，植物的驯化促进了动物驯养，人类饮食和生活习惯发生了改变，从而进入有组织的社会。农耕是比狩猎采集更复杂和需要耐心的群体活动，首先面临的是自然的挑战，如季节、气候、植物、土壤、河流、灾害等，尤其是黄河、长江大河系统洪水对谷物生产的威胁和带来的利好。如黄河流域中原地区从仰韶文化和龙山文化直到二里头文化，长江中游和下游太湖地区的城址群如城头山、石家河、良渚等都有认识和利用水的历史。洪水的发生促进了部落的联盟和人口的迁徙。此外粟黍种植农业，需要大型的公共灌溉和治水工程。部落之间因共同的目的而合并，因工具器皿的制造技术而交流，因生活方式趋于一致而融合，于是部落从聚落村发展到聚落中心，再到更大的聚落城。在与水的斗争中，农业社会逐渐形成，并因生态地理环境、谷物生产方式的不同而不同，由此建立的聚落有各区域文明的特点和类型，既有统一性，也有多样性。总之，从各地遗址的时空来看，农业贯穿并持续整个文明进程，在各时间段中一直起主导作用，是文明的基础要素、主体或母体。而其他因素只是其衍生或与其互动的产物。

物质文化　最直接地与农耕有关的是饮食和居住。得益于植物的驯化、动物的驯养，炊食盛器以及烹饪得以创造和发明，这是人类脱离动物界的体现。五谷(粟、黍、稻、豆、麦)和三畜（牛、羊、猪）成为日常粮食来源，辅以其他蔬菜、瓜果，形成了人类的日常生活。自先民们创造了房屋建筑，就改变了人们在洞穴或露天进行炊食的习惯。在房屋内设置灶火，既温暖又有家的氛围。在家做饭，使人们有机会创造丰富的饮食文化，烹饪的方法，如烧、煮、炖、烤等都成为新的方式，各类陶器皿便应运而生。反过来又促进了人类的饮食生活。

在建筑工程方面，包括房屋、聚落村和城、水利灌溉等，体现工具、材料、技术的进步，是人类改变环境的智慧体现。从最初的自然村到筑城墙、城壕，聚落的规模一步步扩大发展为多聚落城址中心，具有居住、生活、生产、交通、排水、埋葬、宗教礼仪等为一体的城内布局。大型的建筑有制造陶窑、石器、玉器及铜器的各种手工业作坊；有些城址附有祭坛、神庙、公共墓地等；各区域被道路分开；建筑物下或之间还铺设排水管道；城址中或周围开辟有田地和建有灌溉设施；有些城址还建有防洪防涝的大坝或高地。城址的规模和建筑技术运用了各类建筑材料和各类材料的工具，使用了各类自然资源，体现了当时人们的知识，是人类创造能力的综合体现。所以促进农业和吃、穿、住条件的是工具的创造，技术的进步。工具因农耕发展而发展，表现在土、石、木、铜等各类材料和建筑工程以及相关技术的发明和改进，是人类创造各类资源能力的体现。农业的产生与发展不仅使聚落壮大直至聚落城的出现，尤其使社会财富得到积累并使手工业生产与农业生产分离。史前人从人工取火，到从事采集和渔猎，直到农耕工具的制作，包括骨、石、木、陶、漆、竹、铜等器物以及纺织手工业如植麻种桑、养蚕缫丝等，经历了从个体或家庭制作到集体分工协作，各类技术相辅相成，互创条件，取得了革命性的进步，并且还有很强的目的性和地方性。所有新技术以及新材料和新产品都因农耕的需要而创造和革新，反过来都使农耕进步而发生质的飞跃，同时促进了饮食、纺织、器物和工具的制作。

物质生产的进步性表现在器物的系列性生产。玉器不仅用于生时，还用于葬礼，这就有大量的需求。玉器的制作，从采矿、玉石加工、切割、雕刻、打磨、钻孔，还有设计等，形成了高度的系列化。陶器也从一般家用成为礼器的一部分，各类彩陶、红陶、灰陶、白陶、黑陶等器物制作从陶土的淘洗、塑形，从氧化焰到还原焰的烧制、绘彩等同样形成一个系列。陶器从发明经历了漫长的历程，直到其器型被新材料铜所替代。模仿陶器器型的铜器制作同样经历了采矿、加工、冶炼、铸造，并逐渐替代了其他材料。可能正是这种系列化，使聚落器物制作的方式有了飞跃，表现为协作式或分工式。这种状况不仅促进了各类器物石、陶、木、骨、纺织、铜等工艺技术的进步，职业化的生产，专门的工匠和作坊的出现，也促进了对自然资源的开发。同时跨地域的探索促进了各地聚落的联系和交流及其交换，也使得各个聚落社会间协作更加密切。物质生产丰富了生活产品，促使物质文化上升到精神文化。

精神文化　由于饮食和居住的相对稳定，保障了人们的基本生活，史前人类有能力创造更为丰富的物质文化，器物的制作和建筑工程及其技术的提高又加速了人类意识认知的进步并创造了依托物质文化的精神文化。主要体现在人的艺术思维和技术能力的提高，表现在思想和艺术方面，其结果增强了个体和群体的装饰审美水平和对器物甚或人类行为的美感。如有装饰意义的服装和有宗教意义或单纯欣赏的装饰品、绘画、雕塑、雕刻，以及与祭祀有关的礼器、礼仪包括音乐和舞蹈等综合仪式。精神文化是人类思维水平的上升和情感表达的体现，是人类从自然行为到社会行为的反映。

各区域的文化有很多共性和差异，包

括物质形态和精神形态，二者相互之间是相辅相成的。人类对自然的认知，促进了耕种以及其他行业如手工业技术的提高；思维和感性的日渐丰富，使得包括审美思想和宗教意识的器物产生。人们用萱麻、丝绸剪裁衣服，穿戴首饰；用色彩描绘日常的陶器用品；雕琢从石器中分离出来的玉器；制作乐器来载歌载舞。史前人有意识地将这些物质产品运用于祭祀仪式或社会活动。审美意识的出现，使人最终远离动物的本性而成为懂得装饰美的有智力的人。具有艺术装饰性的日用产品是建立在农耕保证基本生存条件之下实现的。而祭祀的精神活动则进一步建立在对自然和人类创造的人文环境的认知上。

史前人类对自然拟人化，认为有一个神人世界或超自然的力量，用神话来解释自己的生存状况，创造一些和神有关的形象，赋予其精神意义以对应想象中的神。祭拜神灵是人的意识思维进步的体现，即信仰的出现。在对自然的认知过程中，人在自然生存中体验到了一种成功，这种偶然性就可能成为信仰，以为有某种神力的帮助。由于自然氛围状态下的想象力，对外界无形力量的神往，祭祀就成为由祭司带领的集体敬神崇拜活动。祭司借助一些器物、工具、雕塑品，或图案将其赋予宗教含义或象征意义使其成为礼器，并建造祭坛庙宇祭天、祭地、祭先祖，希望借助太阳或猛兽的力量来对付生存中的恐惧，或希望借助先祖的力量继续生活下去。人们的精神活动也从认识死亡和埋葬死者的祭典葬仪开始。人类不再将亲人的尸体像动物般弃置荒野，而是葬在陶瓮棺、木或石的棺椁里，并放置一定的陪葬器物来陪伴死者的灵魂。其中玉器因其质地、光泽等自然特性和造型工艺的审美意识与物质和精神的结合被赋予了葬仪或礼仪的属性。祭祀活动进而发展为复杂的精神层面的上层建筑。此外，聚落集体知识从个人的经验中获得。对自然的认知，如水、节气、动植物、天文；对人的认知，如生、老、疾病、死亡；对工程技术的认知，如灌溉、建城；对各类材料加工技术的认知，如石、玉、木、铜；对生活的认知，如居住房屋、烹饪器皿；对语言词语以及事物与概念的关系、表达与理解和沟通的认知，如符号、图像、文字等。这些知识无疑是聚落中精神文化的重要组成部分。

精神文化与其载体物质文化以及以此为基础的社会文化是综合在一起形成的，不是单一的或孤立的现象。物质和精神文化这两者构成了一种地域性的社会文化。

社会文化　主要体现在聚落集体性的以狩猎、采集尤其农耕为基础而进行的各类分工活动，祭祀时表现的人和人、人和神之间的关系以及以一些器物或图像作为象征性语言来沟通日常生活。谷物的收获、人口的增长、村落的扩大、与天灾人祸的斗争，使人们进入群体的社会生活。狩猎或家畜驯养、采集、耕种、纺织、器物制作、祭祀、葬仪、建城或水利工程、战争等分工、合作、组织的群体活动以及饮食、葬仪、语言、习俗、艺术等文化，是人和人、人和神、人和自然之间关系的体现。聚落居民因分工而相互需要，因对抗自然而形成社会，因社会而有组织。社会文化是某个地域的族群创造的人文氛围，包含物质和精神的活动，是积累起来的，传统的和创新的，在一定地理农耕环境尤其在聚落村或城的建筑等框架下并与之互动的各种社会形态。如果说在聚落中男女分工是自然性的，那么分工造成的不同职业、等级、资源的不同分配和占有则是社会性的。

在耕作方面，由于种植以及收获的不稳定性、短期的季节性和长期的连续性，以及不断的革新，有经验的人逐渐固定地在土地上从事农耕；在制作方面，分工由自然行为转向有组织、有目的的物质生产，制作的逐步规范化、多样化，以及因大量的需求、不同目的的使用而产生了定制，或个人的首饰，或家庭的各种用途的器皿，或耕作的工具，或墓葬的随葬品，或祭祀的器物等，不仅出现了制作各类材料和工具的工匠，加之技术上或艺术上的难度，还使一部分工匠独立出来专门从事某一类的材料和某一种产品的制作。分门别类就产生了合作、交换和统一分配。作为结果，就出现了相关的价值、规范、平衡、平等、秩序、权威、冲突、调节、规则、道德等这些社会群体的概念产物。分工制作的手工产品，以及可以通过交换而来的物品，墓葬陪葬品的分配，以及祭祀器物的使用，公共资源和私有资源矛盾的出现，产生的不平衡表明阶层的出现。作为组织者如族长、祭司，甚至包括从事对外战争和防御的临时人员，城建设计者和水利工程的建造者、从事交换和教授传承知识的人员从个体行为也转为职业性并形成独立于聚落居民的团体，并因此而拥有一定的社会资源和因这些资源而拥有一定的权威或权力从而可以充当制定规则的仲裁者。而对私有财产和公共资源的对待方式，个人的和主持分配这些资源的阶层的矛盾可能总是处于平衡及打破平衡再平衡的反复的社会问题中。而分工、组织和沟通是变化的根本因素。

这些分工和组织都发生在地域性的以聚落城为中心的框架下。城的布局反映了聚落相对一致的政治、经济和文化以及生活方式，有规模较大的社会组织，有不同的分工包括农人、工匠、祭司和各方面的管理者，而士兵可能有兼职部分转向职业。由于城是集体劳动的结果，体现了分工的“职业”活动、各方的利益和人力、物力资源的集中和组织，加速了人和人的沟通，促进了某种规范化文字的产生。此外有布局的建筑本身是一种意识形态语言的体现，是因社会团体活动的需要而有组织的体现。如大房屋，表现史前族群的中心概念。中心被群体围绕，从各自的位置可以衡量阶层的变量，人和人的关系从个体到个体的平等到专业的差别，再到中心和群体的等级关系。祭祀的出现即崇拜自然神和祖先是人类思维发展的一个自然现象。从集体活动的场所到祭祀庙宇再到王的宫殿，从这里形成了上层建筑语言，具有了一套符号意义，给予了一种地方性语言流通的人文氛围。

作为社会行为的语言沟通是社会活动的润滑剂，是人类对其认知概括能力的体现。一代又一代人的经验知识的积累，加速了交流和传播，语言得到丰富和发展。然而沟通的自然属性，在群体中，其语境是由社会主流引导的，是表达和理解的前提，其结构则是聚落中知识阶层构成的思想体系。有知识的人是先知、智者，不仅有意识地解决一些史前人类面临的大问题，如洪水、干旱、传染病、饥荒、死亡，还利用人们创造的物质和精神文化人为定下一些交流规则，让社会群体遵守。在文字出现之前，一些集体活动中尤其是祭祀和葬仪甚或庆贺活动需要发展一套礼仪，一些礼器来源于带有图像或纹饰的饮食器皿、工具、兵器、乐器、装饰品、雕塑等器物逐渐改变了其实用价值而被赋予了某种象征意义，作为仪式的重要组成部分还包括音乐、舞蹈等，甚至一些独立的刻符也被赋予了一定的意义，成为族群沟通的手段用来维系人和人、人和神的关系。作为文字先驱的图像刻画符号可能是最具有抽象意识和思维表现的形式，是人类思想和心理日益进步的必然表现。其记事和交流的重要载体是陶器和甲骨。从利用陶器作为书写载体来看，陶工可能是最早的文字发明者。名称和数字也许是最早的文字类型。从利用甲骨作为书写载体来看，占卜者或观天象者也会记录与农业生产息息相关的事件，如栽培谷物的时间、节气的变化、洪水的泛滥、天文星象的状态等。考古发现表明，仰韶文化、良渚文化、龙山文化时期，占卜活动兴起，这促进了思维的进步，文字的发展。占卜造字属于指示和会意，是在对自然天地、动植物形态、人类的创造物的描绘、刻画或纹饰基础之上，即象形字之母，共同组成基本的字，这是甲骨文之前文字的前奏，但仍然具有地方或区域性。到达甲骨文的较统一的文字，这些字还处于需要普及的阶段。普及可以相互沟通的具有文字特点的符号是社会发展的趋势。在没有文字的社会中，人和人的关系以器物品类等级来确定，人们可以借助大众化的器物或造型语言进行沟通。而文字符号一旦确定和推广，交流和沟通就会更深入和更广泛，从民间群体到上层团体再到民间群体，从一个聚落的小范围到更大的聚落群，直至从上一代到下一代。

文字正是创造者在积累前期的经验和已有的器物或图像“语言”的基础上发展新的“词汇”并赋予其新的意义。这种造词法使新的“词汇”不论在数量上还是内容上都随群体活动的扩展而更丰富。文字的出现、规范和普及使社会发生了根本的变化，从自然形态到一种“意识形态”。

文字具有特权，进而成为上层团体的垄断，在王权社会中起决定作用，因其文字的复杂和神秘导致聚落中阶层的不平等。人和人的关系发生了变化。尤其在文字还不大众化的情况下，制定和组织文字的王或祭司集团由于与神灵、天帝、祖先沟通对话，便将自己对宇宙、人生的理解及对宗教的礼仪规范甚至礼器的审美融入了聚落的上层建筑，作为聚落的主体语言。

推动语言文字大发展的正是在青铜时代初期的铜矿资源、工匠、技术的大流动时代。族群间频繁的战争也由此引发。从辽河流域到岭南，从东部沿海到西部高原，社会处于物质和精神大发展以及大需求的阶段，铸铜作为跨地区的生产链，工具、兵器、饮食器物、礼器等，促使人与人、聚落之间、国与国之间进入了交换或交易的繁荣时期。需要记事或记录的需求大增，青铜器作为载体出现了铭文，开辟了与甲骨祭祀卜辞内容不同的个人或家族徽记和事件的记载。青铜器因其跨地域性的铸造以及其在社会中的中坚作用，促进了文字在多氏族聚落群体之间沟通的作用，其丰富的内涵体现了具有一个“国”的意识形态的社会文化。

总之，创造人类社会使人类进入了文明，其文明因素的基础是农耕，载体是物质文化，如对材料的使用和造型的创造，包括从工具的制作到工程的建造；是精神文化，如装饰品、礼器、图像文字、思维和知识，包括从穿戴到葬仪祭祀活动；是社会文化，如人和人的个人之间和集体的关系、管理和被管理者的阶层、各种职业、产品交换、习俗、聚落图腾象征意义、建筑格局等，包括各阶层群体沟通交流的方式。文明的产生是这些所有因素之和以及各个因素相辅相成，相互影响所致。人类社会反过来对农耕环境的影响等是一个互动的、连锁的因果关系。各种文明因素都是互动的，而每一个因素都是促进人类社会前进的动力。文明因此承前启后，直至更高阶段国家形态的出现。

文明是一个进程

文明有持续性，即文明是人类历史发展到一定的阶段或水平形成的，从简单到复杂、从聚落到王国，经历了几万年的孕育，不是一蹴而成，也不是一劳永逸；有时空性，即文明是某个阶段，某个地区的文明；有弹性，即文明可以是落后的或进步的，可丰富的或可衰落的、可倒退的甚至可消亡的。文明的发展是阶段性的、独立的、交流的、融合的、区域的和共同的。文明因素含括在史前人类创造的物质、精神和社会文化中，其发生和发展，是在一个漫长的、艰辛的、复杂的、反复的、综合的、联系的时空中。根据考古学的分类，中国史前文明因素的发展在时间上，经历了旧石器时代、新石器时代和青铜时代早期；在空间上，因不同地域的地理环境差异而表现为各个不同的聚落文化圈或群、从母系氏族到父系氏族，再到古国、王国、帝国。从人的社会关系来看，从人人相对平等到有神权、王权、军权的阶级社会。文明的进程有古代、近现代、当代，还有未来。尽管文明是可逆的，但其本质趋势是前进发展的。这是由于人类建立的社会形态聚落—国家因人类本身的进化和其创造力都是逐级积累递进的。

国家文明　从考古发现来看，史前文明经历了从以母系、父系酋长为中心的社会聚落到以权力威望为中心的国家。尤其在国家这个社会形态中，人口的混杂性、谷物生产的规律性、手工制作的专门性、产品交换的频繁性、饮食的习惯性、酋长和祭司以及军事首领的组织性、文化的地方性以及个性和神性、对外族的防御性和征服性等都逐渐形成。在这血缘和非血缘的混合团体中，社会日益复杂，平等和平衡被打破，内部矛盾激化、阶层分化加剧，从聚落扩展到古国和王国，从经常性的祭祀和建城等集体类活动发展建立了王权、神权或军权一系列的意识形态，包括图腾符号、礼仪礼器等为特征的国家组织的出现。“国”包含三个概念或三个内容：城址、居民、组织或管理者。“城”正如《说文解字》的解释，“城，以盛民也，从土从成”。城这种功能是从史前先民营建聚落村而来的，大多建有环壕，再到聚落城就是筑有城墙壕沟的大型“城址”。从地域上讲，古国或王国通常是一个城，或围绕一个中心城的若干个城的聚合，以其建筑、技术代表国家居住水平和状况；“居民”便是多血缘的氏族成员，以其创造、制作或生存能力代表国家社会和文化水平及状况；“组织或管理者”是古国或王国的酋长或王、祭司或军事首领及其团体在一个地域城内以筑城、耕种、手工业分工或上层建筑祭祀、葬仪等集体活动来从上而下地组织居民，以其能力代表国家运转水平和状况。在从聚落到中心聚落、再到聚落城—国家的进程中，三个内容都在不同阶段发展壮大。国家文明以这三者齐头并进，互补互利。

从史前考古遗址的发现来看，从聚落到古国和王国，在其一定的地理环境中，国家文明的实现依赖的物质基础是农耕和家畜养殖以及相应工具器物的创造发明。这些因素发展的需要，促进了群体的聚集。进而相应的国家社会组织是聚落内部不断适应集体生活而建立的。在国家三个内容中，国的持久和范围的扩大，决定于另外两个内容。尤其与王的组织管理团体的能力和智慧有关，与其从威望到权力的扩张有关。人们因对先祖或酋长的信任甚或依赖，使得王权得以管理或占有分配公共资源；人们因对天或神灵的敬畏，进而崇拜与天沟通的人或有才能的人，使得神权得以解释通灵；人们因对有力量保护聚落的勇武之人的依靠，使得军权得以使用武器战胜野兽和敌人。王权、军权和神权都被看作族群的保护者，以应对环境气候的恶劣，资源缺乏，甚至外族的威胁。这些上层团体用建筑和器物的礼制来确定其内部以及居民的等级关系，体现其意志或意愿，组织族群集体劳动从事大田耕作和灌溉、大型城建工程、对外战争、集中人力促进各类器物制作或垄断各种分工和社会资源的再分配等等。总之，除天灾等自然因素，只有如反映在传说中的神农、尧、禹、舜等那样的英雄人物作为“组织管理者”来主导聚落—国家，国家文明才能得以持续。然而，所有组织管理者的活动都离不开“居民”以及其所创造的丰富的物质和精神文化。从种植谷物和分工协作制作石、骨、木、玉、铜等器物来满足整个聚落，各类能工巧匠使得谷物和产品越来越丰富和精细，得以支撑聚落—国家的生存。创造发明和技术的进步，物质的丰足是重要的社会发展所需要的资源。这是真正让国家文明持续和上升的基础。实现这一基础的则是人的文明，即人的创造力是促进提升国家文明的动力，是国家文明上升的目的。

人的文明　文明是人类创造的，是人类自身进化的结果，因人类的进化而发展，并反过来促进人类文化的发展。史前史也是人类进化史。人的文明的进化体现在创造力和智力方面，包括人类的心理素质、智力、技能、美感、语言、礼仪行为、组织能力；创造物质和精神文化的能力；以及人对自然、对自身以及社会关系的认知，同时对祖先积累的知识的“认”“知”和“识”的能力。史前人随着思维的不断进步，在自然当中认识并创造了其生存环境，如对植物、天气、季节、时间等的认知，对谷物的驯化和种植，而创造和丰富了饮食烹饪；对动物的认知，促进了家畜的驯化；对岩石的认识，从将石器的简单处理加工提高到精打细磨，进而到玉器的雕刻；对土壤、火的认识和综合运用，发明了陶器；对自然环境的气候、风、水、木、土等的综合认识，而建造了各类房屋；代代积累和传承的“知识”以及“认”和“识”的能力，使史前人类具备了各种生存的智慧。艺术能力的出现是人类精神的一大飞跃。尤其表现在建筑方面，这是一个综合知识的运用。既要有对气候，又要有工具材料和土木加工有认识，还需要具有数的计算、立体的思维、空间感和美感，是技术和造型的结合。尤其在三维的度、抽象思维、数的概念等方面由此而丰富起来。装饰品是史前人的必备，既个性化、又社会化。对装饰品造型能力的驾驭，从事雕塑和绘画产生了写实和抽象思维，最终表现在用文字来记录思想或概括事物的意义和表述已有的知识。从简单到复杂的连锁因果关系，史前人类的思维突飞猛进，最终在创造各类文明因素的过程中完成了基本的进化。

人是文明的主体。文明要素只有人类的创造才能发展，人类在发展文明因素的不同阶段发展了相应的适应自然的能力。在早期国家形成之前，人类处于大众发明创造物质文化时期，尤其是有关生活的方方面面，从吃、住到装饰、从工具到艺术，完全顺其思维和认知的自然发展。自由、随意、应景、应时，无拘无束来创造，没有一定的计划或按某种思想进行，更多的是随意性的、感性的，也是智慧的。人们根据生活需要和对自然、自身的了解，以当时的思维认知创造人类社会。由于处于自然中，他们比今人更了解大自然，更会顺应自然而进行创造。在人的认识方面，人们主动地“认”知自然和“识”别认知，进而建立族群知识。史前人类的认识和创造能力奠定了人类的生存基因，即物质、精神和社会文化基础，也奠定了人类基本知识结构和能力的范围。

在从聚落演进到国家的进程中，由于分工的出现，物质产品及其资源出现了私有、族群共有或王和祭司等部分人的占有或垄断，开始了王引导的群体创造物质和精神文化。居民个体的因素弱了，分属于了不同的阶层。从聚落群体的遗存来看，大型墓葬留下来的陪葬品多于小型墓葬，表现了一种“富有群体”的文化，这些随葬品属于有威望的酋长、有神权的祭司、有能力的工匠生前所拥有的财产，包括佩戴的或祭祀的器物，玉、石、陶等权力象征的礼器。这些器物反映了族群的主流意识。王或祭司将大众文化的装饰品、炊食盛器皿、工具、兵器，甚至图像和雕塑中的某些部分转变为祭祀可用的礼器，或依祭司之意而形成一种文化体系，或者说是祭司的上层建筑意识形态，通过仪式广而告之，以这种礼器作为一种沟通人和神、人和人、人和自然的语言符号或象征物，成为管理群体的媒介。祭祀活动使居民的个性泯于集体的神性中，以及积习风俗中，进而进入王权或神权文化体系或思想范围，使大部分群体活动为顺应这个范围而发展。在这种情况下，族群人接受或依赖族长或祭司的引导和保护，使人的“认”“识”能力下降。这也意味着个人创造力的下降，王或神的意志增加。而在国家文明繁荣的层面上，人的文明表现为“王者”和居民的个人创造性和群体创造性的共同发展上，表现在两者相辅相成或从属的关系上。

经过各种历史阶段，人的文明也在发展，也是文明进程中的一个部分。史前人类经历了原始阶段性的创造时代，从长于创造石器、陶器、木器、玉器、铜器等物质的能力到绘画、雕塑艺术品以及思想精神文化的能力，人的思维和精神也在这个过程中得到发展。从最初的自然思维，到进一步的个性和社会性思维。而个性是社会性的基石。人类自身的创造力有深浅和范围的度的不同，包括地理生态、地域或文化圈、知识结构、观念意识、技艺能力、上层建筑、社会环境、生活方式、风俗语言等。人类的智慧和认知的进化也是与时俱进的。这些特点形成的异同相互交汇，迸发出创造力的火花并成量级增长，达到更高阶段的文明。而人类发现探索精神、智慧、认知提升的一致性和共同的趋向，就是创造文明未来的源泉。

附录

参考书目

考古研究与发掘报告

上编

苏秉琦、殷玮璋：《关于考古学文化的区系类型问题》，《文物》1981年第5期。
宿白：《苏秉琦与当代中国考古学》，科学出版社，2001。
夏鼐：《关于考古学上文化的定名问题》,《考古》1959年第4期。
俞伟超：《考古学研究中探索精神领域的问题》，选自俞伟超主编《考古类型学的理论与实践》，文物出版社，1989。
浙江省文物考古研究所：《反山：良渚遗址群考古报告之二》，文物出版社，2005。
张光直：《谈“琮”及其在中国古史上的意义》，《文物与考古论集》，文物出版社，1986。
张光直：《中国青铜时代》，生活·读书·新知三联书店，2013。
苏秉琦：《关于重建中国史前史的思考》，《考古》1991年第12期。

下编

第一章

赵志军、赵朝洪、郁金城、王涛、崔天兴：《北京东胡林遗址植物遗存浮选结果及分析》，《考古》2020年第7期。
徐浩生、金家广、杨永贺：《河北徐水县南庄头遗址试掘简报》，《考古》1992年第11期。
张文绪、袁家荣：《湖南道县玉蟾岩古栽培稻的初步研究》，《作物学报》1998年第4期。
袁家荣：《湖南旧石器时代文化与玉蟾岩遗址》，岳麓书社，2013。
北京大学考古文博学院、江西省文物考古研究院：《仙人洞与吊桶环》，文物出版社，2014。
李家和：《江西万年大源仙人洞洞穴遗址第二次发掘报告》，《文物》1976年第12期。
金志伟、张镇洪、区坚刚、于宪宝、邝茂盛、易振华、吴基团、陈国胜、莫铁军：《英德云岭牛栏洞遗址试掘简报》《江汉考古》1998年第1期。
广东省珠江文化研究会、岭南考古研究专业委员会：《英德牛栏洞遗址，稻作起源与环境综合研究》，科学出版社，2013。
郑云飞、蒋乐平：《上山遗址出土的古稻遗存及其意义》，《考古》2007年第9期。
北京大学考古文博学院、江西省文物考古研究院：《仙人洞与吊桶环》，文物出版社，2014。
李家和：《江西万年大源仙人洞洞穴遗址第二次发掘报告》，《文物》1976年第12期。
刘锁强、邓婉文、何嘉宁、巫幼波、王幼平：《广东英德市青塘遗址》，《考古》2019年第7期。

中国考古网：《黑龙江饶河小南山遗址》，2020年5月9日。
文博在线：《东亚玉文化的曙光——黑龙江饶河小南山遗址》，2020年4月30日。
刘锁强、邓婉文、何嘉宁、巫幼波、王幼平：《广东英德市青塘遗址》，《考古》2019年第7期。
李有骞、杨永才：《黑龙江饶河县小南山遗址2015年Ⅲ区发掘简报》，《考古》2019年第8期。
郭家龙、王惠民、乔倩：《宁夏鸽子山遗址考古新发现》，《西夏研究》2017年第2期。
中国社会科学网：《宁夏鸽子山遗址再获重大发现》，2017年2月21日。
付永旭、韦松恒、文应峰：《贵州平坝县牛坡洞遗址2012—2013年发掘简报》，《考古》2015年第8期。
浙江省文物考古研究所编：《上山文化：发现与记述》，文物出版社，2016。
浙江省文物考古研究所等：《浙江浦江县上山遗址发掘简报》，《考古》2007年第9期。
中国社会科学院考古研究所、广西壮族自治区文物工作队、桂林甑皮岩遗址博物馆、桂林市文物工作队：《桂林甑皮岩》，文物出版社，2006。
巫惠民、阳吉昌：《广西桂林甑皮岩洞穴遗址的试掘》，《考古》1976年第3期。
李君、乔倩、任雪岩：《1997年河北徐水南庄头遗址发掘报告》，《考古学报》2010年第3期。
蒋乐平主编：《浦江上山》，文物出版社，2017。

第二章

赵志军：《新石器时代植物考古与农业起源研究》，《中国农史》2020年第3期。
杨虎、朱延平、孔昭宸、杜乃秋：《内蒙古敖汉旗兴隆洼遗址发掘简报》，《考古》1985年第10期。
辛岩：《查海：新石器时代聚落遗址发掘报告（上册）》，文物出版社。
甘肃省文物考古研究所：《秦安大地湾：新石器时代遗址发掘报告》，文物出版社，2005。
赵建龙：《甘肃秦安县大地湾遗址仰韶文化早期聚落发掘简报》，《考古》2003年第6期。
孙德海、刘勇、陈光唐：《河北武安磁山遗址》，《考古学报》1981年第3期。
游修龄：《黍粟的起源及传播问题》，《中国农史》1993年第3期。
裴安平：《彭头山文化的稻作遗存与中国史前稻作农业再论》，《农业考古》1998年第1期。
裴安平、曹传松：《湖南澧县彭头山新石器时代早期遗址发掘简报》，《文物》1990年第8期。
湖南省文物考古研究所：《彭头山与八十垱》，科学出版社，2006。
裴安平、尹检顺：《湖南澧县梦溪八十垱新石器时代早期遗址发掘简报》，《文物》1996年第12期。

王心喜：《小黄山遗址新石器时代早期遗存的考古学观察》，《绍兴文理学院学报(哲学社会科学版)》2006年第2期。
浙江科技新闻网：《浙江湖西遗址证实9000年前中国人驯化水稻》，2013年2月17日。
浙江省文物考古研究所、萧山博物馆：《跨湖桥:浦阳江流域考古报告之一》，文物出版社，2004。
河南省文物考古研究所：《舞阳贾湖》，科学出版社，1999。
陈报章、王象坤、张居中：《舞阳贾湖新石器时代遗址炭化稻米的发现、形态学研究及意义》，《中国水稻科学》1995年第3期。
Gary W. Crawford、陈雪香、栾丰实：《山东济南长清月庄遗址植物遗存的初步分析》，《江汉考古》2013年第2期。
中国社会科学网转新华社：《江苏泗洪韩井发现8000多年前的水稻田遗迹》，2016年5月8日。
张居中、潘伟彬：《河南舞阳贾湖遗址2001年春发掘简报》，《华夏考古》2002年第2期。
河南省文物考古研究所：《舞阳贾湖》，科学出版社，1999。
段宏振主编：《北福地，易水流域史前遗址》，文物出版社，2007。
段宏振：《河北易县北福地新石器时代遗址发掘简报》，《文物》2006年第9期。
蒋乐平：《跨湖桥文化研究》，科学出版社，2014。
胡健、刘小鸿、纪岚：《试析查海遗址的原始农业》，《农业考古》1995年第3期。
中国社会科学院考古研究所河南一队：《1979年裴李岗遗址发掘报告》，《考古学报》1984年第1期。
开封地区文管会、新郑县文管会：《河南新郑裴李岗文化新石器时代遗址》，《考古》1978年第2期。
中国社会科学院考古研究所内蒙古工作队：《内蒙古敖汉旗兴隆洼遗址发掘简报》，《考古》1997年第1期。
栾丰实：《海岱地区考古研究》，山东大学出版社，1997。
王永波、王守功、李振光：《山东临淄后李遗址第一、二次发掘简报》，《考古》1992年第11期。
浙江省文物考古研究所、萧山博物馆：《跨湖桥：浦阳江流域考古报告之一》，文物出版社，2004。
中国社会科学院边疆考古研究中心：《东北新石器时代》，文物出版社，2016。
中国社会科学院考古研究所内蒙古工作队：《内蒙古敖汉旗兴隆洼遗址发掘简报》，《考古》1985年第10期。
王巍主编：《义乌市桥头上山文化遗址》，《中国考古学年鉴》，中国社会科学出版社，2016。
林留根、甘恢元、闫龙：《江苏泗洪顺山集新石器时代遗址发掘报告》，《考古学报》2014年第4期。
林留根主编：《顺山集：泗洪县新石器时代遗址考古发掘报告》，科学出版社，2016。

郁永彬、吴隽、张茂林、蒋乐平：《湖西遗址出土陶器的科技研究》，《古陶瓷科学技术国际讨论会论文集》2012年10月23日。
冯沂：《河南舞阳贾湖新石器时代遗址第二至六次发掘简报》，《文物》1989年第1期。
央视网：《西藏考古新发现·夏达错遗址：发现8000年前磨制石针，或为永久定居点》，2021年5月1日。
中国社会科学网：《学者研究将中国丝绸出现的考古学证据提前近4000年》，2016年12月26日。
河南省文物考古研究院、中国科学技术大学、舞阳县博物馆：《河南舞阳县贾湖遗址2013年发掘简报》，《考古》2017年第12期。
中国社会科学院研究所：《河南舞阳贾湖遗址第八次发掘取得重要成果》，2014年1月23日。
于建华：《黑龙江省出土的新石器时代玉器及相关问题》，《北方文物》1992年第4期。
黑龙江文物考古研究所：《考古黑龙江》，文物出版社，2011。
黑龙江省博物馆：《黑龙江饶河县小南山遗址试掘简报》，《考古》1992年第2期。
河南省文物考古研究院：《舞阳贾湖（二）》，科学出版社，2015。
张居中：《考古新发现——贾湖骨笛》，《音乐研究》1988年第4期。
张居中、潘伟彬：《河南舞阳贾湖遗址2001年春发掘简报》，《华夏考古》2002年第2期。

第三章

田野：《辽海地区的史前文明》，科学出版社，2018。
中国社会科学院考古研究所内蒙古工作队：《内蒙古赤峰市兴隆沟聚落遗址2002—2003年的发掘》，《考古》2004年第7期。
西安半坡博物馆、陕西省考古研究所、临潼县博物馆：《姜寨：新石器时代遗址发掘报告》，文物出版社，1988。
西安半坡博物馆、临潼县文化馆：《1972年春临潼姜寨遗址发掘简报》，《考古》1973年第3期。
吕凯、朱超、孙波：《山东泰安市大汶口遗址2012—2013年发掘简报》，《考古》2015年第10期。
山东省文物管理处、济南市博物馆：《大汶口：新石器时代墓葬发掘报告》，文物出版社，1974。
湖南省文物考古研究所：《澧县城头山：新石器时代遗址发掘报告》，文物出版社，2007。
何介钧：《澧县城头山古城址1997—1998年度发掘简报》，《文物》1999年第6期。
浙江省文物考古研究所：《河姆渡：新石器时代遗址考古发掘报告》，文物出版社，2003。
浙江省文物考古研究所、余姚市文物保护管理所、河姆渡遗址博物馆：《浙江余姚田螺山新石器时代遗址2004年发掘简报》，《文物》2007年第11期。

罗家角考古队：《桐乡县罗家角遗址发掘报告》，《浙江省文物考古所学刊》，文物出版社，1981。
南京博物院、张家港市文管办、张家港博物馆：《东山村：新石器时代遗址考古发掘报告》，文物出版社，2016。
严文明、安田喜宪编著：《稻作、陶器和都市起源》，文物出版社，2000。
上海市文物保管委员会：《崧泽：新石器时代遗址发掘报告》，文物出版社，1987。
四川省博物馆：《巫山大溪遗址第三次发掘》，《考古学报》1981年第4期。
河姆渡考古队：《浙江河姆渡遗址第二期发掘的主要收获》，《文物》1980年第5期。
刘晋祥、朱延平：《内蒙古敖汉旗赵宝沟一号遗址发掘简报》，《考古》1988年第1期。
陈瑞近、姚瑶、张照根：《张家港市东山村遗址发掘简报》，《文物》2000第10期。
张敬国：《安徽含山凌家滩遗址第五次考古发掘的新发现》，《考古》2008年第3期。
安徽省文物考古研究所：《凌家滩：田野考古发掘报告之一》，文物出版社，2006。
西安半坡博物馆：《1971年半坡遗址发掘简记》，《考古》1973年第3期。
西安半坡博物馆：《西安半坡》文物出版社，1982。
新华社：《河南巩义发现5000多年前神秘“河洛古国”》，2020年05月08日。
尚元昕、魏青利：《2017年河南省五大考古新发现之荥阳青台遗址发掘》，《黄河、黄土、黄种人》2018年第8期。
贺刚、向开旺：《湖南黔阳高庙遗址发掘简报》,《文物》2000 年第4期。
中国江苏网：《惠山钱桥发现国内最大规模崧泽时期祭坛遗迹》，2013年9月12日。
方殿春、刘葆华：《辽宁阜新县胡头沟红山文化玉器墓的发现》，《文物》1984年第6期。
郭大顺、朱达、王来柱、吕学明、魏凡等：《牛河梁：红山文化遗址发掘报告（1983—2003年度）》，文物出版社，2012。
辽宁省考古研究所：《辽宁牛河梁红山文化女神庙与积石冢群发掘》，《文物》1986年第8期。
郭大顺、张克举：《辽宁省喀左县东山嘴红山文化建筑群址发掘简报》，《文物》1987年第11期。
陕西省考古研究院：《陕西高陵杨官寨遗址发掘简报》，《考古与文物》2011年第6期。
中国社会科学院考古研究所：《宝鸡北首岭》，文物出版社，1983。
栾丰实：《海岱地区史前白陶初论》，《考古》2010年第4期。
刘随盛、杨国忠、梁星彭：《一九七七年宝鸡北首岭遗址发掘简报》，《考古》1979年第2期。
浙江省文物管理委员会：《河姆渡遗址第一次发掘报告》，《考古学报》1978年第1期。

浙江省文物考古研究所、余姚市文物保护管理所、河姆渡遗址博物馆：《浙江余姚田螺山新石器时代遗址2004年发掘简报》，《文物》2007年第11期。
北京大学中国考古学研究中心、浙江省文物考古研究所：《田螺山遗址自然遗存综合研究》，文物出版社，2011。
山西省桑蚕研究所：《蚕史文化》，《北方蚕业》2009总第123期。
新华社新媒体：《河南巩义发现5000多年前神秘“河洛古国”》，2020年5月8日。
郑州市文物考古研究所：《荥阳青台遗址出土纺织物的报告》，《中原文物》1999年第3期。
韩章云：《河南荥阳汪沟遗址发现目前中国最早丝绸》，中国新闻网、考古中国，2019年12月06日http://www.kgzg.cn。
马萧林、李新伟、杨海青：《河南灵宝市西坡遗址墓地2005年发掘简报》，《考古》2008年第1期。
浙江省文物管理委员会：《浙江嘉兴马家浜新石器时代遗址的发掘》，《考古》1961年第7期。
中国科学院考古研究所等：《西安半坡：原始氏族公社聚落遗址》，文物出版社，1963。
邵国田：《敖汉旗南台地赵宝沟文化遗址调查》，《草原文物》1991年第1期。
湖南省文物考古研究所：《湖南洪江市高庙新石器时代遗址》，《考古》2006 年第7期。
辽宁省考古研究所：《辽宁牛河梁红山文化女神庙与积石冢群发掘简报》，《文物》1986年第8期。
方殿春、刘葆华：《辽宁阜新县胡头沟红山文化玉器墓的发现》，《文物》1984年第6期。
新湖南报客户端：《考古专家贺刚透露高庙遗址发现雪峰山地区年代最早稻谷》，2018。
贺刚、向开旺：《湖南黔阳高庙遗址发掘简报》,《文物》2000 年第4期。
浙江省文物考古研究所：《河姆渡：新石器时代遗址考古发掘报告》，文物出版社，2003。
浙江省文物管理委员会：《浙江嘉兴马家浜新石器时代遗址的发掘》，《考古》1961年第7期。
中国考古网：《浙江嘉兴马家浜遗址》，2013年05月19日。
浙江省文物考古研究所、嘉兴博物馆：《马家浜》，文物出版社，2019。
浙江省文物考古研究所：《崧泽之美——浙江崧泽文化考古特展》，浙江摄影出版社，2014。
乌兰：《赵宝沟文化的史前艺术与精神信仰》，《赤峰学院学报》2018年第12期。
唐杰平、刘辉：《安徽潜山薛家岗遗址第六次发掘简报》，《江汉考古》2002年第2期。

第四章

张文绪、王辉：《甘肃庆阳遗址古栽培稻的研究》，《农业考古》2000年第3期。
赵志军、何努：《陶寺城址2002年度浮选结果及分析》，《考古》2006年第5期。
凯利·克劳德福、赵志军、栾丰实等：《山东日照市两城镇遗址龙山文化植物遗存的初步分析》，《考古》2004年第9期。
中国考古网：《山东日照尧王城遗址的发掘，2015年社科院考古所田野考古成果(七)》2016年1月11日。
西藏自治区文物管理委员会：《西藏昌都卡若遗址试掘简报》，《文物》1979年第9期。
中国社会科学网：《福建明溪县南山遗址》，2018年01月24日。
万娇、雷雨：《桂圆桥遗址与成都平原新石器文化发展脉络》，《文物》2013年第9期。
四川省文物考古研究院、德阳市博物馆、什邡市博物馆：《四川什邡桂圆桥新石器时代遗址发掘简报》，《文物》2013年第9期。
李恭笃：《辽宁敖汉旗小河沿三种原始文化的发现》，《文物》1977年第12期。
魏世刚：《陕西神木石峁遗址调查试掘简报》，《史前研究》1983年第2期。
陕西省考古研究院、榆林市文物考古勘探工作队、神木县石峁遗址管理处：《发现石峁古城》，文物出版社，2016。
秦岭、马东峰、陆文宝、方向明主编：《权力与信仰（良渚遗址群考古特展)》，文物出版社，2015。
湖北省文物考古研究所、北京大学考古文博学院、天门市博物馆：《湖北天门市石家河遗址2014—2016年勘探与发掘》，《考古》2017年第7期。
中国社会科学网：《石家河遗址考古勘探发掘取得重要成果遗址群年代、结构和布局更加清晰》，2017年02月21日。
广东省博物馆、曲江县文化局：《广东曲江石峡墓葬发掘简报》，《文物》1978年第7期。
广东省文物考古研究所、广东省博物馆、广东省韶关市曲江区博物馆：《石峡遗址1973—1978年考古发掘报告》，文物出版社，2014。
浙江省文物考古研究所：《良渚古城城内考古发掘及城外勘探取得重要收获，发掘莫角山宫殿区、姜家山贵族墓地和钟家港古河道》，中国文物信息网，2016年12月19日。
杭州市余杭区文化广电新闻出版局编：《余杭遗珍》，文物出版社，2016。
王宁远、刘斌：《杭州市良渚古城外围水利系统的考古调查》，《考古》2015年第1期。
浙江省文物考古研究所：《良渚遗址群：良渚遗址群考古报告之三》，文物出版社，2005。
湖北省文物考古研究所、北京大学考古文博学院、天门市博物馆：《湖北天门市石家河遗址2014—2016年勘探与发掘》，《考古》2017年第7期。

北京大学考古系等：《石家河遗址调查报告》，《南方民族考古》1992年第5辑。
中国社会科学网：《石家河遗址考古勘探发掘取得重要成果》，2017年2月21日。
彭小军、陶洋、范晓佩等：《湖北沙洋县城河新石器时代城址发掘简报》，《考古》2018年第9期。
朱超、孙波、吕凯、张宗国：《济南市章丘区城子崖遗址2013—2015年发掘简报》，《考古》2019年第4期。
总编辑李济执笔，傅斯年、董作宾、梁思永等七人著：《城子崖：山东历城县龙山镇之黑陶文化遗址》，国立中央研究院历史语言研究所编，1934。
严志斌、何驽：《山西襄汾陶寺城址2002年发掘报告》，《考古学报》2005年第3期。
中国社会科学院考古研究所、山西省临汾市文物局：《襄汾陶寺，1978—1985年发掘报告》，文物出版社，2015。
中国社会科学网：《陕西芦山峁遗址考古获重大发现》，2018年01月01日。
芮国耀、方向明：《余杭瑶山遗址1996—1998年发掘的主要收获》，《文物》2001年第12期。
陕西省考古研究院、榆林市文物考古勘探工作队、神木县石峁遗址管理处：《发现石峁古城》，文物出版社，2016。
浙江省文物考古研究所：《瑶山：良渚遗址群考古报告之一》，文物出版社，2003。
湖北省文物考古研究所、北京大学考古文博学院、天门市博物馆：《湖北天门市石家河遗址2014—2016年勘探与发掘》，《考古》2017年第7期
中国社会科学网：《石家河遗址考古勘探发掘》，2017年02月21日。
高天麟、张岱海：《山西襄汾县陶寺遗址发掘简报》，《考古》1980年第1期。
中国社会科学院考古研究所、山西省临汾市文物局：《襄汾陶寺，1978—1985年考古发掘报告》，文物出版社，2015。
西安半坡博物馆：《陕西神木石峁遗址调查试掘简报》，《史前研究》1983年第2期。
湖北省文物考古研究所、北京大学考古文博学院、天门市博物馆：《湖北天门市石家河遗址2014—2016年勘探与发掘》，《考古》2017年第7期
湖北省文物考古研究所、北京大学考古学系、湖北省荆州博物馆、石家河考古队：《肖家屋脊：天门石家河考古报告之一》，文物出版社，1999。
中国考古网：《甘肃临洮马家窑遗址的发掘，2015年社科院考古所田野考古成果(四)》，2016年01月08日。
谢端琚：《甘青地区史前考古》，文物出版社，2002。
丁品：《浙江湖州钱山漾遗址第三次发掘简报》，《文物》2010年第7期。
浙江省文物考古研究所、湖州博物馆：《钱山漾：遗址第三、四次发掘报告》，文物出版社，2014。
湖北省文物考古研究所、北京大学考古学系、湖北省荆州博物馆、石家河考古队：《谭家岭：天门石家河考古报告之三》，文物出版社，2011。

孟华平、陆成秋、刘辉、向其芳、刘明德、肖友红、余乐、杨中玉、向其华：《湖北天门石家河谭家岭城址2015—2016年发掘简报》，《江汉考古》2017年第5期。
张云鹏、王劲：《湖北石家河罗家柏岭新石器时代遗址》，《考古学报》1994年第2期。
韩榕：《山东临朐西朱封龙山文化墓葬》,《考古》1990年第7期。
古方：《中国出土玉器全集》（4），科学出版社，2005。
浙江省文物考古研究所：《卞家山：良渚遗址群考古报告之六》，文物出版社，2014。
湖北省文物考古研究所、北京大学考古学系、湖北省荆州博物馆、石家河考古队：《邓家湾：天门石家河考古报告之二》，文物出版社，2003。
刘斌：《寻找消失的文明，良渚古城考古》，（第四届中国公共考古荆楚论坛），中国考古网，2017年2月9日。
芮国耀：《余杭瑶山良渚文化祭坛遗址发掘简报》，《文物》1988年第1期。
浙江省文物考古研究所：《瑶山：良渚遗址群考古报告之一》，文物出版社，2003。
浙江省文物考古研究所反山考古队：《浙江余杭反山良渚墓地发掘简报》，《文物》1988年第1期。
浙江省文物考古研究所：《反山：良渚遗址群考古报告之二》，文物出版社，2005。
黄宣佩主编：《福泉山：新石器时代遗址发掘报告》，文物出版社，2000。
浙江省文物考古研究所：《余杭良渚遗址群调查简报》，《文物》2002年第10期。
浙江省文物考古研究所：《良渚遗址群：良渚遗址群考古报告之三》，文物出版社，2005。
蒋卫东、丁品、周伟民、朱宏中：《浙江桐乡新地里遗址发掘简报》，《文物》2005年第11期。
浙江省文物考古研究所、桐乡市文物管理委员会：《新地里》，文物出版社，2006。
湖北省荆州博物馆编著：《枣林岗与堆金台：荆江大堤荆州马山段考古发掘报告》，科学出版社，1999。
中国社会科学院考古研究所、山西省临汾市文物局：《襄汾陶寺：1978—1985年发掘报告》，文物出版社，2015。
严志斌、何驽：《山西襄汾陶寺城址2002年发掘报告》，《考古学报》2005年第3期。
北京大学考古系等：《石家河遗址群调查报告》，《南方民族考古》1993年第1辑。
张炳火主编：《良渚文化刻画符号》，良渚博物院编著，上海人民出版社，2015。

第五章

北京大学震旦古代文明研究中心、郑州市文物考古研究院：《新密新砦1999—2000年田野考古发掘报告》，文物出版社，2008。
Rita Dal Martello、Rui Min、Chris Stevens、Charles Higham、Thomas Higham、Ling Qin、Dorian Q. Fuller：《Early agriculture at the crossroads of China and Southeast Asia: Archaeobotanical evidence and radiocarbon dates from Baiyangcun, Yunnan》Journal of Archaeological Science：Reports 20 (2018) 711－721。
云南省博物馆：《元谋大墩子新石器时代遗址》，《考古学报》，1977年第1期。
金和天、刘旭、闵锐、李小瑞、吴小红：《云南元谋大墩子遗址浮选结果及分析》，《江汉考古》2014年第3期。
中国考古网：《云南剑川县海门口史前遗址》，考古论坛2008年考古新发现，2009年1月13日。
云南省文物考古研究所：《耿马石佛洞》，文物出版社，2010。
赵春青：《夏代农业管窥——从新砦和皂角树遗址的发现谈起》，《农业考古》2005年第1期。
赵志军：《小麦传入中国的研究——植物考古资料》，《南方文物》2015年第3期。
中国文物信息网：《新疆吉木乃通天洞遗址》，2018年01月26日。
李永宪：《略论西藏考古发现的史前栽培作物》，选自中国考古学会编：《中国考古学会第十次年会论文集》[C]，文物出版社，2008。
霍巍、王煜、吕红亮：《考古发现与西藏文明史·第一卷：史前时代》，科学出版社，2015。
钟华、赵春青、魏继印：《河南新密新砦遗址2014年浮选结果及分析》，《农业考古》2016年第1期。
闵锐：《剑川海门口遗址综合研究》，《学园》2013年第15期。
戴宗品：《云南永平新光遗址发掘报告》，《考古学报》，2002年第2期。
贾建威：《甘肃积石山县新庄坪齐家文化遗址调查》，《考古》1996年第11期。
青海省博物馆文物研究中心：《中国最早有纹饰的青铜镜出土地——尕马台墓地》，人民网人民科技，2021年2月17日。
朱乃诚主编：《2015中国广河齐家文化与华夏文明国际研讨会论文集》，文物出版社，2016。
青海省文物考古研究所、北京大学考古文博学院：《贵南尕马台》，科学出版社，2016。
王仁湘：《拉萨河谷的新石器时代居民——曲贡遗址发掘记》，《西藏研究》1990年第4期。
潜伟、孙淑云、韩汝玢、常喜恩、亚合甫江：《新疆哈密天山北路墓地出土铜器的初步研究》，《文物》2001年第6期。
新华社：《温泉县呼斯塔遗址被确认为青铜时代大型聚落遗址！》，2017年8月23日。
中国社会科学网：《考古学家聚焦新疆史前聚落遗址成果》，2019年3月5日。
中国社会科学网：《安徽肥西三官庙遗址》，2020年5月4日。

云南省文物考古研究所、大理州文物管理所、剑川县文物管理所：《云南剑川县海门口遗址》，《考古》，2009年第7期。
考古中国：《2019全国十大考古终评入围：安徽肥西三官庙遗址》，2020年4月16日。
方燕明、刘绪：《河南登封市王城岗遗址2002、2004年发掘简报》，《考古》2006年第9期。
赵春青、张松林、顾万发、玫华、李琛：《河南省新密市新砦遗址2000年发掘简报》，《文物》2004年第3期。
中国考古网：《河南淮阳平粮台城址》，2020年5月9日。
李恭笃：《辽宁凌源县三官甸子城子山遗址试掘报告》，《考古》1986年第6期。
北京大学考古文博学院、河南省文物考古研究所编著：《登封王城岗考古发现与研究(2002—2005)》，大象出版社，2007。
赵春青、张松林、顾万发、玫华、李琛：《河南省新密市新砦遗址2000年发掘简报》，《文物》2004年第3期。
王文华、陈萍、丁兰坡：《河南荥阳大师姑遗址2002年度发掘简报》，《文物》2004年第11期。
雷雨：《三星堆遗址考古的新突破》，《中国文物报》2016年3月25日第5版。
四川省文物管理委员会、四川省博物馆、广汉县文化馆：《广汉三星堆遗址》，《考古学报》1987年第2期。
中国社会科学院考古研究所编著：《二里头：1999—2006》，文物出版社，2014。
中国社会科学院考古研究所编著：《偃师二里头：1959年—1978年考古发掘报告》，中国大百科全书出版社，1999。
张雪莲、仇士华、蔡莲珍等：《新砦：二里头——二里冈文化考古年代序列的建立与完善》，《考古》2007年第8期。
杨国忠、刘忠伏：《1980年秋河南偃师二里头遗址发掘简报》，《考古》1983年第3期。
李伯谦：《二里头类型的文化性质与族属问题》，《文物》1986年第6期。
刘晋祥：《敖汉旗大甸子遗址1974年试掘简报》，《考古》1975年第2期。
中国社会科学院考古研究所编著：《大甸子：夏家店下层文化遗址与墓地发掘报告》，中国田野考古报告集考古学专刊丁种第四十八号，科学出版社，1996。
黄石林、李锡经、王克林：《山西夏县东下冯龙山文化遗址》，《考古学报》1983年第1期。
中国社会科学院考古研究所：《中国考古学·夏商卷》，中国社会科学出版社，2003。
赵海涛：《二里头都邑聚落形态新识》，《考古》2020年第8期。
杜金鹏：《二里头遗址第二期考古的主要成就》，《中原文物》2020年第4期。
陈国科、王辉、李延祥、张良仁、杨月光：《甘肃张掖市西城驿遗址》，《考古》2014年第7期
陈国梁：《二里头遗址铸铜遗存再探讨》，《中原文物》2016年第3期。
梁宏刚、孙淑云：《二里头遗址出土铜器研究综述》，《中原文物》2004年第1期。
廉海萍、谭德睿、郑光：《二里头遗址铸铜技术研究》，《考古学报》2011年第4期。

李建西、李延祥、田建文：《东下冯遗址冶铸遗存研究》，《考古与文物》2018年第1期。
新华社：《山西西吴壁遗址发现大量夏商时期冶铜遗存》，2018年12月17日。
中国国家博物馆考古院、山西省考古研究所、运城市文物保护研究所：《山西绛县西吴壁遗址》，中国社会科学院考古研究所考古杂志社，中国社会科学网，2020年1月13日。
赵芝荃、徐殿魁：《1983年秋季河南偃师商城发掘简报》，《考古》1984年第10期。
常怀颖：《夏商都邑铸铜作坊空间规划分析》，《中原文物》2018年第5期。
湖北省文物考古研究所：《盘龙城：1963—1994考古发掘报告》，文物出版社，2001。
牛世山：《从洹北商城到殷墟商邑：城市规划与建设的嬗变》，《中原文物》2018年第5期。
何毓灵：《河南安阳洹北商城发现铸铜制骨手工业作坊遗址》，《中国文物报》2016年12月16日第8版。
刘煜：《试论殷墟青铜器的分铸技术》，《中原文物》2018年第5期。
江西省文物考古研究所、樟树市博物馆：《吴城：1973—2002年考古发掘报告》，科学出版社，2005。
李家和、杨日新、徐长青：《江西省新干县牛头城遗址调查与试掘》，《东南文化》1989年第1期。
陈旭、李友：《新干大洋洲商墓的年代和性质》，《南方文物》1994年第1期。
马江波、金正耀、田建花：《三星堆铜器的合金成分和金相研究》，《四川文物》2012年第2期。
赵殿增：《三星堆考古研究》，四川人民出版社，2004。
李延祥：《中条山古铜矿冶遗址初步考察研究》，《文物季刊》1993年第2期。
刘新玮：《山西垣曲中条山先秦矿冶遗存调查》，中国考古网，2013年10月15日。
李建西、李延祥、田建文：《东下冯遗址冶铸遗存研究》，《考古与文物》2018年第1期。
李明滇：《商周青铜器合金成分》，中国考古网，2011年9月2日。
陈振中：《先秦时代的金器及其特点》，《中国经济史研究》2005年第4期。
孙卓：《盘龙城杨家湾M17出土青铜牌形器和金片绿松石器的复原》，《江汉考古》2018年第5期。
人民日报：《三星堆遗址集中发现象牙超100根，还有象牙制品》，2021年3月20日。
杨育彬：《杜岭方鼎》，河南博物院网站，2012年6月1日。
中国社科院考古所、安阳市考古所：《殷墟新出土青铜器》，云南人民出版社，2008。
张春海：《殷墟青铜器包含南方技术因素》，《中国社会科学报》2014年5月5日。
孔德铭：《河南安阳辛店发现商代晚期聚落和大型铸铜遗址》，《中国文物报》2017年8月11日。
刘士莪、宋新潮：《西安老牛坡商代墓地的发掘》，《文物》1988年第6期。

遗址专题专著和参考文章

王仁湘：《史前中国的艺术浪潮,庙底沟彩陶文化的研究》，文物出版社，2011。
中国社会科学院考古研究所山西工作队等：《陶寺遗址出土的龙山时代乐器》，《中国音乐文物大系·山西卷第三章》，大象出版社，2001。
俞伟超：《陶寺遗存的族属》，《古史的考古学探索》，文物出版社，2002。
中国社会科学院考古研究所、山东省文物考古研究院、山东临朐山旺古生物化石博物馆：《临朐西朱封：山东龙山文化墓葬的发掘与研究》，文物出版社，2018。
雷广臻：《牛河梁红山文化遗址巨型礼仪建筑群综合研究》，科学出版社，2015。
田广林、刘国祥：《红山文化论著粹编·综合研究卷》，辽宁师大出版社，2015。
甘肃省文物考古研究所、吉林大学北方考古研究室：《民乐东灰山考古——四坝文化墓地的揭示与研究》，科学出版社，1988。
中国社会科学院考古研究所、山西省考古研究所：《下川：旧石器时代晚期文化遗址发掘报告》，科学出版社，2016。
中国社会科学院考古研究所、山东省文物考古研究院、山东临朐山旺古生物化石博物馆：《临朐西朱封：山东龙山文化墓葬的发掘与研究》，文物出版社，2018。
中国社会科学院考古研究所：《庙底沟与三里桥》，中国田野考古报告集，黄河水库考古报告之二，文物出版社，2011。
张弛：《江西万年早期陶器和稻属植硅石遗存》，载于《稻作、陶器和都市的起源》，文物出版社，2000。
袁家荣：《湖南道县玉蟾岩1万年以前的稻谷和陶器》，文物出版社，2000。
湖南省文物考古研究所：《安乡汤家岗：新石器时代遗址发掘报告》，科学出版社，2013。
浙江省文物考古研究所：《萧山跨湖桥新石器时代文化遗址》，《浙江省文物考古研究所学刊》，长征出版社，1997。
浙江省文物考古研究所：《浙北崧泽文化考古报告集1996—2014》，文物出版社，2014。
浙江省文物考古研究所：《庙前：良渚遗址群考古报告之四》，文物出版社，2005。
浙江省文物考古研究所：《文家山：良渚遗址群考古报告之五》，文物出版社，2011。
浙江省文物考古研究所、桐乡市文物管理委员会：《新地里》，文物出版社，2006。
浙江省文物考古研究所、湖州市博物馆：《昆山》，文物出版社，2006。
浙江省文物考古研究所：《余杭良渚庙前遗址发掘的主要收获》，《浙江省文物考古研究所学刊》，科学出版社，1993。

中村慎一：《良渚文化的遗址群》，北京大学中国考古学研究中心《古代文明（第2卷）》，文物出版社，2003。
陈杰：《马桥文化探微：发现与研究文集》，上海书店出版社，2018。
蒋乐平：《跨湖桥8000文化研究》，科学出版社，2014。
牟永抗：《良渚玉器上神崇拜的探索》，文物出版社，1989
李学勤：《论良渚文化玉器符号》，《湖南博物馆文集》，岳麓书社，1991。
黑龙江省博物馆：《黑龙江饶河小南山遗址试掘简报》，《考古》1972年第2期。
杨虎、刘国祥：《内蒙古赤峰市兴隆沟聚落遗址2002—2003年的发掘》，《考古》2004年第7期。
杨虎、朱延平：《内蒙古敖汉旗小山遗址》，《考古》1987年第6期。
朱延平：《小山尊形器“鸟兽图”试析》，《考古》1990年第4期。
成璟瑭等：《内蒙古赤峰魏家窝铺新石器时代遗址的发现与认识》，《文物》2014年第11期。
索秀芬、李少兵：《红山文化研究》，《考古学报》2011年第3期。
中国科学院考古研究所内蒙古发掘队：《内蒙古赤峯药王庙、夏家店遗址试掘简报》，《考古》1961年第2期。
中国考古网：《甘肃临洮马家窑遗址的发掘，2015年社科院考古所田野考古成果(四)》，2016年1月8日。
甘肃省博物馆等：《兰州土谷台半山——马厂文化墓地》，《考古学报》1983年第2期。
甘肃岷县文化馆：《甘肃岷县杏林齐家文化遗址调查》，《考古》1985年第11期。
安志敏：《甘肃山丹四坝滩新石器时代遗址》，《考古学报》1959年第3期。
罗琨：《陶寺陶文考释》，《中国社会科学院古代文明研究中心通讯》2001年第2期。
何努：《2010年陶寺遗址群聚落形态考古实践与理论收获》，《中国社会科学院古代文明研究中心通讯》2011年第21期。
戴应新：《神木石峁龙山文化玉器》，《考古与文物》1988年第5、6期合刊。
马萧林：《灵宝西坡仰韶文化墓地出土玉器初步研究》，《中原文物》2006年第2期。
安金槐、李京华：《登封王城岗遗址的发掘》，河南省文物研究所，《文物》1983年第3期。
方酉生：《河南偃师二里头遗址发掘简报》，《考古》1965年5期。
中国社会科学院考古研究所山东队等：《山东滕县北辛遗址发掘报告》，《考古学报》1984年第2期。
高广仁、任式楠：《山东曲阜西夏侯遗址第一次发掘报告》，《考古学报》1964年第2期。
李学勤：《论新出大汶口文化陶器符号》，《文物》1987年第12期。

韩榕：《试论城子崖类型》，《考古学报》1989年第2期。
韩榕：《临朐西朱封龙山文化墓葬》，《考古》1990年第7期。
张敬国：《安徽含山县凌家滩遗址第三次发掘》，《考古》1999年第5期。
四川长江流域文物保护委员会文物考古队：《四川巫山大溪新石器时代遗址发掘记略》，《文物》1961年第11期。
湖南日报：《千家坪6千年人骨架保存完好又一白陶“圣地”(图)》，2012年5月9日。
何介钧、周世荣：《湖南安乡县汤家岗新石器时代遗址》，《考古》1982年4期。
江西省文管会等：《江西万年大源仙人洞洞穴遗址试掘》，《考古学报》1963年第1期。
廖国良：《稻作之源——江西万年仙人洞与吊桶环遗址》，《世界遗产》2015年第5期。
新华社：《江苏泗洪韩井发现8000多年前的水稻田遗迹》，2016年05月08日。
中国国家博物馆、南京博物院、泗洪县博物馆：《江苏泗洪韩井遗址2014年发掘简报》，《东南文化》2018年第1期。
谷建祥、邹厚本、李民昌、汤陵华、丁金龙、姚勤德：《对草鞋山遗址马家浜文化时期稻作农业的初步认识》，《东南文化》1998年第3期。
南京博物院等：《江苏张家港东山村遗址M91发掘报告》，《东南文化》2010年第6期
南京博物院、张家港市文管办、张家港博物馆：《江苏张家港市东山村遗址崧泽文化墓葬M90发掘简报》，《考古》2015年第3期。
浙江科技新闻网：《浙江湖西遗址证实9000年前中国人驯化水稻》，2013年2月17日。
郁永彬、吴隽、张茂林、蒋乐平：《湖西遗址出土陶器的科技研究》，古陶瓷科学技术国际讨论会论文集，2012年10月23日。
施昕更：《良渚：杭县第二区黑陶文化遗址初步报告》，浙江省教育厅出版，1938。
杨楠、赵晔：《余杭莫角山清理大型建筑基址》，《中国文物报》1993年10月10日。
浙江省文物管理委员会：《吴兴钱山漾遗址第一、二次发掘报告》，《考古学报》1960年第2期。
刘斌、王宁远、陈明辉、朱叶菲：《神王之国》，《中国文化遗产》2017年第3期。
李伯谦：《三星堆遗址：新发现・新成果・新认识》，《黄河・黄土・黄种人》2016年第18期。
浙江省文物考古研究所：《杭州市余杭区良渚古城遗址2006—2007年发掘》，《考古》2008年第7期。
王巍：《良渚文化玉琮刍议》，《考古》1986年第11期。
刘斌、蒋卫东、费国平：《浙江余杭汇观山良渚文化祭坛与墓地发掘简报》，浙江省文物考古研究所、余杭市文管会《文物》1997年第7期。

浙江省文物考古研究所：《良渚文化汇观山遗址第二次发掘简报》，《文物》2001年第12期。
赵晔：《余杭莫角山遗址1992—1993年的发掘》，《文物》2001年第12期。
浙江省文物考古研究所：《余杭良渚遗址群调查简报》，《文物》2002年第10期。
费国平：《浙江余杭良渚文化遗址群考察报告》，《东南文化》1995年第3期。
王永波、王守功、李振光：《山东临淄后李遗址第三、四次发掘简报》，《考古》1994年第2期。
吴汝祚：《山东胶县三里河遗址发掘简报》，《考古》1977年4期。
周润垦、钱峻、肖向红、张永泉：《江苏张家港市东山村新石器时代遗址》，《考古》2010年第8期。
黄宣佩、张明华：《青浦县崧泽遗址第二次发掘》，《考古学报》1980年第1期。
陈报章、王象坤、张居中：《舞阳贾湖新石器时代遗址炭化稻米的发现、形态学研究及意义》，《中国水稻科学》1995年第3期。
李伯谦：《城固铜器群与早期蜀文化》，《考古与文物》1983年第2期。
王巍：《商代马车渊源蠡测》，《中国商文化国际学术讨论会论文集》，中国大百科全书出版社，1998。
张兴照：《水上交通和商代文明》，《中国社会科学》2013年第6期。

综合类专著和参考文章

宿白：《苏秉琦与当代中国考古学》，科学出版社，2001。
俞伟超：《古史的考古学探索》，文物出版社，2002。
饶宗颐：《符号·初文与字母：汉字树》，上海书店出版社，2000。
严文明：《中国文明起源多源论与有中心论》，科学出版社，2000。
严文明：《农业发生和文明起源》，科学出版社，2000。
严文明、安田喜宪主编：《稻作、陶器和都市起源》，文物出版社，2000。
张光直：《中国相互作用圈与文明的形成》，见《庆祝苏秉琦考古五十五年论文集》文物出版社，1989。
郭沫若：《中国文明的开始》，上海中亚书局，1930。
李济：《关于中国文明起源的继续探索》，台湾商务印书馆，1970。
李济：《中国文明的开始》，外语教学与研究出版社，2011。
李伯谦：《文明探源与三代考古论集》，文物出版社，2011。
李伯谦：《中国青铜文化》，龍圖騰文化出版社，2012。
裴文中：《中国古代陶鬲及陶鼎之研究》，《裴文中史前考古学论文集》，文物出版社，1987。
张光直：《重建中的“中国史前史”》，文物出版社，1989。
严文明：《中国新石器时代聚落形态的考察》，文物出版社，1989。

曲英杰：《论龙山文化时期古城址》，《中国原始文化论集》，文物出版社，1989。
李学勤：《中国古代文明与国家形成研究》，云南人民出版社，1997。
张绪球：《长江中游新石器时代文化概论》，湖北科技出版社，1992。
王震中：《中国文明起源的比较研究》，陕西人民出版社，1994。
苏秉琦：《中国文明的诞生》，辽宁大学出版社，1994。
苏秉琦：《我国何时进入文明时代》，辽宁大学出版社，1994。
苏秉琦：《中国文化与文明发展和形成史的考古学探讨》，商务印书馆（香港）有限公司，三联出版社，1999。
苏秉琦：《中国文明起源新探》，生活·读书·新知三联书店，1999。
谢维扬：《中国早期国家》，浙江人民出版社，1995。
陈旭：《新石器考古与文明起源》，科学出版社，1996。
石兴邦：《关于中国古代文明起源的考古学观察》，安徽教育出版社，1995。
易建平：《部落联盟与酋邦——民主·专制·国家：起源问题比较研究》，社会科学文献出版社，2004。
张庆玲：《中国文明起源研究要览》，中国社会科学院考古研究所文物出版社，2003。
朱乃诚：《中国文明起源研究》，福建人民出版社，2006。
路甬祥主编：《中国古代灌溉工程史》，山西出版集团山西教育出版社，2006。
张军、张碧波：《中华文明探源》，上海世纪出版股份有限公司，2007。
李学勤：《中国古代历史与文明：中国古代文明起源》，上海科学技术文献出版社，2007。
丁季华：《中国古代文明起源》，上海科学技术文献出版社，2007。
陈淳：《文明与早期国家探源——中外理论、方法与研究之比较》，上海世纪出版集团，上海书店出版社，2007。
夏鼐：《中国文明的起源》，中华书局，2009。
沈长云、张渭莲：《中国古代国家起源与形成研究》，人民出版社，2009。
李默：《中华文明起源》，广东旅游出版社，2013。
吴棠海：《中国古代玉器》，科学出版社，2012。
孙志明：《华夏文明之源：夏商周史话》，暨南大学出版社，2013。
裴安平：《中国史前聚落群聚形态研究》，科学出版社，2014。
马志勇：《齐家文化与华夏文明》，甘肃民族出版社，2015。
赵辉：《从“崧泽风格”到“良渚模式”》，文物出版社，2015。
杨宽：《中国古代都城制度史研究》，上海人民出版社，2016。
刘学堂：《彩陶与青铜的对话》，商务印书馆，2016。
刘庆柱：《古都问道》，中国社会科学出版社，2015。
李伯谦：《中国青铜文化结构体系研究》科学出版社，1998。
李伯谦、唐际根：《青铜器与中国青铜时代》，中国科学技术大学出版社，2018。
李伯谦：《中国出土青铜器全集》，龙门书局，2018。
申娟：《创造文明：史前考古艺术史》，FLORESOLEIL，2020。

刘莉、陈星灿：《中国考古学》，生活·读书·新知三联书店，2017。
严文明：《我国稻作起源研究的新进展》，《考古》1997年第9期。
俞伟超：《中国古代都城规划的发展阶段性》，《文物》1985年第2期。
傅宪国：《试论中国新石器时代的石钺》，《考古》1985年9期。
白云翔、顾智界：《中国文明起源座谈纪要》，《考古》1989年第12期。
王震中：《文明与国家》，《中国史研究》1990年第3期。
张忠培：《仰韶时代——史前社会的繁荣与向文明时代的转变》，《故宫博物院院刊》，1996年第1期。
严文明：《论中国的铜石并用时代》，《史前研究》1984年第1期。
苏秉琦：《关于考古学文化的区系类型问题》，《文物》1981年第5期。
宋兆麟：《史前食物的加工技术——论磨具与杵臼的起源》，《农业考古》1997年第3期。
张锴生：《中国最早的稻作与稻作农业起源中心》，《中原文物》2000年第3期。
周昕：《新石器时代的石磨盘、石磨棒》，《古今农业》2000年第3期。
朱乃诚：《中国农作物栽培的起源和原始农业的兴起》，《农业考古》，2001年第3期。
王震中：《邦国、王国与帝国》，《河南大学学报》2003年第4期。
朱乃诚：《中国陶器的起源》，《考古》，2004第6期。
张光直：《文明的起源》，《文物》，2004年第1期。
王震中：《从邦国到王国再到帝国——先秦国家形态的演进》，《中国社会科学院古代文明研究中心通讯》2004年第7期。
张居中等：《淮河中游地区稻作农业考古调查报告》，《农业考古》2004第3期。
王巍：《聚落形态研究与中华文明探源》，《文物》2006年第5期。
王涛：《中国早期陶器的研究》，《南方文物》2008第2期。
李伯谦：《中国古代文明演进的两种模式——红山、良渚、仰韶大墓随葬玉器观察随想》，《文物》2009年第3期。
李伯谦：《中国古代文明与国家起源——崧泽文化大型墓葬的启示》，《历史研究》2010年第6期。
石兴邦：《从考古学文化探讨我国私有制和国家的起源问题》，《史前研究》1983年创刊号。
石兴邦：《东亚文明的黎明——中国文明起源的探索》，台北历史语言研究所，1999。
赵志军：《植物考古学与稻作农业起源研究》，《湖南考古辑刊》，2009年00期。
刘学堂：《中国早期青铜器的起源与传播》，《中原文物》2012年第4期。
周膺：《良渚文化与中国文明的起源》，浙江大学出版社，2010。
常怀颖：《近二十年来中国学术界国家起源研究评述》，《四川文物》2016第1期。

展览图录和画册类

北京大学考古系编：《燕园聚珍(北京大学赛克勒考古与艺术博物馆展品选粹)》，文物出版社，1992。
浙江省文物考古所：《崧泽之美——浙江崧泽文化考古特展》，浙江摄影出版社，2014。
张家港博物馆：《文明溯源——张家港文物精粹》，西泠印社出版社，2016。
中国社会科学院考古研究所编：《考古精华》，科学出版社，1993。
河姆渡博物馆：《河姆渡文化精粹》，文物出版社，2002。
辽宁省文物考古研究所、朝阳市文化局编：《牛河梁遗址》，学苑出版社，2004。
山东省博物馆：《大河上下——黄河流域史前陶器展》，文物出版社，2015。
董书涛主编：《馆藏文物集》，日照博物馆，齐鲁书社，2010。
哈密博物馆：《哈密文物精粹》，科学出版社，2012。
秦岭、马东峰、陆文宝、方向明：《权力与信仰（良渚遗址群考古特展）》，浙江省文物考古研究所、北京大学考古文博学院、北京大学中国考古学研究中心、良渚博物院、杭州市余杭博物馆，文物出版社，2015。
浙江省文物考古研究所：《良渚玉器》，科学出版社，2018。
良渚博物院、山东博物馆：《东夷华彩——大汶口文化、龙山文化特展》，浙江摄影出版社，2015。
黑龙江省博物馆：《黑龙江省博物馆馆藏精粹》，文物出版社，2012。
辽宁省文物考古研究所：《牛河梁红山文化遗址与玉器精粹》，文物出版社，1997。
甘肃大地湾文物保护研究所：《大地湾遗址出土文物精粹》，商务印书馆，2016。
杨虎、刘国祥、邓聪：《玉器起源探索——兴隆洼文化玉器研究及图录》，香港中文大学出版，2007。
吕学明、万雄飞、朱达、郭明、万欣、陆博、张桂霞、穆启文等：《辽宁省文物考古研究所藏文物精华》，科学出版社，2012。
辽宁省博物馆、辽宁省文物考古研究所：《辽河文明展文物集萃》，2006。
徐苹芳等：《中国文明的形成》，新世界出版社、耶鲁大学出版社，2004。

遗址位置示意图

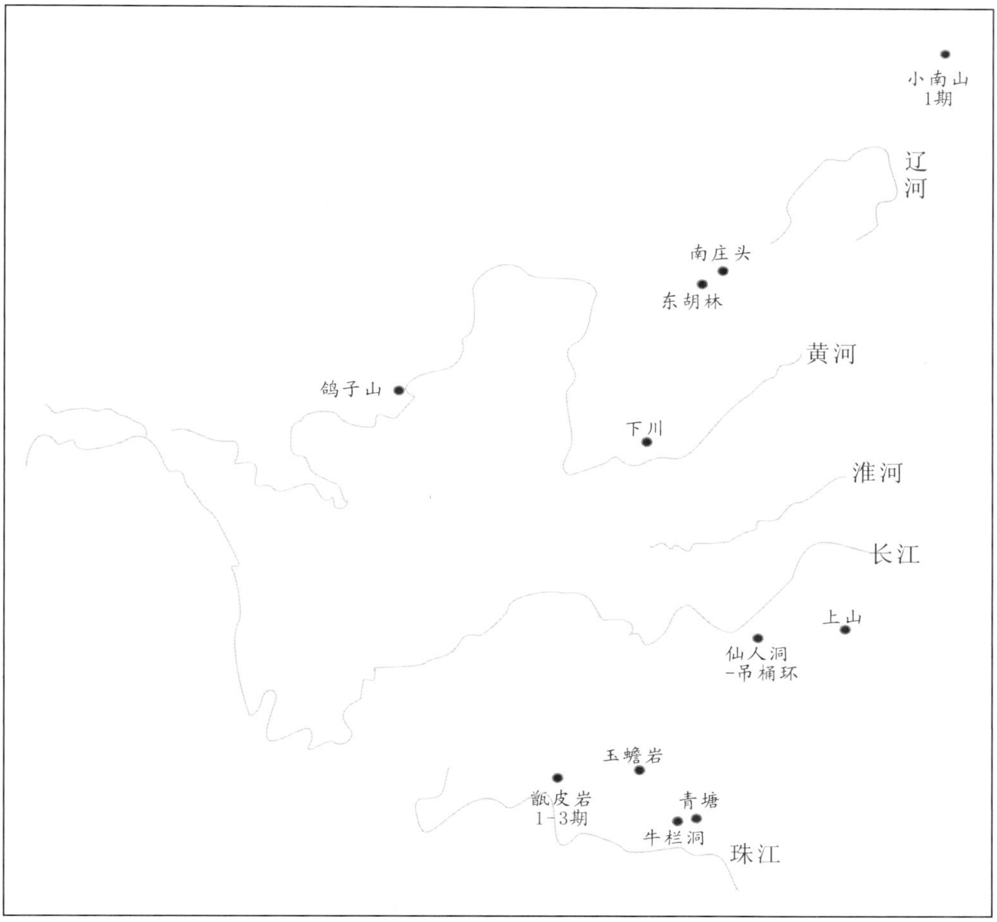

旧石器时代末至新石器时代早期（距今20000—9000年）主要遗址

黑龙江西辽河流域

　　黑龙江小南山遗址I期（距今17000—13000年）

黄河上游

　　宁夏鸽子山遗址（距今12000—10000年）

黄河中游

　　山西下川遗址（距今24000—16000年）

黄河下游

　　北京东胡林遗址（距今11000—9000年）

　　河北南庄头遗址（距今10500—9700年）

长江中游

　　湖南玉蟾岩遗址（距今18000—14000年）

　　江西万年仙人洞和吊桶环遗址（距今20000—9000年）

长江下游

　　浙江上山遗址（距今10800—8600年）

岭南

　　广东青塘遗址（距今25000-10000年）

　　广东牛栏洞遗址（距今14000—12000年）

　　广西甑皮岩遗址I至III期（距今12500—9000年）

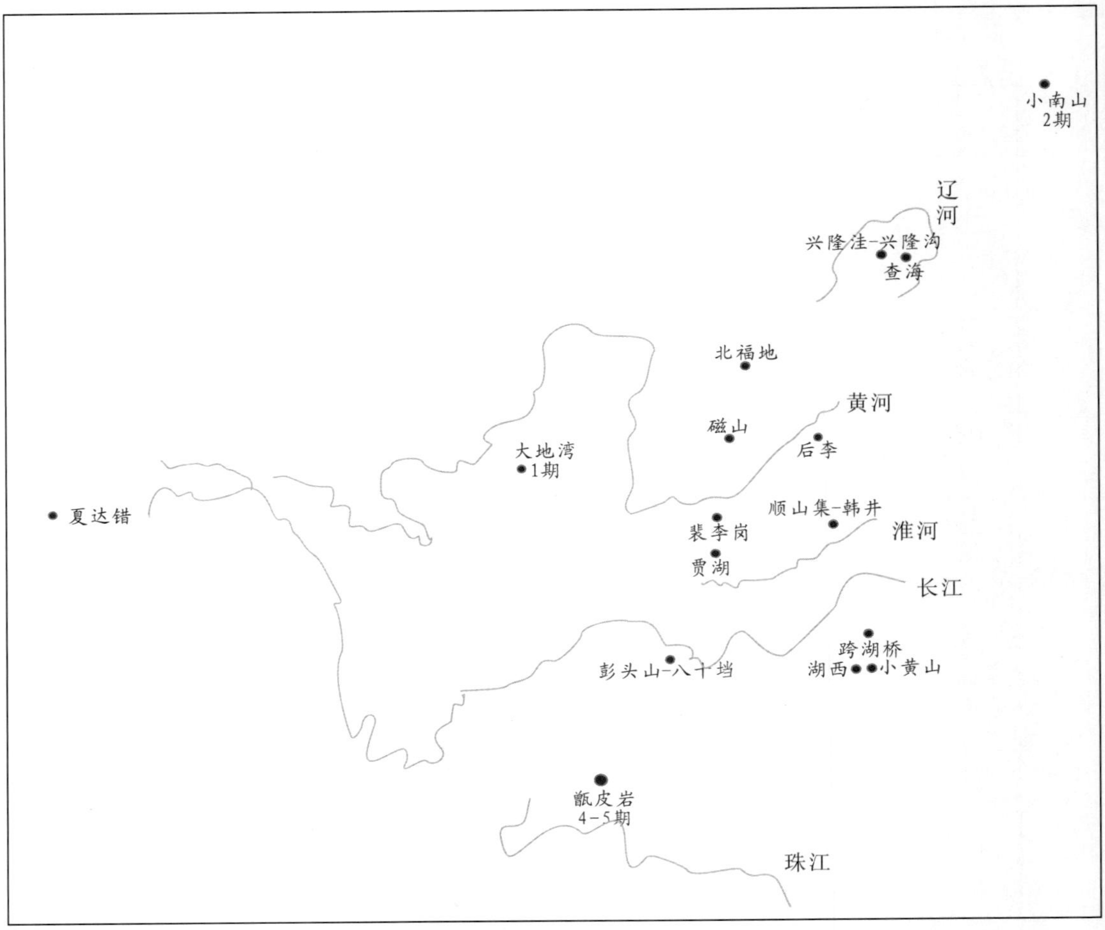

新石器时代中期（距今9000—7000年）主要遗址

黑龙江西辽河流域

黑龙江小南山遗址II期（距今9200—8600年）

内蒙兴隆洼遗址/兴隆沟遗址早期（距今8200—7200年）

辽宁查海遗址（距今8200—7000年）

黄河上游

甘肃大地湾遗址I期（距今7800—7350年）

黄河中游

河南裴李岗遗址（距今8000—7000年）

黄河下游

山东后李遗址(距今8500—7300年)

河北磁山遗址/北福地遗址I期（距今8000—7000年）

淮河流域

河南贾湖遗址（距今9000—7000年）

江苏顺山集遗址/韩井遗址（距今8500—7500年）

长江中游

湖南彭头山遗址/八十垱遗址（距今9000—7800年）

长江下游

浙江小黄山遗址（距今9000—8000年）

浙江湖西遗址（距今8600—8400年）

浙江跨湖桥遗址（距今8000—7000年）

岭南

广西甑皮岩遗址IV至V期（距今9000—7000年）

西部

西藏夏达错遗址（距今8000—7500年）

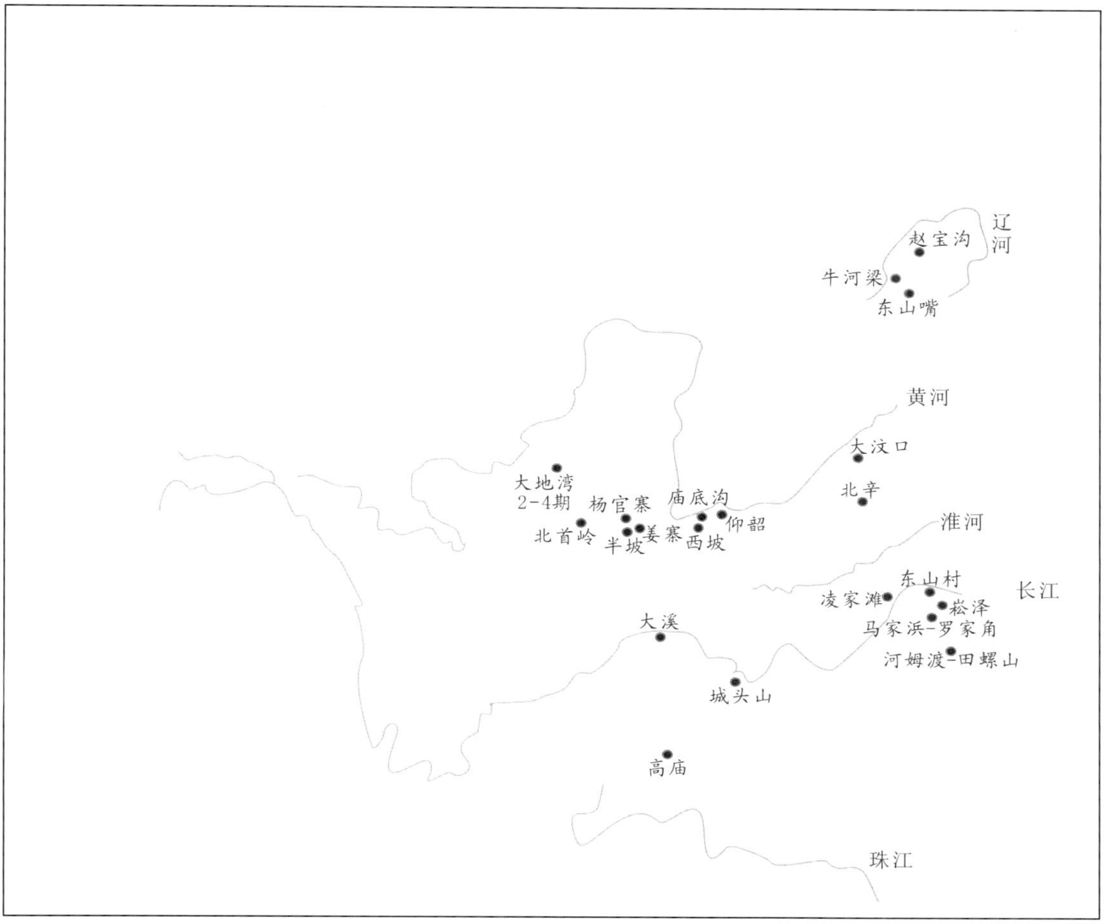

新石器时代晚期Ⅰ（距今7000—5000年）主要遗址

西辽河流域

内蒙古赵宝沟遗址（距今7200—6200年）

辽宁牛河梁遗址/东山嘴祭祀遗址（距今6000—5000年）

黄河上游

甘肃大地湾遗址II—IV期（距今6500—5000年）

黄河中游

陕西北首岭遗址/姜寨遗址/半坡遗址（距今7000—5000年）

陕西杨官寨遗址（距今5500—4780年）

河南庙底沟遗址/西坡遗址（距今5900—4780年）

黄河下游

山东北辛遗址（距今7580—6530年）

山东大汶口遗址（距今6100—4600年）

淮河流域

安徽凌家滩遗址（距今5600—5300年）

长江上游

重庆大溪遗址（距今6400—5300年）

长江中游

湖南高庙遗址（距今7400—6800年）

湖南城头山遗址（距今6500—4800年）

长江下游

浙江河姆渡遗址/田螺山遗址（距今7000—5300年）

浙江马家浜遗址/罗家角遗址（距今7000—6000年）

江苏东山村遗址（距今6000—5300年）

上海崧泽遗址（距今5800—5180年）

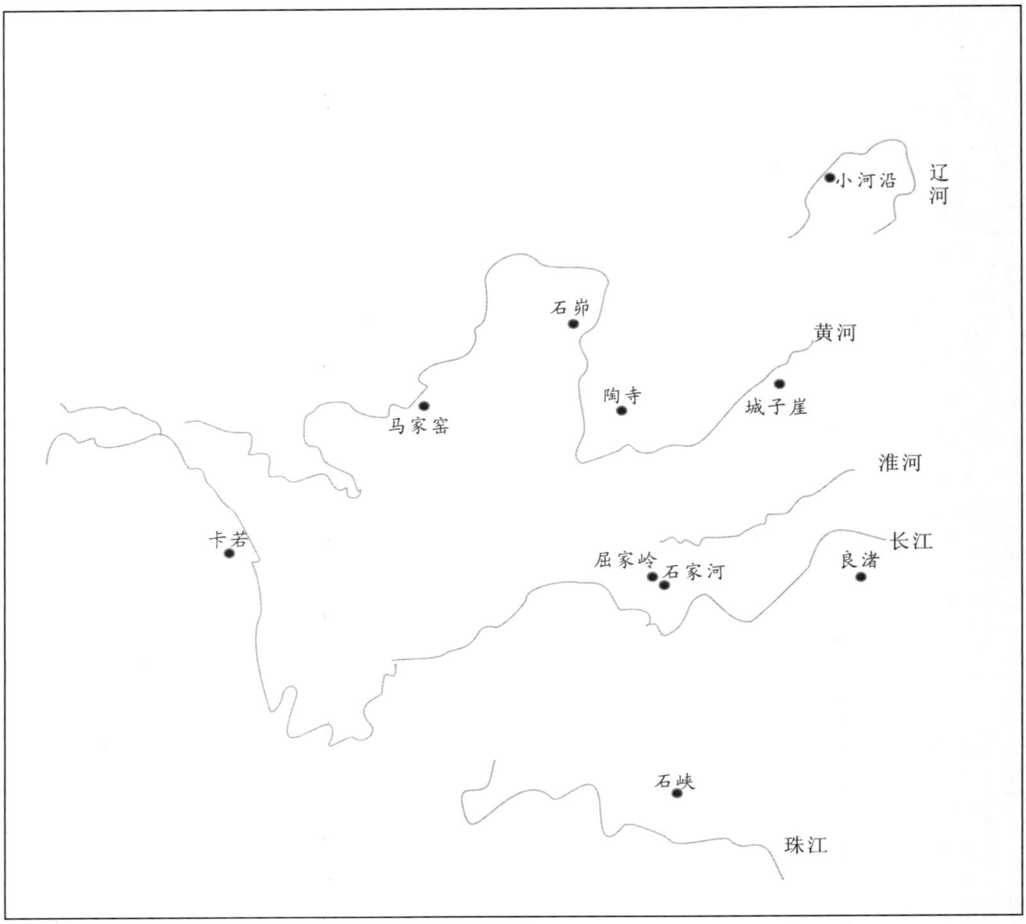

新石器时代晚期II（距今5000—4000年）主要遗址

西辽河流域
　　内蒙古小河沿遗址（距今5000—4500年）
黄河上游
　　甘肃马家窑遗址（距今5500—4900年）
黄河中游
　　山西陶寺遗址（距今4500—3900年）
　　陕西石峁遗址（距今4300—4000年）
黄河下游
　　山东城子崖遗址（距今4500—4100年）
长江中游
　　湖北屈家岭遗址/石家河遗址（距今5000—4000年）
长江下游
　　浙江良渚遗址（距今5300—4000年）
岭南
　　广东石峡遗址（距今5200—3500年）
西部
　　西藏卡若遗址（距今5300—4300年）

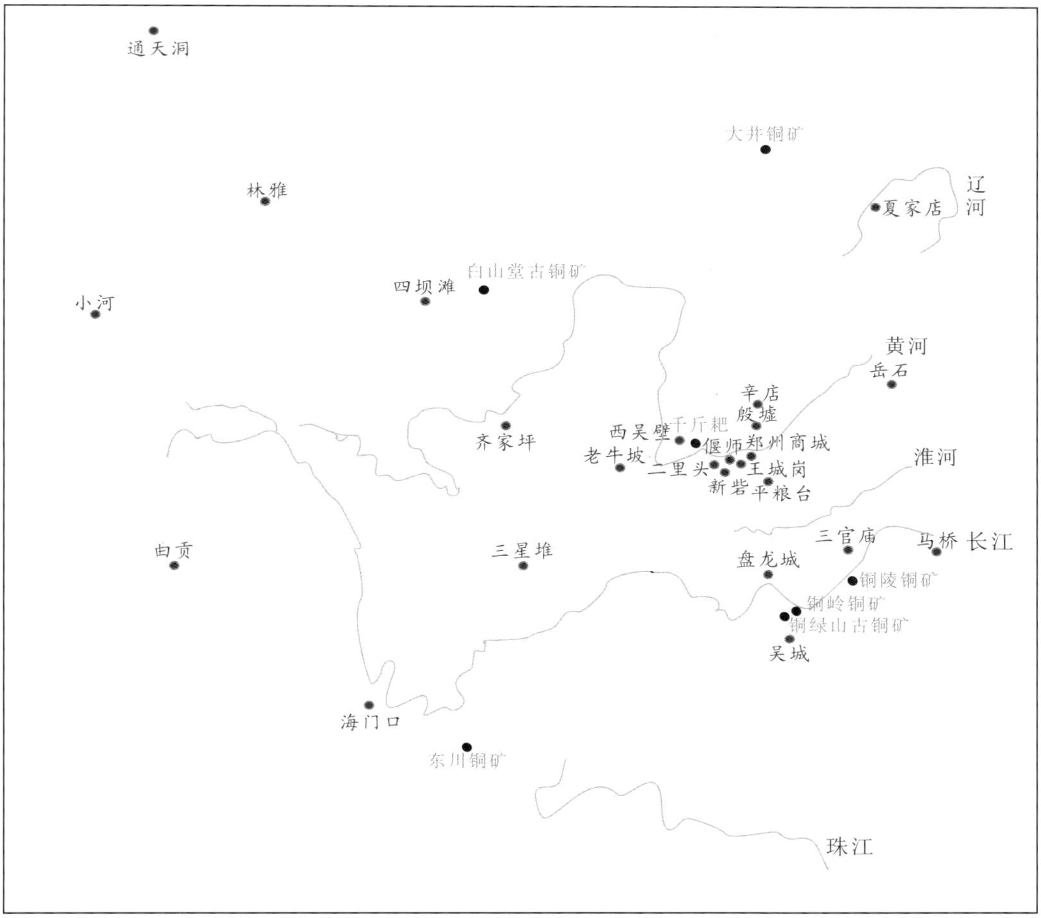

青铜时代早期（距今4000—3000年）主要遗址

西辽河流域
- 内蒙古夏家店遗址下层（距今4000—3500年）

黄河上游
- 甘肃齐家坪遗址（距今4200—3700年）
- 甘肃四坝滩遗址（距今3950—3430年）

黄河中游
- 河南平粮台遗址（距今4600—4100年）
- 河南王城岗遗址（距今4400—3835年）
- 河南新砦遗址（距今4050—3750年）
- 河南二里头遗址（距今3880—3520年）
- 山西西吴壁遗址（距今3600—3200年）
- 河南偃师商城遗址（距今3600—3400年）
- 河南郑州商城遗址（距今3509—3465年）
- 河南殷墟遗址（距今3319—3046年）
- 西藏曲贡遗址（距今3750—3500年）

黄河下游
- 山东岳石遗址（距今3950—3500年）

淮河流域
- 安徽三官庙遗址（距今3800—3600年）

长江上游
- 四川三星堆遗址（距今5000—3000年）
- 云南海门口遗址（距今4000—2500年）

长江中游
- 湖北盘龙城遗址（距今3500—3200年）

长江下游
- 江西吴城遗址（距今3319—3046年）
- 浙江马桥文化（距今3330—3030年）

西部
- 新疆林雅遗址（距今4000—3400年）
- 新疆通天洞遗址（距今5000—3500年）
- 新疆小河墓地（距今4000—3800年）

● 铜矿矿址

白山堂
大井
千斤耙
铜陵
铜岭
铜绿山
东川

遗址索引

下编 均以第一次在文中出现为序

第一章

第二章

八十垱遗址　　67
位于湖南省澧县梦溪镇五福村。发现1985年。发掘于1993至1997年。发掘单位：湖南省文物考古研究所。主要遗存物藏于湖南省博物馆。

小黄山遗址　　67
位于浙江省嵊州市甘霖镇上杜山村小黄山。发现于1984年。发掘于2005年。发掘单位：浙江省文物考古研究所、嵊州市文物管理处。

湖西遗址　　67
位于浙江省永康市。发现于2010年。发掘于2010和2012年。发掘单位：浙江省文物考古研究所与永康市博物馆。主要遗存物藏于永康市博物馆。

跨湖桥遗址　　67
位于浙江省杭州市萧山城区湘湖村。发现于1990年。发掘于1990、2001和2002年。发掘单位：浙江省文物考古研究所、杭州市萧山区博物馆。建有跨湖桥遗址博物馆，部分遗存物藏于浙江博物馆、浙江省文物考古研究所。

顺山集遗址　　67
位于江苏省泗洪县梅花镇赵庄。发现于2008年。发掘于2010至2013年。发掘单位：南京博物院考古研究所，泗洪县博物馆。主要遗存物藏于泗洪县博物馆。

韩井遗址　　67
位于江苏省泗洪县梅花镇韩井村。发现于2010年。发掘于2014年。发掘单位：中国国家博物馆、南京博物院、泗洪县博物馆。主要遗存物藏于泗洪县博物馆。

贾湖遗址　　68
位于河南省舞阳县北舞渡镇贾湖村。发现于1962年。发掘于1983至1987、2001、2013年。发掘单位：河南省文物考古研究院、中国科技大学科技史与科技考古系。建有贾湖遗址博物馆。主要遗存物藏于河南省博物院。

后李遗址　　68
位于山东省淄博市临淄区后李官庄村。发现于1992年。发掘于1988至1990年。发掘单位：山东省文物考古研究所。主要遗存物藏于河南博物院。

月庄遗址　　68
位于山东省济南市长清区归德镇月庄村。发现于20世纪80年代末。发掘于1999至2003年。发掘单位：北京大学文博学院、山东大学、山东省文物考古研究所、济南市考古所。主要遗存物藏于山东大学博物馆。

北福地遗址　　70
位于河北省保定市易县高村乡神石庄村。发现于1985年。发掘于1985、1997、2003、2004年。发掘单位：河北省文物考古研究所、吉林大学考古专业。主要遗存物藏于河北省博物馆。

小荆山遗址　　74
位于山东省济南市章丘区刁镇茄庄村。发现于1991年。发掘于1991至1993年。发掘单位：济南市文化局文物处、章丘县博物馆、山东省文物考古研究所。

第三章

汤家岗遗址　117
位于湖南省常德市安乡县。发现于1977年。发掘于2007年。发掘单位：湖南省博物馆、湖南省文物考古研究所。主要遗物藏于湖南省博物馆。

河姆渡遗址　118
位于浙江省余姚市河姆渡镇河姆渡村。发现于1973年。再次发掘于1977年。发掘单位：浙江省文管会、浙江省博物馆。建有河姆渡遗址博物馆。部分遗存物藏于浙江省博物馆。

罗家角遗址　118
位于浙江省桐乡市石门镇。发现于1956年。发掘于1979年。发掘单位：浙江省文物考古委员会。部分遗存物藏于浙江博物馆。

东山村遗址　118
位于江苏省苏州张家港市金港镇张家港南沙街道。发现于1989年。再次发掘于2009年。发掘单位：南京博物院、张家港市文广局、张家港市博物馆。主要出土遗物藏于南京博物院、张家港市博物馆。

草鞋山遗址　118
位于江苏省苏州市吴中区唯亭镇。发现于1973年。发掘于2009年。发掘单位：南京博物院。主要遗存物藏于南京博物院。

绰墩遗址　118
位于江苏省昆山市巴城镇正仪绰墩村。发现于1961年。发掘于1982至2004年。发掘单位：苏州博物馆和昆山市文物管理所。部分遗存物藏于苏州博物馆。

崧泽遗址　118
位于上海市青浦城区。发现于1958年。再次发掘于2004年。发掘单位：上海市文物管理委员会、上海博物馆考古研究部。建有上海崧泽遗址博物馆。

赵宝沟遗址　119
位于内蒙古自治区敖汉旗高家窝铺乡赵宝沟村。发现于1982年。发掘于1996年。发掘单位：中国社会科学院考古研究所和敖汉旗博物馆。主要遗存藏于内蒙古敖汉旗博物馆。赵宝沟文化主要分布在赤峰和河北北部一带。

大汶口遗址　119
位于山东省泰安市岱岳区大汶口镇。发现于1959年。发掘于1959、1974、1978、2012年。发掘单位：山东省文物考古研究所。建有大汶口文化博物馆。部分遗存物藏于山东省博物馆。

北首岭遗址　119
位于陕西省宝鸡市金台区。发现于1953年。再次发掘于1978年。发掘单位：中国科学院考古研究所、西北大学。建有北首岭遗址博物馆。部分出土遗物藏于中国历史博物馆。

青台遗址　130
位于河南省郑州市荥阳市广武乡青台村。发现于1922年。发掘于1981、1982年。发掘单位：郑州市博物馆。

赤墩遗址　132
位于江苏省无锡市惠山区钱桥街道。发现于2013年。发掘于2015年。发掘单位：无锡市文化遗产保护和考古研究所。

胡头沟遗址　132
位于辽宁省阜新市蒙古族自治县化石戈镇胡头沟村。发现于1973年。发掘于1973至1993年。发掘单位：辽宁省文物考古研究所。

草帽山遗址　132
位于内蒙古自治区赤峰市敖汉旗四家子镇。发现于1983年。发掘于1991、2001、2006年。发掘单位：内蒙古自治区文物考古研究所和敖汉旗博物馆。主要出土物藏于敖汉旗博物馆。

牛河梁遗址　133
位于辽宁省朝阳市境内的凌源市与建平县交界处。发现于1981年。发掘于1983年。发掘单位：辽宁省文物考古研究所。建有牛河梁国家考古遗址公园。部分出土遗物藏于辽宁省博物馆。

东山嘴遗址　133
位于辽宁省朝阳市喀左县兴隆庄乡。发现于1979年。试掘于1979年、发掘于1982年。发掘单位：辽宁省文物考古研究所。建有喀左东山嘴遗址展示馆。部分出土遗物藏于辽宁省博物馆。

千家坪遗址　150
位于湖南省郴州市桂阳县银河乡。发现于2011年。发掘于同年。发掘单位：湖南省文物考古研究所。主要遗物藏于湖南省文物考古研究所。

西阴村遗址　152
位于山西省运城市夏县尉郭乡西阴村。发现于1926年。同年由李济发掘。再次发掘于1994年。发掘单位：山西省文物考古研究所。主要遗物藏于山西博物院。

汪沟遗址　152
位于河南省荥阳市城关乡汪沟村。发掘与2017年和2019年。发掘单位：中国丝绸博物馆、郑州市文物考古研究院。大部分藏品藏于河南博物院。

北阴阳营遗址　155
位于江苏省南京市北阴阳营。发现于1954年。发掘于1955至1958年。发掘单位：南京博物院。主要遗物藏于南京博物院。

小山遗址　162
位于内蒙古自治区赤峰市敖汉旗宝国吐乡兴隆洼村。发现于1982年。发掘于2009年。发掘单位：敖汉旗文化馆、中国社会科学院考古研究所内蒙古工作队。部分遗物藏于敖汉旗博物馆。

第四章

南山遗址　204
位于福建省三明市明溪县城关乡上坊村。发掘于1988、2005、2006、2012至2017年。发掘单位：中国社会科学院考古研究所、福建博物院考古研究所、明溪县博物馆。

桂圆桥遗址　204
位于四川省什邡市回澜镇玉皇村。发现于2009年。发掘于2009年。发掘单位：四川省文物考古研究所、德阳市考古研究所和什邡市博物馆。主要出土物藏于什邡市博物馆。

小河沿遗址　205
位于内蒙古自治区敖汉旗小河沿乡。发现于1977年。发掘单位：内蒙古自治区文物考古研究所。主要遗存物藏于敖汉博物馆。

马家窑遗址　205
位于甘肃省定西市临洮县洮阳镇马家窑村。发现于1924年。发掘于2014至2016年。发掘单位：中国社会科学院考古研究所、甘肃省文物考古研究所。建有甘肃马家窑彩陶文化博物馆。主要遗存物藏于甘肃省博物馆、青海省博物馆。

林家遗址　205
位于甘肃省临夏回族自治州东乡族自治县东塬乡林家村。发现于1976年。发掘于1977至1978年。发掘单位：甘肃省博物馆文物工作队、临夏州文化局、东乡县文化馆。主要遗存物藏于甘肃省博物馆。

城子崖遗址　205
位于山东省章丘市龙山镇。发现于1928年。发掘于1930、1990、2017年。发掘单位：中央研究院历史语言研究所与山东省教育厅、山东省文物考古研究所。建有城子崖遗址博物馆。部分遗物藏于山东省博物馆。

石峁城址　205
位于陕西省榆林市神木县高家堡镇石峁村。发现于1976年。发掘于2011、2012、2016至2018年。发掘单位：陕西省考古研究院、榆林市文物考古勘探工作队、神木县文体局。建有石峁遗址博物馆。部分遗物藏于陕西历史博物馆。

良渚遗址　206
位于浙江省杭州市余杭区。遗址群包括莫角山、反山、瑶山、汇观山、卞家山、文家山、庙前、美人地、新地里，以及大坝遗址等。发现于1936、2007、2015年。发掘于1936年并延续至今。发掘单位：浙江省文物考古研究所。主要遗物藏于良渚博物院、浙江省博物馆、浙江省文物考古研究所。

茅山遗址　206
位于浙江省杭州市余杭区临平镇。发掘于2009至2010年。发掘单位：浙江省文物考古研究所和余杭江南水乡博物馆。主要出土物藏于余杭江南水乡博物馆。

东海峪遗址　225
位于山东省日照市东海峪村。发现于1960年。发掘于1973至1975年。发掘单位：山东省博物馆、山东大学。

屈家岭遗址　228
位于湖北省荆门市。发现于1954年。发掘于1955至1957年。发掘单位：中国科学院考古研究所。主要遗存物藏于湖北省博物馆。

钱山漾遗址　228
位于浙江省湖州城南潞村。发现于1934年。发掘于1956至2016年。发掘单位：浙江省文物考古研究所和湖州博物馆、中国丝绸博物馆、湖州市文物保护管理所。大部分遗存物藏于湖州博物馆、中国丝绸博物馆。

西朱封遗址　232
位于山东省潍坊市临朐县西朱封村。发现于1982年。发掘于1987至1989年。发掘单位：山东省文物考古研究所、中国社会科学院考古研究所山东队。部分遗存物藏于山东省博物馆。

枣林岗遗址　254
位于湖北省荆州市马山镇。发掘于1990至1992年。发掘单位：荆州博物馆。主要出土物藏于荆州博物馆。

柳湾墓地　276
位于青海省海东市乐都县高庙镇。发现于1974年。发掘于1974至1979年。发掘单位：青海省文物考古队、中国科学院考古研究所、北京大学历史系考古专业、西北大学历史系考古专业、甘肃省博物馆文物工作队。主要出土物藏于青海省和甘肃省博物馆。

第五章

夏家店遗址　280
位于内蒙古自治区赤峰市松山区夏家店乡夏家店村。发现于1960年。发掘于1960年。发掘单位：中国科学院考古研究所内蒙古发掘队。主要出土物藏于内蒙古博物馆。

齐家坪遗址　280
位于甘肃省临夏回族自治州广河县排字坪乡园子坪。发现于1924年。发掘于1924年、再次发掘于1974至1975年、2008年。发掘单位：甘肃省博物馆文物工作队、甘肃省文物考古研究所。建有广河县齐家文化博物馆。大部分遗物分别藏于瑞典远东博物馆、故宫博物院、上海博物馆、甘肃省博物馆、国家博物馆。

四坝滩遗址　280
位于甘肃省张掖市山丹县城南大沙河东岸的四坝滩。发现于1947年。发掘于1954、1976年。发掘单位：甘肃省文物考古研究所等。主要遗物藏于山丹博物馆、甘肃省博物馆。

三星堆遗址　280
位于四川省广汉市南兴镇。发现于1929年。发掘于1933年，大规模发掘自1980至1986年、2020至2021年。发掘单位：华西大学博物馆、四川省博物馆、四川大学历史系、四川省文物管理委员会和广汉县文化馆。大部分遗存物藏于三星堆博物馆。

海门口遗址　280
位于云南省大理白族自治州剑川县甸南镇海口村。发现于1957年。发掘于1957、1978、2008、2016至2017年。发掘单位：云南省文物考古研究所、大理州文物管理所、剑川县文物管理所、四川大学历史文化学院考古系。主要遗物藏于云南省博物馆。

皂角树遗址　280
位于河南省洛阳市关林镇皂角树村。发现于50年代。发掘于1992年至1993年。发掘单位：洛阳市文物工作队与四川大学历史系考古专业。主要出土物藏于洛阳博物馆。

白羊村遗址　281
位于云南省大理白族自治州宾川县。发现于1972年。发掘于1973至1974、2013至2014年。发掘单位：云南省文物考古研究所、云南省博物馆。主要遗物藏于云南省博物馆。

大墩子遗址　281
位于云南省楚雄彝族自治州元谋县。发现于1972年。发掘于1972、1973、1999、2010年。发掘单位：云南省文物考古研究所。主要遗物藏于云南省博物馆。

石佛洞遗址　281
位于云南省临沧市耿马县。发现于1983年。发掘于1983、2003年。发掘单位：云南省博物馆。主要遗物藏于云南省博物馆。

东灰山遗址　282
位于甘肃省张掖市民乐县六坝镇。发现于1958年。发掘于1978年。发掘单位：吉林大学考古学系。主要出土物藏于甘肃省博物馆。

新塔拉遗址　282
位于新疆维吾尔自治区和硕县。发现于1979年。发掘于1979年。发掘单位：新疆文物考古研究所。

昌果沟遗址　282
位于西藏自治区山南市贡嘎县昌果乡。发现于1991年。发掘于1994年。发掘单位：中国社会科学院考古研究所西藏工作队和西藏自治区文管会。

教场铺遗址　282
位于山东省聊城市茌平县乐平镇教场铺村。发现于1994年。发掘于2000年。发掘单位：中国社会科学院考古研究所、山东省文物考古研究所及聊城文物局。

二道井子遗址　287
位于内蒙古自治区赤峰市红山区文钟镇二道井子村。发掘于2009年。发掘单位：内蒙古自治区文物考古研究所。建有二道井子遗址博物馆。部分出土物藏于内蒙古博物馆。

城子山遗址　287
位于内蒙古自治区赤峰市敖汉旗萨力巴乡和玛尼罕乡。发掘单位：中国社会科学院考古研究所和赤峰市敖汉旗博物馆。

平粮台遗址　287
位于河南省周口市淮阳区大连乡大朱庄村。发现于1979年。同年开始发掘延续至2021年。发掘单位：河南省文物考古研究院。主要出土物藏于河南博物院。

大师姑遗址　288
位于河南省荥阳市广武镇大师姑村。发现于2002年。发掘于2002至2003年。发掘单位：河南省郑州市文物考古研究所。主要出土物藏于河南博物院。

下王岗遗址　308
位于河南省南阳市淅川县盛湾镇下王岗村。发掘于1971年。发掘于1971至1974年。发掘单位：河南省博物馆。主要出土物藏于河南博物院。

西史村遗址　308
位于河南省荥阳市城关乡西史村。发掘于1979年。发掘单位：郑州市博物馆。

朱开沟遗址　308
位于内蒙古自治区伊克昭盟伊金霍洛旗陶亥镇朱开沟村。发现于1974年。发掘于1977至1984年。发掘单位：内蒙古文物考古研究所。

东下冯遗址　308
位于山西省运城市夏县埝掌镇东下冯村。发现于1959年。发掘于1974年。发掘单位：中国社会科学院考古研究所、中国历史博物馆、山西省文物工作委员会、运城地区文化局、夏县文化局。主要出土物藏于山西博物院。

西城驿遗址　315
位于甘肃省张掖市明永乡下崖村。发掘于2007至2009、2010至2013年。发掘单位：甘肃省文物考古研究所、中国社会科学院考古研究所、北京科技大学、西北大学。

西吴壁遗址　316
位于山西省运城市绛县古绛镇西吴壁村。发现并发掘于2018至2019年。发掘单位：中国国家博物馆、山西省文物考古研究所及运城市文物保护研究所。

偃师商城遗址　316
位于河南省洛阳市偃师市。发现于1983年。发掘于1988至1995年、1996至2001年、2007至2008年。发掘单位：中国社会科学院考古研究所。主要出土物藏于偃师商城博物馆和河南博物院。

古铜矿矿址

图片索引

上编 中国古代文明之进程

第二章

下编 中国古代文明之因素

第一章

第二章

第三章

第四章

致谢辞暨图片来源

在本书撰写过程中，资料参考和图片资源源自以下文物考古研究所和相关博物馆、大学所撰写的考古发掘报告或展览图录，对此本书作者向以下单位所给予的大力支持表示衷心感谢。同时一并感谢在搜集资料过程中北京大学考古文博学院资料室和中国社会科学院考古研究所资料室所给予的热情帮助。

北京大学震旦古代文明研究中心
北京大学考古文博学院
北京大学赛克勒考古与艺术博物馆
中国社会科学院考古研究所
浙江省文物考古研究所
辽宁省文物考古研究所
湖南省文物考古研究所
湖北省文物考古研究所
安徽省文物考古研究所
黑龙江省文物考古研究所
内蒙古自治区文物考古研究所
新疆维吾尔自治区文物考古研究所
甘肃省文物考古研究所
陕西省考古研究院
河南省文物考古研究院
河北省文物考古研究所
山东省文物考古研究院
江西省文物考古研究院
云南省文物考古研究所
上海市文物保管委员会
黑龙江省博物馆
山东省博物馆
南京博物院
日照博物馆
良渚博物院
河南博物院

图片采集

北京大学震旦古代文明研究中心、郑州市文物考古研究院：《新密新砦1999—2000年田野考古发掘报告》，文物出版社，2008。
中国社会科学院考古研究所、河南省文物考古研究所：《灵宝西坡墓地》，文物出版社，2010。
中国社会科学院考古研究所：《二里头：1999—2006》，文物出版社，2014。
中国社会科学院考古研究所、山西省临汾市文物局：《襄汾陶寺：1978—1985年发掘报告》(四册)，文物出版社，2015。
中国社会科学院考古研究所：《敖汉赵宝沟》，中国大百科全书出版社，1997。
中国社会科学院考古研究所：《宝鸡北首岭》，文物出版社，1983。
中国社会科学院考古研究所、广西壮族自治区文物工作队、桂林甑皮岩遗址博物馆、桂林市文物工作队：《桂林甑皮岩》，文物出版社，2006。
浙江省文物考古研究所、浦江博物馆：《浦江上山：浦阳江流域考古报告之三》，文物出版社，2017。
浙江省文物考古研究所：《上山文化：发现与记述》，文物出版社，2016。
浙江省文物考古研究所、萧山博物馆：《跨湖桥：浦阳江流域考古报告之一》，文物出版社，2004。
浙江省文物考古研究所：《河姆渡：新石器时代遗址考古发掘报告》，文物出版社，2003。
河姆渡博物馆：《河姆渡文化精粹》，文物出版社，2002。
浙江省文物考古研究所：《瑶山：良渚遗址群考古报告之一》，文物出版社，2003。
浙江省文物考古研究所：《反山：良渚遗址群考古报告之二》，文物出版社，2005。
浙江省文物考古研究所：《庙前：良渚遗址群考古报告之四》，文物出版社，2005。
浙江省文物考古研究所：《卞家山：良渚遗址群考古报告之六》，文物出版社，2014。
浙江省文物考古研究所：《崧泽之美——浙江崧泽文化考古特展》，浙江摄影出版社，2014。
秦岭、马东峰、陆文宝、方向明：《权力与信仰（良渚遗址群考古特展)》，文物出版社，2015。
中国社会科学院考古研究所编：《考古精华》，科学出版社，1993。
浙江省文物考古研究所：《浙江考古精华》，文物出版社，1999。
湖北省文物考古研究所、北京大学考古学系、湖北省荆州博物馆、石家河考古队：《肖家屋脊：天门石家河考古报告之一》，文物出版社，1999。
湖北省文物考古研究所、北京大学考古学系、湖北省荆州博物馆、石家河考古队：《邓家湾：天门石家河考古报告之二》，文物出版社，2003。
湖北省文物考古研究所、北京大学考古学系、湖北省荆州博物馆、石家河考古队：《谭家岭：天门石家河考古报告之三》，文物出版社，2011。
湖北省文物考古研究所、北京大学考古文博学院、天门市博物馆：《湖北天门石家河遗址2014—2016年勘探与发掘》，《考古》2017年第7期。

湖北省文物考古研究所：《湖南黔阳高庙遗址发掘简报》，文物2000年第4期。
辽宁省文物考古研究所：《查海：新石器时代聚落遗址发掘报告》，文物出版社，2012。
辽宁省文物考古研究所、朝阳市文化局：《牛河梁遗址》，学苑出版社，2004。
辽宁省文物考古研究所：《牛河梁：红山文化遗址发掘报告》（1983—2003），文物出版社，2012。
李恭笃、高美璇编：《寻觅与探索(中国东北原始文化考古论文集)》，文物出版社，2014。
南京博物馆、张家港市管办、张家港博物馆：《东山村：新石器时代遗址发掘报告》文物出版社，2016。
张家港博物馆：《文明溯源，张家港文物精粹》，西泠印社出版社，2016。
南京博物院、泗洪县博物馆：《顺山集：泗洪县新石器时代遗址考古发掘报告》，科学出版社，2016。
湖南省文物考古研究所：《彭头山与八十垱(上下册)》，科学出版社，2006。
湖南省文物考古研究所：《澧县城头山：新石器时代遗址发掘报告》，文物出版社，2007。
安徽省文物考古研究所：《凌家滩：田野考古发掘报告之一》，文物出版社，2006。
河南省文物考古研究所：《舞阳贾湖(上下册)》，科学出版社，1999。
山东省文物管理处、济南市博物馆：《大汶口》，文物出版社，1975。
山东省博物馆：《大河上下——黄河流域史前陶器展》，文物出版社，2015。
董书涛主编：《馆藏文物集》，日照博物馆，齐鲁书社，2010。
朱乃诚、王辉、马永福主编：《2014广河齐家文化和华夏文明国际研讨会论文集》，文物出版社，2015（来源于黄翠梅教授）。
甘肃省文物考古研究所：《秦安大地湾：新石器时代遗址发掘报告》，文物出版社，2006。
河北省博物馆：《石器时代的河北——河北商代文明》，河北省博物馆基本陈列，文物出版社，2016。
段宏振主编：《北福地——易水流域史前遗址》，文物出版社，2007。
陕西省考古研究院、榆林市文物考古勘探工作队、神木县石峁遗址管理处：《发现石峁古城》，文物出版社，2016。
西安半坡博物馆、陕西省考古研究所、临潼县博物馆：《姜寨：新石器时代遗址发掘报告》，文物出版社，1988。
江西省文物考古研究院、北京大学考古文博学院：《仙人洞与吊桶环》，文物出版社，2014。
黄宣佩主编：《福泉山：新石器时代遗址发掘报告》，上海市文物保管委员会，文物出版社，2000。
哈密博物馆：《哈密文物精粹》，科学出版社，2012。
中国社会科学院考古研究所网站。
良渚博物院。